住房和城乡建设领域“十四五”热点培训教材

建设工程法律问题精解

主编　范大平　戈运龙

中国建筑工业出版社

图书在版编目（CIP）数据

建设工程法律问题精解 / 范大平，戈运龙主编. —
北京 ：中国建筑工业出版社，2021.10
住房和城乡建设领域“十四五”热点培训教材
ISBN 978-7-112-26674-6

Ⅰ. ①建… Ⅱ. ①范… ②戈… Ⅲ. ①建筑法-中国
-教材 Ⅳ. ①D922.297.5

中国版本图书馆 CIP 数据核字（2021）第 208440 号

责任编辑：周娟华
责任校对：张惠雯

住房和城乡建设领域“十四五”热点培训教材
建设工程法律问题精解
主编 范大平 戈运龙
*
中国建筑工业出版社出版、发行（北京海淀三里河路 9 号）
各地新华书店、建筑书店经销
北京鸿文瀚海文化传媒有限公司制版
北京建筑工业印刷厂印刷
*
开本：787 毫米×1092 毫米 1/16 印张：24¼ 字数：605 千字
2021 年 12 月第一版 2021 年 12 月第一次印刷
定价：**99.00** 元
ISBN 978-7-112-26674-6
（38172）

序

我与范大平律师相识，缘于我们均是芜湖仲裁委员会仲裁员。范大平律师法学理论功底深厚，曾在国家级和省级刊物上公开发表论文130余篇。前些日子，范大平律师请我为其主编的《建设工程法律问题精解》作序。刚开始我并未直接答应，后来范大平律师将书稿电子版发给我，我仔细阅读后，觉得确有必要为本书作序。《建设工程法律问题精解》覆盖了建设工程领域里的很大一部分问题，其规模超过了许多业内书籍，让读者眼前一亮。无论从篇幅上还是从参考案例的数量上都可以明显看出，范大平律师为本书的著成付出了巨大的心血。在每个问题中，作者首先直接回答，其次进行说理，再次引出法律依据，最后注明参考案例。本书具有较强的指引性，不失为一本好的工具书，读者有了这样一本书，可以省去不少在茫茫信息海洋中查找资料的时间。本书既说理阐述，又通俗易懂，具有普适性，读者范围很广，律师代理案件可以参考，法官审理案件也可参阅，房地产企业管理人员也能看得明白，即便是普通老百姓也可读懂其中的意思。感谢范大平律师为业界奉献出这部优秀的作品，期待未来有更多作品与读者共享。

中华全国律师协会建设工程与房地产专业委员会主任

2021年初春　于北京

前　言

十多年来，我一直关注建设工程领域的法律纠纷问题，每当客户咨询建设工程法律纠纷问题时，总是一遍又一遍地查找相应资料，有时为了查找到对应的参考案例，往往要查找几个小时、十几个小时，甚至数天时间，相当耗费时间和精力，于是就萌发了写一本问答式的工具书来解决这一问题的想法。我将这一想法与安徽皖通律师事务所主任戈运龙交流，我们一拍即合。于是我们着手收集整理问题，并将这些问题整理成12章，邀请一些志同道合的律师分头撰写。执笔撰写人员主要有安徽安然律师事务所、安徽深蓝律师事务所和安徽皖通律师事务所的律师们，也有一些造价工程师参与其中。他们分别是（按姓氏汉语拼音首字母先后排序）：范大平、戈运龙、戈勇、胡挺、胡伟伟、钱进、吴俊秋、吴敏、奚嘉、应婷婷、俞培培、臧阿月、赵周雷、周伯俊。

本书编写过程中，《中华人民共和国民法典》已颁布。过去的成稿与《中华人民共和国民法典》有冲突的地方，全部予以修正。原先引用的《中华人民共和国合同法》等法律依据，凡在《中华人民共和国民法典》中能找到依据的，尽量引用《中华人民共和国民法典》的条文。原引用的一些司法解释，因《中华人民共和国民法典》颁布后，最高人民法院随后发布了新司法解释并废除了部分司法解释，在编写时重新进行了调整和修改。为了使表述简洁，本书在引用法律法规以及规范性文件时尽量使用简称，这在凡例中予以了说明。虽然我们尽量收集建设工程中的法律纠纷问题，但由于建设工程体系大，其中的纠纷、争议焦点太多，所以问题很难收集全面，还有许多问题未收集在书内，将在以后再版时予以补充。在本书撰写过程中，针对每个问题，我们一般先直接回答问题，然后进行简单说理，引出法律依据，最后注明参考案例的案号（参考案例的案号主要从无讼网和中国裁判文书网上查找寻得）。对于参考案例，我们一般仅给出案号，对于案例本身一般不引用、不展开，需要的读者可以根据列出的参考案例案号自己上网搜索即可找到案例全文。这样处理节省了大量篇幅。当然，参考案例重在参考。对于法条，有的引出，有的只指出法律依据，并不全文引出。

建设工程中有大量问题没有定论，实务界和理论界均有不同的见解，我们没有将各家观点一一介绍，主要根据自己的理解来回答撰写，在遇到争议多的问题上，我们尽量选择一些主流观点回答。考虑不同的受众，我们在编写过程中努力做到通俗性、适用性、资料性、工具性、参考性和理论性统筹兼顾。

在编写过程中，我们参考了一些已经出版的著作，主要参考书目列于书后，同时，也适当参考了一些互联网上他人发表的材料，参考材料不一一列举。如有人认为侵犯了其著作权，请与编者联系，我们将在再版中予以修改。在此向提供引用资料和著作的专家们表示诚挚的感谢！

本书编写过程中，一些来自审判一线的法官和对建筑专业精熟的律师、学者以及从事建筑工程的建设者提出了很多宝贵意见，在此一并感谢。

由于我们的水平有限，错误和不妥之处难以避免，敬请广大读者批评指正。

范大平

凡例

最高人民法院简称最高院

高级人民法院简称高院

中级人民法院简称中院

仲裁委员会简称仲裁委

建设行政主管部门简称建设主管部门

《最高人民法院关于适用〈中华人民共和国民事诉讼法〉的解释》简称《民事诉讼法司法解释》

《最高人民法院关于审理建设工程施工合同纠纷案件适用法律问题的解释（一）》（法释〔2020〕25号）简称《建设工程司法解释（一）

《最高人民法院关于适用〈中华人民共和国企业破产法〉若干问题的规定（二）》简称《破产法规定（二）》

《最高人民法院关于民事诉讼证据的若干规定》简称《证据规定》

《最高人民法院关于建设工程承包合同案件中双方当事人已确认的工程决算价款与审计部门审计的工程决算价款不一致时如何适用法律问题的电话答复意见》简称《最高院关于政府审计的答复》

《最高人民法院关于装修装饰工程款是否享有合同法第二百八十六条规定的优先受偿权的函复》简称《最高院装修装饰工程款优先权函复》

《最高人民法院民事审判庭关于发包人收到承包人竣工结算文件后，在约定期限内不予答复，是否视为认可竣工结算文件的复函》简称《最高院关于解释第二十一条适用问题的复函》

《最高人民法院××××年全国民事审判工作会议纪要》简称《××××年全国民事审判工作会议纪要》

《北京市高级人民法院关于审理建设工程施工合同纠纷案件若干疑难问题的解答》简称《北京高院解答》

《河北省高级人民法院建设工程施工合同案件审理指南（2018）》简称《河北高院指南》

《江苏省高级人民法院关于审理建设工程施工合同纠纷案件若干问题的意见（2008）》简称《江苏高院意见》

《江苏省高级人民法院建设工程施工合同案件审理指南（2010）》简称《江苏高院指南》

《江苏省高级人民法院2009年审判工作座谈会纪要》简称《江苏高院2009审判工作纪要》

《江苏省高级人民法院民一庭建设工程施工合同纠纷案件司法鉴定操作规程（2015）》简称《江苏高院鉴定规程》

《江苏省高级人民法院关于审理建设工程施工合同纠纷案件若干问题的解答》简称《江苏高院解答》

《浙江省高级人民法院民事审判第一庭关于审理建设工程施工合同纠纷案件若干疑难问题的解答》简称《浙江高院解答》

《浙江省高级人民法院执行局关于执行中处理建设工程价款优先受偿权有关问题的解答》简称《浙江高院优先权解答》

《安徽省高级人民法院关于审理建设工程施工合同纠纷案件适用法律问题的指导意见（2009）》简称《安徽高院意见》

《安徽省高级人民法院关于审理建设工程施工合同纠纷案件适用法律问题的指导意见（二）（2014）》简称《安徽高院意见（二）》

《福建省高级人民法院关于审理建设工程施工合同纠纷案件疑难问题的解答（2007）》简称《福建高院解答》

《江西省高级人民法院2004年全省法院民事审判工作座谈会纪要》简称《江西高院2004审判工作纪要》

《山东省高级人民法院2005年全省民事审判工作会议纪要》简称《山东高院2005审判工作纪要》

《山东省高级人民法院2008年全省民事审判工作会议纪要》简称《山东高院2008审判工作纪要》

《山东省高级人民法院2011年全省民事审判工作会议纪要》简称《山东高院2011审判工作纪要》

《山东省高级人民法院关于审理建筑工程承包合同纠纷案件若干问题的意见（1998）》简称《山东高院意见》

《湖北省高级人民法院2013年民事审判工作座谈会会议纪要》简称《湖北高院2013审判工作纪要》

《广东省高级人民法院关于在审判工作中如何适用〈合同法〉第286条的指导意见（2004）》简称《广东高院适用286条意见》

《广东省高级人民法院关于审理建设工程施工合同纠纷案件若干问题的意见（2006）》简称《广东高院2006意见》

《广东省高级人民法院关于审理建设工程施工合同纠纷案件若干问题的指导意见（2011）》简称《广东高院2011意见》

《广东省高级人民法院2012年全省民事审判工作会议纪要》简称《广东高院2012审判工作纪要》

《广东省高级人民法院关于审理建设工程合同纠纷案件疑难问题的解答（2017）》简称《广东高院解答》

《重庆市高级人民法院关于对最高人民法院〈关于建设工程价款优先受偿权问题的批

复〉应如何理解的意见（2003）》简称《重庆高院优先权解答》

《重庆市高级人民法院民一庭关于当前民事审判疑难问题的解答》简称《重庆高院解答》

《重庆市高级人民法院关于当前民事审判若干法律问题的指导意见（2007）》简称《重庆高院指导意见》

《四川省高级人民法院关于审理建设工程施工合同纠纷案件若干疑难问题的解答（2015）》简称《四川高院解答》

《四川省高级人民法院关于审理涉及招标投标建设工程合同纠纷案件的有关问题的意见（2010）》简称《四川高院意见》

《深圳市中级人民法院关于建设工程合同若干问题的指导意见》简称《深圳中院意见》

《建筑工程施工发包与承包违法行为认定查处管理办法》简称《认定查处办法》

《房屋建筑和市政基础设施工程施工分包管理办法》简称《房建市政分包管理办法》

《房屋建筑和市政基础设施工程总承包管理办法》简称《房建市政总承包管理办法》

《最高人民法院第八次全国法院民事商事审判工作会议（民事部分）纪要》简称《八民会议纪要》

《全国法院民商事审判工作会议纪要》简称《九民会议纪要》

《最高人民法院关于审理买卖合同纠纷案件适用法律问题的解释》简称《买卖合同司法解释》

《最高人民法院关于审理民间借贷案件适用法律若干问题的规定》简称《民间借贷司法解释》

《中华人民共和国民法典》简称《民法典》

《中华人民共和国建筑法》简称《建筑法》

《中华人民共和国劳动合同法》简称《劳动合同法》

《中华人民共和国招标投标法》简称《招标投标法》

《中华人民共和国行政诉讼法》简称《行政诉讼法》

《中华人民共和国公司法》简称《公司法》

《中华人民共和国企业破产法》简称《企业破产法》

目录

第 1 章

合同主体责任、主要内容及效力认定

1.1 发包人的权利有哪些？

答：根据法律规定，发包人的基本权利有订立合同的权利、检查工程作业进度和质量的权利以及提起诉讼的权利，具体包括：（1）发包人可以与承包人订立勘察、设计、施工、装修等合同；（2）发包人在不妨碍承包人正常作业的情况下，可以随时以作业进度质量进行检查；（3）承包人没有通知发包人检查，自行隐蔽工程的，发包人有权检查，检查费用由承包人负担；（4）发包人在建设工程竣工后，应根据施工图纸及说明书、国家颁发的施工验收规范和质量检验标准进行验收；（5）发包人对因施工人的原因致使建设工程质量不符合约定的，有权要求施工人在合理的期限内无偿修理或者返工、改建；（6）承包人违约或造成发包人损失，发包人可以依法提起诉讼。

《民法典》第七百九十一条规定："发包人可以与总承包人订立建设工程合同，也可以分别与勘察人、设计人、施工人订立勘察、设计、施工承包合同。发包人不得将应当由一个承包人完成的建设工程支解成若干部分发包给数个承包人。"第七百九十六条规定："建设工程实行监理的，发包人应当与监理人采用书面形式订立委托监理合同。发包人与监理人的权利和义务以及法律责任，应当依照本编委托合同以及其他有关法律、行政法规的规定。"根据《民法典》第七百九十一条和七百九十六条规定，发包人首先拥有订立合同的权利。

《民法典》第七百九十七条规定："发包人在不妨碍承包人正常作业的情况下，可以随时对作业进度、质量进行检查。"由此可见，发包人拥有检查工程作业进度和质量的权利。

《建设工程司法解释（一）》第十五条规定："因建设工程质量发生争议的，发包人可以以总承包人、分包人和实际施工人为共同被告提起诉讼。"由此可知，发包人具有提起诉讼的权利。

参考案例：陕西西安中院（2018）陕 01 民终 6539 号"西安希乐品牌营销策划有限公司、西安市宜爱欢乐城广场股份有限公司与西安天幕实业有限公司、杨晓东等建设工程施工合同纠纷案"。

1.2 发包人的义务有哪些?

答：发包人的义务主要有竣工验收义务和竣工结算义务，具体包括：(1) 遵守法律：发包人在履行合同过程中应遵守法律，并保证承包人免于承担因发包人违反法律而引起的任何责任；(2) 发出开工通知：发包人应委托监理人按合同约定向承包人发出开工通知；(3) 发包人应按专用合同条款约定向承包人提供施工场地，以及施工场地内地下管线和地下设施等有关资料，并保证资料的真实、准确、完整；(4) 协助承包人办理证件和批件：发包人应协助承包人办理法律规定的有关施工证件和批件；(5) 组织设计交底：发包人应根据合同进度计划，组织设计单位向承包人进行设计交底；(6) 支付合同付款：发包人应按合同约定向承包人及时支付合同价款；(7) 组织竣工验收：发包人应按合同约定及时组织竣工验收；(8) 其他义务。

竣工验收义务主要表现在两方面：一是对隐蔽工程的检查义务。《民法典》第七百九十八条规定："隐蔽工程在隐蔽以前，承包人应当通知发包人检查。发包人没有及时检查的，承包人可以顺延工程日期，并有权请求赔偿停工、窝工等损失。"由此可见，对隐蔽工程的检查是发包人的义务。二是对完工工程的竣工验收义务。《民法典》第七百九十九条规定："建设工程竣工后，发包人应当根据施工图纸及说明书、国家颁发的施工验收规范和质量检验标准及时进行验收。验收合格的，发包人应当按照约定支付价款，并接收该建设工程。建设工程竣工经验收合格后，方可交付使用；未经验收或者验收不合格的，不得交付使用。"《建设工程司法解释（一）》第十四条规定："建设工程未经竣工验收，发包人擅自使用后，又以使用部分质量不符合约定为由主张权利的，人民法院不予支持；但是承包人应当在建设工程的合理使用寿命内对地基基础工程和主体结构质量承担民事责任。"根据上述规定，对完工工程的竣工验收也是发包人的义务。

关于发包人的竣工结算义务，法律也有明确规定。《建设工程司法解释（一）》第二十一条规定："当事人约定，发包人收到竣工结算文件后，在约定期限内不予答复，视为认可竣工结算文件的，按照约定处理。承包人请求按照竣工结算文件结算工程价款的，人民法院应予支持。"《民法典》第八百零七条规定："发包人未按照约定支付价款的，承包人可以催告发包人在合理期限内支付价款。发包人逾期不支付的，除根据建设工程的性质不宜折价、拍卖外，承包人可以与发包人协议将该工程折价，也可以请求人民法院将该工程依法拍卖。建设工程的价款就该工程折价或者拍卖的价款优先受偿。"

参考案例：浙江高院（2015）浙民终字第19号"陈忠标与怀化宏宇房地产开发有限公司、浙江万达建设集团有限公司建设工程施工合同纠纷案"。

1.3 发包人应承担的责任有哪些?

答：发包人应承担的责任主要有：（一）因发包人的原因导致工程质量缺陷的责任；（二）因发包人的原因导致工程停建、缓建的责任；（三）因发包人的原因导致勘察、设计的返工、停工或修改设计的责任；（四）发包人未支付或未全部支付工程价款的责任；（五）导致人身损害的赔偿责任。

关于发包人原因导致工程质量缺陷的责任，《建设工程司法解释（一）》司法审判主流观点认为：发包人具有下列情形之一，造成建设工程质量缺陷，应当承担过错责任：（一）提供的设计有缺陷；（二）提供或者指定购买的建筑材料、建筑构配件、设备不符合强制性标准；（三）直接指定分包人分包专业工程。

关于发包人原因导致工程停建、缓建的责任，根据《民法典》第八百零三条、第八百零四条以及《八民会议纪要》第 32 条、第 33 条的规定，有以下几方面：(1) 发包人未按照约定的时间和要求提供原材料、设备、场地、资金、技术资料的，承包人可以顺延工程日期，并有权要求赔偿停工、窝工等损失；(2) 因发包人的原因致使工程中途停建、缓建的，发包人应当采取措施弥补或者减少损失，赔偿承包人因此造成的停工、窝工、倒运、机械设备调迁、材料和构件积压等损失和实际费用；(3) 隐蔽工程在隐蔽之前，承包人已通知发包人检查，发包人未及时检查等原因致使工程中途停建、缓建，发包人应当赔偿因此给承包人造成的停（窝）工损失，包括停（窝）工人员人工费、机械设备窝工费和因窝工造成设备租赁费用等停（窝）工损失；(4) 发包人不履行告知变更后的施工方案、施工技术交底、完善施工条件等协作义务，致使承包人停（窝）工，以致难以完成工程项目建设的，承包人催告在合理期限内履行，发包人逾期仍不履行的，人民法院视违约情节，可以依据《民法典》第七百七十七条、第七百七十八条规定裁判顺延工期，并有权要求赔偿停（窝）工损失。

关于发包人原因导致勘察、设计的返工、停工或修改设计的责任，《民法典》第八百零五条规定“因发包人变更计划，提供的资料不准确，或者未按照期限提供必需的勘察设计工作条件而造成勘察设计的返工、停工或者修改设计，发包人应当按照勘察人、设计人实际消耗的工作量增付费用。”

关于发包人未支付或未全部支付工程价款的责任，根据《民法典》第八百零六条、八百零七条及《建设工程司法解释（一）》第四十三条的规定，可概括为以下几点：(1) 发包人未按照约定支付价款的，承包人可以催告发包人在合理期限内支付价款。发包人逾期不支付的，除按照建设工程的性质不宜折价、拍卖的以外，承包人可以与发包人协议将该工程折价，也可以申请人民法院将该工程依法拍卖。建设工程的价款就该工程折价或者拍卖的价款优先受偿；(2) 建设工程施工合同解除后，已经完成的建设工程质量合格的，发包人应当按照约定支付相应的工程价款；已经完成的建设工程质量不合格的，参照《民法典》第七百九十三条规定处理：修复后质量合格的，发包人可以请求由承包人承担修复费用；修复后质量仍不合格，发包人无须支付工程价款。但若发包人对质量缺陷也有过错，也应承担相应民事责任；(3) 责任范围有限制。在处理工程价款纠纷时，应严守合同相对性原则，不能随意扩大发包人责任范围，实际施工人以转包人、违法分包人为被告起诉的，应当依法追究以上主体的责任；只有在发包人欠付分包工程款导致无法支付建筑工人工资时，才可以要求发包人在欠付工程价款范围内对实际施工人承担责任。

关于人身损害赔偿的责任，《劳动合同法》第九十四条规定：“个人承包经营违反本法规定招用劳动者，给劳动者造成损害的，发包的组织与个人承包经营者承担连带赔偿责任。”如因发包人原因造成施工过程中发生人身、财产等损害的，发包人应当承担责任。

参考案例：湖南长沙中院（2016）湘 01 民终 628 号“湖南金辉建设集团有限公司与浏阳金科置业有限公司建设工程施工合同纠纷案”。

1.4 发包人可以解除合同的情形有哪些?

答：下列情形下发包人可以解除合同：（一）明确表示或者以行为表明不履行合同主要义务的；（二）合同约定的期限内没有完工，且在发包人催告的合理期限内仍未完工的；（三）已经完成的建设工程质量不合格，并拒绝修复的；（四）将承包的建设工程非法转包、违法分包的。

参考案例：最高院（2014）民一终字第 69 号“青海方升建筑安装工程有限公司与青海隆豪置业公司建设工程施工合同纠纷案”。

1.5 发、承包方的逾期责任难以区分时，发包人能否主张工期逾期违约金?

答：发、承包方的逾期责任难以区分时，如发包人不能证明自己无违约行为、工程逾期未交工与其无关，则发包人主张工期逾期违约金不能得到人民法院的支持。

参考案例：最高院（2013）民一终字第 111 号“中国十二冶集团有限公司与盘锦新广厦房地产开发有限公司建设工程施工合同纠纷案”。

1.6 非因发包人原因导致工程造价不明确，无法判断发包人是否及时足额支付工程款，承包人是否可以主张逾期付款的违约责任?

答：非因发包人原因导致工程造价不明确，无法判断发包人是否及时足额支付工程款，承包人不可以主张逾期付款的违约责任。应支付金额的确定是工程款给付的前提。即便工程款给付期间届满，若因承包人原因造成应支付工程款具体数额无法确定，造成发包人无法及时足额支付的，承包人请求发包人承担逾期付款责任的，人民法院将不予支持。

参考案例：最高院（2014）民提字第 32 号“再审申请人福建三明市林立房地产开发有限公司与再审申请人福建省永泰建筑工程公司建设工程施工合同纠纷一案”。

1.7 承包人未经发包人同意对工程组织验收，单方向质量监督部门办理竣工验收手续，则质量监督部门验收报告是否有法律效力?

答：承包人未经发包人同意对工程组织验收，单方向质量监督部门办理竣工验收手续，则质量监督部门验收报告没有相应的法律效力。

《民法典》第七百九十九条规定：“建设工程竣工后，发包人应当根据施工图纸及说明书、国家颁发的施工验收规范和质量检验标准及时进行验收。验收合格的，发包人应当按照约定支付价款，并接收该建设工程。建设工程竣工经验收合格后，方可交付使用；未经验收或者验收不合格的，不得交付使用。”《建设工程质量管理条例》第十六条规定：“建设单位收到建设工程竣工报告后，应当组织设计、施工、工程监理等有关单位进行竣工验收。”根据上述规定，建设工程竣工后，发包人应当按照相关施工合同验收规定对工程及时组织验收。该验收既是发包人的权利，也是发包人的义务。承包人未经发包人同意对工程组织验收，单方向质量监督部门办理竣工验收手续，侵害了发包人工程验收权利，因其不符合法定验收程序，故不能产生法律效力。

参考案例：最高院（2010）民提字第210号“威海市鲸园建筑有限公司与威海市福利企业服务公司、威海市盛发贸易有限公司拖欠建筑工程款纠纷再审案”。

1.8 合法承包人具有哪些特征？

答：从法律对承包人的定义看，承包人分为合法承包人和违法承包人。根据《建设工程施工合同（示范文本）》GF—2017—0201第1.1.2.3条定义，合法承包人是指与发包人签订合同协议书的具有相应工程施工承包资质的当事人及取得该当事人资格的合法继承人。违法承包人通常是指不具备相应施工承包资质却实际承担工程的施工主体，包括实际施工人中的转包人，违法分包人以及超越资质等级承揽工程项目的主体。根据上述定义，合法承包人一般具有以下几个特征：

一、其主体必须是企业，自然人不能成为建设工程的合法承包人。《建筑业企业资质管理规定》第三条规定：“企业应当按照其拥有的资产、主要人员、已完成的工程业绩和技术装备等条件申请建筑业企业资质，经审查合格，取得建筑业企业资质证书后，方可在资质许可的范围内从事建筑施工活动。”由此可见，其主体必须是企业，自然人不能成为建设工程的合法承包人。虽然在实践中，有不少自然人承揽施工业务，签订施工合同，但仅能被认定为实际施工人，其与发包人、施工总承包人、专业分包人或分包人签订的建设施工合同也被认为无效。

二、合法承包人必须取得相应资质并在资质等级范围内承包工程，不得超越资质承包工程。《建筑业企业资质管理规定》第五条规定：“建筑业企业资质分为施工总承包资质、专业承包资质、施工劳务资质三个序列。施工总承包资质、专业承包资质按照工程性质和技术特点分别划分为若干资质类别，各资质类别按照规定的条件划分为若干资质等级。施工劳务资质不分类别与等级。”其中，施工总承包资质序列设有12个类别、4个等级；专业承包序列设有36个类别、3个等级。合法承包人必须在其所取得的资质等级范围内承包工程。对此，《招标投标法》《建筑法》《民法典》均有明确规定。

参考案例：广西北流中院（2010）北民初字第1422号“原告李某富诉被告黄某、广西某基础设施投资有限公司、北流市某实业有限责任公司、第三人黄某全、廖某承包合同纠纷一案”。

1.9 承包人的资质对建设工程施工合同的效力有何影响？

答：承包人的资质出现问题，可能会导致建设工程施工合同无效。

《建设工程司法解释（一）》第一条规定：“承包人未取得建筑施工企业资质或者超越

资质等级的”“没有资质的实际施工人借用有资质的建筑施工企业名义的”，应认定无效。

参考案例：最高院（2014）民申字第1024号“浙江金万达港口有限公司与浙江顺盛建设工程有限公司船坞、码头建造合同纠纷申请再审案”。

1.10 建设工程施工合同被认定为无效后，工程款如何结算？

答：建设工程施工合同被认定为无效，工程款结算应根据建设工程是否竣工验收合格以及当事人是否达成结算协议来处理。建设工程竣工验收合格的参照合同约定结算工程价款；建设工程验收不合格经修复仍不合格的，承包人请求支付工程款的，人民法院不予支持。发包人有过错的，应承担相应责任。

《民法典》第七百九十三条第一款规定：“建设工程施工合同无效，但是建设工程经验收合格的，可以参照合同关于工程价款的约定折价补偿承包人。”第二款规定：“建设工程施工合同无效，且建设工程经验收不合格的，按照以下情形处理：（一）修复后的建设工程经验收合格的，发包人可以请求承包人承担修复费用；（二）修复后的建设工程经验收不合格的，承包人无权请求，参照合同关于工程价款的约定折价补偿。发包人对因建设工程不合格造成的损失有过错的，应当承担相应的责任。”根据上述规定，建设工程施工合同被认定为无效后工程款的结算应根据建设工程是否竣工验收合格以及当事人是否达成结算协议来处理。

参考案例：最高院（2010）民抗字第16号“中国建筑第八工程局第二建筑公司鲁东公司与青岛创新置业有限公司、张磊、王凌、青岛齐元建设工程有限公司、淄博大安建筑安装工程有限公司建设工程款纠纷抗诉案”；最高院（2011）民提字第235号“莫志华、深圳市东深工程有限公司与东莞市长富广场房地产开发有限公司建设工程合同纠纷案”；最高院（2018）民终字第96号“中铁北京工程局集团有限公司与迅通（西安）仓储发展有限公司建设工程施工合同纠纷案”。

1.11 工程总承包有哪些模式？

答：工程总承包是指从事工程总承包的企业受业主委托，按照合同约定对工程项目的勘察、设计、采购、施工、试运行（竣工验收）等实行全过程或若干阶段的承包。工程总承包的范围可以从项目决策开始，直到交付业主运营，也可以从方案设计、基础设计或详图设计开始到交付使用。法律并没有限制工程总承包模式，但按照工程总承包人承包的具体工作内容，可分为EPC模式、EPCM模式、DB模式、EP模式和PC模式等。

何谓EPC模式？EPC（Engineering Procurement Construction）模式是国际通用工程总承包产业的总称，是指公司受业主委托，按照合同约定对工程建设项目的设计、采购、施工、试运行等实行全过程或若干阶段的承包。在EPC模式中，主要分为工程、采购、建设三个方面。工程是指从工程内容总体策划到具体的设计工作，采购是指从专业设备到建筑材料的采购，建设是指从施工、安装到技术培训。其涉及领域有能源、交通、建筑等。在EPC总承包模式下，总承包商对整个建设项目负责，但却并不意味着总承包商须亲自完成整个建设工程项目。除法律明确规定应当由总承包商必须完成的工作外，其余工作总承包商则可以采取专业分包的方式进行。在实践中，总承包商往往会根据其丰富的项目管理经验，根据工程项目的不同规模、类型和业主要求，将设备采购（制造）、施工及安装等工作采用分包的形式分包给专业分包商。

何谓EPCM模式？EPCM（Engineering Procurement Construction Management）模式即设计-采购-施工管理，是指承包商全权负责工程项目的设计和采购，并负责施工阶段的管理，这是一种目前在国际建筑业界通行的项目交付模式。同时，EPCM管理方还需要对项目的其他方面进行管理，如设计、采购和施工阶段的进度，与相关部门的沟通，准备成本规划、成本估算和文件控制等。由于它对工程承包企业的总包能力、综合能力，以及技术和管理水平的要求较高，而国内大多数施工企业在项目管理、技术创新、信息化建设上与国际水平还有一定的差距，因此EPCM模式在国内尚未得到普及和推广。在EPCM模式下，业主提出投资的意图和要求后，把项目的可行性研究、勘察、设计、材料、设备采购以及全部工程的施工，都交给所选中的一家管理公司（EPCM管理方）负责实施；由EPCM管理方根据业主的要求，为业主选择、推荐最适合的分包商来协助完成项目，但其本身与分包商之间不存在合同关系，也无需承担合同与财务风险。当报价是以一次性总价的方式支付时，EPCM管理方的财政风险虽然限制在了一定的范围内，但由于要对项目的各个阶段进行全面的管理，所以承担着另一个更大的风险，即“声誉”。出色的EPCM管理方一定会尽全力使分包商的工作准确到位，并采用一切有效的方法、优化的人员配置确保设计与施工要求，甚至超出业主的期望。

何谓DB模式？DB（Design-Build）模式即设计-建造模式。此模式是指在项目的初始阶段，业主根据项目要求与原则以及投标人设计方案的优劣，招标选定DB承包商来负责项目的设计和施工。在权责上，DB承包商承担了项目从设计到竣工验收的全部责任，业主则承担协调、督促工作，按照合同对工程的质量、成本、进度要求来检查DB承包商对项目的实施情况。DB模式是一种较为成熟的建设工程管理模式。DB承包商将其丰富的从业经验运用到项目中，完成项目的规划、设计、质量控制、进度安排以及项目融资和土地购买等工作，有效减少协调的时间和费用。但是，DB承包商的作用被放大，承担较大风险，而业主对设计缺乏控制能力，且工程师与承包人之间的检查与制衡作用减弱。

何谓EP模式？EP（Engineering、Procurement）模式即设计、采购模式，是指承包商对工程的设计和采购进行承包，施工则由其他承包商负责的模式。

何谓PC模式？PC（Procurement&Construction）模式是工程总承包方式的一种，即采购、施工总承包模式。采用这种模式主要是因EPC模式中设计相对独立，或业主因未知风险大而自己承担大部分管理风险，对EPC（设计-采购-施工）工程进行直接拆分，把设计环节单独拿出来分包，另外把采购和施工合并分包。在这种模式下，有关设备选型、采购、工程施工均由总承包单位负责，其施工、设备到货、安装、调试等方面所出现的问题由总承包单位协调解决。该模式对提高管理水平、缩短建设周期、提高工程质量、降低工程造价具有重要作用。其优势表现为：（1）避免了项目投资的失控；（2）提高了工作效率，弥补了一些工程公司在总承包方面的能力不足；（3）设备、材料采购质量更加有保障；（4）采购人员实行现场管理，服务更加到位，大大提高了工作效率。

参考案例：山东高院（2015）鲁民一终字第199号“山东一建建设有限公司与山东电

力工程咨询院有限公司建设工程合同纠纷案”。

1.12 工程总承包人应当具备哪些条件？

答：依据《房建市政总承包管理办法》规定，工程总承包人应当具有如下条件：

（一）工程资质条件：工程总承包人应当同时具有与工程规模相适应的工程设计资质和施工资质；

（二）履约能力条件：工程总承包人应当具有相应的项目管理体系和项目管理能力、财务和风险承担能力；

（三）业绩经验条件：工程总承包人应当具有与发包工程相类似的设计、施工或者工程总承包业绩；

（四）限制性条件：工程总承包人不得是工程总承包项目的代建单位、项目管理单位、监理单位、造价咨询单位、招标代理单位；

（五）政府投资的限制性条件：政府投资项目的项目建议书、可行性研究报告、初步设计文件编制单位及其评估单位，一般不得成为该项目的工程总承包人。政府投资项目招标人公开已经完成的项目建议书、可行性研究报告、初步设计文件的，上述单位可以参与该工程总承包项目的投标，经依法评标、定标，成为工程总承包人。

参考案例：四川西充县法院（2020）川1325民初493号“南充市格伦建筑劳务有限公司、浙江大经建设集团股份有限公司、浙江汉宇建设有限公司等建设工程施工合同纠纷案”。

1.13 工程总承包人应当对工程项目的哪些问题承担责任？

答：工程总承包人应按照与建设单位签订的合同，对工程设计、采购、施工或者设计、施工等阶段实行总承包，并对工程的质量、安全、工期和造价等全面负责。具体包括：

（一）工程总承包人应当对其承包的全部建设工程质量负责，分包单位对其分包工程的质量负责，分包不免除工程总承包人对其承包的全部建设工程所负的质量责任。工程总承包人、工程总承包项目经理依法承担质量终身责任。

（二）工程总承包人对承包范围内工程的安全生产负总责。分包单位应当服从工程总承包人的安全生产管理，分包单位不服从管理导致生产安全事故的，由分包单位承担主要责任，分包不免除工程总承包人的安全责任。

（三）工程总承包人应当依据合同对工期全面负责，对项目总进度和各阶段的进度进行控制管理，确保工程按期竣工。

（四）工程总承包人还应当设立项目管理机构，设置项目经理，配备相应管理人员，加强设计、采购与施工的协调，完善和优化设计，改进施工方案，加强成本核算，合理分担风险，节约能源，降低项目施工对社会生活环境的影响，保护生态环境，实现对工程总承包项目的有效管理控制。

参考案例：辽宁高院（2017）辽04民终834号“中冶东方工程技术有限公司秦皇岛研究设计院与辽宁建设安装集团有限公司抚顺分公司、中冶东方工程技术有限公司建设工程施工合同纠纷案”；四川乐山中院（2017）川11民终878号“泸州泸天化化工设计有限公司、中冶成都勘察总院有限公司建设工程施工合同纠纷案”。

1.14 工程总承包人的项目经理应当具备哪些条件？

答：根据《房建市政总承包管理办法》的规定，工程总承包人的项目经理应当具备下列条件：

（一）取得相应工程建设类注册执业资格，包括注册建筑师、勘察设计注册工程师、注册建造师或者注册监理工程师等；未实施注册执业资格的，取得高级专业技术职称；

（二）担任过与拟建项目相类似的工程总承包项目经理、设计项目负责人、施工项目负责人或者项目总监理工程师；

（三）熟悉工程技术和工程总承包项目管理知识以及相关法律法规、标准规范；

（四）具有较强的组织协调能力和良好的职业道德；

（五）工程总承包项目经理不得同时在两个或者两个以上工程项目担任工程总承包项目经理、施工项目负责人。

参考案例：湖南湘潭岳塘区法院（2009）岳民商初字第771号“湖南格塘建筑工程有限公司与曹亚辉、邹宏斌民间借贷纠纷案”。

1.15 施工总承包的资质类别有哪些？

答：施工总承包是指发包人将全部施工任务发包给具有施工承包资质的建筑企业，由施工总承包企业按照合同约定及法律的规定，向建设单位负责承包完成施工任务。

根据《建筑业企业资质管理规定》，施工企业应当按照其拥有的资产、主要人员、已完成的工程业绩和技术装备等条件申请建筑业企业资质，经审查合格，取得建筑业企业资质证书后，方可在资质许可的范围内从事建筑施工活动。建筑业企业资质分为施工总承包资质、专业承包资质、施工劳务资质三个序列。施工总承包资质按照工程性质和技术特点分别划分为若干资质类别，各资质类别按照规定的条件划分为若干资质等级。对房屋建筑及市政工程设置的有施工总承包资质序列特级资质、一级资质、二级资质和三级资质。其中，特级和一级资质由国务院住房和城乡建设主管部门许可；二级资质由企业工商注册所在地省、自治区、直辖市人民政府住房和城乡建设主管部门许可；三级资质由企业工商注册所在地设区的市人民政府住房和城乡建设主管部门许可。另外，在公路工程、铁路、通信、港口与航道、水利水电、电力、矿山、冶炼、石油化工等工程对施工总承包人还有不同的要求。

参考案例：山东烟台中院（2020）鲁06民终2595号“上海二十冶建设有限公司、山东象阳能源科技有限公司建设工程合同纠纷案”。

1.16 工程总承包人有哪些义务？

答：依据住房和城乡建设部、国家工商行政管理总局联合发布的《建设工程施工合同

（示范文本）》GF—2017—0201、住房和城乡建设部发布的《关于进一步推进工程总承包发展的若干意见》，结合建设工程施工领域的生产实践，工程总承包人应遵守法律法规和工程建设标准规范，制订项目管理计划和项目实施计划，建立工程管理与协调制度，加强设计、采购与施工的协调，完善和优化设计，改进施工方案，合理调配设计、采购和施工力量，实现对工程总承包项目的有效控制。工程总承包企业对工程总承包项目的质量和安全全面负责。工程总承包企业按照合同约定对建设单位负责，分包企业按照分包合同的约定对工程总承包企业负责。工程分包不能免除工程总承包企业的合同义务和法律责任，工程总承包企业和分包企业就分包工程对建设单位承担连带责任。具体可以包括：

（一）办理法律规定应由承包人办理的许可和批准，并将办理结果书面报送发包人留存；

（二）按法律规定和合同约定完成工程建设，配合建设单位完成竣工验收，并在保修期内承担保修义务；

（三）按法律规定和合同约定采取施工安全和环境保护措施，办理工伤保险，确保工程及人员、材料、设备和设施的安全；

（四）按合同约定的工作内容和施工进度要求，编制施工组织设计和施工措施计划，并对所有施工作业和施工方法的完备性和安全可靠性负责；

（五）在进行合同约定的各项工作时，不得侵害发包人与他人使用公用道路、水源、市政管网等公共设施的权利，避免对邻近的公共设施产生干扰。承包人占用或使用他人的施工场地，影响他人作业或生活的，应承担相应责任；

（六）应采取合理措施保护施工现场环境。对施工作业过程中可能引起的大气、水、噪声以及固体废物污染采取具体可行的防范措施。承包人应当承担因其原因引起的环境污染侵权损害赔偿责任；

（七）承包人应采取安全施工、文明施工措施，确保工程及其人员、材料、设备和设施的安全，防止因工程施工造成的人身伤害和财产损失，杜绝安全事故发生，并承担侵权损害赔偿责任；

（八）将发包人按合同约定支付的各项价款专用于合同工程，且应及时支付其雇用人员工资，并及时向分包人支付合同价款；

（九）协调总包与分包之间的关系，合理安排施工流程，对整个工程的质量、安全、工期、造价等全面负责，包括对分包人的过错承担连带责任；

（十）按照法律规定和合同约定编制竣工资料，完成立卷及归档，并按专用合同条款约定的竣工资料的套数、内容、时间等要求移交发包人等。

参考案例：沈阳市浑南区法院（2019）辽0112民初3024号“沈阳金泰盛达机电消防工程有限公司与沈阳浑南新城管理委员会、沈阳国家大学科技城管理委员会、中国十七冶集团有限公司、中冶东北建设（沈阳）工程技术有限公司、沈阳东兴建筑工程有限公司建设工程施工合同纠纷案”。

1.17　施工总承包与工程总承包有什么区别？

答：施工总承包与工程总承包的区别主要体现在以下三个方面：

（1）从概念上看，根据住房城乡建设部发布的《关于进一步推进工程总承包发展的若干意见》（建市〔2016〕93号）第1条规定，“工程总承包是指从事工程总承包的企业按照与建设单位签订的合同，对工程项目的设计、采购、施工等实行全过程的承包，并对工程的质量、安全、工期和造价等全面负责的承包方式。”施工总承包通常是指建筑工程发包方将全部施工任务发包给具有相应资质条件的施工总承包单位。

（2）从承包范围上看，工程总承包单位的承包范围更广，包括了工程的勘察、设计、采购、施工（包括各专业）、竣工验收、试运行等全流程；而施工总承包单位的承包范围仅包括施工，其负责整个工程所有分项、各专业的全部施工任务，即施工总承包在工程总承包的范围内。

（3）从工程总承包模式的优势上来看，工程总承包在勘察、设计、采购、施工等各个阶段的内部联系方面更加突出，在项目前期勘察、设计阶段，工程总承包单位即开始考虑施工的合理性和科学性，并对工程的工期、造价进行有效控制，有利于促进设计与施工深度融合，提升工程建设质量和效益。此外，工程总承包模式具有统一的管理目标、统一的组织体系、统一的管理规则、统一的信息化处理，有效避免了勘察、设计、施工、采购各个阶段的重叠、误解以及争执，在保证质量、安全和工期的前提下实现项目全生命周期管理，商业利润的空间更大。而施工总承包模式下，勘察、设计通常是由建设单位另行委托的第三方完成的，与施工单位相对独立，相互之间难以产生有效的联动效应。基于中央大力开展深化我国工程建设项目组织实施方式改革的指导思想，工程总承包模式是当前国内建筑领域大力倡导的一种项目管理模式。

1.18 联合体承包中各单位均承担什么责任？

答：组成联合体的各单位均承担连带责任。

依据《房建市政总承包管理办法》第十条第二款规定，“设计单位和施工单位组成联合体的，应当根据项目的特点和复杂程度，合理确定牵头单位，并在联合体协议中明确联合体成员单位的责任和权利。联合体各方应当共同与建设单位签订工程总承包合同，就工程总承包项目承担连带责任。”

参考案例：最高法（2018）民申2076号“四川省冶金设计研究院与贵州省冶金建设公司建设工程施工合同纠纷再审案”。

1.19 分包主要有哪些类型？

答：根据交易对象的不同，建筑工程分包包括专业工程分包和劳务作业分包两类。专业工程分包，是指施工总承包企业将其所承包工程中的专业工程发包给具有相应资质的其他建筑业企业完成的活动。劳务作业分包，是指施工总承包企业或者专业承包企业将其承包工程中的劳务作业发包给劳务分包企业完成的活动。按照合同签订形式分为自由分包、指定分包和独立分包。劳务分包方式包括自带劳务承包、零散的劳务承包和成建制的劳务分包。自带劳务承包是指建筑劳务分包公司将所承建的部分工程通过签订承包合同的形式，交由本公司职工具体承包施工，该承包人自招工人。零散的劳务承包是指企业临时雇用，往往是为了一个工程项目而临时招用工人。成建制的劳务分包是指以企业的形态从施工总承包企业或专业承包企业处承包劳务作业。

1.20 我国法律法规对建设工程中分包人申请特级资质有哪些具体要求？

答：施工总承包企业可以将专业工程或劳务作业依法分包给具有相应资质的专业承包企业或劳务分包企业；专业承包企业可将承接的专业工程中的劳务作业依法分包给具有相应资质的劳务分包企业；劳务分包作业不得再分包。

分包人申请特级资质，必须具备以下条件：

1. 企业资信能力。(1) 企业注册资本金3亿元以上；(2) 企业净资产3.6亿元以上；(3) 企业近三年上缴建筑业营业税均在5000万元以上；(4) 企业银行授信额度近三年均在5亿元以上。

2. 企业主要管理人员和专业技术人员要求。(1) 企业经理具有10年以上从事工程管理工作经历；(2) 技术负责人具有15年以上从事工程技术管理工作经历，且具有工程序列高级职称及一级注册建造师或注册工程师执业资格；主持完成过两项及以上施工总承包一级资质要求的代表工程或甲级设计资质要求的代表工程或合同额2亿元以上的工程总承包项目；(3) 财务负责人具有高级会计师职称及注册会计师资格；(4) 企业具有注册一级建造师（一级项目经理）50人以上；(5) 企业具有本类别相关的行业工程设计甲级资质标准要求的专业技术人员。

3. 科技进步水平。(1) 企业具有省部级（或相当于省部级水平）及以上的企业技术中心；(2) 企业近三年科技活动经费支出平均达到营业额的0.5%以上；(3) 企业已建立内部局域网或管理信息平台，实现了内部办公、信息发布、数据交换的网络化；已建立并开通了企业外部网站；使用了综合项目管理信息系统和人事管理系统、工程设计相关软件，实现了档案管理和设计文档管理。

参考案例：贵州黔南布依族苗族自治州中院（2019）黔27民终17号“湖北鼎天宏图建设工程有限公司、吴宗光建设工程分包合同纠纷案”。

1.21 承包人转包后对工程质量应当承担什么样的责任？

答：《建筑法》第六十七条规定：“承包单位将承包的工程转包的，或者违反本法规定进行分包的，责令改正，没收违法所得，并处罚款，可以责令停业整顿，降低资质等级；情节严重的，吊销资质证书。承包单位有前款规定的违法行为的，对因转包工程或者违法分包的工程不符合规定的质量标准造成的损失，与接受转包或者分包的单位承担连带赔偿责任。”

承包单位将承包的工程转包的（是转包行为），或者违反法律规定进行分包的（是违法分包行为），按法律规定，承包单位与接受转包或者违法分包的单位承担连带赔偿责任。

参考案例：广东广州番禺区法院（2017）粤0113民初180号“苏新民与陈英、朱少强装饰装修合同纠纷案”。

1.22　怎样识别挂靠关系?

答：工程实践中，第三方实际施工人，有转包和挂靠两种方式。一般而言，区分转包和挂靠，主要应从实际施工人有没有参与投标和合同订立等缔约磋商阶段的活动加以判断。转包是承包人承接工程后将工程的权利义务概括转移给实际施工人，转包中的实际施工人一般并未参与招标投标和订立总承包合同，其承接工程的意愿一般是在总承包合同签订之后，而挂靠是承包人出借资质给实际施工人，挂靠关系中的挂靠人在投标和合同订立阶段一般就已经参与，甚至就是其以被挂靠人的代理人或代表的名义与发包人签订建设工程施工合同。

因此，一般而言，应当根据投标保证金的缴纳主体和资金来源、实际施工人（挂靠人）是否以承包人的委托代理人身份签订合同、实际施工人（挂靠人）有没有与发包人就合同事宜进行磋商等因素，审查认定属于挂靠还是转包。

参考案例：最高院（2019）民申729号“重庆瑞昌房地产有限公司、白德强建设工程施工合同纠纷再审案”。

1.23　被挂靠人的损失能否向挂靠人追偿?

答：被挂靠人的损失不能向挂靠人追偿。

缺乏资质的单位或者个人借用有资质的建筑施工企业名义签订建设工程施工合同的，发包人有权请求出借方与借用方对建设工程质量不合格等因出借资质造成的损失承担连带赔偿责任。实践中，建筑施工企业出借资质造成的损失主要包括建设工程质量不合格、工期延误等损失。只要损失是由出借资质造成的，发包人就有权请求借用资质的单位或者个人与出借资质的建筑施工企业承担连带责任。审判实践中，人民法院通常将被挂靠单位与挂靠人向发包人共同承担连带责任，但并不当然享有追偿权。《民法典》中的连带责任追偿权首先是基于当事人双方合法的法律关系，而建设工程施工合同中挂靠协议本身是无效的，是法律所禁止的，一旦法院支持追偿权，则意味着法院变相鼓励和支持挂靠行为。这在逻辑上和法律上也是讲不通的。挂靠人之所以需要找被挂靠单位，是因为其本身的能力和资质不足以承揽该工程，因此即使挂靠人自愿承担责任，但受其经济能力影响，追偿权也很难以完全实现。

1.24　发包人现场代表在各类签证及往来文件上签字的效力如何认定?

答：发包人现场代表在各类签证及往来文件上签字的效力，原则上应当认定有效，除非有证据证明对方明知该人员无相应权限。发包人现场代表作为发包人任命并派驻施工现场，负责处理合同履行过程中与发包人有关的具体事宜的现场负责人，即使施工合同对两者的授权没有明确约定，其所作出的签证通常仍可认定为代表一方当事人实际履行合同的职务行为，或者可认定为虽超越一方当事人内部授权但已构成表见代理的行为，一般应当确认此类签证有效。需要注意的例外情形是，若一方有证据证明对方明知发包人现场代表或承包人项目经理无相应权限的，则该人员的签证对其所在一方不发生法律效力。例如，发包人对其现场代表的授权文件已明确现场代表不具有确认工程价款调整的权限，并且该授权文件在工程开工前已送达承包人等。《浙江高院解答》第十一条规定："要严格把握工程施工过程中相关材料的签证和确认。除法定代表人和约定明确授权的人员外，其他人员对工程量和价款等所做的签证确认，不具有法律效力。没有约定明确授权的，法定代表人、项目经理、现场负责人的签证、确认具有法律效力；其他人员的签证、确认，对发包人不具有法律效力，除非承包人举证证明该人员确有相应权限"。

参考案例：上海第二中院（2011）沪二中民二（民）终字第1831号"上海五天实业有限公司与一冶集团公司建设工程施工合同纠纷案"。

1.25 非发包人授权代表在结算工程量或工程价款等文件上签字的效力如何认定？

答：非发包人授权代表在结算工程量或工程价款等文件上签字的效力认定，原则上不应认定有效，除非对方有证据证明该人员具有相应权限。发包人或承包人派驻施工现场的其他工作人员，因其并非一方当事人任命代表该方履行合同的现场负责人，其在施工现场通常也不具有确定工程量和工程价款等职责，故对于此类人员的签证，对方当事人应当尽到合理的注意义务，核实清楚其是否具有相应的授权。因此，在施工合同对此类人员的签证权限没有明确约定或约定不明的情况下，其所作出的签证一般不应认定有效。

参考案例：上海第二中院（2011）沪二中民二（民）终字第1831号"上海五天实业有限公司与一冶集团公司建设工程施工合同纠纷案"。

1.26 勘察人能否对勘察费主张优先受偿权？

答：勘察人不能对勘察费主张优先受偿权。

根据《民法典》第七百八十八条第二项规定，建设工程合同包括工程勘察、设计、施工合同，而其第八百零七条规定：发包人逾期不支付的，除根据建设工程的性质不宜折价、拍卖外，承包人可以与发包人协议将该工程折价，也可以请求人民法院将该工程依法拍卖。建设工程的价款就该工程折价或者拍卖的价款优先受偿。但是，优先权行使主体是建设工程的承包人，优先受偿权范围是应当支付的工作人员报酬、材料费等实际支出费用。而工程勘察合同的义务是提供设计服务，就主体而言，勘察人不属于建设工程的承包人，主体不符；就债权性质而言，勘察费不是实际支出费用，不属于优先权的债权范围。

参考案例：吉林高院（2018）吉民终79号"吉林省吉电房地产开发有限责任公司与长春新星宇建筑安装有限责任公司建筑安装合同纠纷案"。

1.27 勘察合同对于勘察费用收取标准没有约定或者约定不明，该如何处理？

答：《民法典》第五百一十条规定："合同生效后，当事人就质量、价款或者报酬、履行地点等内容没有约定或者约定不明确的，可以协议补充；不能达成补充协议的，按照合同相关条款或者交易习惯确定。"第五百一十一条规定："价款或者报酬不明确的，按照订立合同时履行地的市场价格履行，依法应当执行政府定价或者政府指导价的，依照规定履行。"勘察合同对于勘察费用收取标准没有约定或者约定不明的处理可双方协商采取补救措施，按照订立合同时履行地的市场价格履行；有政府指导价的按照政府指导价执行。

参考案例：吉林高院（2018）吉民终 79 号"吉林省吉电房地产开发有限责任公司与长春新星宇建筑安装有限责任公司建筑安装合同纠纷案"。

1.28 设计成果未通过审批能否作为发包人拒绝支付设计费用的抗辩理由？

答：若设计成果只是第一次未通过审批，不宜认定为设计人构成根本违约；但若经过多次修改，仍不能通过审批，可认为设计人不具备相关专业能力，构成根本违约，发包人可拒绝支付设计费用。

我国《民法典》第五百六十三条规定：有下列情形之一的，当事人可以解除合同：（一）因不可抗力致使不能实现合同目的；（二）在履行期限届满前，当事人一方明确表示或者以自己的行为表明不履行主要债务；（三）当事人一方迟延履行主要债务，经催告后在合理期限内仍未履行；（四）当事人一方迟延履行债务或者有其他违约行为致使不能实现合同目的；（五）法律规定的其他情形。以持续履行的债务为内容的不定期合同，当事人可以随时解除合同，但是应当在合理期限之前通知对方。该条款将根本违约作为了兜底条款，这实际上是将根本违约作为解除合同条件。其中包括履行质量与约定严重不符，无法通过修理、替换、降价的方法予以补救的违约行为。而由于建筑工程设计合同的复杂性，第一次无法通过审批属于正常现象，有关部门的审查批复往往也会提出较为详细的修改意见，即使是出现了不符合规划条件、违反规范强制性条文等问题也仍有机会进行修改。但是若设计人经过多次修改，仍无法通过审批，则可以认定其缺乏应有的设计能力，构成根本违约，发包人有权解除合同，并拒绝支付设计费。

1.29 设计人应当如何承担设计责任？

答：在现阶段，我国有关工程设计民事责任的法律规定主要有：

1.《建筑法》第五十六条规定："建筑工程的勘察、设计单位必须对其勘察、设计的质量负责。"第七十三条规定："建筑设计单位不按照建筑工程质量、安全标准进行设计的……造成损失的，承担赔偿责任。"第八十条规定："在建筑物的合理使用年限内，因建筑工程质量不合格受到损害的，有权向责任者要求赔偿。"

2.《建设工程质量管理条例》第二十三条规定："设计单位应当就审查合格的施工图设计文件向施工单位作出详细说明。"第二十四条规定："设计单位应当参与建设工程质量事故分析，并对因设计造成的质量事故，提出相应的技术处理方案。"

3.《建设工程勘察设计管理条例》第三十条规定："建设工程勘察、设计单位应当在建设工程施工前，向施工单位和监理单位说明建设工程勘察、设计意图，解释建设工程勘察、设计文件。建设工程勘察、设计单位应当及时解决施工中出现的勘察、设计问题。"

4.《建筑工程施工质量验收统一标准》GB 50300—2013 第 6.0.3 条规定："勘察、设计单位项目负责人和施工单位技术、质量部门负责人应参加地基与基础分部工程的验收。设计单位项目负责人和施工单位技术、质量部门负责人应参加主体结构、节能部分工程的验收。"第 6.0.6 条规定："建设单位收到工程验收报告后，应由建设单位负责人组织施工、设计、监理等单位负责人进行单位工程验收。"

5.《房屋建筑工程质量保修办法》第十三条规定："保修费用由质量缺陷的责任方负责。"

按上述法律规定，与设计有关的民事责任可归纳为：

1. 保证设计质量。根据现行法律，该责任已经不仅仅限于返还设计费，即使在设计合同中约定了这一限制，也归于无效。

2. 图纸交底，并向施工单位作出详细说明，便于施工单位进行施工。

3. 事故处理。若事故是由设计造成的，由设计人提出相应的技术处理方案；若事故并非由设计原因造成，则仅需要参与事故分析。

4. 参加地基与基础、主体结构分部工程的验收和竣工验收。

5. 工程保修期限内，承担由于设计原因造成的保修费用。

6. 建筑物使用年限内，承担由于设计不符合要求（以设计时生效的设计规范为标准）造成的损害赔偿，此种责任为侵权责任，以发生损害事实为前提。

1.30 项目经理职务代理行为的法律后果由谁承担？

答：民事代理行为所产生的法律后果由被代理人承担，即项目经理所从事的职务代理行为应由其所在的公司法人承担法律后果。但是如果项目经理没有代理权、超越代理权或者代理权终止后的行为，没有取得被代理人即法人的追认，相对人有理由相信其有代理权，也应由其所在公司承担，否则，项目经理自行承担民事责任。

参考案例：北京昌平区法院（2009）昌民初字第 5894 号"徐州八一公司与佳莲伟业公司、昌平电影院、蓝天网架有限公司北京分公司建设工程施工合同纠纷案"。

1.31 建设工程施工中技术负责人的工作内容有哪些？

答：（1）组织深化施工组织设计，制订结合实际的施工方案，编制作业指导书，负责对全体管理人员进行施工组织设计交底，对工长和质安员分阶段进行施工技术交底。（2）负责建立项目质量保证体系，组织编写质量保证计划和质量通病防治措施，召开质量目标交底会议，落实质量职责制。（3）负责建立安全生产职责制，组织编写安全保证计划。(4) 负责与设计院的联系工作，组织图纸会审及交底工作，审查设计修改图纸，办理图纸会审、设计变更、技术变更核定单等技术资料，及时组织绘制竣工图。(5) 组织推广四新技术，落实技术示范推广工作，开展 QC 小组活动。(6) 组织单位工程的定位放线、测量工作；负责项目日常的质量、安全管理工作；负责解决施工中的技术问题；参加质量安全检查。(7) 负责工程分阶段质量验收及竣工后验收工作，参与项目工程质量事故和安全事故的调查、整改、处理和总结工作。(8) 负责组织工程技术、试验资料、竣工验收资料的收集、整理、归档工作。

1.32　监理工程师在哪些文件上签字对发包人具有约束力？在哪些文件上签字对发包人不具有约束力？

答：监理工程师在监理过程中签字确认的签证文件，涉及工程量、工期及工程质量等事实的，原则上对发包人具有约束力，涉及工程价款洽商变更等经济决策的，原则上对发包人不具有约束力，但施工合同对监理人员的授权另有约定的除外。

参考案例：最高院（2014）民一终字第 69 号“青海方升建筑安装工程有限责任公司与青海隆豪置业有限公司建设工程施工合同纠纷案”。

1.33　当事人诉讼前共同委托工程咨询公司对建设工程造价出具的咨询意见是否具有绝对约束力？

答：当事人诉讼前共同委托工程咨询公司对建设工程造价出具的咨询意见，不具有绝对约束力。

当事人在诉讼前共同委托工程咨询公司对建设工程造价出具的咨询意见，本质上属于专业咨询意见，不同于《民事诉讼法》中有关证据分类中的鉴定意见，咨询意见不能代替鉴定意见。最高院《建设工程司法解释（一）》第三十条规定：“当事人在诉讼前共同委托有关机构、人员对建设工程造价出具咨询意见，诉讼中一方当事人不认可该咨询意见申请鉴定的，人民法院应予准许，但双方当事人明确表示受该咨询意见约束的除外。”如果诉讼中当事人对咨询意见有分歧，则可以共同委托或者申请法院委托鉴定机构对工程造价进行司法鉴定。如果当事人明确表示接受咨询意见的约束，则表明当事人均认可该咨询意见的证据效力，该咨询意见对当事人具有法律效力。

参考案例：甘肃高院（2019）甘民终 290 号“古浪县道路运输管理局与武威市金塔建筑装饰工程公司建设工程施工合同纠纷一案。”

1.34　建设施工领域对工程造价咨询工作有何特殊规定？

答：根据《工程造价咨询企业管理办法》规定，建设施工领域工程造价咨询工作主要有资质许可、资质等级分类及标准、资质有效期限、不同资质等级的业务范围和跨省级行政区域承接业务须到建设工程所在地省、自治区、直辖市人民政府住房和城乡建设主管部门办理备案手续等特殊规定。

《工程造价咨询企业管理办法》第四条规定："工程造价咨询企业应当依法取得工程造价咨询企业资质，并在其资质等级许可的范围内从事工程造价咨询活动。"第八条规定："工程造价咨询企业资质等级分为甲级、乙级。"第九条规定："甲级工程造价咨询企业资质标准如下：(一) 已取得乙级工程造价咨询企业资质证书满3年；(二) 技术负责人已取得一级造价工程师注册证书，并具有工程或工程经济类高级专业技术职称，且从事工程造价专业工作15年以上；(三) 专职从事工程造价专业工作的人员（以下简称专职专业人员）不少于12人，其中，具有工程（或工程经济类）中级以上专业技术职称或者取得二级造价工程师注册证书的人员合计不少于10人；取得一级造价工程师注册证书的人员不少于6人，其他人员具有从事工程造价专业工作的经历；(四) 企业与专职专业人员签订劳动合同，且专职专业人员符合国家规定的职业年龄（出资人除外）；(五) 企业近3年工程造价咨询营业收入累计不低于人民币500万元；(六) 企业为本单位专职专业人员办理的社会基本养老保险手续齐全；(七) 在申请核定资质等级之日前3年内无本办法第二十五条禁止的行为。"第十条规定："乙级工程造价咨询企业资质标准如下：(一) 技术负责人已取得一级造价工程师注册证书，并具有工程或工程经济类高级专业技术职称，且从事工程造价专业工作10年以上；(二) 专职专业人员不少于6人，其中，具有工程（或工程经济类）中级以上专业技术职称或者取得二级造价工程师注册证书的人员合计不少于4人；取得一级造价工程师注册证书的人员不少于3人，其他人员具有从事工程造价专业工作的经历；(三) 企业与专职专业人员签订劳动合同，且专职专业人员符合国家规定的职业年龄（出资人除外）；(四) 企业为本单位专职专业人员办理的社会基本养老保险手续齐全；(五) 暂定期内工程造价咨询营业收入累计不低于人民币50万元；(六) 申请核定资质等级之日前无本办法第二十五条禁止的行为。"第十六条规定："工程造价咨询企业资质有效期为3年。"第十九条规定："工程造价咨询企业依法从事工程造价咨询活动，不受行政区域限制。甲级工程造价咨询企业可以从事各类建设项目的工程造价咨询业务。乙级工程造价咨询企业可以从事工程造价2亿元人民币以下各类建设项目的工程造价咨询业务。"第二十三条规定："工程造价咨询企业跨省、自治区、直辖市承接工程造价咨询业务的，应当自承接业务之日起30日内到建设工程所在地省、自治区、直辖市人民政府住房和城乡建设主管部门备案。"

1.35 在合同对审计主体约定不明时，能不能直接推定为国家审计机关的审计？

答：在合同对审计主体约定不明时，不能直接推定为国家审计机关的审计。

审计分为国家审计机关的审计和社会审计机构的审计。国家审计机关的审计是指国家审计机关根据有关法律法规对国家机关、行政事业单位和国有企业执行政府预算收支情况和会计资料实施检查审核、监督的专门性活动，审计人与被审计人之间是行政法律关系。社会审计机构的审计是审计机构接受当事人委托，结合当事人提供的材料，根据有关法律法规为当事人出具审计意见的活动，审计人与被审计人之间是民事法律关系。

适用国家审计机关的审计应以当事人明确约定以国家审计机关的审计作为结算依据为前提。在当事人对审计主体约定不明时，不能采用解释推定的方式直接适用国家审计机关的审计。否则，有违民法尊重当事人意思自治的基本原则。

参考案例：最高院（2012）民提字第205号“重庆建工集团股份有限公司与中铁十九局有限公司建设工程施工合同纠纷案”。

1.36　工程质量检测机构是否有权对工程质量合格与否进行评判?

答：对建筑工程进行质量检测工作是控制建筑施工质量、保障人员安全的主要手段。建筑工程质量检测机构不仅对建筑物的外观、结构、尺寸等方面的检测，也包括对其使用的如钢筋、水泥等的各种原材料、中间产品以及建筑物的物理性质、力学性质、工艺特性、化学成分等方面的检验，并且将检测结果视为评判其质量合格与否的依据。通常情况下，工程质量检测机构作为该领域的专业机构和权威机构，其对工程质量合格与否的评判结果，如无相反证据，足以推翻该检测结果，应当予以采信。

1.37　对工程实际竣工状态产生争议时，是应当采信城建档案馆对公司调取的图纸，还是采信施工单位调取的图纸?

答：《城市建设档案管理规定》第六条规定：“建设单位应当在工程竣工验收后三个月内，向城建档案馆报送一套符合规定的建设工程档案。凡建设工程档案不齐全的，应当限期补充……”此外，《国家基本建设委员会关于编制基本建设工程竣工图的几项暂行规定》规定：“三、编制竣工图的形式和深度，应根据不同情况，区别对待：(2) 凡在施工中，虽有一般性设计变更，但能将原施工图加以修改补充作为竣工图的，可不重新绘制，由施工单位负责在原施工图（必须是新蓝图）上注明修改的部分，并附以设计变更通知单和施工说明，加盖‘竣工图’标识后，即作为竣工图。(4) 竣工图一定要与实际情况相符……六、大中型建设项目和城市住宅小区建设的竣工图，不得少于两套，一套移交生产使用单位保管，一套交有关主管部门或技术档案部门长期保存……”依照上述规定，交由城建档案馆备案的竣工图应当为与实际情况相符的最终的验收竣工图。

因此，在双方对建设工程的实际竣工状态产生争议时，原则上应以交由城建档案馆备案的竣工图为准。

参考案例：四川高院（2018）川01民终13352号“常序一、汪华相邻关系纠纷案”。

1.38　承发包方能否另行约定由施工单位办理预验收?

答：虽然《城市建设档案管理规定》第八条规定：建设单位（发包方）是向城建档案馆办理工程档案预验收的法定主体，但是在实践操作过程中，一般是由施工单位提交相关材料并根据城建档案馆的验收意见进行整改（预验收）。因此，若承发包方双方当事人在《建设工程施工合同》中另行约定由施工单位办理预验收，并未违反法律禁止性规定，在该问题上应当充分尊重双方当事人的意思表示，该约定条款有效。

参考案例：湖南长沙中院（2015）长中民三终字第 04155“湖南新族房地产开发有限公司与中国建筑第五工程局第一建筑安装公司建设工程施工合同纠纷案”。

1.39 施工单位能否就档案预验收违法行为对城建档案馆提起行政诉讼？

答：城建档案馆的预验收行政行为，其行政相对人是建设单位，并非施工单位。另外，城建档案馆的预验收行为对施工单位的权利与义务不产生本质上影响，故施工单位也非该行政行为的“利害关系人”。

可以看出，施工单位对城建档案馆就档案预验收违法行为提起行政诉讼，不属于《行政诉讼法》规定的受理范围，其主体不适格。所以，施工单位无权就档案预验收违法行为对城建档案馆提起行政诉讼。

相关法律规定如下。《建设工程质量管理条例》第十七条规定：“建设单位应当严格按照国家有关档案管理的规定，及时收集、整理建设项目各环节的文件资料，建立、健全建设项目档案，并在建设工程竣工验收后，及时向建设行政主管部门或者其他有关部门移交建设项目档案。”《城市建设档案管理规定》第八条规定：“列入城建档案馆接收范围的工程，建设单位在组织竣工验收前，应当提请城建档案管理机构对工程档案进行预验收，预验收合格后，由城建档案管理机构出具工程档案认可文件。”

参考案例：安徽宿州中院（2018）皖 13 行终 111 号“福建泉州市二建工程有限公司、宿州市住房和城乡建设委员会城乡建设行政管理其他（城建）行政诉讼案”。

1.40 建筑企业营业执照被吊销能否成为诉讼主体？

答：建筑企业营业执照被吊销可以成为诉讼主体。

在实践中有下列两种观点：

一、对企业法人被吊销营业执照后民事诉讼主体资格问题的错误认识。当前，在司法实践中，大多数司法人员认为：企业法人的营业执照被国家工商行政管理部门吊销后，其法人的主体资格立即消灭，从而在民事诉讼中丧失了民事诉讼主体资格。他们的理由是：企业法人的主体资格，通过在国家工商行政管理部门登记注册后，由行政权授予，同样，企业法人的主体资格也应当通过行政权予以消灭。国家工商行政管理部门吊销企业法人营业执照的行为，通过行政权的行使，剥夺了企业法人从事经营活动的民事权利能力和民事行为能力。而企业法人的定义是“以赢利为目的的经济组织”。当企业法人被剥夺经营权时，其赢利的目的不能达到，企业法人也就失去了存在的基础，自然就丧失了民事主体资格。这种观点事实上是把民事权利能力和民事行为能力混为一谈。企业法人的营业执照被国家工商行政管理部门吊销后其民事行为能力受到限制，即失去了经营能力，但其民事主体资格依然存在，是否可以作为诉讼主体资格是反映其是否具有相应的民事权利能力。显然其作为法人主体未注销前，它依然具有相应的民事权利能力，当然具有民事诉讼主体资格。

二、在司法实践中，当遇到债权人对被吊销营业执照后的企业法人提起诉讼的时候，有些人民法院认为不应当以“丧失主体资格的企业法人”为被告提起诉讼，而应当以企业法人的开办单位、主管上级、股东为主体提起诉讼。同样，企业法人被吊销营业执照后，也不能作为原告起诉相对人。这是把开办单位、主管上级、股东应当承担的清算责任、足额出资及管理者的勤勉责任与被吊销企业的法人民事权利能力混为一谈，显然也是错误的。当然由于其开办单位、主管上级、股东等不能履行其相应的义务，而作为承担相应的责任，实践中列为共同被告是可以的，但不能就此把诉讼主体换成其开办单位、主管上级、股东。

可见，企业法人被吊销营业执照后其法人的民事诉讼主体资格仍然存续，企业法人因违反法律、行政法规被国家工商行政管理部门吊销营业执照后，只是停止了清算范围以外的活动，其法人的主体资格仍然存续。既可以当原告，也可以做被告。企业法人被吊销营业执照，只是解散程序的开始，而不是主体终结。解散程序从开始到企业法人注销登记要经过下列程序：（1）成立清算组；（2）依法严格清算；（3）清算结束后，清算报告要报股东大会或主管机关确认；（4）注销登记；（5）公告。这五项法律程序全部进行终结后，解散程序才告结束，企业法人主体资格才归于消灭。吊销企业法人营业执照，仅仅是一种解散事由的出现。建筑企业营业执照被吊销后可以作为诉讼主体参加诉讼活动。

1.41　合作开发项目，各方责任如何承担？

答：若存在几方主体合作开发项目，是否应对承包人承担连带责任，分以下几种情况分析：

1. 合作方成立项目公司开发建设，并由项目公司作为发包人签订施工合同的，项目公司为独立法人，是责任主体，各合作方不对承包人承担责任。

2. 合作方不成立项目公司，共同与发包人签订施工合同的，由合作方共同对承包人承担连带责任。

3. 合作方不成立项目公司，由其中一方与承包人签订施工合同的，如果确认各合作方通过协议方式已形成共同投资、共同经营、共享利益、共担风险的合伙关系的，由各合作方对承包人承担连带责任。如果各合作方是名为合作开发、实为借贷或土地出让等非真实合作开发关系的，则只能由签署合同的一方承担责任。

当然，从诉讼技巧的角度，承包人在起诉主张权利时应将各合作方都列为共同被告，至于是合作开发关系或是其他法律关系，由各合作方自行举证证明。

法人型联营应当按照约定各自独立承担民事责任而不承担连带责任，除非依照法律的规定或者协议的约定负连带责任的，才承担连带责任。

《最高人民法院关于审理涉及国有土地使用权合同纠纷案件适用法律问题的解释》第十四条规定：“本解释所称的合作开发房地产合同，是指当事人订立的以提供出让土地使用权、资金等作为共同投资、共享利润、共担风险合作开发房地产为基本内容的协议。”

企业合作开发房地产本质上属于法人型联营，合同各方内部关系按照“共同投资，共享利润、共担风险”，对外关系按照合同约定各自承担权利义务而不承担连带责任。企业合作开发房地产不属于个人合伙关系，不适用个人合伙对外承担连带责任的规定，而应当按照法人型联营各自承担责任的规定，除非依照法律的规定或者协议的约定负连带责任的才承担连带责任。

合作开发房地产合同各方对工程款债务清偿责任的承担有以下两种意见：

第一种意见：合作开发房地产合同一方作为发包人与承包人订立建设工程施工合同，承包人请求合作开发房地产合同的其他合作方对建设工程施工合同债务承担连带责任的，人民法院应予支持。

第二种意见：合作开发房地产合同一方作为发包人与承包人订立建设工程施工合同，承包人请求合作开发房地产合同的其他合作方对建设工程施工合同债务承担连带责任的，人民法院不予支持。

参考案例：广东广州中院（2006）穗中法民五初字第93号"广州市海珠区凤阳街五凤村民委员会等与广东省丝绸进出口集团金业物业发展有限公司等合资、合作开发房地产合同纠纷再审案"。

1.42 关联公司在诉讼中是否是承担责任的主体？

答：关联公司的人员、业务、财务等方面交叉或混同，导致各自财产无法区分，丧失独立人格的，构成人格混同；关联公司人格混同，严重损害债权人利益的，关联公司相互之间对外部债务承担连带责任。也就是说，人格混同的关联公司在诉讼中是承担责任的主体。

参考案例：最高院指导案例15号"徐工集团工程机械股份有限公司诉成都川交工贸有限责任公司等买卖合同纠纷案"；最高院（2008）民二终字第55号"中国信达资产管理公司成都办事处与四川泰来装饰工程有限公司、四川泰来房屋开发有限公司、四川泰来娱乐有限责任公司借款担保合同纠纷案"。

1.43 公司开办者是否是责任承担主体？

答：1990年12月国务院发布的《关于在清理整顿公司中被撤并公司债权债务清理问题的通知》（国发〔1990〕68号）明确规定，开办单位对所开办的企业法人的注册资金投入不实，应当在实际投入和注册资金差额的范围内，向债权人承担责任。《最高人民法院关于人民法院执行工作若干问题的规定（试行）》第八十条规定："被执行人无财产清偿债务，如果其开办单位对其开办时投入的注册资金不实或抽逃注册资金，可以裁定变更或追加其开办单位为被执行人，在注册资金不实或抽逃注册资金的范围内，对申请执行人承担责任。"也就是说，开办单位承担责任必须具备两个前提条件：一是被执行人无财产清偿债务或被执行财产不足以清偿债务；二是开办单位对其开办时投入的注册资金不实或抽逃注册资金。这里的"开办单位"实质上是指企业的投资者、股东，而不是习惯所称的"主管部门"，即使用"主管部门"一词，也不是指行政机关中行业管理部门或开办企业的审批部门，而是作为投资者意义上的"主管部门"。所谓"注册资金"，确切地说就是"注册资本"，是指企业成立时投资者投入的基本金，是有限责任公司和股份公司的股东在公司登记机关登记的股东实际缴纳的出资总额。作为公司经营资本的一部分，注册资本是公司承担风险、偿还债务的一项基本保证。所谓“不实”，就是企业实收资本与在工商机关登记注册的资本金有差额，没有达到注册的数额。我国《公司法》规定：“有限责任公司的股东以其出资额为限对公司承担责任，公司以其全部资产对公司的债务承担责任”“股东应当足额缴纳公司章程中规定的各自所缴的出资额”“股东在公司登记后，不得抽回出资”。因此，开办单位所投入注册资本不实或者抽逃注册资本时，就负有对所开办的企业缴足资本的义务，在企业负债时可以直接向企业的债权人清偿。由于这种债务具有更高的强制性，所以可直接在执行中裁定变更或追加其为被执行主体。

1.44　项目转让后的支付责任由谁承担?

答：合同转让是指合同权利、义务的转让，即当事人一方将合同的权利或义务全部或部分转让给第三人的现象，也就是说由新的债权人代替原债权人，由新的债务人代替原债务人，不过债的内容保持同一性的一种法律现象。合同转让，有的基于法律的直接规定而发生，此类转让称为法律上的转让，如被继承人死亡、作为遗产内容将合同权利义务移转于继承人；有的基于法律行为而发生转让，称为法律行为上的转让，如遗赠人通过遗嘱将其合同权利义务转让继承人或受遗赠人，或转让人与受让人通过订立转让合同而转让合同权利义务。其中，通过转让合同而转让合同权利，属于债权让与；通过转让合同而转让合同义务，称为债务承担。

因此，转让后的支付责任首先应该依据转让合同的约定，没有约定或约定不明确的，依照法律的规定处理。

《民法典》第五百五十一条规定：“债务人将债务的全部或者部分转移给第三人的，应当经债权人同意。债务人或者第三人可以催告债权人在合理期限内予以同意，债权人未作表示的，视为不同意。”

1. 该条规定的合同义务转移制度为当事人约定债务转移制度，具有如下法律特征：(1) 债务是可转移的，必须由当事人亲自履行的债务不能转移；(2) 约定债务转移的，以债权人同意为必要条件；(3) 产生了新的合同关系，转移前的合同关系消灭，转移后的合同关系产生；(4) 合同主体已经变更，第三人成为合同当事人。

2. 就《民法典》第五百五十一条规定的“合同义务转移”来说，又包含着两种形态：(1) 合同义务全部转让，即债权人或者债务人与第三人之间达成转让债务的协议，由第三人取代原债务人承担全部债务，原债务人已经脱离了原来的合同关系，通常被称为“免责的债务承担”。(2) 合同义务部分转让给第三人，通常被称为“并存的债务承担”，是指原有债务人并没有脱离原有合同关系，而由第三人加入合同关系，与原债务人一起共同向同一债权人承担合同义务。

无论是合同义务的全部转让还是部分转让，都要有转让债务的协议，而且协议必须要征得债权人的同意，转让合同义务的协议才能生效。这是因为债务作为一种义务，是债务人必须履行的，而且合同义务的履行直接关系到债权人利益的实现，从保护债权人利益出发，债务转让应当经债权人同意。

注意事项：债权债务的转让的一个法律限制是，如果法律法规规定转让权利或转移义务应当办理批准、登记手续的，当事人必须办理批准、登记，例如，中外合资企业合同中投资权益的转让须经对方的同意，并应报原审批机关批准；县级以上人民政府交通主管部门利用贷款或向企业、个人集资建成的国道收费权的转让，必须经国务院交通主管部门的批准方生效，等等。当事人应注意这一法律限制。

参考案例：北京市二中院（2013）二中民再终字第16344号“张国权上诉北京聚源置业有限公司项目转让合同纠纷案”。

1.45 名义发包人应当承担什么责任？

答：《民法典》第七百八十八条规定：“建设工程合同是承包人进行工程建设，发包人支付价款的合同。”从该条规定能够看出，是否承担支付工程款的义务是确定真正发包人和名义发包人的关键。

常见的名义发包人有三种：项目公司、筹建机构和合作一方。(1) 项目公司。投资各方共同组建有独立法人资格的项目公司，由项目公司负责工程建设，并对外签订工程合同、支付工程价款。项目公司完全符合发包人条件，是该工程的发包人，承担真正发包人的责任。(2) 筹建机构。投资各方设立不进行工商登记的筹建办公室或指挥部，由该机构对外完成招标投标及签约工作，由投资各方承担责任。(3) 合作一方。工程由合作各方共同投资，但由合作一方参与订立工程合同，负责工程建设的日常事务，其余各方不直接与承包人发生关系，但是合作各方是发包人，均应支付工程款。

1.46 依据中标通知书能否认定双方合同关系成立？

答：不能依据中标通知书认定双方合同关系成立。

虽然经过招标投标程序，招标人向投标人发出了中标通知书，但因没有根据招标投标文件签订书面合同，应认定合同未成立。《招标投标法》第四十六条规定：“招标人和中标人应当自中标通知书发出之日起三十日内，按照招标文件和中标人的投标文件订立书面合同。招标人和中标人不得再行订立背离合同实质性内容的其他协议。”《招标投标法实施条例》第五十七条规定：“招标人和中标人应当依照《招标投标法》和本条例的规定签订书面合同，合同的标的、价款、质量、履行期限等主要条款应当与招标文件和中标人的投标文件的内容一致。招标人和中标人不得再行订立背离合同实质性内容的其他协议。”《民法典》第四百九十条第二款规定：“法律、行政法规规定或者当事人约定合同应当采用书面形式订立，当事人未采用书面形式但是一方已经履行主要义务，对方接受时，该合同成立。”因此，应认定经过招标投标程序的建设工程施工合同属于要式合同，招标人和投标人应根据招标投标文件签订书面合同。否则，仅有中标通知书，招标人和投标人既没有签订书面合同，也没有实际履行内容，或者虽然有实际履行内容，但没有另一方对实际履行内容的认可，那么双方合同关系不成立。但是，因为招标投标活动属于合同的缔约阶段，双方形成的是预约合同关系，一方如果拒绝签订合同，应承担缔约过失责任。

参考案例：最高院（2014）民申字第952号“林州市采桑建筑劳务输出有限公司与天津市西青区大寺镇倪黄庄村民委员会、天津市华北建设有限公司建设工程施工合同纠纷申请再审案”。

1.47　工程决标时建设工程合同关系是否成立?

答：建设工程合同基本的订立方式之一是招标和投标。以招标投标方式订立建设工程合同，一般包含招标、投标和决标三个阶段。其中，招标相当于要约邀请，投标相当于要约，决标相当于承诺。就决标而言，在建设工程合同的决标中，包括开标、评标和定标这样几个环节。决标中的公开、公平、公正的原则是非常重要的。首先，招标人应当在规定的期限内，通知投标者参加，在有关部门的监督下，当众开标，宣布评标、定标办法，启封投标书和补充函件，公布投标书的主要内容和标底；其次，招标人在评标中应平等地对待每一个投标人，不偏袒某一方，按照公正合理原则，对投标人的投标进行综合评价；最后，在综合评价的基础上择优确定中标人。中标人一旦确定就是定标。当我们说，决标具有承诺的性质，其实质是指定标具有承诺的性质。既然是承诺，那定标就表示合同的订立，就对双方当事人都具有约束力。所以，招标人在决定中标人后，应向中标人发出中标通知，然后在规定的期限内与中标人正式签订建设工程合同。双方形成的是预约合同关系，一方如果拒绝签订合同，应承担缔约过失责任。

参考案例：最高院（2014）民申字第952号“林州市采桑建筑劳务输出有限公司与天津市西青区大寺镇倪黄庄村民委员会、天津市华北建设有限公司建设工程施工合同纠纷申请再审案”。

1.48　未履行招标投标程序，EPC工程总承包合同是否有效?

答：未履行招标投标程序签订的EPC工程总承包合同并不当然无效。

1. 关于强制招标主体

《招标投标法》第三条规定：在中华人民共和国境内进行下列工程建设项目（以下称“招标项目”）包括项目的勘察、设计、施工、监理以及与工程建设有关的重要设备、材料等的采购，必须进行招标：(1) 大型基础设施、公用事业等关系社会公共利益、公众安全的项目；(2) 全部或者部分使用国有资金投资或者国家融资的项目；(3) 使用国际组织或者外国政府贷款、援助资金的项目。”

《招标投标法》第八条规定：“招标人是依照本法规定提出招标项目、进行招标的法人或者其他组织。”很明显，提出上述招标项目的法人或其他组织应为项目投资人或项目法人，不可能是项目的EPC总承包商或其他承包商。

《招标投标法》第九条规定：“招标项目按照国家有关规定需要履行项目审批手续的，应当先履行审批手续，取得批准。”该规定也从另一方面说明，招标项目是指项目投资人或项目法人提出的工程建设项目，而非为EPC总承包商提出的分包项目。

另外，《招标投标法》关于法律责任的设定也是针对项目投资人或项目法人的。

《招标投标法》第四十九条规定：“违反本法规定，必须进行招标的项目而不招标的，将必须进行招标的项目化整为零或者以其他任何方式规避招标的，责令限期改正，可以处项目合同金额千分之五以上千分之十以下的罚款；对全部或者部分使用国有资金的项目，可以暂停项目执行或者暂停资金拨付。”

从处罚措施也可以看出，《招标投标法》强制招标的对象仍然是项目投资人或项目法人，并不包括项目的EPC总承包商。也就是说，《招标投标法》所强制招标的主体是指项目投资人或项目法人。

2. 关于分包

《招标投标法实施条例》第二十九条规定：“招标人可以依法对工程以及与工程建设有关的货物、服务全部或者部分实行总承包招标。以暂估价形式包括在总承包范围内的工程、货物、服务属于依法必须进行招标的项目范围且达到国家规定规模标准的，应当依法进行招标。”

《国务院办公厅关于促进建筑业持续健康发展的意见》（国办发〔2017〕19号）第三条第（三）项规定：除以暂估价形式包括在工程总承包范围内且依法必须进行招标的项目外，工程总承包单位可以直接发包总承包合同中涵盖的其他专业业务。

可以看出，工程总承包商对外分包工程，或采购货物、服务，原则上均无需进行招标；只有总承包范围内的暂估价项目，属于依法必须招标的项目且达到规定规模标准的，才需通过招标方式采购。

关于分包采购无需招标最为直接的规定是《建筑工程设计招标投标管理办法》。该文第九条规定：“鼓励建筑工程实行设计总包。实行设计总包的，按照合同约定或者经招标人同意，设计单位可以不通过招标方式将建筑工程非主体部分的设计进行分包。”虽然以上规定并非直接针对工程总承包下的分包采购，但是性质相同，完全可以类比。

除以上规定外，部分省市也有包含类似内容的文件，如上海市住房和城乡建设委员会发布的《上海市工程总承包试点项目管理办法》（沪建建管〔2016〕1151号）第十条规定：“工程总承包再发包，可以不再通过招标方式，但应当经建设单位同意，并在工程总承包合同中予以明确。”

《招标投标法》及其实施条例和配套的规章、规范性文件中的强制招标对象是项目投资人或项目法人，并不包括总承包商。

总承包商进行施工分包和货物、服务采购等活动，法律原则上不强制要求招标。但是需提醒和注意的是，以下情况下EPC总承包商仍应通过招标方式进行采购：以暂估价形式包括在总承包范围内的工程、货物、服务属于依法必须进行招标的项目范围且达到国家规定规模标准的；EPC总承包合同约定，EPC总承包商在进行分包采购时应采用招标方式的。

需要说明的是，在这种情况下，业主（项目法人）不得干预招标过程，否则将违反《招标投标法》第三十八条关于任何单位和个人不得非法干预、影响评标的过程和结果的规定。

EPC总承包商内部或上级单位规章制度要求在进行分包采购时应采用招标方式。此时EPC总承包商应遵守相关规章制度的要求，否则可能引发审计风险，国有企业和上市公司尤其需引起重视。

因此，未履行招标投标程序签订的EPC工程总承包合同，并不当然无效。

参考案例：最高院（2018）民终1108号“西部中大建设集团股份有限公司与中国中铁股份有限公司建设工程分包合同纠纷案”。

1.49　未经招标投标程序的工程代建合同是否有效？

答：未经招标投标程序的工程代建合同未必无效。

工程代建是指建设单位通过招标等方式，选择专业化的工程项目管理单位（简称代建单位），委托其负责项目的组织实施，严格控制项目投资、质量和工期，建成后再移交。可见，工程代建合同不是施工类合同，而是服务类合同。实行代建制的项目，原有的建设程序和要求不变。

《招标投标法》第三条规定："在中华人民共和国境内进行下列工程建设项目包括项目的勘察、设计、施工、监理以及与工程建设有关的重要设备、材料等的采购，必须进行招标：（一）大型基础设施、公用事业等关系社会公共利益、公众安全的项目；（二）全部或者部分使用国有资金投资或者国家融资的项目；（三）使用国际组织或者外国政府贷款、援助资金的项目。"

前款所列项目的具体范围和规模标准，由国务院发展计划部门会同国务院有关部门制订，报国务院批准。

《招标投标法实施条例》第二条规定："招标投标法第三条所称工程建设项目，是指工程以及与工程建设有关的货物、服务。前款所称工程，是指建设工程，包括建筑物和构筑物的新建、改建、扩建及其相关的装修、拆除、修缮等；所称与工程建设有关的货物，是指构成工程不可分割的组成部分，且为实现工程基本功能所必需的设备、材料等；所称与工程建设有关的服务，是指为完成工程所需的勘察、设计、监理等服务。"

国家发展和改革委员会令（第16号）对必须招标的工程项目的具体范围和规模标准在《必须招标的工程项目规定》中做了详细规定，其中第五条规定："本规定第二条至第四条规定范围内的项目，其勘察、设计、施工、监理以及与工程建设有关的重要设备、材料等的采购达到下列标准之一的，必须招标：（一）施工单项合同估算价在400万元人民币以上；（二）重要设备、材料等货物的采购，单项合同估算价在200万元人民币以上；（三）勘察、设计、监理等服务的采购，单项合同估算价在100万元人民币以上。同一项目中可以合并进行的勘察、设计、施工、监理以及与工程建设有关的重要设备、材料等的采购，合同估算价合计达到前款规定标准的，必须招标。"

由此可见，未经招标投标程序的工程代建合同是否有效，取决于该代建项目工程的性质、资金来源和合同估算价的大小，符合《招标投标法》及《必须招标的工程项目规定》中必须招标的项目，未进行招标投标程序，其代建合同因违反法律和行政法规的强制性规定而无效，反之则有效。

参考案例：广东高院（2017）粤民终2645号"广州江南房产有限公司、广州常元房地产开发实业有限公司委托代建合同纠纷案"。

1.50　商品住宅是否属于必须招标的项目？

答：商品住宅不属于必须招标项目。

根据《招标投标法》《必须招标的工程项目规定》《必须招标的基础设施和公用事业项目范围规定》，必须招标的工程建设项目分为三大类别：

1. 全部或者部分使用国有资金投资或者国家融资的项目，包括：(1) 使用预算资金200万元人民币以上，并且该资金占投资额10%以上的项目；(2) 使用国有企业事业单位资金，并且该资金占控股或者主导地位的项目。

2. 使用国际组织或者外国政府贷款、援助资金的项目，包括：(1) 使用世界银行、亚洲开发银行等国际组织贷款、援助资金的项目；(2) 使用外国政府及其机构贷款、援助资金的项目。

以上项目的采购达到下列金额标准之一的，必须招标：(1) 施工单项合同估算价在400万元人民币以上；(2) 重要设备、材料等货物的采购，单项合同估算价在200万元人民币以上；(3) 勘察、设计、监理等服务的采购，单项合同估算价在100万元人民币以上。

3. 大型基础设施、公用事业等关系社会公共利益、公众安全的项目。《必须招标的基础设施和公用事业项目范围规定》（发改法规规〔2018〕843号）第二条规定："不属于《必须招标的工程项目规定》第二条、第三条规定情形的大型基础设施、公用事业等关系社会公共利益、公众安全的项目，必须招标的具体范围包括：（一）煤炭、石油、天然气、电力、新能源等能源基础设施项目；（二）铁路、公路、管道、水运，以及公共航空和A1级通用机场等交通运输基础设施项目；（三）电信枢纽、通信信息网络等通信基础设施项目；（四）防洪、灌溉、排涝、引（供）水等水利基础设施项目；（五）城市轨道交通等城建项目。"

该条已将民间资本投资较多的商品住宅项目等从必须招标的工程项目范围中删除，故商品住宅项目未进行招标投标，不影响建设工程施工合同效力。

参考案例：最高院（2020）民终305号"北海智弘投资有限公司、张均智建设工程施工合同纠纷案"。

1.51 建设工程合同低于成本价而签，中标合同是否有效？

答：对必须招标工程，如建设工程合同低于成本价（中标）而签，因违反法律强制性规定而无效。

《招标投标法》第三十三条规定："投标人不得以低于成本的报价竞标。"第四十一条规定："中标人的投标应当符合下列条件之一：(二) 能够满足招标文件的实质性要求，并且经评审的投标价格最低；但是投标价格低于成本的除外。"由此可见，对必须招标的工程，如建设工程合同低于成本价（中标）而签，因违反法律强制性规定而无效。对于非必须招标的工程，建设工程合同低于成本价而签的效力问题，法律虽然没有明确的规定，但由于建设工程合同成本价事关工程质量大计，如果施工人以低于成本价签订合同承接工程后，受利益驱使，势必会在施工过程中偷工减料，从而给工程质量带来严重隐患，也极易产生工程纠纷。同时，这种低于成本价签订合同承接工程的不正当竞争的做法，也必定扰乱建筑市场的正常秩序，危害建筑市场的健康发展，从而损害国家、集体、第三人利益和社会公共利益。因此，审判实践中，为确保工程质量和建筑市场的健康发展，也应结合《民法典》《反不正当竞争法》相关规定，应认定为无效。

另外，对于成本价又应作何理解呢？我国《招标投标法》并未对成本作出进一步解释。那么这个成本是“社会平均成本”还是“企业个别成本”呢？如果是“社会平均成本”，那么企业管理先进，成本就低，反而中不了标。如果是“企业个别成本”，则评标人和其他竞标人也无从知晓投标人的成本是多少。所以实践中存在对于成本认定较难的情况。当然，有的招标人意识到这种情况，在招标文件中要求投标人编制投标价的具体构成，以明确这就是企业成本，以防日后扯皮，不失为一个较好的办法。

参考案例：2009年6月10日，被告明生聋哑学校将教学楼工程对外招标，确定标底价790万元。原告新淮建筑公司与中淮建筑公司等其他建筑公司一同参与投标。由于新淮建筑公司与中淮建筑公司一直是生意上的竞争对手，双方在一同竞标时便各不相让。为确保中标，原告便进行压价投标，最终以550万元中标并与被告签订了工程施工合同。施工期间，原告完成教学楼近1/3时认为亏损严重，便停工与被告协商增加工程价款，但遭到被告的拒绝。原告遂提起诉讼，要求确认合同无效和支付已完工工程价款。被告则请求按合同约定结算工程价款。案件审理期间，法院根据原告申请按合同约定计价方法、标准并结合合同总价情况进行已完工工程质量与工程量鉴定，结论为质量合格、造价220万元。

法院经审理认为：本案原告低于成本价与被告签订工程施工合同，违反了法律强制性规定，双方所签合同应属无效合同。因已完工工程质量合格，根据无效合同工程质量合格可参照合同约定结算工程价款的规定，故对被告请求予以采纳；由于原告工程并未完工，已完工工程造价为220万元，故判决被告支付原告工程款220万元。

律师分析：《招标投标法》第三十三条规定：“投标人不得以低于成本的报价竞标”，该规定属于法律强制性禁止规定。本案中，原告为排挤竞争对手，以明显低于成本价的投标价格中标，违反了上述法律强制性禁止规定，应认定双方所签合同无效。《民法典》第七百九十三条关于“建设工程施工合同无效，但是建设工程经验收合格的，可以参照合同关于工程价款的约定折价补偿承包人”的规定，虽未提及发包人是否可以要求参照合同约定支付工程价款，但根据合同当事人地位平等和权利义务一致性原则，发包人也应当适用该司法解释规定。故法院在发包人请求参照合同约定支付工程价款的情况下，判决按合同约定价款由被告履行付款义务是正确的，这样的处理有利于打击和扼制投标人恶意投标，从而引导建筑市场的健康发展。

1.52 让利条款效力如何认定？

答：我们认为该让利条款不具有相应的效力。

承包人通过招标投标中标，与发包人签订建设工程施工合同后，又向发包人出具让利承诺书，承诺对承建工程予以让利，该让利承诺书是否有效，主要有两种不同观点：

一种观点认为，发包人与承包人按照招标文件订立建设工程施工合同后，承包人单方出具让利承诺书，承诺对承建工程予以让利，该让利承诺书构成对工程价款的实质性变更，该承诺书无效，不产生变更建设工程施工合同的效力。

另一种观点认为，承包方在中标后向发包方出具的让利承诺书，是当事人之间的真实意思表示，是目前建筑市场的普遍现象，应认定为有效，但可以在双方约定的基础上适当限制让利比例。

实务中承包人向发包人出具让利承诺书背景和原因多样，对让利承诺书的效力问题也不能一概而论，应具体情况具体分析。

认定让利承诺书无效的情形如下：

第一，《招标投标法》第四十六条第一款规定："招标人和中标人不得订立与招标投标文件实质性内容相违背的其他协议。"根据该条规定，如果在确定中标人后，中标人向招标人承诺让利，该让利承诺与招标投标合同实质背离，则该承诺应为无效，不产生变更中标建设工程施工合同的效力。

第二，招标投标活动的基本原则决定让利承诺书应为无效。根据《招标投标法》《建筑法》及《民法典》等法律规定，建筑工程招标投标的基本原则是公开、公平与公正。显然，如果允许中标人在中标合同之外，对中标工程予以大幅让利，实际上侵害了其他投标主体平等参与竞争的权利，构成对招标投标活动的基本原则的违反，应认定为无效。

第三，承诺让利的行为有可能给工程质量带来隐患，侵害公共利益。当前建筑工程领域竞争激烈，高成本，高风险，但利润并不高，如果承包人再予以大幅让利，极有可能危及工程质量，危及广大购房者的生命财产安全，最终侵害公共利益。基于此，对不合理的让利承诺应予以否认。

避免让利承诺书无效的建议如下：

第一，在中标合同签订的同时，或者签订中标合同后，承包人承诺给予不超过该工程利润范围的优惠，且直接把让利内容写入中标备案合同中。这种情况下，没有影响其他竞标人的公平竞争，可认定让利条款对双方均有约束力。

第二，对于那些依法不需要进行招标投标的工程，双方当事人不经过招标投标程序签订建设工程施工合同后，承包人再向发包人出具让利承诺书的，系对原合同的正常变更，不能视之为"黑合同"，这种情况下的让利承诺书也是有效的。

1.53 内部承包合同与借用资质有什么区别?

答：内部承包合同是承包人与其内部员工之间明确权利义务关系的协议，是企业内部经营的一种方式。借用资质是没有相应资质的单位或个人借用有资质的建筑企业名义承揽工程的行为，通常称为"挂靠"。

两者在合同主体、内部关系和法律效力等方面存在如下区别：(1) 合同主体不同。内部承包合同的主体是承包单位与其内部员工，而借用资质的主体是没有相应资质的实际施工人与有资质的建筑施工企业。(2) 内部关系不同。内部承包合同属于建筑施工企业内部承包经营方式，承包人在施工中所需资金、材料和技术等一般由建筑施工企业提供，两者存在管理与被管理的隶属关系。而借用资质的实际施工人与被挂靠企业是平等的民事主体，不存在隶属关系。(3) 法律效力不同。内部承包关系中，建筑施工企业应对工程施工过程及质量进行管理，对外承担施工合同的权利和义务，当事人一方以内部承包合同中的承包方无施工资质为由主张该承包合同无效的，不予支持。而借用资质关系中，根据《建设工程司法解释（一）》第一条第二项规定："建设工程施工合同具有下列情形之一的，应当根据《民法典》第一百五十三条第一款的规定，认定无效：（二）没有资质的实际施工人借用有资质的建筑施工企业名义的。"应认定该借用资质承包合同无效。

1.54　被挂靠人享有哪些权利？承担哪些责任？

答：1. 被挂靠人享有如下权利：(1) 根据其与挂靠人之间的挂靠协议向挂靠人收取管理费等费用；(2) 被挂靠人对外承担责任后，根据其与挂靠人之间的挂靠协议向挂靠人行使追偿权。

2. 被挂靠人承担如下责任：(1) 被挂靠人与挂靠人对上游发包方承担连带赔偿责任。《建筑法》第六十六条规定："建筑施工企业转让、出借资质证书或者以其他方式允许他人以本企业的名义承揽工程的，责令改正，没收违法所得，并处罚款，可以责令停业整顿，降低资质等级；情节严重的，吊销资质证书。对因该项承揽工程不符合规定的质量标准造成的损失，建筑施工企业与使用本企业名义的单位或者个人承担连带赔偿责任。"(2) 被挂靠人对下游第三方是否承担责任视挂靠经营的情形而有所不同。①挂靠人明确以被挂靠人的名义与第三方为民事法律行为，第三方有理由相信其是在与被挂靠人发生法律关系的，被挂靠人与挂靠人对第三方承担连带责任。②挂靠人明确以自己的名义与第三方为民事法律行为，第三方也认为自己是与挂靠人发生法律关系的，被挂靠人不承担责任。

1.55　劳务分包与工程转包有什么区别？

答：劳务分包是指施工总承包企业或专业承包企业将其承包工程的劳务作业发包给劳务承包企业。

劳务分包与工程转包有如下区别：(1) 对象不同。劳务分包仅指向工程中的劳务，而转包的对象是工程或分部分项工程。在劳务分包的情况下，劳务作业发包人仅将其承包建设工程任务中的劳务作业任务分包给劳务作业承包人。而在转包的情况下，转包人是将承包的全部建设工程任务转让给转承包人，包括建设工程任务中的经济技术责任、管理责任及劳务作业任务。(2) 合同效力不同。劳务分包属于合法行为，法律对劳务分包并不禁止；而转包属于法律法规所明确禁止的无效行为。(3) 法律后果不同。劳务分包双方互相按合同承担相应责任，并不共同向发包人承担连带责任；而转包双方对工程质量或其他问题要对发包人承担连带责任。

1.56　工程分包与转包有什么区别？

答：分包是指从事工程总承包的单位将所承包的建设工程的一部分依法发包给具有相应资质的承包单位的行为。

两者可以从主体、对象、合同效力、对应的义务四个方面进行区别。

(1) 主体不同。转包发生在总承包人和转承包人之间；分包则发生在总承包人与分包人之间。

(2) 对象不同。转包的对象是施工合同的全部工程；分包仅指主体工程外的分部分项工程，是发包合同中的一部分。

(3) 合同效力不同。转包属于法律法规所明确禁止的无效行为；违法分包为法律所禁止，而建设工程总承包合同中明确约定了可以分包或者经建设单位认可的分包属于合法行为。

(4) 对应的义务不同。转包合同中，总承包人不履行建设工程合同全部义务，不履行施工、管理、技术指导等责任；而分包合同中，总承包人成立项目部，派出专业技术人员对分承包人的工作内容进行监督、管理和指导。

1.57 总公司将其承包工程交由其子公司施工和管理，是否属于工程转包？

答：住房和城乡建设部发布的《建筑工程施工发包与承包违法行为认定查处管理办法》第八条第一款规定："承包单位将其承包的全部工程转给其他单位（包括母公司承接建筑工程后将所承接工程交由具有独立法人资格的子公司施工的情形）或个人施工的，应认定为转包，但有证据证明属于挂靠或者其他违法行为的除外。"故根据上述规定，总公司将其承包的工程交由其子公司施工和管理属于工程转包。

参考案例：最高院（2017）民终 743 号"中国十五冶金建设集团有限公司、中铁四局集团有限公司第七工程分公司建设工程施工合同纠纷案"。

1.58 施工合同无效能否收取"管理费"？

答：关键看是否进行了管理。由于建设工程实践中建筑企业资质的限制，众多无资质的市场主体出于利益考量往往会采取转包、违法分包、挂靠方式进入建筑市场。在这些通过转包、违法分包、挂靠签订的合同中，转包人、违法分包人、被挂靠人往往会约定实际施工人上缴或扣除某个比例或数额的"管理费"，以获取差价。当转包人、违法分包人、被挂靠人按合同约定进行了实际管理，其管理工作产生的实际投入便成为工程价款的一部分。工程验收合格，实际施工人对转包人、违法分包人、被挂靠人的管理成果应负有折价补偿义务。尽管转包、违法分包、挂靠合同无效，但关于管理费的约定本身就属于工程价款结算的一部分，理应根据《民法典》第 793 条规定进行折价补偿。

参考案例：最高院（2020）民申 2954 号"陕西煜塬建筑工程有限公司、西北建设有限公司建设工程施工合同纠纷再审案"。

1.59 带资、垫资施工合同效力如何认定？

答：带资、垫资合同是指建设工程的发包方和承包方在签订施工合同时明确约定，建设单位不预付工程款，而由施工单位自带资金先行施工，工程实施到一定阶段或程度时，再由建设单位分期分批地给付施工单位工程款的建设工程施工合同。带资、垫资施工的主要表现形式有：(1) 发包人和承包人在合同中明确约定承包人自带部分或全部资金，把垫资承包作为承包人的一项合同义务看待。(2) 合同中无垫资施工条款，但签订补充协议明确约定垫资义务。(3) 合同中虽未明确约定承包人的垫资义务，但在合同实际履行中双方达成默契，由承包人带资建设或发包人延付工程款承包人被迫垫资建设。

对带资、垫资合同的性质，以前有不同看法。但现在无论法学理论界、立法、司法均一致认定，带资、垫资施工合同是契约当事人根据意思自治的基本原则，在工程合同中发包人与承包人就承包人进行工程建设、发包人支付价款的一种约定，应当受到法律保护。

以前，建设工程施工合同中的垫资、带资条款或合同的性质为企业法人间违规拆借资金，这种行为违反了国家计划委员会、建设部和财政部联合发布的《关于严格禁止在工程建设中带资承包的通知》，对认定有效或是无效存在一定争议。存在即合理，我国现行法律、行政法规对带资、垫资承包问题没有禁止，且部门规章低于法律、行政法规，不能依法认定无效。在司法实践中逐渐确定了一条规则，建设工程施工合同中的垫资条款或者合同有效，并按照以下方式进行处理：(1) 发、承包双方对垫资利息计算标准的约定不能超过国家法定基准利率，如超出，则对超出部分不予保护。(2) 发、承包双方对垫资利息没有约定的，承包人请求支付利息，不予支持。(3) 发、承包双方对垫资没有约定的，按照工程欠款处理。参考《建设工程司法解释（一）》第二十五条规定。

参考案例：(2001) 黔高法民一终字第25号“贵阳云立房地产综合开发公司与铁道部第五工程局直属工程总队建设工程施工合同纠纷案”。

1.60　企业内部承包施工合同效力如何认定?

答：建设工程施工合同的承包人与其下属分支机构或职工就所承包的全部或部分工程施工所签订的承包合同为企业内部承包合同，属于建筑施工企业的一种内部经营方式，法律和行政法规对此并不禁止，承包人仍应对工程施工过程及质量等进行管理，对外承担施工合同的权利和义务。当事人以内部承包合同的承包方无施工资质为由主张合同无效的，不应支持。

但这里说的是内部承包施工合同，如果内部承包人不是公司员工，与施工企业之间不存在劳动关系，不接受施工企业的管理，自行组织施工，并向施工企业缴纳管理费，这不是真正意义上的内部承包。所谓的内部承包施工合同，事实上是个人挂靠有资质的施工企业而进行的挂靠施工，在法律上属于借用资质，这样的合同属于无效合同。这不属于我们这里所说的内部承包合同。

参考案例：最高院（2013）民提字第153号“周汉军与山西中宇公司与建兴公司建设工程施工合同纠纷案”。

1.61　项目经理对工程款、工程量签字确认的效力如何认定?

答：施工合同履行过程中，承包人的项目经理以承包人名义在结算报告、签证文件上签字确认、加盖项目部章或者收取工程款、接受发包人供材等行为，原则上应当认定为职务行为或表见代理行为，对承包人具有约束力，但施工合同另有约定或承包人有证据证明相对方知道或应当知道项目经理没有代理权的除外。

参考案例：四川高院（2019）川1702民初3039号“姚大坤与四川省建筑机械化工程有限公司建设工程施工合同纠纷案”。

1.62 不属于必须招标工程的施工合同效力如何认定？

答：由于不属于必须招标的工程的施工合同，因而不受《招标投标法》的约束，但其受到《建筑法》和《民法典》的调整。其中，《建设工程司法解释（一）》第一条规定："建设工程施工合同具有下列情形之一的，应当依据《民法典》第一百五十三条第一款的规定，认定无效：（一）承包人未取得建筑施工企业资质或者超越资质等级的；（二）没有资质的实际施工人借用有资质的建筑施工企业名义的；（三）建设工程必须进行招标而未招标或者中标无效的。"

除了上述无效的情形外，按照意思自治的原则，如没有其他违反法律和行政法规强制性规定的，非必须招标的工程施工合同并不当然无效。

参考案例：最高院（2015）民申字第280号"麟凯公司与乾荣公司建设工程施工合同纠纷案"。

1.63 补办招标手续的施工合同效力如何认定？

答：施工合同是否有效，取决于该施工项目是否属于必须招标的项目。不是必须招标的项目，施工合同并不当然无效。属于必须招标的项目，即便补办招标手续，该施工合同仍然无效。

《招标投标法》第三条规定："在中华人民共和国境内进行下列工程建设项目，包括项目的勘察、设计、施工、监理以及与工程建设有关的重要设备、材料等的采购，必须进行招标：（一）大型基础设施、公用事业等关系社会公共利益、公众安全的项目；（二）全部或者部分使用国有资金投资或者国家融资的项目；（三）使用国际组织或者外国政府贷款、援助资金的项目。前款所列项目的具体范围和规模标准，由国务院发展计划部门会同国务院有关部门制订，报国务院批准。"法律或者国务院对必须进行招标的其他项目的范围有规定的，依照其规定。国务院批准的《工程建设项目招标范围和规模标准规定》进一步明确了应当进行招标投标的范围和标准，关系社会公共利益、公众安全的公用事业项目的范围包括："（一）供水、供电、供气、供热等市政工程项目；（二）科技、教育、文化等项目；（三）体育、旅游等项目；（四）卫生、社会福利等项目；（五）商品住宅，包括经济适用住房；（六）其他公用事业项目。"同时根据《建设工程司法解释（一）》第一条规定，建设工程施工合同具有下列情形之一的，应当依据《民法典》第一百五十三条第一款的规定，认定无效：承包人未取得建筑施工企业资质或者超越资质等级的；没有资质的实际施工人借用有资质的建筑施工企业名义的；建设工程必须进行招标而未招标或者中标无效的。

由此可见，根据《招标投标法》《工程建设项目招标范围和规模标准规定》等规定必须招标投标的建设工程项目，由于发包人与承包人前期已经签订了施工合同，承包人已经进场施工，后为了应付检查，补办了招标投标手续，根据中标通知书，另行签订了一份施工合同，对于必须招标投标而未招标投标或者中标无效的，建设工程施工合同无效。

参考案例：陕西西安雁塔区法院（2017）陕0113刑初967号"陈德明、邵荣等玩忽职守罪一案"。

1.64　中标施工合同变更的效力如何认定？

答：如果变更属于招标施工合同的实质内容的，该变更无效。

《2015审判工作纪要》第44条规定："招标人和中标人另行签订改变工期、工程价款、工程项目性质等影响中标结果实质性内容的协议，导致合同双方当事人就实质内容享有的权利义务发生较大变化的，应认定为变更中标合同实质性内容。"《建设工程司法解释（一）》第二条规定："招标人和中标人另行签订的建设工程施工合同约定的工程范围、建设工期、工程质量、工程价款等实质性内容，与中标合同不一致，一方当事人请求按照中标合同确定权利义务的，人民法院应予支持。"招标人和中标人在中标合同之外就明显高于市场价格购买承建房产、无偿建设住房配套设施、让利、向建设单位捐赠财物等另行签订合同，变相降低工程价款，一方当事人以该合同背离中标合同实质性内容为由请求确认无效的，人民法院应予支持。根据以上法律规定，招标投标双方在同一工程范围下另行签订的变更施工工期、质量标准、工程价款、计价方式等中标结果的协议，或者是以其他方式变相降低工程价款的，应认定为对中标合同实质性条款的变更。

参考案例：湖南高院（2009）湘民一终字第32号"湖南路桥建设集团公司与湖南省郴州高等级公路建设有限公司建设工程施工合同纠纷案"。

1.65　与中标通知书约定不一致的施工合同效力如何认定？

答：《招标投标法》第四十六条规定："招标人和中标人应自中标通知书发出之日起三十日内，按照招标文件和中标人的投标文件订立书面合同。招标人和中标人不得再行订立背离合同实质性内容的其他协议。"此类协议视为无效。由此可见，人民法院的态度非常明确，只要是补充协议背离了中标合同的实质性条款，便被认定为无效。

参考案例：湖南高院（2009）湘民一终字第32号"湖南路桥建设集团公司与湖南省郴州高等级公路建设有限公司建设工程施工合同纠纷案"。

1.66　结算和清理补充协议的效力如何认定？

答：《民法典》第五百六十七条规定："合同的权利义务关系终止，不影响合同中结算和清理条款的效力。"由此可见，结算和清理补充协议的效力不因合同权利义务关系的终止而无效。

参考案例：最高院（2018）民终556号"中国新兴建设开发有限责任公司与海上嘉年华（青岛）置业有限公司建设工程施工合同纠纷案"。

1.67　黑白合同的效力如何认定？

答：所谓黑白合同，指的是建设工程合同的当事人就同一建设工程项目、相同的施工范围所签订的两份或者两份以上"实质性内容"不一致的合同。通常将经过招标投标并备案的合同称为白合同，把未经招标投标且未备案的合同称为黑合同。最高人民法院有关司法解释并没有排除建设施工合同双方当事人依法变更合同的权利，因为合同变更是《民法典》赋予合同当事人的法定权利。例如，在中标合同履行过程中客观情况突然发生了重大变化，或是设计发生重大变更导致工程量的重大增减，承包人与发包人经协商对中标合同的实质性内容作出修改，这应当属于正常的合同变更情况。总之，既要保证当事人的合同变更权不受限制和排除，又要防止当事人通过签订“黑白合同”作为不正当竞争。黑白合同效力分类可以分为以下几点：(1) 黑合同在前，白合同在后，均无效。法律和行政法规规定必须进行招标的工程项目，发包人未通过招标而直接与施工方签订承包合同，将工程发包给施工方，为规避政府监管和履行备案手续而补办招标手续，进行走形式招标投标或者连招标投标的形式都没有而直接虚构招标事实并编制与之相对应的招标文件，签订相应的白合同。(2) 白合同在前，黑合同在后；或黑白合同同时签订，属于变更行为。法律法规规定必须进行招标的工程，发包方与施工方签订备案合同后，同时签订一份有异于备案合同的私下合同，一般会伴随着双方的承诺书，声明备案合同仅用于履行备案手续，不作为实际履行。对于此种黑白合同，不能简单地以备案与否作为合同是否生效的依据，备案只是政府对建设工程进行监督的手段。评判合同的效力还是要从合同生效要件出发。《招标投标法》第四十六条规定：招标人和中标人不得再订立背离合同的实质性内容的其他协议。黑合同是否构成对备案合同的实质性内容的违反，何为合同的实质性内容并没有统一标准，通常说构成合同八要件称为实质性要件，但是《山东高院 2005 审判工作纪要》中指出“黑白合同”之间必须存在实质性违背，即中标合同之外的合同必须在工程价款、工程质量和工程期限等方面与中标合同具有实质性背离，而不是一般的合同内容变更。因此，只要不是对上述内容的实质性变化，签订的补充协议是被允许的。(3) 法律法规并未规定必须进行招标的工程，地方政府规定必须进行招标的，建设方与施工方为规避地方政府监管而签订的黑白合同不同于第 2 种，只要双方意思表示真实，明确白合同仅用于备案，合同履行以黑合同为准。该种做法并不违反法律的强制性规定，此种黑合同是有效的。

参考案例：最高法（2016）民申 2664 号“中磊建设有限公司与山东汇仁置业有限责任公司、蒋晓鹏建设工程施工合同纠纷申诉、申请案”；山东高院（2016）鲁民终 586 号“山东汇仁置业有限责任公司建设工程施工合同纠纷案”。

1.68　备案合同转让效力如何认定？

答：因为法律没有明确禁止备案合同不得转让，因此根据当事人意思自治和契约自由的原则，在备案合同双方当事人没有明确约定不得转让的情况下，备案合同转让效力应为合法有效。

如果当事人在备案合同中没有约定备案合同不得转让，备案后的建设工程合同可以转让，新的合同当事人按新约定的内容履行各自的权利义务，但需经备案监管且涉及工程质量、安全等方面的内容仍应以备案合同为准，主要考虑到建设工程合同备案的主要目的是保证工程的安全、质量。根据《民法典》第五百四十五条第一款的规定，只有下列情形，债权人不得转让其合同权利：“（一）根据债权性质不得转让；（二）按照当事人约定不得转让；（三）依照法律规定不得转让。”因此，已经备案的建设工程合同只要不涉及工程质量与安全等方面的问题，不损害国家利益、社会公共利益或第三人利益，备案合同转让合法有效。

参考案例：海南高院（2016）琼民终171号“判决大庆建筑安装集团有限责任公司与海南凯骏房地产开发有限公司、朱炫態建设工程合同纠纷案”。

1.69　“背靠背”条款效力如何认定?

答：建设工程领域中的“背靠背”条款，是指总承包商在分包合同中设定的，以其获得建设单位支付工程款作为其向分包商支付工程款的前提条件的条款。

认定“背靠背”条款的效力应当区分分包合同是否合法两种情形。在违法分包情形下，由于分包合同无效，进而分包合同中“背靠背”条款也无效。在合法分包情形下，分包合同是总承包人与分包人之间的真实意思表示，“背靠背”条款有效。《北京高院解答》第22条规定：“分包合同中约定待总包人与发包人进行结算且发包人支付工程款后，总包人再向分包人支付工程款的，该约定有效。因总包人拖延结算或怠于行使其到期债权致使分包人不能及时取得工程款，分包人要求总包人支付欠付工程款的，应予支持。总包人对于其与发包人之间的结算情况以及发包人支付工程款的事实负有举证责任。”

1.70　加盖技术资料专用章的合同效力如何认定?

答：本问题指的是在建设施工过程中，业主单位或者实际承包人在对外签订相应的采购合同或者是分包合同中，并未加盖建设单位的行政公章，仅仅加盖了技术专用章（资料专用章），甚至在某些时候该加盖的公章的内容中明确包含了“本资料章仅仅用于资料处理，对外签订合同无效”的字样。在此情况下，如何认定该合同的效力。在此需要理解的一个问题就是该技术专用章如果被认定为内部公章，没有对外的效力，但是并不意味着使用对内效力的公章对外签署协议一律无效的情况。本问题在没有给出限定条件下，无法笼统地回答有效或者无效的答案，现详细地分析如下。

加盖技术专用章的合同满足下列情况之一时，合同有效。

（1）在该工程施工过程中，签约时加盖该技术资料专用章符合该施工企业的民事行为习惯和印章使用的通常做法，用技术资料专用章签订的合同有效。

在该工程施工过程中，所有对外的合同均使用的是该公章，并未有相应的项目部的公章。在该工程中，资料专用章就是施工企业用于对外签订合同、结算价款的唯一用章，此时技术资料专用章已为政府部门、建设单位认可，具有对外代表施工企业的权利外观，技术资料章并非仅仅作为技术资料专用，加盖技术资料印章的行为系建筑施工企业的真实意思表示，足以引起善意相对人的信赖，加盖该印章视为企业已经授权签约或者对于该签约行为的认可，建筑施工企业应就该合同所引起的法律后果承担责任。

（2）使用资料专用章签订合同，且在此之后双方实际按照合同履行了相应的义务，应视为施工单位对合同效力进行了追认。

资料专用章本身只能用于单位内部的技术资料管理或报审施工资料等，并不能用于对外签订合同。如果用资料专用章签订合同，其实质上就是一种无权代理行为，但如果双方当事人在该合同签订后，已经实际按照合同的约定开始履行合同，应视为施工单位对合同的追认。根据《民法典》第五百零三条规定，“无权代理人以被代理人的名义订立合同，被代理人已经开始履行合同义务或者接受相对人履行的，视为对合同的追认。”此时应认定合同有效，对合同双方当事人均有约束力。

（3）施工企业出借技术资料专用章时须就该合同所引起的法律后果与借用印章人承担连带责任。

当技术资料专用章具有对外代表施工企业的权利外观时，加盖该印章视为企业已经授权签约或者对于该签约行为的认可，但属于合同签约人借用施工企业技术资料专用章时，司法机关往往援引《最高人民法院关于在审理经济纠纷案件中涉及经济犯罪嫌疑若干问题的规定》判处施工企业与合同签约人就该合同所引起的法律后果承担连带责任。《最高人民法院关于在审理经济纠纷案件中涉及经济犯罪嫌疑若干问题的规定》第四条规定：“个人借用单位的业务介绍信、合同专用章或者盖有公章的空白合同书，以出借单位名义签订经济合同，骗取财物归个人占有、使用、处分或者进行其他犯罪活动，给对方造成经济损失构成犯罪的，除依法追究借用人的刑事责任外，出借业务介绍信、合同专用章或者盖有公章的空白合同书的单位，依法应当承担赔偿责任。”但是，有证据证明被害人明知签订合同对方当事人是借用行为，仍与之签订合同的除外。

（4）如果合同的签署人具有相应的代理权限，那么即便其采用资料专用章签订合同的行为也应确认有效。

虽然通常来说，仅加盖了资料专用章不能认定公司对签约行为已经认可合同的效力，但如果除资料专用章外，还有公司的授权人员或工程项目负责人等签字确认，此时基于签署人的身份，可以认定其是在代表公司履行职务行为，合同相对方也会产生合理信赖，基于此，应当认定合同有效，施工单位应对合同所引起的法律后果承担责任。如在签订合同过程中，采购方的签约人就是该工程的项目经理，施工负责人又或者是实际施工人，再结合合同实际履行的相应的证据，也可以得到合同有效的结论。

（5）虽然合同签署人不具备相应的代理权限，但如果能够认定为表见代理，那采用资料专用章的行为也应认定有效。

在通常情况下，仅加盖技术资料专用章不能证明公司具有签约的真实意思表示，但如果其具有相应的权利外观，使得合同相对方在已经尽到充分注意义务以及无过错的情况下相信其具备代理权限。那么此时应认可合同的效力，施工单位应对合同所引起的法律后果承担责任。

但要注意的是，认定构成表见代理需要两方面的要件，客观上要求签署人具有让合同相对方怀有相信其具备代理权的表象，主观上则要求合同相对方怀有善意且无过失。因此在合同相对方主张成立表见代理时，不仅应从合同书、授权文件、公章等方面证明签署人有权代理的表象，还应当从其在合同履行过程中已经尽到合理注意义务等方面证明其善意且无过失。

合同无效的情况如下：

合同签约人不具有代理权限、不构成表见代理，合同本身并未履行，且该公章并未广泛使用，用技术资料专用章签订的合同无效。

综上所述，在大多数的情况下，使用技术资料专用章签订协议时，都是被认定有效的，建议在实践操作中，在合同签约时不仅要加盖相应的公章，也需要相应的负责人签字，并且在以后合同履行中尽量多地保留相应的书证，证明该合同已经实际履行。

参考案例：海南海口中院（2018）琼01民终2990号“海南第四建设工程有限公司与韦裕东劳务合同纠纷案”。

1.71 未取得施工许可证，施工合同是否有效？

答：未取得施工许可证，施工合同有效。

施工许可证是在建筑工程施工开始以前，有关机关对该项工程是否符合法定的开工必备条件进行审查，对符合条件的建筑工程发给施工许可证，允许该工程开工建设的制度。对有关建筑工程实行施工许可证制度，有利于保证开工建设的工程符合法定条件，在开工后能够顺利进行；同时也便于有关行政主管部门全面掌握和了解其管辖范围内有关建筑工程的数量、规模、施工队伍等基本情况，及时对各个建筑工程依法进行监督和指导，保证建筑活动依法进行。因此从施工许可证的作用来看，法律规定在开工前取得许可证是属于管理性规范，对合同效力不产生影响。

参考案例：最高人民法院（2013）民申字第1615号“大庆建筑安装集团有限责任公司与淮北今一纺织制衣有限公司、大庆建筑安装集团有限责任公司淮北分公司建设工程施工合同纠纷案”。

1.72 未取得建设工程规划许可证，施工合同是否有效？

答：未取得规划许可证，施工合同一般无效。但发包人在起诉前取得建设工程规划许可证等规划审批手续的仍然有效。

一般来说，当事人以发包人未取得建设工程规划许可证等规划审批手续为由，请求确认建设工程施工合同无效的，人民法院应予支持，但发包人在起诉前取得建设工程规划许可证等规划审批手续的除外。

例外规定是，如果发包人能够办理审批手续而未办理，并以未办理审批手续为由请求确认建设工程施工合同无效的，人民法院不予支持。也就是说，发包人能够办理，但建设施工合同无效可能对发包人有利可图，而故意不去办理审批手续，发包人又以未办理审批手续为由请求确认合同无效，人民法院不予支持。

参考案例：最高院（2016）民申2689号“三河市燕龙绿色生态园有限公司与鹏达建设集团有限公司设工程施工合同纠纷案”。

1.73 未取得建设用地许可证，施工合同是否有效？

答：未取得建设用地许可证，施工合同一般无效。

未取得建设用地许可证，也是不能办理建设工程规划许可证的。最高人民法院在上诉人贵州黔民水泥厂与被上诉人中国航空港建设总公司衡阳建设公司、中国航空港建设总公司建设工程施工合同纠纷案中认为：双方在订立《建设工程施工合同》时，尚未取得建设用地规划许可证和建设工程规划许可证，应认定合同无效。

《安徽高院意见》第七条规定："发包人未取得建设工程规划许可证，与承包人签订建设工程施工合同的，应认定合同无效。但起诉前取得规划许可证的，应认定合同有效。违反建设工程规划许可证规定超规模建设的，所签订的建设工程施工合同无效，但起诉前补办手续的，应认定合同有效。"

1.74 签订施工合同时未取得三证，起诉前得到补正，合同是否有效？

答：签订施工合同时未取得三证，起诉前得到补正，合同有效。

当事人以发包人未取得建设工程规划许可证等规划审批手续为由，请求确认建设工程施工合同无效的，人民法院应予支持，但发包人在起诉前取得建设工程规划许可证等规划审批手续的除外。

1.75 独立保函能不能变更担保的从属性？

答：独立保函不能变更担保的从属性。

根据最高人民法院《关于审理独立保函纠纷案件若干问题的规定》，独立保函是指银行或非银行金融机构作为开立人，以书面形式向受益人出具的，同意在受益人请求付款并提交符合保函要求的单据时，向其支付特定款项或在保函最高金额内付款的承诺。独立保函具有如下特征：（1）独立保函承担第一性的付款责任。当申请人不履行债务时，受益人可根据保函和单据直接向开立人请求付款；（2）独立保函具有独立性。独立保函虽然依据申请人与受益人之间订立的基础合同而开立，但又独立于基础合同。独立保函的当事人是开立人与受益人，其法律效力不因申请人与受益人之间基础合同关系的变化而变化；独立保函申请人与开立人之间是委托关系，开立人不得以申请人违反他们之间的委托合同为由拒付受益人保函项下的付款责任；（3）独立保函具有单据性。《见索即付保函统一规则》第11条规定："担保人和指示方对所提交任何文件的格式、充分性、准确性、真实性、伪造或法律效力，或对文件中加注的一般及或特别声明，或其他任何人之善意或作为或不作为均不负任何义务或责任。"只要受益人提供的单据与保函条款中规定的单据一致，开立人就应凭相符交单向受益人付款；（4）独立保函不可撤销。独立保函一般都要求担保人承担不可撤销、无条件和见索即付的责任。（5）独立保函不适用我国《民法典》。我国《民法典》只规定了保证、抵押、质押、留置、定金五种担保方式，独立保函虽然具有担保债权实现的功能，但不属于我国《民法典》规定的法定担保方式，并且根据最高人民法院《关于审理独立保函纠纷案件若干问题的规定》第三条规定，当事人主张独立保函适用民法典关于一般保证或连带保证规定的，人民法院不予支持。

担保的从属性是担保合同依赖于主合同，主合同无效，则担保合同无效。担保人承担担保责任与债权人和债务人之间的基础合同有密切关系，同时，根据担保方式的不同，进一步区分为一般担保责任和连带担保责任。一般担保中，担保人还享有先诉抗辩权。

参考案例：浙江宁波中院（2017）浙02民终2796号“泰安和新精工科技有限公司、宁波金泰国际贸易有限公司买卖合同纠纷案”。

1.76　建设工程施工合同解除后，履约保证未解除，违约责任如何处理？

答：履约保证是投标人（承包人）中标后应向招标人（发包人）提交履约保证，保证履行建设工程施工合同义务的一种担保。履约保证有履约保证金和履约保证书两种形式。

履约保证未解除的违约责任根据建设工程施工合同解除的原因不同而不同。如果因发包人的违约行为导致建设工程施工合同解除，施工合同无法继续实际履行，应视为返还履约保证金的条件成就，应由发包人承担返还承包人履约保证金的违约责任；如果因承包人的违约行为导致建设工程施工合同解除，施工合同无法继续实际履行，应由承包人承担发包人不返还履约保证金的违约责任。

1.77　农村自建房施工合同对施工资质有无要求？

答：农村自建房施工合同是否要求施工资质，取决于自建房的层数。房屋层数在两层（含两层）以下的农村自建低层房屋，对承包方没有施工资质要求；反之，则要求承包方具有相应的施工资质。

《建筑法》第八十三条第三款规定：“抢险救灾及其他临时性房屋建筑和农民自建低层住宅的建筑活动，不适用本法。”该条明确了农民自建低层住宅的建筑活动不适用《建筑法》的相关规定。针对自建低层住宅的界定，建设部出台了《关于加强村镇建设工程质量安全管理的若干意见》（建质〔2004〕216号），指出：“（一）对于建制镇、集镇规划区内的所有公共建筑工程、居民自建两层（不含两层）以上，以及其他建设工程投资额在30万元以上或者建筑面积在300平方米以上的所有村镇建设工程、村庄建设规划范围内的学校、幼儿园、卫生院等公共建筑（以下称限额以上工程），应严格按照国家有关法律、法规和工程建设强制性标准实施监督管理。建制镇、集镇规划区内所有加层的扩建工程必须委托有资质的设计单位进行设计，并由有资质的施工单位承建。（二）对于建制镇、集镇规划区内建设工程投资额30万元以下且建筑面积300平方米以下的市政基础设施、生产性建筑，居民自建两层（含两层）以下住宅和村庄建设规划范围内的农民自建两层（不含两层）以上住宅的建设活动（以下简称限额以下工程）由各省、自治区、直辖市结合本地区的实际，依据本意见“五”明确地对限额以下工程的指导原则制定相应的管理办法。（三）对于村庄建设规划范围内的农民自建两层（含两层）以下住宅（以下简称农民自建低层住宅）的建设活动，县级建设行政主管部门的管理以为农民提供技术服务和指导作为主要工作方式。”建设部发布的《关于加强农民住房建设技术服务和管理的通知》第六条规定：“三层（含三层）以上的农民住房建设管理要严格执行《建筑法》《建设工程质量管理条例》等法律法规的有关规定。”

结合部分高院《关于审理建设工程合同纠纷案件疑难问题的解答》，能够得出农村建房的层数在两层或两层以下的，不要求承包人具有相应施工资质。

1.78 建设工程施工投标居间合同效力如何确认？

答：依法必须招标的建设工程项目，招标公告虽为公开事项，但建设方所发布的招标信息因受发布时间、地点、方式的制约而并非众所周知，因此，向从事建设工程施工的企业或个人报告招标信息，并撮合建设方与施工方通过洽商签订建设工程施工合同，是现实中客观存在的现象，且不属于法律禁止的行为。投标人也可以将自己在投标活动中所办理的投标事项委托他人代理或者协助进行。

投标居间合同（《民法典》已将居间合同改为中介合同）的效力认定主要涉及该合同是否违反了法律的禁止性规定，即该合同是否以合法形式掩盖非法目的行为。所以，合同的效力应主要从以下几方面进行分析考量。

1. 合同条款之间的关联性。概括而言，居间合同内容的条款无非是提供交易的信息和促进交易的达成。要着重审查合同当事人有无明确约定居间的内容，如果当事人在合同中明确约定有促进交易达成的内容的，则可能违反《招标投标法》的公开、公平和公正原则，并最终导致投标居间合同无效。

2. 居间义务与居间费用有无明显利益失衡。根据合同义务对等原则，合同当事人获得的合同利益与应当履行的合同义务应大致相抵，则该合同效力应当维持。

3. 合同内容的实质性审查。基于招标投标活动的特殊性与敏感性，实践中合同当事人往往在合同合意之外实施居间行为，因此对投标居间合同开展实质性审查就显得尤为重要，要着重审查投标居间合同约定提供何种信息及提供信息的方式等。

参考案例：最高院（2014）民提字第 74 号“中国中铁航空港建设集团有限公司、中国航空港建设总公司华东分公司与胡光明居间合同纠纷审判监督案”。

1.79 非强制招标项目，未招标的合同效力如何认定？

答：非强制招标项目未通过招标投标方式缔结建设工程施工合同，其效力不受该合同是否登记备案或备案合同与发、承包方另行签订的施工合同是否一致等因素的影响，即非强制招标项目其未招标不影响合同的效力，备案合同与实际履行的合同实质性内容不一致的，应当以当事人实际履行的合同作为结算工程价款的依据。

参考案例：最高院（2016）民再 78 号“四川欣祥瑞建设工程有限公司、北川宏昌生物科技有限公司建设工程合同纠纷案”。

1.80 非强制招标项目，经招标程序订立的合同效力如何认定？

答：非强制招标项目经招标程序订立的合同，其效力通常以中标合同作为结算依据。若客观情况发生变化，则应以实际履行的合同作为结算依据。之所以说通常以中标合同作为结算依据，是因为《招标投标法》第 46 条有明确规定，该规定适用于一切招标投标行为，并没有对非强制招标项目和强制招标项目加以区分。但是，若客观情况发生变化，则应以实际履行的合同作为结算依据。从强制招标的目的看，通过强制招标项目订立建设施工合同，根本目的是促进建筑市场公开、公平竞争，确保建设工程质量，保护社会公共利益。然而，非强制招标项目，则不涉及社会公共利益，故应由当事人自主决策。对于非强制招标项目，在客观情况发生变化的情况下当事人有自主决策的自由，其在中标合同订立之外私下另行订立合同，对市场秩序并无严重损害。《建设工程司法解释（一）》第二条对此作了专门规定，发包人将依法不属于必须招标的建设工程进行招标后，与承包人另行订立的建设工程施工合同背离中标合同的实质性内容，当事人请求以中标合同作为结算建设工程价款依据的，人民法院应予支持。根据上述规定，我们认为非强制招标项目经招标程序订立的合同，其效力通常以中标合同作为结算依据。若客观情况发生变化，则应以实际履行的合同作为结算依据。

参考案例：最高院（2014）民一终字第310号“中国建筑股份有限公司与昆山市超华投资发展有限公司建设工程施工合同纠纷案”。

1.81　强制招标项目，未招标的合同效力如何认定？

答：强制招标项目，未招标的建设工程合同无效。

《建设工程司法解释（一）》第一条第（三）项明确规定：“建设工程必须进行招标而未招标或者中标无效的。”强制招标项目未招标的属于违反招标投标法效力性强制性规定的情形。合同无效，但往往可参照实际履行的合同作为工程价款的结算依据。

参考案例：最高院（2014）民一终字108号“浙江东阳建筑实业工程有限公司与西安市康福房地产开发有限公司建设工程施工合同纠纷案”。

1.82　违反公开招标法定程序的行为是否影响建设工程施工合同的效力？

答：违反公开招标法定程序是行为并非都影响建设工程施工合同的效力，有的影响效力，有的不一定影响效力。

根据《招标投标法》规定，下列情形，违反公开招标法定程序的行为会影响建设工程施工合同的效力：一是必须招标的建设工程项目，应招标而未招标，签订的建设工程施工合同无效。《建设工程司法解释（一）》第一条第（三）项规定：“建设工程必须进行招标而未招标或者中标无效的。”二是因招标人泄密，影响中标结果的，中标无效，基于中标签订的建设工程施工合同无效。《招标投标法》第五十二条规定：“依法必须进行招标的项目的招标人向他人透露已获取招标文件的潜在投标人的名称、数量或者可能影响公平竞争的有关招标投标的其他情况的，或者泄露标底的，给予警告……影响中标结果的，中标无效。”三是招标前，招标投标双方已经就招标内容先行进行了实质性谈判，影响中标结果的，中标无效，基于中标签订的建设工程施工合同无效。《招标投标法》第五十五条规定：“依法必须进行招标的项目，招标人违反本法规定，与投标人就投标价格、投标方案等实质性内容进行谈判……影响中标结果的，中标无效。”四是招标投标双方串通或者投标人串通的，中标无效，基于中标签订的建设工程合同无效。《招标投标法》第五十四条规定："投标人相互串通投标或者与招标人串通投标的，投标人以向招标人或者评标委员会成员行贿的手段谋取中标的，中标无效。"五是以他人名义投标或弄虚作假的，中标无效，基于中标签订的建设工程施工合同无效。《招标投标法》第五十四条规定："投标人以他人名义投标或者以其他方式弄虚作假，骗取中标的，中标无效。"《招标投标法实施条例》第四十二条规定："使用通过受让或者租借等方式获取的资格、资质证书投标的，属于招标投标法第三十三条规定的以他人名义投标。投标人有下列情形之一的，属于招标投标法第三十三条规定的以其他方式弄虚作假的行为：（一）使用伪造、变造的许可证件；（二）提供虚假的财务状况或者业绩；（三）提供虚假的项目负责人或者主要技术人员简历、劳动关系证明；（四）提供虚假的信用状况；（五）其他弄虚作假的行为。"六是招标代理机构泄密或与招标投标双方串通，影响中标结果的，中标无效，基于中标签订的建设工程合同无效。《招标投标法》第五十条规定："招标代理机构违反本法规定，泄露应当保密的与招标投标活动有关的情况和资料的，或者与招标人、投标人串通损害国家利益、社会公共利益或者他人合法权益的……影响中标结果的，中标无效。"

但是，在不同媒介发布的同一招标项目的资格预审公告或者招标公告的内容不一致的属于限制或排斥潜在投标人的行为，不属于"建设工程必须进行招标而未招标或者中标无效的"情形，而是属于行政处罚的情形。

参考案例：最高院（2013）民申字第350号"河北万佳房地产开发有限公司与南通市达欣工程股份有限公司建设工程施工合同纠纷案"；最高院（2015）民申字第11号"福建省惠建发建设工程有限公司与沈阳坤博益群房地产开发有限公司、陈顺水建设工程施工合同纠纷申请再审案"。

1.83 应当公开招标而径行邀请招标，是否影响建设工程施工合同的效力？

答：应当公开招标而径行邀请招标的，应当承担行政责任，但不影响建设工程施工合同的效力。

《招标投标法实施条例》第六十四条规定："招标人有下列情形之一的，由有关行政监督部门责令改正，可以处10万元以下的罚款：（一）依法应当公开招标而采用邀请招标；（二）招标文件、资格预审文件的发售、澄清、修改的时限，或者确定的提交资格预审申请文件、投标文件的时限不符合招标投标法和本条例规定；（三）接受未通过资格预审的单位或者个人参加投标；（四）接受应当拒收的投标文件。招标人有前款第一项、第三项、第四项所列行为之一的，对单位直接负责的主管人员和其他直接责任人员依法给予处分。"根据上述规定可知，应当公开招标而径行邀请招标的，应当承担行政责任，包括责令改正、罚款和给予处分；应当公开招标但发包人未经行政机关的批准、审核认定而径行采取邀请招标的方式进行招标，该行为并未违反法律效力性强制性规定。根据《招标投标法》第十条规定，招标分为公开招标和邀请招标，公开招标和邀请招标仅仅是招标的方式不同，两种招标方式均系合法有效。采用不同的方式招标，不构成"建设工程必须进行招标而未招标"的情形，亦不构成“中标无效”的情形，所以不影响建设工程施工合同的效力。

参考案例：最高院（2004）行终字第6号“益民公司诉河南省周口市政府等行政行为违法案”。

1.84　违反邀请招标法定程序，对建设工程施工合同效力有何影响?

答：违反邀请招标法定程序，则构成虚假招标，据此签订的建设工程施工合同无效。

参考案例：浙江高院（2012）浙民终字第28号“广厦建设集团有限责任公司、广厦建设集团有限责任公司与浙江嘉业发展有限公建设工程合同纠纷、招标投标买卖合同纠纷案”。

1.85　招标文件的性质属于要约邀请还是要约?

答：招标文件的性质属于要约邀请，不是要约。

《民法典》第四百七十三条规定：“要约邀请是希望他人向自己发出要约的表示。拍卖公告、招标公告、招股说明书、债券募集办法、基金招募说明书、商业广告和宣传、寄送的价目表等为要约邀请。”根据此条规定，要约邀请是希望他人向自己发出要约的表示。招标投标程序作为一种特殊的签订合同的方式，也需遵循合同缔结的一般原理。招标人发布招标文件意在邀请潜在投标人进行投标，招标人不具有使自己受到合同订立上法律约束的意思。招标文件虽然比招标公告内容更为丰富，但仍属于要约邀请，而不是要约。投标则属于要约。招标人选定中标人为承诺。

参考案例：江西高院（2016）赣民终82号“江西省地质工程（集团）公司与杨华、王萍民间借贷纠纷案”。

1.86　招标文件的实质性要求与条件有哪些?

答：根据《招标投标法》第十九条第一款规定，招标文件实质性要求和条件包括招标项目的技术要求、对投标人资格审查的标准、投标报价要求和评标标准等。

招标与投标实质上是一种买和卖的行为，只不过这种买与卖完全遵循着公开、公平和公正的原则，按照法律规定的程序和要求进行，这与传统的物资采购相比，无论从采购的管理思想还是采购方式都有很大的不同。对于招标方来说，采购的所有要求和条件完全体现在招标文件之中，这些要求和条件就是评标委员会衡量投标方能否中标的依据，除此之外不允许有额外的要求和条件。而对于投标方来说，必须完全按照招标文件的要求来编写投标文件，如果投标方没有按照招标文件的要求对招标文件提出的要求和条件作出响应，或者作出的响应不完全，或者对某些重要方面和关键条款没有作出响应，或者这种响应与招标文件的要求存在重大偏差，这些都可能导致投标方投标失败。例如，某招标文件确定投标有效期为90天，而有的投标企业并没有响应，在投标文件中却明确自己的投标有效期为60天。这样即使你的投标文件做得再出色，其他方面的承诺再好，仅此一条就在评标开始前的符合性检查中被淘汰出局了。

《招标投标法》第二十七条规定："投标文件应当对招标文件提出的实质性要求和条件作出响应。"第四十一条规定："中标人的投标应当符合下列条件之一：（一）能够最大限度地满足招标文件中规定的各项综合评价标准；（二）能够满足招标文件的实质性要求，并且经评审的投标价格最低；但是投标价格低于成本的除外。"有关主管部门也对不响应实质性要求和条件的投标作为废标处理作出了若干具体规定。因此投标企业在编制投标文件时，一定先把招标文件中提出的所有实质性要求和条件是什么搞清楚，并在投标文件中一一作出响应。这里所谓"实质性"要求和响应，是指投标文件所提供的有关资格证明文件、提交的投标保证金、技术规范、合同条款等要与招标文件要求的条款、条件和规格相符，并且没有重大偏差。对投标文件中的重大偏差问题，国家计委等七部委联合发布的《评标委员会和评标方法暂行规定》（以下简称《暂行规定》）对投标文件中重大偏差的认定做了进一步解释：没有按照招标文件要求提供投标担保或者所提供的投标担保有瑕疵；投标文件没有投标人授权代表签字和加盖公章；投标文件载明的招标项目完成期限超过招标文件规定的期限；明显不符合技术规范、技术标准的要求；投标文件载明的货物包装方式、检验标准和方法等不符合招标文件的要求。

投标文件附有招标人不能接受的条件；不符合招标文件中规定的其他实质性要求。《暂行规定》明确投标文件有上述情况之一的，为未能对招标文件作出实质性响应，属于重大偏差，应作废标处理。

投标企业应当特别注意，在规范的招标投标活动中，对技术、商务等方面的重要条款在招标文件中都是加注"*"号，若其中一条不满足将导致废标。除此以外，对于那些投标文件中虽存有漏项、技术信息和数据不完整以及某些内容含义不明确等方面的问题，而这些问题又不影响对招标文件的实质性响应，评标委员会是允许投标人在评标结束前予以补正，一般都是安排在询标阶段进行。但是补正这些遗漏和不完整不允许对其他投标人造成不公平的结果。

还有投标人的资格证明文件。《招标投标法》明确规定：国家有关规定中对投标人资格条件或者招标文件中对投标人资格条件有规定的，投标人应当具备规定的资格条件。资格证明文件是招标人和评标委员会评价投标人是否是合格投标人的重要依据。资格证明文件主要是指诸如制造商的资格证明、企业营业执照、企业资质证明和业绩证明、企业法人证明、银行资信证明、特种产品生产的许可证等文件。对于不同的招标项目，招标人对投标人提交资格证明文件细目的要求，可能不完全一样。投标人必须按照招标文件的要求提供所有的资格证明文件，不能有漏项。资格证明文件不全的投标将有可能被废标。

参考案例：山东高院（2014）鲁商终字第184号"营口绿源锅炉有限责任公司与东营市河口区国有资产运营管理中心等招标投标买卖合同纠纷案"。

1.87 招标人对招标文件是否有进行澄清与修改的自主权？

答：招标人对招标文件享有进行澄清与修改的自主权。

《招标投标法实施条例》第二十一条规定："招标人可以对已发出的资格预审文件或者

招标文件进行必要的澄清或者修改。澄清或者修改的内容可能影响资格预审申请文件或者投标文件编制的，招标人应当在提交资格预审申请文件截止时间至少3日前，或者投标截止时间至少15日前，以书面形式通知所有获取资格预审文件或者招标文件的潜在投标人；不足3日或者15日的，招标人应当顺延提交资格预审申请文件或者投标文件的截止时间。”根据此条规定，招标人对招标文件享有进行澄清与修改的自主权。例如，招标人发现招标文件存在错漏、矛盾、含糊不清或存在违法的规定，需要通过修改或澄清的方式进行补救，或者招标人根据投标人提出的疑问和异议作出修改和澄清。

参考案例：广东江门蓬江区法院（2014）江蓬法民一初字第107号“梁建明与黄健铭、江门京环环保科技有限公司、江门市政企业集团有限公司、广东绿之洲建筑装饰工程有限公司建设工程施工合同纠纷案”。

1.88　投标文件何时生效？

答：投标文件生效时间为提交投标文件截止时间。

《招标投标法实施条例》第二十五条规定：“招标人应当在招标文件中载明投标有效期。投标有效期从提交投标文件的截止之日起算。”由此可见，投标文件生效时间为提交投标文件截止时间。有观点认为，投标文件以招标人接收投标文件时生效。我们认为不妥。因为招标文件作为合同订立的特别程序，投标要约的生效时间应当遵循《招标投标法》的特殊规则。投标文件提交后签收，只是表明投标文件作为要约的载体到达了受要约人，但是法律规定，在提交投标文件截止前“招标人收到招标文件后应当签收，不得开启。”此时，招标人尚不知道投标人的意思表示。根据《民法典》第一百三十七条“相对人知道其内容时生效”的规定，在提交投标文件截止的开标前时间内，招标人尚不知晓投标人的投标内容，作为要约的投标文件并未在法律意义上到达招标人，投标文件的截止之日才是投标文件真正到达招标人的时间。此后开标“相对人知道其内容”，才产生要约到达的实际意义，投标人才真正参与投标竞争。故投标文件生效时间为提交投标文件截止时间。

参考案例：重庆沙坪坝区法院（2017）渝0106民初5458号“汪盛贵与祖思林不当得利纠纷案”。

1.89　投标人投标后能否撤回投标文件？

答：投标人投标后在投标截止前可以撤回投标文件，但投标截止后不得撤回投标文件。

《招标投标法》第二十九条规定：“投标人在招标文件要求提交投标文件的截止时间前，可以补充、修改或者撤回已提交的投标文件，并书面通知招标人。补充、修改的内容为投标文件的组成部分。”投标截止前，投标文件尚未生效，投标人有权撤回投标文件进行补充或修改，但撤回必须通知招标人。《民法典》第一百四十一条规定：“行为人可以撤回意思表示。撤回意思表示的通知应当在意思表示到达相对人前或者与意思表示同时到达相对人。”《招标投标法实施条例》三十五条规定：“投标人撤回已提交的投标文件，应当在投标截止时间前书面通知招标人。招标人已收取投标保证金的，应当自收到投标人书面撤回通知之日起5日内退还。投标截止后投标人撤销投标文件的，招标人可以不退还投标保证金。”根据上述规定可知，投标人投标后在投标截止前可以撤回投标文件，但投标截止后不得撤回投标文件。

参考案例：吉林长春中院（2017）吉01民终1103号“吉林省长城路桥建工有限责任公司与吉林省高等级公路建设局合同纠纷案”。

1.90 中标通知书到达能否视为建设工程施工合同成立？

答：中标通知书到达不能视为建设工程施工合同成立，只能视为预约合同成立。

《招标投标法》第四十六条规定：“招标人和中标人应当自中标通知书发出之日起三十日内，按照招标文件和中标人的投标文件订立书面合同。”《民法典》第四百九十条规定：“当事人采用合同书形式订立合同的，自当事人均签名、盖章或者按指印时合同成立。”根据上述规定，招标人发出中标通知书后并不当然意味着招标人和投标人之间的建设工程施工合同关系已经成立。在招标人发出中标通知书后到双方签订书面的建设工程施工合同，有一个“空档期”。在“空档期”内合同尚未成立。招标活动大致分两个阶段：第一阶段，自招标人发出招标公告之日起至招标人确定投标人并发出中标通知书时。此时，招标投标双方形成的法律关系性质只能视为预约合同。第二阶段，中标通知书到达中标人后，招标人与投标人根据招标文件和投标人提交的投标文件的内容订立书面合同。此时合同正式成立。当然，实务界还存在一些其他观点。

参考案例：上海二中院最高院（2014）民申字952号“关于天誉公司与国贸公司建设工程施工合同纠纷案”；安徽高院（2014）皖民二终字00659号“安徽水利开发股份有限公司与怀远县城市投资发展有限责任公司缔约过失责任纠纷案”。

1.91 当事人约定中标合同中各部分文件优先顺序导致合同实质性内容与招标文件等不一致，该如何处理？

答：当事人约定中标合同中各部分文件优先顺序导致合同实质性内容与招标文件等不一致，以招标文件作为结算工程价款的依据。

虽然合同要遵守当事人意思自治原则，但是，当事人的意思自治不得突破法律的效力性强制规定。《招标投标法》第四十六条规定：“招标人和中标人应当自中标通知书发出之日起三十日内，按照招标文件和中标人的投标文件订立书面合同。招标人和中标人不得再行订立背离合同实质性内容的其他协议。”这是法律的效力性强制规定。《建设工程司法解释（一）》第二条则进一步明确规定：“当事人签订的建设工程施工合同与招标文件、投标文件、中标通知书载明的工程范围、建设工期、工程质量、工程价款不一致，一方当事人请求将招标文件、投标文件、中标通知书作为结算工程价款的依据的，人民法院应予支持。”根据上述规定，当事人约定中标合同中各部分文件优先顺序导致合同实质性内容与招标文件等不一致，以招标文件作为结算工程价款的依据。

参考案例：最高院（2013）民申字第876号“新乡市新星房地产开发有限公司与被申

请人河南省第二建设集团有限公司建设工程施工合同纠纷案”。

1.92　建设工程施工合同通用条款中，对当事人权利义务产生重大影响的默示推定条款，在专用条款中没有明确约定，是否可以适用？

答：建设工程施工合同通用条款中对当事人权利义务产生重大影响的默示推定条款在专用条款中没有明确约定的，不可以适用；专用条款中有明确约定的，则可以适用。

通常认为，从契约正义角度予以事后矫正，默示条款对当事人权利义务产生重大影响的，一般应审查在专用合同条款中是否有相应约定，如果没有，则将该默示推定格式条款作为无效的格式条款。若专用条款中有明确约定，便不属于格式条款，则可以适用。

参考案例：最高院（2016）民终291号“多力多公司与上海建工建设工程施工合同纠纷案”；最高院（2018）民终879号“南阳宛达昕高速公路建设有限公司、内蒙古博源控股集团有限公司建设工程施工合同纠纷案”。

1.93　建设工程施工合同备案与否是否影响施工合同的效力？

答：建设工程施工合同备案与否，不影响施工合同的效力。

《民法典》第五百零二条规定：“依法成立的合同，自成立时生效，但是法律另有规定或者当事人另有约定的除外。依照法律、行政法规的规定，合同应当办理批准等手续的，依照其规定。未办理批准等手续影响合同生效的，不影响合同中履行报批等义务条款以及相关条款的效力。应当办理申请批准等手续的当事人未履行义务的，对方可以请求其承担违反该义务的责任。依照法律、行政法规的规定，合同的变更、转让、解除等情形应当办理批准等手续的，适用前款规定。”施工合同备案，并不是法律规定的批准、登记等手续，不是合同生效必需的要件。在性质上，备案为建设工程行政主管部门对工程招标活动及建设工程施工的一种监督，是招标投标活动的行政管理措施，故未备案不影响施工合同作为民事合同的效力。但不备案登记不为第三人所知晓，对第三人不具有抗辩效力，然而抗辩效力与合同本身效力不是同一概念，不应混淆。故建设工程施工合同备案与否，不影响施工合同本身的效力。

参考案例：河南安阳北关区法院（2018）豫0503民初129号“安阳市城建电力安装有限责任公司与河南龙达建设集团有限公司建设工程施工合同纠纷案”。

1.94　中标合同实质性变更与正常变更有什么区别？

答：改变工期、工程价款、工程项目性质等对当事人权利义务产生重大影响的较大变更属于中标合同实质性变更。除此之外，属于正常变更。

《八民会议纪要》规定：“招标人和中标人另行签订改变工期、工程价款、工程项目性质等中标结果的协议，应认定为变更中标合同实质性内容。”根据这一规定，改变工期、工程价款、工程项目性质等对当事人权利义务产生重大影响的较大变更属于中标合同实质性变更。除此之外，属于正常变更。

参考案例：最高院（2017）民申5199号“裁定新疆生产建设兵团第七师一二九团建设工程施工合同纠纷再审审查与审判监督案”。

1.95 中标人拒绝签约的法律后果是什么？

答：中标人拒绝签约的法律后果是投标保证金不予退还，并可处以10‰以下的罚款。

《招标投标法实施条例》第七十四条规定：“中标人无正当理由不与招标人订立合同，在签订合同时向招标人提出附加条件，或者不按照招标文件要求提交履约保证金的，取消其中标资格，投标保证金不予退还。对依法必须进行招标的项目的中标人，由有关行政监督部门责令改正，可以处中标项目金额10‰以下的罚款。”根据此条规定，中标人拒绝签约的法律后果是投标保证金不予退还。对依法必须进行招标的项目的中标人，由有关行政监督部门责令改正，可以处中标项目金额10‰以下的罚款。

参考案例：上海二中院（2009）沪二中民二（民）终字第1433号“瑞成建筑工程（安徽）有限公司与上海伯乐电子有限公司建设工程施工合同纠纷案”。

1.96 招标人拒绝签约的法律后果是什么？

答：招标人拒绝签约的法律后果是承担违约责任，赔偿相关损失。

《招标投标法实施条例》第七十四条规定了投标人拒绝签约的法律后果，但对招标人拒绝签约的法律后果并没有明确规定。但根据民法原则和精神，招标人拒绝签约的应当承担违约责任，赔偿相关损失。《招标投标法》第四十六条规定：“招标人和中标人应当自中标通知书发出之日起三十日内，按照招标文件和中标人的投标文件订立书面合同。招标人和中标人不得再行订立背离合同实质性内容的其他协议。”《民法典》第七百八十九条规定：“建设工程合同应当采用书面形式。”根据这一条规定，中标通知书发出后，招标人应当根据中标通知书的内容与投标人签订书面合同。《民法典》第五百条规定：“当事人在订立合同过程中有下列情形之一，造成对方损失的，应当承担赔偿责任：（一）假借订立合同，恶意进行磋商；（二）故意隐瞒与订立合同有关的重要事实或者提供虚假情况；（三）有其他违背诚信原则的行为。”此条规定，中标通知书发出后，一方当事人拒绝签订合同，造成对方损失的，应当承担赔偿责任。第四百七十三条规定：“要约邀请是希望他人向自己发出要约的表示。拍卖公告、招标公告、招股说明书、债券募集办法、基金招募说明书、商业广告和宣传、寄送的价目表等为要约邀请。商业广告和宣传的内容符合要约条件的，构成要约。”第五百八十三条规定：“当事人一方不履行合同义务或者履行合同义务不符合约定的，在履行义务或者采取补救措施后，对方还有其他损失的，应当赔偿损失。”此条也明确，中标通知书发出后，一方当事人拒绝签订合同，造成对方损失的，应当承担赔偿责任。综上所述，招标人拒绝签约的法律后果是承担违约责任，赔偿相关损失。

参考案例：最高院（2014）民申字第952号“林州市采桑建筑劳务输出有限公司与天津市西青区大寺镇倪黄庄村民委员会、天津市华北建设有限公司建设工程施工合同纠纷案”。

1.97 建设工程中标无效有哪些情形?

答:《招标投标法》对此做了详细的规定,概括起来约有以下几种情形:

1. 招标代理机构违反招标投标法规定,泄露应当保密的与招标投标活动有关的情况和资料,从而影响中标结果的,中标无效。

2. 招标代理机构与招标人、投标人串通损害国家利益、社会公共利益或者他人合法权益,从而影响中标结果的,中标无效。

3. 招标人以不合理的条件限制或者排斥潜在投标人的,对潜在投标人实行歧视待遇的,强制要求投标人组成联合体共同投标的,或者限制投标人之间竞争的,从而影响中标结果的,中标无效。

4. 依法必须进行招标的项目的招标人向他人透露已获取招标文件的潜在投标人的名称、数量或者可能影响公平竞争的有关招标投标的其他情况的,或者泄露标底的,从而影响中标结果的,中标无效。

5. 投标人相互串通投标或者与招标人串通投标的,中标无效。

6. 投标人以向招标人或者评标委员会成员行贿的手段谋取中标的,中标无效。

7. 投标人以他人名义投标或者以其他方式弄虚作假,骗取中标的,中标无效。

8. 依法必须进行招标的项目,招标人违反招标投标法规定,与投标人就投标价格、投标方案等实质性内容进行谈判,从而影响中标结果的,中标无效。

9. 招标人在评标委员会依法推荐的中标候选人以外确定中标人的,中标无效。

10. 依法必须进行招标的项目在所有投标被评标委员会否决后自行确定中标人的,中标无效。

11. 中标人将中标项目转让给他人的,将中标项目肢解后分别转让给他人的,违反招标投标法规定将中标项目的部分主体、关键性工作分包给他人的,或者分包人再次分包的,转让、分包均无效。

参考案例:最高院(2017)民申1901号“陕西名筑置业有限公司建设工程施工合同纠纷案”。

1.98 中标无效的法律后果是什么?

答:中标无效的法律后果有两个:一是从其余投标人中重新确定中标人;二是重新进行招标。

《招标投标法》第六十四条规定:“依法必须进行招标的项目违反本法规定,中标无效的,应当依照本法规定的中标条件从其余投标人中重新确定中标人或者依照本法重新进行招标。”《招标投标法实施条例》第八十一条规定:“依法必须进行招标的项目的招标投标活动违反招标投标法和本条例的规定,对中标结果造成实质性影响,且不能采取补救措施予以纠正的,招标、投标、中标无效,应当依法重新招标或者评标。”根据上述规定,中标无效的法律后果有两个:一是从其余投标人中重新确定中标人;二是重新进行招标。所谓重新确定中标人,是指在招标活动中出现违法行为导致中标无效后,招标人可以在评标委员会推荐的其他中标候选人中依法重新确定中标人,或评标委员会依法重新推荐中标候选人。所谓重新进行招标，是指在招标活动中出现违法行为导致中标无效的情况下，根据实际情况下，招标人应当重新发布招标公告或发出投标邀请书，按照《招标投标法》规定的程序和方法进行一次新的招标。

但是，如果中标无效后施工合同已经签订，或者已经动工或项目已经竣工验收，就不能再重新确定中标人或重新进行招标。而是按照《民法典》第七百九十三条“建设工程施工合同无效，但是建设工程经验收合格的，可以参照合同关于工程价款的约定折价补偿承包人”的规定，参照合同约定支付工程价款。

参考案例：湖北武汉中院（2018）鄂01民终11145号“北京华创瑞风空调科技有限公司、大连格瑞空调科技有限公司串通投标不正当竞争纠纷案”。

1.99 建筑施工企业资质被降级或取消，对建设工程施工合同效力有何影响？

答：建筑施工企业资质被降级或取消，对建设工程施工合同效力没有影响。

判断合同效力应以当事人在订立合同时状态作为依据。如果承包人在订立建设工程施工合同之时具有相应的资质，所订立的合同应为有效合同，施工过程中建筑施工企业资质被降低或被取消，不应当具有追溯力。《民法典》第一百五十五条规定：“无效的或者被撤销的民事法律行为自始没有法律约束力。”根据这一规定，无效合同自始没有法律约束力。如果一份合同被宣告无效，则其应自始无效，即追溯到合同成立之时即为无效合同。但是，在建筑施工企业资质被降低或取消前，建设施工合同应是持续有效的。如果认为后来资质降低或被取消导致合同无效，那么，这与合同无效的原则和理论将发生严重冲突。《民法典》第五百六十三条规定：“有下列情形之一的，当事人可以解除合同：（四）当事人一方迟延履行债务或者有其他违约行为致使不能实现合同目的；（五）法律规定的其他情形。”虽然建筑施工企业资质被降级或取消对建设施工合同效力没有影响，但发包方可以依据《民法典》第五百六十三条的规定，主张承包方由于已不再具备相应的资质或资质等级无法继续承揽工程从而导致合同目的无法实现，从而要求解除合同并要求赔偿损失。

参考案例：河南郑州高新技术产业开发区法院（2019）豫0191民初11840号“柯厚忠与杨玉红、商丘市京九别墅度假村有限公司合同纠纷案”。

1.100 施工总承包企业是否必须覆盖专业承包资质？

答：施工总承包企业不是必须覆盖各专业承包资质。

《建筑业企业资质标准》规定：“取得施工总承包资质的企业可以对所承接的施工总承包工程内各专业工程全部自行施工，也可以将专业工程依法进行分包。”《国务院办公厅关于促进建筑业持续健康发展的意见》（国办发〔2017〕19号）规定：“进一步简化工程建设企业资质类别和等级设置，减少不必要的资质认定……在其资质类别内放宽承揽业务范围限制。”根据上述规定，对于施工总承包资质的企业，可以对所承接的施工总承包工程内各专业工程全部自行施工，也可以将专业工程依法进行分包，而“不再需要具备相应的专业工程资质”。

1.101 仅具有勘察资质的企业是否可以开展工程总承包业务?

答：仅具有勘察资质的企业可以开展工程总承包业务，但发包人在选择上要谨慎。

相关法律对仅具有勘察资质的企业是否可以开展工程总承包业务未作禁止性规定。《关于培育发展工程总承包和工程项目管理企业的指导意见》明确规定，鼓励勘察、设计、施工企业开展工程总承包业务。建设部办公厅发布的《关于工程总承包市场准入问题的复函》也明确了这一点。但是，勘察单位在建设过程中并不起主导作用，在工程总承包的管理经验和管理水平上，与设计、施工单位无法相比，发包人在选择总承包单位时应当慎重。如果由设计、施工管理能力相对比较薄弱的单纯的勘察单位承担工程总承包业务，有可能对工程项目的设计、施工质量和安全带来隐患，将不利于工程项目功能的实现和满足建设单位的要求。所以，我们认为，仅具有勘察资质的企业可以开展工程总承包业务，但发包人在选择时要慎重。

1.102 单纯设计单位是否可以开展项目的工程总承包业务?

答：单纯设计单位可以开展项目的工程总承包业务。

相关法律对单纯设计单位是否可以开展工程总承包业务未作禁止性规定。《关于培育发展工程总承包和工程项目管理企业的指导意见》明确规定，鼓励勘察、设计、施工企业开展工程总承包业务。建设部办公厅颁布的《关于工程总承包市场准入问题的复函》也明确了这一点。但是，单纯设计单位在建设过程中并不起主导作用，在工程总承包的管理经验和管理水平上，与施工企业难以相比，发包人在选择总承包单位时应当慎重。如果由施工管理能力相对比较薄弱的单纯的设计单位承担工程总承包业务，对工程项目的施工质量和安全控制难度可能大于施工企业，将不利于工程项目功能的实现和满足建设单位要求。所以，我们认为，单纯设计单位可以开展工程总承包业务，但发包人在选择时要慎重。

1.103 仅具有设计或施工单一资质的单位是否可以承接工程总承包业务?

答：仅具有设计或施工单一资质的单位可以承接工程总承包业务。

相关法律对仅具有设计或施工单一资质的单位是否可以开展工程总承包业务未作禁止性规定。《关于培育发展工程总承包和工程项目管理企业的指导意见》明确，鼓励勘察、设计、施工企业开展工程总承包业务。建设部办公厅发布的《关于工程总承包市场准入问题的复函》也明确了这一点。但是，仅具有设计或施工单一资质的单位在工程总承包的管理经验和管理水平上，与具有综合资质的单位相比要逊色很多，发包人在选择总承包单位时应当慎重。如果由施工管理能力相对比较薄弱的仅具有设计或施工单一资质的单位承担工程总承包业务，对工程项目的施工质量和安全控制难以保障，将不利于工程项目功能和建设单位要求的实现。所以，我们认为，仅具有设计或施工单一资质的单位可以开展工程总承包业务，但发包人在选择时要慎重。

1.104 建设工程中借用资质挂靠经营与承包、联营、转包的区别是什么？

答：1. 建设工程中借用资质挂靠经营与内部承包的区别：（1）内部承包（项目承包责任制）不为立法禁止，合法有效；借用资质挂靠经营则为立法禁止，无效。（2）内部承包由公司委派人员组建项目部，对项目部技术、施工、安全、质量等进行管理与支持；借用资质挂靠经营不对技术、施工、安全、质量等进行管理与支持。

从主体上看，借用资质挂靠经营施工中的借用资质挂靠人一般不是企业职工，与施工企业没有行政上的隶属关系，和施工企业之间系平等的民事主体，也不享受企业有关劳动保险待遇和工资待遇，即使签订了劳动合同也是为了将项目经理证或注册建造师资格证挂靠到施工企业以开展业务，而内部承包的承包人一定是公司的职工，承包人与施工企业具有直接隶属关系，需听从施工企业的命令。

住房和城乡建设部颁布的《房建市政分包管理办法》第十五条规定："禁止转让、出借企业资质证书或者以其他方式允许他人以本企业名义承揽工程。分包工程发包人没有将其承包的工程进行分包，在施工现场所设项目管理机构的项目负责人、技术负责人、项目核算负责人、质量管理人员、安全管理人员不是工程承包人本单位人员的，视同允许他人以本企业名义承揽工程。"

从企业对项目的管理上看，达到人员、制度和责任三落实的管理格局，以保证对工程质量、安全生产的有效控制。立法上之所以把"挂靠经营"列为禁止之列，是因为在这种形式下，资质与项目和资金的结合仅仅是表面的，即实际施工人不具备相应资质，而具备资质的又不实施管理。管理上的缺位不能保证建筑工程的质量和安全，而质量和安全又事关国计民生。目前，法律要解决当前建筑活动中存在的突出问题，主要是建设工程的质量、安全问题等，因此，从质量和安全管理的角度来考虑，立法上禁止借用资质"挂靠经营"，这是立法的本意，也是借用资质挂靠经营与内部承包的本质区别之所在。判断施工企业与挂靠人是否存在管理关系，可以从施工企业与挂靠人之间有无产权关系，有无统一的财务管理，有无合法的人事调动、任免、聘用以及社会保险关系，是否承担质量、技术、经济责任等方面进行区分，若有，则不是挂靠关系，若无，则是挂靠关系。最高人民法院在制定《建设工程司法解释（一）》时并没有直接将该行为定义为"挂靠"，而是表述为"借用"，即没有资质的实际施工人借用有资质的建筑施工企业名义从事施工，"挂靠"与"借用"实际上系同一概念。

2. 建筑企业资质挂靠与联营合作的区别：联营是企业之间、企业与事业单位之间横向经济联合的一种法律形式，分为法人型联营、合伙型联营和合同型联营。而"企业挂靠经营"，就建筑业而言，是指允许一个施工企业允许他人在一定期间内使用自己企业名义对外承接工程的行为。允许他人使用自己名义的企业为被挂靠企业，相应地使用被挂靠企业名义从事经营活动的企业或自然人为挂靠人。

法律禁止挂靠行为。比如建筑业，此类行为容易造成工程质量低劣，安全有重大隐患，甚至造成严重亏损，如果一旦发生纠纷，被挂靠企业则成为被告，挂靠企业逍遥法外，所以建筑行业中的挂靠历来被我国的部分规章、规范性文件、法律法规所禁止。《建筑法》明确禁止挂靠行为，该法第二十六条明确规定："禁止建筑施工企业超越本企业资质等级许可的业务范围或者以任何形式用其他建筑施工企业的名义承揽工程。禁止建筑施工企业以任何形式允许其他单位或者个人使用本企业的资质证书、营业执照，以本企业的名义承揽工程"。《建设工程司法解释（一）》第一条也明确规定："承包人转包、违法分包建设工程或者没有资质的实际施工人借用有资质的建筑施工公司名义与他人签订建设工程施工合同的行为无效。"

3. 借用资质挂靠经营与转包的区别：(1) 在出借资质的情形下，工程都是借用人通过某种关系承接的，工程的建设单位只认识借用人并不认识出借人，只不过由于借用人没有建筑施工资质，才不得已去借用出借人的资质。而转包的情形下，有资质的建筑企业直接承接了某项工程，然后又将其转包给第三人，不存在第三人直接承接工程并借用建筑企业资质的情形。(2) 在出借资质的情形下，在工程的招标投标过程中，全部是由借用人完成投标工作，包括编制标书、施工预算文件、施工计划等，并进行投标，最后签订合同的也是借用人，只不过加盖出借人公章而已，出借人只是借用资质证书和公章等。而在转包中，投标工作由建筑企业完成，编制标书、施工预算文件、施工计划，具体投标也都由建筑企业完成，最后签订合同的是建筑企业而不是分包人。

参考案例：最高院（2019）民申963号"洛阳市天仁科技发展有限公司与盐城市荣厦建筑安装工程有限公司建设工程施工合同纠纷案"；山东枣庄中院（2018）鲁04民终1465号"滕州市安信建设工程有限公司、张兰泽建设工程施工合同纠纷案"；湖北高院（2019）鄂民终600号"四川省泸州市第十建筑工程有限公司、湖北萧氏茶业股份有限公司建设工程施工合同纠纷案"。

1.105　发包人未取得国有建设用地使用权证，是否导致建设工程施工合同无效？

答：发包人未取得国有建设用地使用权证，一般会导致建设工程施工合同无效。

因为发包人未取得国有建设用地使用权证，便无法取得建设工程规划许可证等规划审批手续，所以导致建设工程施工合同无效。发包人在起诉前取得建设工程规划许可证等规划审批手续的，建设工程施工合同仍然有效。

当事人以发包人未取得建设工程规划许可证等规划审批手续为由，请求确认建设工程施工合同无效的，人民法院应予支持，但发包人在起诉前取得建设工程规划许可证等规划审批手续的除外。发包人能够办理审批手续而未办理，并以未办理审批手续为由请求确认建设工程施工合同无效的，人民法院不予支持。法律未直接将土地使用权证作为判断建设工程合同效力的依据，但从法律规定和办理相关许可审批的程序看，未取得土地使用权证，会导致发包人无法取得建设工程规划许可证，从而最终导致合同无效。但发包人在起诉前取得建设工程规划许可证等规划审批手续的，建设工程施工合同仍然有效。

参考案例：江苏泰州中院（2016）苏12民终42号“江苏华鼎重工机械制造有限公司与江苏祥宇建设有限公司建设工程施工合同纠纷案”。

1.106 发包人未取得集体建设用地使用权证，对建设工程施工合同效力是否有影响？

答：发包人未取得集体建设用地使用权证，不直接影响施工合同效力，但一般会导致建设工程施工合同无效。

因为发包人未取得集体建设用地使用权证，便无法取得建设工程规划许可证等规划审批手续，从而导致建设工程施工合同无效。故发包人未取得集体建设用地使用权证不直接影响施工合同效力，但一般会导致建设工程施工合同无效。发包人在起诉前取得建设工程规划许可证等规划审批手续的，建设工程施工合同仍然有效。

当事人以发包人未取得建设工程规划许可证等规划审批手续为由，请求确认建设工程施工合同无效的，人民法院应予支持，但发包人在起诉前取得建设工程规划许可证等规划审批手续的除外。发包人能够办理审批手续而未办理，并以未办理审批手续为由请求确认建设工程施工合同无效的，人民法院不予支持。法律并未直接将土地使用权证作为判断建设工程合同效力的依据，但从法律规定和办理相关许可审批的程序看，未取得土地使用权证，会导致发包人无法取得建设工程规划许可证，从而最终导致合同无效。但发包人在起诉前取得建设工程规划许可证等规划审批手续的，建设工程施工合同仍然有效。

1.107 未取得安全生产许可证，是否影响建设工程施工合同效力？

答：未取得安全生产许可证不影响建设施工合同效力。《安全生产许可条例》第十九条规定：“违反本条例规定，未取得安全生产许可证擅自进行生产的，责令停止生产，没收违法所得，并处10万元以上50万元以下的罚款；造成重大事故或者其他严重后果，构成犯罪的，依法追究刑事责任。”第二十条规定：“违反本条例规定，安全生产许可证有效期满未办理延期手续，继续进行生产的，责令停止生产，限期补办延期手续，没收违法所得，并处5万元以上10万元以下的罚款；逾期仍不办理延期手续，继续进行生产的，依照本条例第十九条的规定处罚。”从上述规定可以看出，未取得安全生产许可证的法律后果是面临行政处罚或承担刑事责任，并不直接导致民事法律行为无效。故未取得安全生产许可证不影响建设施工合同效力。

参考案例：重庆五中院（2019）渝05民再10号“正太集团有限公司与重庆聚金实业（集团）有限公司建设工程施工合同纠纷案”。

1.108 平行发包与肢解发包、专业分包的区别是什么？

答：（1）平行发包与肢解发包的区别：平行发包，是指建设单位将建设工程的设计、施工以及材料设备采购的任务经过分解分别发包给若干个设计单位、施工单位和材料设备供应单位，并分别与各方签订合同。各设计单位之间的关系是平行的，各施工单位之间的关系也是平行的，各材料设备供应单位之间的关系也是平行的，并分别直接与发包方作为合同相对方。肢解发包，是指将应当由一个承包单位完成的建筑工程肢解成若干部分并分别发包给若干个承包单位。这是我国法律严格禁止的。

平行发包与肢解发包的区别主要体现在合法性和发包范围两方面。

从合法性看，平行发包是法律允许的发包行为，而肢解发包则是我国法律明令禁止的。《建筑法》第二十四条规定："提倡对建筑工程实行总承包，禁止将建筑工程肢解发包"。《建筑工程质量管理条例》也规定，不得将建筑工程肢解发包，以防止建筑市场行为和建筑质量行为的混乱。

在发包范围方面，在平行发包模式下，发包人可以将一个或多个单位工程组成的单项工程或建设项目进行发包。但是，如果发包人将具备独立施工条件并能形成独立使用功能建筑物或构筑物的"单位工程"再次进行分解发包的便构成肢解发包。

（2）平行发包与专业分包的区别：专业分包是指建筑工程总承包单位根据总承包合同的约定或者经建设单位的允许，将承包工程中的专业性较强的专业工程发包给具有相应资质的其他建筑企业完成的活动。但专业分包必须合法。具有下列行为之一可以认定为专业工程违法分包：①分包工程发包人将专业工程或者劳务作业分包给不具备相应资质条件的分包工程承包单位的；②施工总承包合同中未有约定，又未经建设单位认可，分包工程发包人将承包工程中的部分专业工程分包给他人的；③专业工程分包人再次实施分包的；④分包工程承包人没有将其承包的工程进行分包，在施工现场所设项目管理机构的项目负责人、技术负责人、项目核算负责人、质量管理人员、安全管理人员不是工程承包人本单位人员的，视同允许他人以本企业名义承揽工程；⑤转让、出借企业资质证书或者以其他方式允许他人以本企业名义承揽工程。

平行发包与专业分包的区别主要体现在参与主体、责任承担方式和现场管理三个方面。第一，参与的主体不同。平行发包参与的主体是发包方和承包方，而专业分包参与的主体是总承包方和分包方；第二，责任承担的方式不同。平行发包模式下，承包方单独就其承包范围向发包方负责，而专业分包模式下，总承包方和分包方就专业分包工程的质量向发包方承担连带责任；第三，现场管理方式不同。平行发包模式下，发包方、总承包方和平行分包方通常要签订管理协议，约定总承包方应履行哪些沟通、协调、配合施工等义务，而专业分包模式下，发包方一般不签订管理协议。

1.109　内部承包与转包、违法分包、挂靠行为的区别是什么？

答：内部承包，是指企业作为发包方与其内部的生产职能部门、分支机构、职工之间为实现一定的经济目的，而就特定的生产资料及相关的经营管理权所达成的双方权利义务的约定。作为一种内部经营方式，内部承包合同实际上是为明确公司与员工权利义务关系而进行的分工，而这种分工并不为法律和行政法规所禁止。

转包，是指工程承包单位承包建设工程后，不履行合同约定的责任和义务，未获得发包方同意，以营利为目的，将其承包的全部建设工程转给他人或者将其承包的全部建设工程肢解以后以分包的名义分别转给其他单位承包，并不对所承包工程的技术、管理、质量和经济承担责任的行为。《建筑法》第二十八条规定："禁止承包单位将其承包的全部建筑工程转包给他人，禁止承包单位将其承包的全部建筑工程肢解以后以分包的名义分别转包给他人。"

违法分包，是指总承包单位将建设工程分包给不具备相应资质条件的单位或建设工程总承包合同中未有约定又未经建设单位认可，承包单位将其承包的部分建设工程交由其他单位完成的或施工总承包单位将建设工程主体结构的施工分包给其他单位的以及分包单位将其承包的建设工程再分包的分包行为。

内部承包与转包、违法分包、挂靠行为的区别主要体现在以下几方面：第一，从合法性看，内部承包不为我国法律禁止，而转包、违法分包、挂靠行为则是我国法律明令禁止的；第二，从主体看，内部承包的承包人必须是施工企业的下属职能部门或分支机构抑或职工个人，而转包、违法分包合同中的承包人，挂靠行为中的挂靠人则与施工企业没有任何人事关系；第三，从管理上看，在内部承包中施工企业对承包人有管理的权利和义务，在财务上实行统一管理，而转包、违法分包中，施工企业对转包人或违法分包人、挂靠人不履行管理职责，不控制其资金使用；第四，从监督上看，在内部承包中，施工企业对项目工程技术资金、质量、安全等方面加以全面的、实质性的监督，而转包、违法分包及挂靠行为中，施工企业对转包人、违法分包人及挂靠人几乎不予以监督。

参考案例：江苏高院（2017）苏民终字 1227 号"舒承迈与华丰建设股份有限公司、宁波华丰保障房投资有限公司等建设工程分包合同纠纷案"。

1.110 指定分包是否影响建设工程施工合同效力？

答：指定分包不影响建设工程施工合同效力。

指定分包，是指由业主（或工程师）指定、选定，完成某项特定工作内容并与承包商签订分包合同的特殊分包。合同条款规定，业主有权将部分工程项目的施工任务或涉及提供材料、设备、服务等工作内容发包给指定分包商实施。

《建设工程司法解释（一）》第一条、第二条关于合同效力认定的规定没有将指定分包列为无效合同的情形，《民法典》关于合同效力认定的规定也没有将指定分包列为无效合同的情形，其他法律也没有将指定分包列为无效合同的情形。由此可知，指定分包不影响建设工程施工合同效力。

参考案例：最高院（2015）民一终字 104 号"浙江华厦建设集团有限公司与合肥耀华房地产开发有限公司建设工程施工合同纠纷案"。

1.111 专业分包单位与总承包单位对分包工程质量承担过错责任还是连带责任？

答：专业分包单位与总承包单位对分包工程质量承担连带责任。

《建筑法》第二十九条第二款规定："建筑工程总承包单位按照总承包合同的约定对建设单位负责；分包单位按照分包合同的约定对总承包单位负责。总承包单位和分包单位就分包工程对建设单位承担连带责任。”《招标投标法》第四十八条第三款规定：“中标人应当就分包项目向招标人负责，接受分包的人就分包项目承担连带责任。”根据上述法律规定可知，专业分包单位与总承包单位对分包工程质量承担连带责任。

参考案例：最高院（2016）民终267号“判决北京中景恒基工程管理有限公司与鄂尔多斯市鑫聚源化工有限公司与徐州宏源钢结构安装有限公司、徐州中煤钢结构建设有限公司、上海同济宝冶建设机器人有限公司建设工程施工合同纠纷案”。

1.112 总承包合同无效，专业分包合同是否也无效？

答：目前理论界和实务界的主流观点认为总承包合同无效，并不意味着专业分包合同也无效，总承包合同无效不影响专业分包合同效力。

理由是，总承包合同与专业分包合同分属于不同的合同主体，是两个独立成立的合同，不是主合同与从合同的关系。总合同无效可能导致专业分包合同无法履行，但无法履行与合同效力在法律上是两个不同的概念，不能因为无法履行就认定其无效。虽然两者有一定的关联，但总承包合同无效不影响专业分包合同效力。

参考案例：最高院（2016）民再53号“沙伯基础创新塑料（中国）有限公司与福建省土木建设实业有限公司深圳分公司、福建省土木建设实业有限公司侵权责任纠纷审判监督案”。

1.113 违法分包对发包人与承包人之间的建设工程施工合同的效力是否有影响？

答：违法分包对发包人与承包人之间的建设工程施工合同的效力没有影响，但违法分包合同是无效的。

根据《建设工程司法解释（一）》第一条的规定，违法分包合同是无效的。但是，发包人与承包人之间的建设工程施工合同在先，其合同签订时，双方的意思表示是真实的，是合法有效的。事后，承包人违法分包给其他人，则是承包人单方面的违约行为，其违约行为应当承担的是违约责任，而不能否定之前的合同效力。无效合同自始无效，而发包人与承包人之间的建设工程施工合同在签订当时却是有效的，如果因承包人的违约行为认定之前的合同无效，这与合同的基本原则和基本理论是相互矛盾的。这对在签订合同时无法预知承包人事后是否违法分包的发包人来说也是不公平的。虽然发包人与承包人签订的建设工程施工合同不因承包人的违法分包行为而无效，但发包人有权解除建设工程施工合同，并要求承包人承担违约责任。

参考案例：最高院（2014）民申字604号“广东省第四建筑工程公司与梁湘雄民间借贷纠纷案”。

1.114 劳务分包过程中常见的违法行为有哪些？

答：根据《房建市政分包管理办法》存在下列行为之一的，即可界定是违法劳务分包行为：(1) 劳务分包挂靠，即施工单位将建筑工程的劳务作业分包给不具备相应资质条件的企业或个人（"包工头"），与不具备相应资质条件的企业或个人签订劳务分包合同（或协议）的；(2) 名为劳务分包。实为违法转包或违法分包。劳务分包方的施工任务仅应为整个工程中的一道或几道工序，但实际上工程的整套工序均由劳务分包方负责，则劳务分包可能会被认定为转包，主要表现为"包工包料"，提供劳务的同时进行主要材料的采购、重大机械设备的租赁等；(3) 劳务作业承包人将所承包的劳务作业再分包的；(4) 以"劳务分包＋材料代购"的模式，实际为违法转包。劳务分包和材料代购行为本身均系合法，所以即使劳务分包方同时实施材料代购行为也不存在违法情形。但实践中，经常存在以"劳务分包＋材料代购"的名义实施转包的情形，而该种情形下"劳务分包＋材料代购"的模式即为违法。《住房和城乡建设部关于印发建筑工程施工发包与承包违法行为认定查处管理办法的通知》对此也予以了明确，该通知第八条规定："存在下列情形之一的，应当认定为转包，但有证据证明属于挂靠或者其他违法行为的除外：(四) 合同约定由承包单位负责采购的主要建筑材料、构配件及工程设备或租赁的施工机械设备，由其他单位或个人采购、租赁，或施工单位不能提供有关采购、租赁合同及发票等证明，又不能进行合理解释并提供相应证明的。"

参考案例：最高院（2014）民提字 80 号"重庆皇华建设（集团）有限公司、重庆市万州区清江建筑工程有限公司等与建设工程分包合同纠纷案"。

1.115 专业工程分包和劳务分包的区别是什么？

答：专业工程分包是指建筑工程总承包单位根据总承包合同的约定或者经建设单位的允许，将承包工程中的专业性较强的专业工程发包给具有相应资质的其他建筑企业完成的活动。劳务分包是指施工承包单位或者专业分包单位将其承揽工程中的劳务作业发包给具有相应资质的劳务分包单位完成的活动。劳务分包是施工行业的普遍做法，法律在一定范围内允许，其形式有自带劳务、零散劳务等。

劳务分包和专业工程分包的区别主要体现在以下五点：

第一，分包主体的资质不同。专业工程分包人持有的是专业承包企业的资质，其不同资质条件有 61 种；劳务分包人持有的是劳务作业企业资质，其不同资质条件有 13 种。

第二，合同标的的指向不同。专业工程分包合同指向的标的是分部分项工程，计取的是工程款，其表现形式主要为包工包料；劳务分包合同指向的标的是劳务，计取的是人工费，其表现形式主要为包工不包料。

第三，条件不同。专业工程分包合同必须经发包人同意；劳务分包合同无须发包人同意。

第四，承担责任的范围不同。专业工程分包条件下，总、分包双方要对分包工程及其质量向发包人负责；劳务分包条件下，劳务分包人对发包人不直接承担责任。

第五，管理的内容不同。专业工程分包条件下，总承包方履行的职责主要是专业工程分包项目（分部分项工程）施工过程、施工资料、进场材料设备质量状况的监督检查，即符合性管理；劳务分包管理，则是施工期间的全方位管理（提供临设；提供测量放线、施工技术和安全技术交底；检查施工作业与交底的符合性；提供工程施工和防护材料和施工机具设备；组织分部分项工程验收；编制质量控制记录，收集质量保证资料；编制竣工资料等)，即实施性管理。

参考案例：山东聊城中院（2018）鲁15民终1277号“臧军邦、中冶天工集团有限公司提供劳务者受害责任纠纷案”。

1.116　价款“背靠背”条款能否作为总包人不支付工程款的抗辩理由？

答：价款“背靠背”条款难以作为总包人不支付工程款的抗辩理由。

所谓“背靠背”条款，一般是指在有偿合同中，约定负有付款义务的一方，以其获得在其他合同中某第三方的款项作为其支付本合同款项之前提条件的条款。简单地说，即“先收款，后付款”。“背靠背”合同中一般涉及三方主体、两份合同，一方是业主，通常也是最终用户；另一方是总包方，也是直接与业主发生合同关系的一方；最后一方是分包方，即承接总包方部分业务的一方，与总包方签订分包合同。一般情况下，“背靠背”条款会出现在总包方与分包方签订的分包合同中，也有少部分会出现在业主、总包方和分包方共同签订的三方合同中。一般认为，“背靠背”条款属于合同条款的一部分，也是平等民事主体间对自己民事权利的处置，符合意思自治原则，可以作为总包人不支付工程款的抗辩理由。但我们则认为，虽然我国目前对“背靠背”条款尚无禁止性规定，相应的司法实践也并不成熟，但是总包方并不能据此而滥用“背靠背”条款。因此，价款“背靠背”条款难以作为总包方不支付工程款的抗辩理由。具体理由如下：

（一）价款“背靠背”条款违反了公平原则。“背靠背”合同中的收款一方与约定的第三方无直接关联，该第三方何时付款、如何付款、付款比例等该收款一方完全不参与，完全由付款一方与该第三方自行约定，但是否付款直接影响收款一方的利益，该条款明显违反公平原则，不应让其达到转移风险的目的。

（二）价款“背靠背”条款所附期限无法确定。《民法典》第五百一十一条规定：“当事人就有关合同内容约定不明确，依据前条规定仍不能确定的，适用下列规定……（四）履行期限不明确的，债务人可以随时履行，债权人也可以随时请求履行，但是应当给对方必要的准备时间。”总包方和分包方在合同中并未明确约定付款明确的具体期限，对此，应视为付款期限约定不明。《民法典》第五百一十一条规定：“债权人也可以随时请求履行”，故总包人不能以“背靠背”条款抗辩。

（三）价款“背靠背”条款所附条件不符合附条件付款的法律规定。所谓“附条件”是指由于当事人对未来发生情况的不确定性，因此在订立合同时，将某一事实的发生作为合同生效或者解除的条件，条件和履行方式必须明确具体。而就“背靠背”条款而言，即是将业主是否付款作为总包方向分包方付款的条件，条件成就总包方应承担向分包方付款的义务，反之，则付款义务不成立。但是，当事人为自己的利益不正当地阻止条件成就的，视为条件已成就。如果业主逾期付款时间较长，根据《民法典》第五百一十一条规定，“当事人就有关合同内容约定不明确，依据前条规定仍不能确定的，适用下列规定……（五）履行方式不明确的，按照有利于实现合同目的的方式履行。”总包方仅有一般的催收而未提起诉讼或者仲裁，仍有可能被认定为怠于行使到期债权。故也不能以“背靠背”条款抗辩。

（四）法律规定不能以第三人的违约抗辩自己的违约行为而推卸违约责任。《民法典》五百九十三条规定：“当事人一方因第三人的原因造成违约的，应当依法向对方承担违约责任。当事人一方和第三人之间的纠纷，依照法律规定或者按照约定处理。”因此，在一般的分包合同中，总包施工单位作为分包合同当事人一方，如因业主单位（分包合同中的第三人）的拖欠而导致其对分包单位的拖欠，显然是要承担违约责任的。以第三人违约抗辩是无力的。

（五）违反合同相对原则。总包合同和分包合同是两个不同的法律关系，建设单位并非分包合同当事人，不应受“背靠背”条款的约束，因此建设单位付款不应成为总包单位支付的前提条件。

（六）“背靠背”条款不能对抗实际施工人的付款请求。总包人，特别是工程总承包单位有时会被法院作为发包人同等对待，违法分包的再分包人、劳务施工班组作为实际施工人。《建设工程司法解释（一）》第四十三条规定：“实际施工人以转包人、违法分包人为被告起诉的，人民法院应当依法受理。实际施工人以发包人为被告主张权利的，人民法院应当追加转包人或者违法分包人为本案第三人，在查明发包人欠付转包人或违法分包人建设工程款数额后，判决发包人在欠付建设工程价款范围对实际施工人承担责任”。此时“背靠背”条款则无法抗辩实际施工人的支付工程款的请求。

（七）因格式条款导致“背靠背”条款无效或作出不利于总包人的解释。根据《民法典》第四百九十六条规定，格式条款是当事人为了重复使用而预先拟定的，并在签订合同时未与对方协商一致的条款。有些总包为了降低合同签约的风险，加强管理，会在公司内部推行合同示范文本，按合同示范文本经各相关部门审核后对外统一签约。根据《民法典》第四百九十六规定，“背靠背”条款无效，或者根据《民法典》第四百九十八条规定作出不利于总包人的解释。

参考案例：最高院（2016）民申 1123 号“章某与嘉隆公司、天元公司建设工程施工合同纠纷案”；青海高院（2014）青民一终字第 42 号“重庆一建建设集团有限公司诉青海和宇节能门窗有限公司建设工程施工合同纠纷案”。

1.117 无任何工程资质的单位是否可以作为工程总承包联合体成员？

答：无任何工程资质的单位可以作为工程总承包联合体成员。

联合体成员中一方具有承接工程总承包项目相应的设计和施工资质，即使有其他成员方不具有任何工程类资质，也可以组成联合体承接工程总承包项目，但没有资质的联合体成员不得从事需要相关资质的工程施工或设计工作，也不得超越资质从事相关工作。当事人以联合体成员一方无资质为由主张工程总承包合同无效的，法院或仲裁机构不予支持。

实践中，部分组成联合体承接工程总承包项目的成员加入联合体并非基于其资质，有可能会出现一种特殊的联合体，即组成联合体的其中一方不具备任何资质，但联合体的其他方已经符合资质要求。此时，由于联合体与发包人签订的工程总承包合同已经符合法律关于资质的要求。因此，虽然联合体中的一方不具备任何工程资质，但并不会影响其与有资质的单位组成联合体承接工程总承包项目，更不会因此影响工程总承包合同的效力。只是在工程总承包合同履行过程中，不具备资质的联合体成员不得实际从事工程施工或设计工作，低资质的成员也不得超越资质从事相关工作。

参考案例：浙江宁波江北区法院（2020）浙0205民初584号“李正康与宁波丽日市政园林建设有限公司、浙江农林大学园林设计院有限公司建设工程施工合同纠纷案”。

1.118　提供可行性研究等前期服务单位是否可以参与工程总承包项目投标？

答：提供可行性研究等前期服务单位可以参与工程总承包项目投标。

必须招标项目的项目建议书、可行性研究报告、初步设计文件编制单位及其评估单位，若招标人未公开已经完成的初步设计文件等可能影响招标公平、公正性的前期成果的，上述单位与招标人签订的工程总承包合同无效。非必须招标项目的项目建议书、可行性研究报告、初步设计文件编制单位及其评估单位与招标人签订的工程总承包合同，不因招标人未公开已经完成的前期成果而无效。

《房建市政总承包管理办法》延续了部分标准招标文件和规范性文件的规定，对于项目前期咨询单位参与总承包投标进行了限制。其中，关于工程总承包单位不得是“工程总承包项目的代建单位、项目管理单位、监理单位、造价咨询单位、招标代理单位”的规定，由于这些单位与发包人存在委托关系，就不应该再与发包人建立“发承包”法律关系，避免造成项目管理方与承包方“混同”的不法情形，故该部分规定具有合理性。

但是，《房建市政总承包管理办法》同时规定：“政府投资项目的项目建议书、可行性研究报告、初步设计文件编制单位及其评估单位，一般不得成为该项目的工程总承包单位。政府投资项目招标人公开已经完成的项目建议书、可行性研究报告、初步设计文件的，上述单位可以参与该工程总承包项目的投标，经依法评标、定标，成为工程总承包单位。”该部分规定显然不具备合理性。

其一，项目建议书、可行性研究报告、初步设计文件的内容本身就有延续性，是不断深化的工作阶段。而初步设计阶段完成是《房建市政总承包管理办法》明确的总承包采购前提，即初设成果必然是招标文件的组成部分，与“发包人要求”文件共同构成投标人深化设计和投标报价的基础，因此《房建市政总承包管理办法》所规定的限制情形在工程实践中并不普遍存在。

其二，《房建市政总承包管理办法》将限制范围确定为“政府投资项目”并不符合招标投标制度的立法宗旨。限制前期咨询单位参与投标，大概因为其掌握了较其他潜在投标人更多的项目信息，因此有悖于招标投标的“公开”原则，其参与投标会影响中标结果的“公正性”。但是依据《房建市政总承包管理办法》的规定，只有“政府投资项目”禁止上述单位投标，而对于企业投资项目则未提及。这就意味着将区别对待政府投资项目和企业投资项目潜在投标人获取项目信息的范围，并不符合“公开原则”。

其三，随着我国深入推进“全过程工程咨询”模式，将有越来越多行业内的优质企业进行资质融合，一个咨询企业将同时具有招标代理、投资咨询、造价、监理、勘察、设计等从业资格。如果仅仅因为该企业参与了合同金额较小的部分前期工作，就丧失了后续参与工程总承包投标的资格，将严重影响高水平全过程工程咨询单位参与项目前期工作的热情。

1.119 工程总承包模式下发包人仅诉部分联合体成员，该如何处理？

答：工程总承包合同发包人可以要求全部联合体成员承担连带责任，也可以仅要求部分联合体成员承担责任。工程总承包合同发包人仅诉部分联合体成员的，除非发包人同意，裁判机构不能追加其他联合体成员。

工程总承包人为联合体的，联合体成员根据法律规定对发包人承担连带责任，发包人有权选择要求全部或部分的联合体成员承担责任。如发包人仅诉部分联合体成员，因不属于固有必要共同诉讼，其他联合体成员也不属于第三人，故法院或仲裁机构不能追加其他联合体成员，但发包人同意追加的除外。

1.120 工程总承包模式下发包人仅诉总承包人或仅诉分包人、违法分包人、转包人、挂靠人，该如何处理？

答：工程总承包合同发包人要求总承包人与分包人、违法分包人、转包人、挂靠人等就质量问题承担责任时：(1) 发包人仅诉总承包人的，裁判机构不能追加分包人、违法分包人、转包人、挂靠人为被告或被申请人；发包人仅诉分包人、违法分包人、转包人、挂靠人的，裁判机构不能追加总承包人为被告或被申请人；发包人同意追加的，可以追加；(2) 发包人仅诉总承包人或仅诉分包人、违法分包人、转包人、挂靠人的，裁判机构可以将其他当事人追加为无独立请求权第三人。

因发包人向工程总承包人及分包人、违法分包人、转包人、挂靠人主张权利的请求权基础存在差别，工程总承包人与分包人、违法分包人、转包人、挂靠人对发包人承担的连带责任属于不真正连带责任，因此发包人仅诉总承包人或仅诉分包人、违法分包人、转包人、挂靠人的，法院或仲裁机构不能超越发包人主张的请求范围追加其他当事人，但发包人同意追加的除外。因该连带责任并不属于共同债务下的连带责任，故可以适用第三人制度。

1.121 工程总承包联合体的资质如何认定？

答：1997 年，《建筑法》第二十七条规定：“两个以上不同资质等级的单位实行联合共同承包的，应当按照资质等级低的单位的业务许可范围承揽工程。”

对此，有人认为，如果单纯的设计资质企业与单纯的施工资质企业组成联合体的话，因为两家企业资质完全不在一个等级序列里面，是否会因为单纯的设计资质企业没有施工资质，以及单纯的施工资质企业没有设计资质，反而导致两者组成的联合体就不具有任何资质了呢？答案显然是否定的。《建筑法》规定的不同资质等级组成联合体就低不就高的意思，也应当是针对同一类型，或者说同一专业来讲的，而不是说不同专业的企业组成联合体也要那样理解。

1999年，《招标投标法》第三十一条规定："两个以上法人或者其他组织可以组成一个联合体，以一个投标人的身份共同投标。联合体各方均应当具备承担招标项目的相应能力；国家有关规定或者招标文件对投标人资格条件有规定的，联合体各方均应当具备规定的相应资格条件。由同一专业的单位组成的联合体，按照资质等级较低的单位确定资质等级。联合体各方应当签订共同投标协议，明确约定各方拟承担的工作和责任，并将共同投标协议连同投标文件一并提交招标人。联合体中标的，联合体各方应当共同与招标人签订合同，就中标项目向招标人承担连带责任。招标人不得强制投标人组成联合体共同投标，不得限制投标人之间的竞争。"

根据上述规定可知，《招标投标法》明确指出了联合体资质等级的确定应以"同一专业"为前提，对《建筑法》第二十七条的适用提供了更为清晰的参考，避免了不合理的误读。

1.122 工程总承包单位再发包是否必须再招标？

答：工程总承包单位再发包不需要再招标。

（一）分包规定中关于分包工程发包模式的规定。关于工程总承包中的分包，《国务院办公厅关于促进建筑业持续健康发展的意见》（国办发〔2017〕19号）规定："除以暂估价形式包括在工程总承包范围内且依法必须进行招标的项目外，工程总承包单位可以直接发包总承包合同中涵盖的其他专业业务"。《房建市政总承包管理办法》第二十一条规定："工程总承包单位可以采用直接发包的方式进行分包。但以暂估价形式包括在总承包范围内的工程、货物、服务分包时，属于依法必须进行招标的项目范围且达到国家规定规模标准的，应当依法招标。"《房建市政总承包管理办法》中已经明确规定除达到标准的暂估价外，无需招标，可以直接发包。关于其他工程分包，并没有具体详细的法律规定，原则性的规定见《建筑法》，它也只规定分包给有资质企业，专业分包经业主同意、不得再分包，并未有招标的规定；各职能部分制定的分包办法，如房屋和市政、水利工程、交通工程等，也只是从《建筑法》的原则性规定中细化分包的具体要求，并未有分包工程需招标的规定。《房建市政总承包管理办法》已经明确约定由总承包单位对建设单位负责，包括工期、造价、质量、安全等，不管总包单位是否分包，或以何种方式选择分包，都不影响总包单位按照总包合同对建设单位负总责的规定。至于总包单位选择分包单位，是企业自主经营的事项；且一些总包单位在多年经营中，已积累了一定的优质分包商和合作对象，这也是总包企业竞标的优势所在，其没必要通过必须招标选择不确定的合作对象。

（二）《招标投标法》关于分包工程发包模式的规定。《招标投标法实施条例》第二十九条第一款规定："招标人可以依法对工程以及与工程建设有关的货物、服务全部或者部分实行总承包招标。以暂估价形式包括在总承包范围内的工程、货物、服务属于依法必须进行招标的项目范围且达到国家规定规模标准的，应当依法进行招标。"从该规定反推，如果必须招标的工程招标后，其总承包人分包工程一律需要招标的，又何必要再单独规定暂估价部分招标呢。《招标投标法》要求必须招标的工程是约束招标人而言的，其中关于“招标人”的定义为第八条“招标人是依照本法规定提出招标项目、进行招标的法人或者其他组织”，而总承包单位并不是必须招标项目的招标人。

（三）实践及政策趋势关于分包工程发包模式的规定。从提高合同履行效力来讲，也无需通过强制的招标流程选择分包单位。招标投标往往需要花费一定的时间，增加招标投标环节无疑会延长工程的工期，也不利于总承包模式下总承包企业优势的发挥。从国家培育工程总包市场、减少必须招标的趋势来看，分包工程也不应属于必须招标的范围。《国务院办公厅关于促进建筑业持续健康发展的意见》规定：“完善招标投标制度。加快修订《工程建设项目招标范围和规模标准规定》，缩小并严格界定必须进行招标的工程建设项目范围，放宽有关规模标准，防止工程建设项目实行招标‘一刀切’。”

综上所述，法律并未规定工程分包需要强制招标，但也不排除总包合同约定或总包单位上级、内部规章制度要求招标，总包企业自愿招标的。通过上述内容我们可以了解到，必须招标的项目招标确定总包单位后达到一定规模标准的分项，总包单位分包是否需要强制招标，法律并没有规定。

参考案例：宁夏银川中院（2020）宁01民终22号“中铁二十三局集团第二工程有限公司、四川上辰德鑫建筑工程集团有限公司建设工程施工合同纠纷案”。

1.123 擅自分包非主体部分建设工程对分包合同效力的影响是什么？

答：擅自分包非主体部分建设工程不影响分包合同效力。

除工程主体部分设计或工程主体结构施工外，总承包人自行将其承包的部分工作交由第三人完成，当事人仅以未经发包人同意为由主张分包合同无效的，不予支持。

参考案例：山东省高级人民法院（2019）鲁民终2081号“杭州市市政工程集团有限公司、烟台金佳置业有限公司建设工程施工合同纠纷案”。

第 2 章

施工合同无效的法律处理

2.1 建设工程施工合同无效，结算协议是否也无效？

答：建设工程施工合同无效，结算协议不因建设工程施工合同无效而无效。

在建设施工合同无效的情形下，由于结算协议具有独立性，其有效性不受影响。特别是在建设工程竣工验收合格后，发包人与承包人已经就涉案工程价款达成一致并签订结算协议的，该结算协议应视为发包人与承包人就工程价款问题达成的新的合意，体现了当事人的真实意思表示，应当确认其约束力。《建设工程司法解释（一）》第二十九条规定："当事人在诉讼前已经对建设工程价款结算达成协议，诉讼中一方当事人申请对工程造价进行鉴定的，人民法院不予准许。"根据此条规定，建设工程施工合同无效，结算协议不因建设工程施工合同无效而无效。这也是当前司法实践中的主流观点。

参考案例：最高院（2014）民一终字 61 号"安阳广佳欣置业有限公司、管广生与博坤建设集团有限公司建设工程施工合同纠纷一案"；最高院（2014）民终 1223 号"南宁宽博科技人员创业服务有限公司与广西华业建筑工程有限公司、卢光昌建设工程合同纠纷案"。

2.2 双方已经达成结算协议，一方能否申请对工程造价进行鉴定？

答：双方已经达成结算协议，一方不能申请对工程造价进行鉴定。

《建设工程司法解释（一）》第二十九条规定："当事人在诉讼前已经对建设工程价款结算达成协议，诉讼中一方当事人申请对工程造价进行鉴定的，人民法院不予准许。"根据此条规定可知，双方已经达成结算协议，一方申请对工程造价进行鉴定的，人民法院将不予准许。

参考案例：最高院（2014）民一终字 61 号"安阳广佳欣置业有限公司、管广生与博坤建设集团有限公司建设工程施工合同纠纷一案"。

2.3 建设工程施工合同无效，当事人能否请求按照其他方式计算工程价款？

答：建设工程施工合同无效，当事人只能请求参照合同约定支付工程款，不能请求按照其他方式计算工程价款。

《民法典》第七百九十三条规定："建设工程施工合同无效，但是建设工程经验收合格的，可以参照合同关于工程价款的约定折价补偿承包人。"从该条规定看，该条仅规定了承包人可以请求参照合同约定支付工程款，并没有赋予承包人选择的权利。所以，建设工程合同施工无效，当事人只能请求参照合同约定支付工程款，不能请求按照其他方式计算工程价款。

参考案例：湖北武汉中院（2019）鄂01民终7253号"武汉天舜建设有限公司、武汉天舜天港置业有限公司建设工程分包合同纠纷案"。

2.4 建设工程施工合同无效，折价补偿时能否扣除利润？

答：建设工程施工合同无效，折价补偿时应当包括利润，不能扣除利润。

《民法典》第七百九十三条规定："建设工程施工合同无效，但是建设工程经验收合格的，可以参照合同关于工程价款的约定折价补偿承包人。"建设工程施工合同认定无效后，发包人应向承包人承担折价补偿责任。如果工程验收合格，折价补偿款的计算可以参照施工合同约定的工程款计价方式计算，因施工合同约定的计价方式符合建筑市场行情，接近建设工程的实际价值。折价补偿款应包括规费和利润。工程项目由发包人占有，发包人应按照工程造价补偿承包人，工程造价包含规费和利润。司法救济目的是使双方的利益恢复平衡，如果从折价补偿款中扣减部分规费和利润，则发包人既享有工程项目的价值，又未支付足额对价，获得额外利润，不符合无效合同的处理原则。那种认为合同无效，承包人只能要求合同约定中的直接费和间接费，不能主张利润及税金的观点是不妥当的。就建设工程而言，其价值就是建设工程的整体价值，也即建设工程的完整造价。如果合同无效，承包人只能主张合同约定价款中的直接费和间接费，则承包人融入建设工程产品当中的利润及税金就被发包人获得。发包人依据无效合同取得了承包人应当得到的利润，这与无效合同的处理原则不符，其利益向一方当事人倾斜，不能很好地平衡当事人之间的利益关系，导致矛盾激化，案件审判的社会效果不好。

参考案例：最高院（2017）民终360号"中天集团浙江公司、与昌泰公司建设工程施工合同纠纷案"。

2.5 建设工程施工合同无效，当事人能否要求对方赔偿？

答：建设工程施工合同无效，当事人可以要求对方赔偿。

《民法典》第一百五十七条规定："民事法律行为无效、被撤销或者确定不发生效力后，行为人因该行为取得的财产，应当予以返还；不能返还或者没有必要返还的，应当折价补偿。有过错的一方应当赔偿对方由此所受到的损失；各方都有过错的，应当各自承担相应的责任。法律另有规定的，依照其规定。”根据此条规定，建设工程施工合同无效，一方当事人请求对方赔偿损失的，应当就对方过错、损失大小、过错与损失之间的因果关系承担举证责任。损失大小无法确定，一方当事人请求参照合同约定的质量标准、建设工期、工程价款支付时间等内容确定损失大小的，人民法院可以结合双方过错程度、过错与损失之间的因果关系等因素作出裁判。建设工程合同施工无效，当事人可以请求参照合同约定的质量标准、工期等要求对方赔偿损失。

参考案例：浙江衢州中院（2017）浙 08 民终 276 号“凯东集团有限公司与刘武君建设工程施工合同纠纷案”。

2.6　建设工程施工合同无效，对质量问题的赔偿原则如何确定？

答：建设工程施工合同无效，对质量问题的赔偿原则有以下几条：一是其约定的质量标准不得低于法定质量标准；二是如果承包人不具备相关资质而造成合同无效，发包人应对质量问题承担相应责任。

《建筑法》第三条规定：“建筑活动应当确保建筑工程质量和安全，符合国家的建筑工程安全标准。”《建设工程质量管理条例》第十六条第三款规定：“建设工程经验收合格的，方可交付使用。”《八民会议纪要》第三十条规定：“当事人违反工程建设强制性标准，任意降低工程质量标准的，应认定为无效。”根据上述规定，建设工程合同施工无效，对质量问题的赔偿，其约定的质量标准不得低于法定质量标准，如果承包人不具备相关资质而造成合同无效，发包人应对质量问题承担相应责任。

参考案例：江苏高院（2017）苏民终 285 号“太仓欧亚标准板材有限公司与江苏美佳马达有限公司买卖合同纠纷案”。

2.7　建设工程施工合同无效，工期奖励和工期违约条款是否有效？

答：建设工程施工合同无效，工期奖励和工期违约条款仍然有效。

工期奖励和工期违约条款实际上是对施工方组织施工投入的一种对价，施工方加大投入，提前完成工程，则可以奖励的方式得到较多的工程款，而施工方的投入不足则会以违约责任的方式少获取工程款。如果施工合同被认定无效之后，合同中关于工期奖励及违约的条款均不认可，便不能体现施工方组织施工投入的对价。奖励条款如不认可，则无法体现施工方的赶工投入。工期奖励条款作为施工方赶工投入的对价，实际上是工程造价的一部分。所以，我们认为建设工程施工合同无效，工期奖励和工期违约条款仍然有效。

参考案例：重庆高院（2017）渝民终 222 号“判决周宁与重庆海潮物业发展有限公司重庆市环发建设工程有限责任公司建设工程施工合同纠纷案”。

2.8 建设工程施工合同无效，承包人是否要承担质量保修责任？

答：建设工程施工合同无效，承包人仍然要承担质量保修责任。

质量保修责任是《建筑法》和《建设工程质量管理条例》规定的承包人的法定责任，同时也是一般合同约定应承担的责任。建设工程施工合同无效不影响发包人按照合同约定、承包人出具的质量保修书或法律法规的规定要求承包人承担工程质量责任。《安徽高院意见》第十四条规定："建设工程施工合同无效，但工程经竣工验收合格并交付发包人使用的，承包人应承担相应的工程保修义务和责任，发包人可参照合同约定扣留一定比例的工程款作为工程质量保修金。"承担责任的具体方式可以参照合同约定扣留一定比例的工程款作为工程质量保修金，也可由发包人自行维修或请人维修，费用由承包人承担。

参考案例：最高院（2020）民申 2954 号"陕西煜塬建筑工程有限公司、西北建设有限公司建设工程施工合同纠纷再审审查与审判监督案"。

2.9 建设工程施工合同无效，发包人能否预留工程质量保证金？

答：建设工程施工合同无效，发包人不能预留工程质量保证金。但如果质量保证金已缴纳至第三方托管账户，则按照托管协议执行。

《民法典》第七百九十三条规定："建设工程施工合同无效，但是建设工程经验收合格的，可以参照合同关于工程价款的约定折价补偿承包人。"但该规定仅明确了建设工程施工合同无效情形下参照合同约定折价补偿，并没有明确合同约定的付款期限也应参照。但是，保证金托管协议是一份涉及第三方的独立的协议，其效力不因建设工程施工合同无效而受到影响。故我们认为，建设工程施工合同无效，发包人不能预留工程质量保证金。但如果质量保证金已缴纳至第三方托管账户，则按照托管协议执行。

参考案例：最高院（2017）民终 766 号"中扶建设有限责任公司、德化金龙置业有限公司建设工程施工合同纠纷"。

2.10 违反施工资质效力性强制性规定导致施工合同无效，该怎么办？

答：违反施工资质效力性强制性规定导致施工合同无效后，主要有财产返还和赔偿损失两种方式。

1. 无效后的财产返还

根据《民法典》第七百九十三条的规定，"建设工程施工合同无效，但是建设工程经验收合格的，可以参照合同关于工程价款的约定折价补偿承包人。"该条规定解决的是合同被认定无效之后，发包人取得承包人建设的工程按照何种标准进行折价补偿的问题。规定参照合同约定支付工程价款（折价），原因在于这个方法符合当事人双方缔约本意、符合缔约时的市场行情、利于当事人双方接受，同时避免大量的合同通过鉴定的方式确定价款（折价补偿款），造成审理期限延长，增加当事人诉累。

参照合同约定支付工程价款的前提是合同具备可参照性，当因设计变更、工程建设规模变更等情况导致工程量大幅增加，无法参照合同约定结算工程价款时，则不能参照合同约定。

2. 多份施工合同均无效情形下工程价款的结算问题

实践中存在针对同一建设工程，当事人签订的多份施工合同均无效的情形下，首先要判断哪份合同为缔约双方真实合意并予以实际履行的合同，参照该合同确定工程造价，方能实现此条法律规定的目的。当无法确定哪份合同为当事人真实合意情形下的合同，可以结合已完工程质量、利益平衡等因素，分配两份或以上合同间的差价确定工程价款。该种情形下，仍需判断两份以上合同中，是否存在与工程造价差距巨大、不具有参照性的合同，并将其排除在可参照的范围外。

3. 无效后的损失赔偿

合同被认定无效，当事人承担的是缔约过失责任，赔偿的是信赖利益的损失。对信赖利益的损失范围，一般认为包括以下几种情况：一是在缔约过程中的花费；二是基于信赖合同能够签订、准备履行合同所产生的花费；三是因丧失与别人缔结合同的机会造成的损失。以上确定的损失范围，不包括履行无效合同产生的损失。而建设工程施工合同被认定无效时，多数合同已经得到实际履行，还应根据承包方订立合同、履行合同中的过错责任程度及违反诚实信用原则的程度承担相应的责任。

参考案例：最高院（2011）民一终字第62号“汕头市建安（集团）公司与北京秦浪屿工艺品有限公司建设工程施工合同纠纷案”。

2.11　违反《招标投标法》效力性强制性规定的无效施工合同应如何处理？

答：根据《民法典》第七百九十三条规定：“建设工程施工合同无效，但是建设工程经验收合格的，可以参照合同关于工程价款的约定折价补偿承包人。建设工程施工合同无效，且建设工程经验收不合格的，按照以下情形处理：（一）修复后的建设工程经验收合格的，发包人可以请求承包人承担修复费用；（二）修复后的建设工程经验收不合格的，承包人无权请求参照合同关于工程价款的约定折价补偿。发包人对因建设工程不合格造成的损失有过错的，应当承担相应的责任。”所以违反《招标投标法》效力性强制性规定的无效施工合同应根据《民法典》第七百九十三条的规定处理。

2.12　违反中标合同实质性内容的合同是否无效？

答：《招标投标法》第四十六条规定：“招标人和中标人应当自中标通知书发出之日起三十日内，按照招标文件和中标人的投标文件订立书面合同。招标人和中标人不得再行订立背离合同实质性内容的其他协议。”

另外，《建设工程司法解释（一）》第二条规定：“招标人和中标人另行签订的建设工程施工合同约定的工程范围、建设工期、工程质量、工程价款等实质性内容，与中标合同不一致，一方当事人请求按照中标合同确定权利义务的，人民法院应予支持。”招标人和中标人在中标合同之外就明显高于市场价格购买承建房产、无偿建设住房配套设施、让利、向建设单位捐赠财物等另行签订合同，变相降低工程价款，一方当事人以该合同背离中标合同实质性内容为由请求确认无效的，人民法院通常都予以支持。

由此可知，违反中标合同实质性内容而另行签订的合同，违反了法律禁止性规定，系无效合同。

2.13 合同部分条款无效如何处理？

答：根据《民法典》的规定，合同内容部分无效的，不影响其他部分效力的，其他部分仍然有效，当事人需要履行。其他部分仍然有效，必须具备两个条件：

（1）合同内容必须是可分的，即有效部分和无效部分是各自独立，互无依存关系。如果无效部分的条款和有效部分的条款具有不可分性或当事人约定该条款为合同成立和生效的必备条款，那么，该条款无效，必然会使整个合同无效。

（2）合同无效部分或者被撤销部分必须不影响其余部分的效力，即二者之间没有直接的、必然的联系，其余部分不含有导致合同部分内容无效或者应撤销的因素，有效部分继续履行。

2.14 从合同无效如何处理？

答：根据合同相互间的主从关系，可以将合同分为主合同与从合同。所谓主合同，是指不需要其他合同的存在即可独立存在的合同，即主合同是指不以其他合同的存在为前提而能够独立存在的合同。所谓从合同，是指不能独立存在而以其他合同的存在为存在前提的合同。从合同的主要特点在于其从属性，即它不能独立存在，必须以主合同的存在并生效为前提。

这种从属性主要表现如下：（1）成立的从属性：从合同的成立以主合同的成立为前提。（2）消灭的从属性：主合同消灭，从合同当然消灭。（3）处分的从属性：当事人对主合同的处分，如无特别规定，其效力及于从合同。

最常见的从合同就是担保合同。《民法典》第四百六十五条规定：“依法成立的合同，受法律保护。”《民法典》第三百八十八条规定：“担保合同是主债权债务合同的从合同。主债权债务合同无效的，担保合同无效，但是法律另有规定的除外。担保合同被确认无效后，债务人、担保人、债权人有过错的，应当根据其过错各自承担相应的民事责任。”

2.15 转包合同是否无效？

答：转包合同无效。

《民法典》第七百九十一条规定：“禁止分包单位将其承包的工程再分包，建设工程主体结构的施工必须由承包人自行完成。”《建筑法》第二十八条规定：“禁止承包单位将其承包的全部建筑工程转包给他人，禁止承包单位将其承包的全部建筑工程肢解以后以分包的名义分别转包给他人。”《招标投标法》第五十八条规定：“中标人将中标项目转让给他人的，将中标项目肢解后分别转让给他人的，违反本法规定将中标项目的部分主体、关键性工作分包给他人的，或者分包人再次分包的，转让、分包无效，处转让、分包项目金额千分之五以上千分之十以下的罚款；有违法所得的，并处没收违法所得；可以责令停业整顿；情节严重的，由工商行政管理机关吊销营业执照。”《建设工程司法解释（一）》第一条规定：“承包人因转包、违法分包建设工程与他人签订建设工程施工合同，应当依据民法典第一百五十三条第一款及第七百九十一条第二款、第三款的规定，认定无效。这里所称转包，是指承包单位承包建设工程后，不履行合同约定的责任和义务，将其承包的全部建设工程转给他人或者将其承包的全部建设工程肢解以后以分包的名义分别转给其他单位承包的行为。存在下列情形之一的，属于转包：（一）施工单位将其承包的全部工程转给其他单位或个人施工的；（二）施工总承包单位或专业承包单位将其承包的全部工程肢解以后，以分包的名义分别转给其他单位或个人施工的；（三）施工总承包单位或专业承包单位未在施工现场设立项目管理机构或未派驻项目负责人、技术负责人、质量管理负责人、安全管理负责人等主要管理人员，不履行管理义务，未对该工程的施工活动进行组织管理的；（四）施工总承包单位或专业承包单位不履行管理义务，只向实际施工单位收取费用，主要建筑材料、构配件及工程设备的采购由其他单位或个人实施的；（五）劳务分包单位承包的范围是施工总承包单位或专业承包单位承包的全部工程，劳务分包单位计取的是除上缴给施工总承包单位或专业承包单位“管理费”之外的全部工程价款的；（六）施工总承包单位或专业承包单位通过采取合作、联营、个人承包等形式或名义，直接或变相地将其承包的全部工程转给其他单位或个人施工的；（七）法律法规规定的其他转包行为。由此可见，转包合同无效。”

2.16 借用资质合同是否无效？

答：借用资质合同无效。

《建筑法》第十二条规定：“从事建筑活动的建筑施工企业、勘察单位、设计单位和工程监理单位，应当具备下列条件：（一）有符合国家规定的注册资本；（二）有与其从事的建筑活动相适应的具有法定执业资格的专业技术人员；（三）有从事相关建筑活动所应有的技术装备；（四）法律、行政法规规定的其他条件。”

《建筑法》第十三条规定：“从事建筑活动的建筑施工企业、勘察单位、设计单位和工程监理单位，按照其拥有的注册资本、专业技术人员、技术装备和已完成的建筑工程业绩等资质条件，划分为不同的资质等级，经资质审查合格，取得相应等级的资质证书后，方可在其资质等级许可的范围内从事建筑活动。”

《建设工程司法解释（一）》第一条规定：“建设工程施工合同具有下列情形之一的，应当依据民法典第一百五十三条第一款的规定，认定无效：（二）没有资质的实际施工人借用有资质的建筑施工企业名义的。”

2.17 人民法院能否依职权认定合同无效？

答：人民法院可以依职权认定合同无效。

合同效力，是指依法成立受法律保护的合同，对合同当事人产生的必须履行其合同的义务，不得擅自变更或解除合同的法律拘束力，即法律效力。这个“法律效力”不是说合同本身是法律，而是说由于合同当事人的意志符合国家意志和社会利益，国家赋予当事人的意志以拘束力，要求合同当事人严格履行合同，否则即依靠国家强制力，要当事人履行合同并承担违约责任。

当事人主张合同无效是由提出主张的当事人负举证责任，但是如果确有必要，法院也可以依职权主动调查取证，确认合同效力。

《民事诉讼法》第六十四条规定：“当事人对自己提出的主张，有责任提供证据。当事人及其诉讼代理人因客观原因不能自行收集的证据，或者人民法院认为审理案件需要的证据，人民法院应当调查收集。人民法院应当按照法定程序，全面地、客观地审查核实证据。”

所以，对合同效力的审查属于人民法院裁判权范围，即便当事人未提起确认合同无效的诉讼请求，但人民法院仍应依职权进行审查。

2.18 管理性规范与强制性规范对合同效力的影响如何？

答：所谓效力性规范或强制性规范，是指法律及行政法规明确规定违反了这些禁止性规定将导致合同无效或者合同不成立的规范；或者是法律及行政法规虽然没有明确规定违反这些禁止性规范后将导致合同无效或者不成立，但是违反了这些禁止性规范后，如果使合同继续有效，将损害国家利益和社会公共利益的规范。

所谓管理性规范或取缔性规范，是指法律及行政法规没有明确规定违反此类规范将导致合同无效或者不成立，而且违反此类规范后如果使合同继续有效，也并不损害国家或者社会公共利益，而只是损害当事人的利益的规范。

《民法典》第一百五十三条规定：违反法律、行政法规的强制性规定的民事法律行为无效。实践当中，由于对“强制性规定”的理解存在着种种不同的解释，导致律师、法官等司法人员对同一合同的效力，在认识上产生了一定的偏差，并由此导致同一法律行为最终形成了两种完全相反的结果，使法律的适用产生了一定的混乱。

根据传统的法学基础理论，针对法律规范对人们行为规定和限定的范围或程度不同进行分类，可以分为强制性规范和任意性规范。一般来说，强制性规范的义务性要求十分明确，而且必须履行，不允许人们以任何方式加以变更或违反。任意性规范就是允许人们自行选择或协商确定其权利和义务的法律规范。

而根据法律规范内容规定不同（主要指行为模式的不同）进行分类，可分为授权性规范和义务性规范两种。授权性规范是指规定人们可以作出一定的行为，或者要求他人作出或不作出某种行为的规范。义务性规范就是指规定人们应当依法作出或不作出一定行为的法律规范。这类规范在法律条文中常以“必须”“须”“应该”“应当”“有……义务”“有义务”“禁止”“严禁”“不得”“不应”“不许”“不准”等词汇表述。而义务性规范又可进一步分成两类，即命令性规范和禁止性规范。命令性规范是指规定人们的积极义务，即人们必须或应当作出某种行为的规则。禁止性规范就是指规定人们的消极义务（不作为义务），即禁止人们作出一定行为的规则。一般来说，义务性规范也是强制性规范。

但是，笔者认为，《民法典》第一百五十三条规定所称的“强制性规定”和传统法学基础理论中的“强制性规范”并非是完全相同的概念。

在理论界，随着对强制性规范对合同效力的影响，开始重视对强制性规范的进一步区分，认为应当将传统法学基础理论中的强制性规定进一步区分为效力性规范和取缔性规范。效力性规范着重强调对违反行为的法律行为价值的评价，以否认其法律效力为目的；取缔性规范着重强调对违反行为的事实行为价值的评价，以禁止其行为为目的。取缔规范的作用在于对违反者加以制裁，以禁遏其行为，但不否认其行为司法上的效力。只有违反效力性规范的合同才会被认定为无效，而违反取缔性规范则不会导致合同无效。但目前我国理论界尚未就两者的区分标准形成主流观点。

王利明教授认为，对于我国法律、法规中的大量的强制性规范，有的只是规定违反法律强制性规定应当受到处罚，有的则明确规定违反法律的强制性规定不仅受到处罚，还将导致合同无效。因此，他认为有必要将强制性规范进一步区分为效力性规范和取缔性规范。区分的标准是：第一，法律、法规明确规定违反强制性规定将导致合同无效或者不成立的，该规定属于效力规定。第二，法律、法规虽然没有明确规定违反强制性规定将导致合同无效或者不成立的，但违反该规定以后若使合同继续有效并不损害国家利益和社会公共利益，也应当认定为该规范为效力性规范。第三，法律、法规虽然没有明确规定违反强制性规定将导致合同无效或者不成立的，违反该规定以后若使合同继续有效并不损害国家利益和社会公共利益，而只是损害当事人的利益，则该规范不是效力性规范，而是取缔性规范。

此外，还有观点认为，对于强制性规范对合同效力影响，是否违反强制性法规只是一种形式上的观察，并不能直接作为决定合同无效与否的标准，具体的合同是否应当无效，应该就强制性规范所保护的利益种类和性质来决定。对于违反强制性法律规定的合同来说，无效并非唯一可取的手段。如果刑法、行政法的制裁方法或者其他民事责任已经足以达到法律规范的制裁目的时，应当尽量将合同解释为有效。

在审判实务界，长期以来确定的基本原则是，违反法律、行政法规强制性规定的合同一般认定为无效，但是在某种情况下，允许当事人对合同效力予以补正。但随着时间的推移，实务界也对强制性规范进行了进一步的区分，将其划分为效力性规范和管理性规范。认为违反效力性规范的合同无效，但是否违反管理性规范并不是认定合同效力的依据。

目前，实务界区分效力性规范和管理性规范的方法，主要以行政法的立法目的和强制性规范的设立目的作为最高指导原则。如果法律规范的目的纯粹是为了行政管理的需要，并无涉及民事主体之间利益关系的意图，则应当把这类强制性规范作为管理性规范对待，排除在认定合同效力依据的范围之外。

对于如何区分强制性规范中的效力性规范和管理性规范，我们认为应当从以下几个方面予以考虑：

(1) 分析强制性规范禁止的对象，是否只是行为手段或者行为方式，或者行为的外部条件，如经营时间、地点等，而允许以其他手段、方式或者时间、地点作出行为的，这时法律本意不是禁止行为效果的发生，而在于规范人们的行为举止，则这类规范为管理性规范。

(2) 分析强制性规范禁止的目的，是为了保护国家利益还是保护民事主体的利益。如果法律彻底阻止这类行为实施，并且认定合同有效会导致直接损害国家利益的严重后果的，属于效力性规范。如果违反禁止规定时，只会损害一方民事主体利益的，则属于管理性规范。

(3) 分析强制性规范禁止的是针对一方当事人还是针对双方当事人的行为。如果合同违反的禁止规定只是针对当事人一方的，而且这禁止规定完全是当事人一方作为纪律条款来规定的，不属于效力性规范。

综上所述，笔者认为，对《民法典》第一百五十三条项规定的“强制性规定”应做狭义限缩性的理解和解释，应当仅指强制性法律规范中的效力性规范。对于仅仅违反管理性规范或取缔性规范等强制性法律规范的合同，不应当依据《民法典》第一百五十三条的规定认定为无效合同。

2.19 无效合同中有效内容如何处理？

答：无效合同是相对于有效合同而言的，是指合同虽然成立，但因其违反法律、行政法规或损害社会公共利益，被确认无效的合同。无效合同不能产生法律上的效力，不会发生合同当事人预期的法律后果。《民法典》第一百五十六条规定：“民事法律行为部分无效，不影响其他部分效力的，其他部分仍然有效。”如果合同无效的原因仅仅存在于合同内容的某一部分或者某几个部分，其余部分不受该无效部分的影响，仍然能够构成一个独立有效的协议，那么该合同就是部分无效的合同。合同部分无效，有效部分继续履行。

《民法典》第五百零七条规定：“合同不生效、无效、被撤销或者终止的，不影响合同中有关解决争议方法的条款的效力。”

即便整个合同无效，合同中有关解决争议方法的条款仍然有效，仍需要按照合同约定的方法去解决争议，比如，合同约定了合法有效的仲裁条款，由于有效的仲裁条款排除了人民法院的管辖，所以即便合同无效也只能通过仲裁去解决争议，而不能向人民法院起诉。

2.20 无效合同能否通过补正使之转化为有效合同？

答：相对无效的合同可以补正，绝对无效的合同不存在补正的问题。

合同效力补正，是指当事人所签订的合同因违反了法律禁止性规定，导致合同不能满足有效条件，当事人可以通过事后补正或者实际履行来使合同满足有效的条件，促使合同有效。无效合同补正是指当导致合同无效的原因被去除时，可以认定合同有效。这里所指的无效合同补正仅指相对无效合同的补正；绝对无效合同因其起始绝对无效，当然无效，故不存在补正的问题。

无效合同补正的要件包括：应当是一个无效合同。无效合同是指该合同已经成立，否则就应当表述为不成立而非无效。如果通过解释或其他途径可以消除无效，那么就不存在这里所讲的补正问题；无效合同的无效原因必须已经消失，这是补正的基本前提。当事后因客观情况的变化或当事人采取的补救措施满足了无效合同生效的要件，包括实质要件和形式要件，使合同原本不符合的内容有可能变为符合，此即合同无效的原因消失。如有关无效合同须具备登记、书面等法定方式才能够生效的，补救措施应当具备该法定方式；当事人须对无效合同承认，即当事人做出了希望使无效合同变为有效的意思表示。对于承认的形式，明示和默示承认在实务中都应被允许；合同的补正不能违背法律规定该行为无效的基本宗旨。承包人超越资质等级许可的业务范围签订建设工程施工合同，在建设工程竣工前取得相应资质等级，当事人请求按照无效合同处理的，法院一般不予支持；《买卖合同司法解释》第二条规定："出卖人未取得商品房预售许可证明，与买受人订立的商品房预售合同，应当认定无效，但是在起诉前取得商品房预售许可证明的，可以认定有效。"

当事人以发包人未取得建设工程规划许可证等规划审批手续为由，请求确认建设工程施工合同无效的，人民法院一般应予支持，但发包人在起诉前取得建设工程规划许可证等规划审批手续的除外。这些都是可以补正合同效力的情形。

2.21 先签的合同无效，后签的内部承包合同效力如何认定？

答：先签对外施工合同是主合同，后签内部承包合同为从合同，主合同无效，从合同当然无效。对外的施工合同有效，内部承包合同并不必然有效。

建设工程内部承包合同通常设定分公司或项目经理作为内部承包人，内部承包人应当达到的绩效指标，按绩效指标的完成情况，施工企业给予内部承包人一定比例的提成，或者规定内部承包人上缴利润，给施工企业造成损失的，应当承担一定的赔偿责任。如上所述，内部承包模式为法律允许的经营模式，但实践中内部承包合同往往被使用作为法律所禁止的"转包""违法分包"或"挂靠"的幌子。由此，关于内部承包合同的合同效力认定及责任承担的判定，成为内部承包合同纠纷中的常见争议点。鉴于法律法规及最高人民法院司法解释对于该问题并未作出明文规定，故本书将部分省（市）关于内部承包合同纠纷的审理意见、裁判规则梳理整合并详述如下：

一、关于建设工程内部承包合同的合同效力之裁判规则汇总

（一）法院指导意见汇总

1. 北京市高院：建设工程施工合同的承包人将其承包的全部或部分工程交由其下属的分支机构或在册的项目经理等企业职工个人承包施工，承包人对工程施工过程及质量进行管理，对外承担施工合同权利义务的，属于企业内部承包行为；发包人以内部承包人缺乏施工资质为由主张施工合同无效的，不予支持。

引自：《北京高院解答》

2. 浙江省高院：建设工程施工合同的承包人与其下属分支机构或在册职工签订合同，将其承包的全部或部分工程承包给其下属分支机构或职工施工，并在资金、技术、设备、人力等方面给予支持的，可认定为企业内部承包合同；当事人以内部承包合同的承包方无施工资质为由，主张该内部承包合同无效的，不予支持。

引自：《浙江高院解答》

3. 福建省高院：建设工程施工合同的承包人与其下属分支机构或职工就所承包的全部或部分工程施工所签订的承包合同为企业内部承包合同，它属于建筑施工企业的一种内部经营方式，法律和行政法规对此并不禁止，承包人仍应对工程施工过程及质量等进行管理，对外承担施工合同的权利义务。当事人以内部承包合同的承包方无施工资质为由主张合同无效的，不予支持。

引自：《福建高院解答》

（二）案件裁判规则汇总

规则 1：内部承包合同主体不适格，被认定无效。

依据上述省/市高院司法解释，内部承包合同的有效性以承包人主体适格为前提条件，内部承包人限于施工企业的分支机构或在册员工。施工企业的分支机构相对较为容易判断，以“员工”名义作为内部承包人的，应当通过双方是否签订劳动合同、缴纳社会保险、工资支付凭证、人事档案管理等来综合判断。内部承包人主体不符合该要求的，在司法实践中会被认定成内部承包合同无效。

规则 2：施工企业缺乏对内部承包人的管理，导致内部承包合同被认定无效。

除内部承包人的主体是否适格外，名义承包人对工程施工过程及质量是否进行管理，也是区分判断内部承包与转包、挂靠、违法分包之间的实质性要件。名义承包人的管理义务体现在资金、技术、设备、人力支持，财务、质量的管理以及责任承担等方面，如未尽管理义务，则双方签订的内部承包合同将可能被认定为实质上的违法分包、转包或挂靠，继而内部承包合同被认定无效。

规则 3：发包人与承包人之间合同的效力对承包人与实际施工人之间内部承包合同的有效性并无影响。

发包人与承包人之间的合同与承包人与实际施工人之间内部承包合同系独立的两个法律关系，内部承包合同的效力不受其与建设单位之间的总承包合同的效力影响。

参考案例：浙江金华中院（2015）浙金民终字第 458 号“宋祖良诉金厦建设集团有限公司建设工程合同纠纷案”。本案中，金厦公司与建设单位之间的总承包合同经法院认定为无效合同，但金厦公司与其员工宋祖良签订的内部承包合同，法院认为系双方真实意思表示，且合同中也约定了由金厦公司在资金、技术、设备、人力等方面给予承包方支持，据此认定该内部承包合同有效。内部承包合同因金厦公司与发包人之间的总承包合同无效也应认定无效的上诉主张，依据不足，理由不能成立。

二、关于建设工程内部承包合同被认定无效后工程价款及责任承担的裁判规则汇总

规则 4：内部承包合同无效，实际施工人可参照合同约定请求支付工程价款。

《民法典》第七百九十三条规定：“建设工程施工合同无效，但是建设工程经验收合格的，可以参照合同关于工程价款的约定折价补偿承包人”。

规则 5：内部承包合同无效，发包人在欠付工程价款范围内对实际施工人承担责任。

《建设工程司法解释（一）》第四十三条规定：“实际施工人以转包人、违法分包人为被告起诉的，人民法院应当依法受理。实际施工人以发包人为被告主张权利的，人民法院应当追加转包人或者违法分包人为本案第三人，在查明发包人欠付转包人或者违法分包人建设工程价款的数额后，判决发包人在欠付建设工程价款范围内对实际施工人承担责任。”

规则 6：内部承包合同无效，实际施工人依据合同约定主张垫资利息，应予支持。

内部承包合同被认定无效合同的，合同一方主张逾期付款等违约责任的，因缺乏有效合同依据，难以得到法院的支持。

关于内部承包合同中关于垫资利息的约定，条款虽同属无效，但若发包人在工程款支付过程中存在过错的，由此形成的资金占用期间的利息损失由发包人承担，符合合同无效后根据双方当事人的过错程度分担损失的原则。

参考案例：最高人民法院（2013）民提字第 96 号“黄裕明与汕头经济特区保税区管理委员会、汕头振侨（集团）公司建设工程施工合同纠纷案”。本案中，黄裕明以承建单

位施工负责人的身份，带资组织施工，完成了保税区海关大楼土建、水电、室外地坪及零星附属工程的施工项目。关于垫资利息的约定条款虽属无效，但案涉保税区海关大楼工程由承包人及实际施工人全额垫资施工完成，讼争工程经竣工验收并交付使用后，保税区未能依照三方结算协议的约定支付工程欠款，具有主观过错，由此形成的资金占用期间的利息损失应由保税区承担。

2.22　无效合同确认是否适用时效规定？

答：关于确认合同无效的诉讼时效问题，业内没有争议，即确认合同无效不受诉讼时效的限制，理由如下：第一，提起确认合同无效的诉讼应属确认之诉，而不属于诉讼时效的客体范围。第二，无效合同的确认是一种事实确认，合同当事人或法院在任何时候都可提出，时间的经过不能改变合同无效的法律性质。第三，对无效合同的确认适用诉讼时效，不符合诉讼时效制度设立的目的。诉讼时效制度设立的目的就是督促权利人尽快行使自己的权利。而无效合同，由于其违反了法律或公共利益，法院可以依职权主动审查并确认无效，不以当事人的请求为前提。最后，无效合同的确认不适用诉讼时效，并不会必然影响交易安全。

但是，对于确认合同无效后法律后果，涉及财产请求权的问题业内存在极大的争议，正因为如此，《最高人民法院关于审理民事案件适用诉讼时效制度若干问题的规定》没有对合同无效后涉及的财产请求权作出相应的规定。

2.23　无效合同处理适用什么原则？

答：1. 返还财产应当适用恢复原状的原则，相互返还、避免获益，返还财产或者折价不足以弥补损失，一方还可以向有过错的另一方请求损害赔偿。

根据《九民会议纪要》第三十三条至三十五条的规定，合同被确认无效、确认财产返还时，要充分考虑财产增值或贬值的因素，双方应当互相返还因无效合同取得的财产。应予返还的股权、房屋等财产相对于合同约定价款出现增值或贬值的，人民法院要综合考虑市场因素、受让人的经营或者添附等行为与财产增值或者贬值之间的关联性，在当事人之间合理分配或者分担，避免一方因合同无效而获益。关于是否支付利息问题，只要一方对标的物有适用情形的，一般应当支付使用费，该费用可与占有价款一方应当支付的资金占用费相互抵消，故在一方返还原物前，另一方仅须支付本金，而无须支付利息。仅返还财产或者折价补偿不足以弥补损失，一方还可以向有过错的另一方请求损害赔偿。在确定损害赔偿范围时，既要根据当事人的过错程度合理确定责任，又要考虑在确定财产返还范围时已经考虑过的财产增值或者贬值因素，避免双重获利或者双重受损的现象发生。

2. 对因主体不适格等原因导致的无效合同按照有效合同处理。

对于因主体不适格导致合同无效，但是该合同已经完全或大部分履行完毕的，应当按照有效合同的原则进行处理。因为在此情形下，主体资格的无效与合同履行后果的损失并无因果关系。合同履行只要是双方当事人真实意思表示，就不能因为合同无效而否认交易的真实性，否定交易基本规律。对于合同双方的轻微违法行为可能导致合同无效的、因双方违法行为导致合同无效但合同已经大部分履行完毕的，应当按照有效合同的处理原则进行处理，并根据双方在签订、履行合同中存在的过错，合理分担双方应承担的民事责任。

在建设工程领域建设工程施工合同无效后，人民法院会考虑损失的大小、过错等因素，参照合同约定进行裁判，《民法典》第七百九十三条规定："建设工程施工合同无效，但是建设工程经验收合格的，可以参照合同关于工程价款的约定折价补偿承包人。建设工程施工合同无效，且建设工程经验收不合格的，按照以下情形处理：（一）修复后的建设工程经验收合格的，发包人可以请求承包人承担修复费用；（二）修复后的建设工程经验收不合格的，承包人无权请求参照合同关于工程价款的约定折价补偿。发包人对因建设工程不合格造成的损失有过错的，应当承担相应的责任。"

损失大小无法确定，一方当事人请求参照合同约定的质量标准、建设工期、工程价款支付时间等内容确定损失大小的，人民法院可以结合双方过错程度、过错与损失之间的因果关系等因素作出裁判。

参考案例：湖南长沙市开福区人民法院（2016）湘0105民初4753号"陈罗根与长沙市开福区青竹湖街道广胜村村民委员会建设工程施工合同纠纷案"。

2.24 无效合同折价补偿范围如何确定？

答：无效合同折价补偿按照恢复原状的原则进行折价，折价时，应当以当事人交易时约定的价款为基础，同时考虑当事人在标的物灭失或者转售时的获益情况综合确定补偿标准。《九民会议纪要》第三十三条规定："合同不成立、无效或者被撤销后，在确定财产返还时，要充分考虑财产增值或者贬值的因素。双务合同不成立、无效或者被撤销后，双方因该合同取得财产的，应当相互返还。应予返还的股权、房屋等财产相对于合同约定价款出现增值或者贬值的，人民法院要综合考虑市场因素、受让人的经营或者添附等行为与财产增值或者贬值之间的关联性，在当事人之间合理分配或者分担，避免一方因合同不成立、无效或者被撤销而获益。在标的物已经灭失、转售他人或者其他无法返还的情况下，当事人主张返还原物的，人民法院不予支持，但其主张折价补偿的，人民法院依法予以支持。折价时，应当以当事人交易时约定的价款为基础，同时考虑当事人在标的物灭失或者转售时的获益情况综合确定补偿标准。标的物灭失时当事人获得的保险金或者其他赔偿金，转售时取得的对价，均属于当事人因标的物而获得的利益。对获益高于或者低于价款的部分，也应当在当事人之间合理分配或者分担。"

参考案例：重庆一中院（2013）渝一中法民终字第04768号"蔡光明，重庆建工第七建筑工程有限责任公司与重庆第七建筑工程有限责任公司建设工程施工合同纠纷案"。

2.25 无效合同是否适用过错原则处理赔偿？

答：无效合同也适用过错原则处理赔偿。《民法典》第一百五十七条规定："民事法律行为无效、被撤销或者确定不发生效力后，行为人因该行为取得的财产，应当予以返还；不能返还或者没有必要返还的，应当折价补偿。有过错的一方应当赔偿对方由此所受到的损失；各方都有过错的，应当各自承担相应的责任。法律另有规定的，依照其规定"。

2.26　因无效合同获取的利益如何处理？

答：基于无效合同的处理规则以“恢复原状”为原则，合同无效后的赔偿责任属于缔约过失责任，一般是指信赖利益损失，不包括可得利益，即为订立合同发生的费用与因履行合同而发生的费用。就建设工程施工合同而言，主要是指办理招标投标手续支出的费用、合同备案支出的费用、除工程价款之外因履行合同支出的费用等实际损失与费用。对应予返还的股权、房屋等财产相对于合同约定价款出现增值或贬值的，人民法院要综合考虑市场因素、受让人的经营或者添附等行为与财产增值或者贬值之间的关联性，在当事人之间合理分配或者分担，避免一方因合同无效而获益。

这里需要说明的是，实际损失不包括工程款利息，其与工程款具有附随性，与合同效力无关，只与是否支付了工程款有关，并且工程款利息在性质上属于法定孳息，因此，不属于损失赔偿的范围。

2.27　合同无效，补充的结算和清理协议或结算审定单是否有效？

答：合同无效，补充的结算和清理协议或结算审定单并不必然无效。根据《民法典》第五百六十七条规定，合同的权利义务关系终止，不影响合同中结算和清理条款的效力。

承、发包双方签订的建设工程施工合同因违反法律规定而无效，但合同履行过程中双方达成的结算工程价款补充协议属于对既存债权债务关系的清理，具有独立性，并不必然无效。

参考案例：最高人民法院（2017）最高法民终 933 号“上诉人黔东南州兴源建筑工程有限责任公司与被上诉人黔东南州欣黔投资开发有限责任公司、镇远县人民政府及一审第三人曾德祥建设工程施工合同纠纷案。”

2.28　建设工程施工合同无效，工程价款如何计算？

答：由于建设工程施工的特殊性，建筑材料将固定在建设工程中，恢复原状不可能实现。因此根据《民法典》第七百九十三规定，工程价款的结算可以从以下两个方面来进行：

（1）参照合同约定折价补偿。《建设工程司法解释（一）》第二十四条规定：“当事人就同一建设工程订立的数份建设工程施工合同均无效，但建设工程质量合格，一方当事人请求参照实际履行的合同关于工程价款的约定折价补偿承包人的，人民法院应予支持。实际履行的合同难以确定，当事人请求参照最后签订的合同关于工程价款的约定折价补偿承包人的，人民法院应予支持。”

建设工程施工合同无效，但建设工程经竣工验收合格，参照实际履行的合同约定支付工程价款。

（2）结合过错赔偿损失。建设工程施工合同无效，一方当事人请求对方赔偿损失的，应当就对方过错、损失大小、过错与损失之间的因果关系承担举证责任。

损失大小无法确定，一方当事人请求参照合同约定的质量标准、建设工期、工程价款支付时间等内容确定损失大小的，人民法院可以结合双方过错程度、过错与损失之间的因果关系等因素作出裁判。

参考案例：湖北荆州中院（2016）鄂10民初12号“王昌回与洪湖海洲置业有限公司建设工程施工合同纠纷案”。

2.29 合同无效，管理费是否应当计取？

答：合同无效，管理费是否应当计取，从以下几个方面进行分析：

（1）因建设工程施工合同无效，合同约定的管理费全额折价补偿给承包人。建设工程施工合同无效，但建设工程质量合格，一方当事人请求参照实际履行的合同关于工程价款的约定折价补偿给承包人，人民法院应予支持。在建设工程施工合同约定的工程价款中一般都会按照一定的费率计收管理费，即便如固定总价中没有直接体现管理费，但在承包方报价中也是包含管理费的。因此，该管理费都是全额补偿给承包人的。

（2）按照过错折价补偿。建设工程施工合同无效，一方当事人请求对方赔偿损失的，应当就对方过错、损失大小、过错与损失之间的因果关系承担举证责任。

损失大小无法确定，一方当事人请求参照合同约定的质量标准、建设工期、工程价款支付时间等内容确定损失大小的，人民法院可以结合双方过错程度、过错与损失之间的因果关系等因素作出裁判。

管理费是承包方在实际工程施工中的施工管理、组织协调等工作必须支出的费用，属于损失的一部分。根据上述规定，人民法院应考虑承包人的过错以及该过错与该损失之间的因果关系，作出裁判。

参考案例：安徽宿州中院（2017）皖13民终2394号“苏州宏盛苏作园林有限公司、赵云伟建设工程施工合同纠纷案”。

2.30 合同无效，施工企业利润是否计取？

答：合同无效，以恢复原状为原则，以赔偿损失、折价补偿为补充。

鉴于建设工程施工合同本身的特点，建设工程施工合同无效后无法通过恢复原状来处理，只能通过赔偿损失和折价补偿作为处理方式，以此来平衡双方的利益。合同之所以无效，就是因为该合同违反了法律和行政法规的强制性规定，进而所导致的法律后果，法律有一个基本价值取向是，行为人不能通过自己的违法行为获得利益。实践中，导致合同无效，往往承包方和发包方均有过错。因此，从违法行为中获得额外利益是不符合法治精神的。因此，合同无效，施工企业通常不能计收利润。除非承包方对合同的无效没有任何过错，在此情况下，则可以把合理的利润作为损失，进而要求发包方予以赔偿或补偿。

参考案例：内蒙古巴彦淖尔中院（2013）巴民二终字第190号“内蒙古润林农业股份有限公司与燕金玉建设工程施工合同纠纷案”。

2.31 合同无效，违约金是否计取？

答：合同无效，自始无效，相应的合同条款包括违约及违约金条款（除解决争议方法的条款外）皆不具有相应的法律约束力。因此，该违约金不存在计取。但违约金条款无效，并不等于因违约的事实行为给相对方所造成的损失不予赔偿。

损失大小无法确定，一方当事人请求参照合同约定的质量标准、建设工期、工程价款支付时间等内容确定损失大小的，人民法院可以结合双方过错程度、过错与损失之间的因果关系等因素作出裁判。

违约金不能直接计取。但是如果因相对方违约事实行为所造成的损失大小是可以参照合同约定的质量标准、建设工期、工程价款支付时间等内容确定，再结合双方的过错，以及过错与损失之间的因果关系，判决违约方承担一定比例的赔偿。

参考案例：四川遂宁中院（2020）川09民终408号“四川路鲲集团有限公司、江西省新宇建设工程有限公司建设工程施工合同纠纷案”。

2.32 合同无效，利息损失是否计取?

答：建设工程施工合同无效，关于利息是否计取争议较大，大致可以分成以下几种观点：下面按照主张利息的主体从承包人和实际施工人分别进行论述：

1. 承包人

合同无效后，利息属于法定孳息还是损失，最高人民法院对此有不同观点，因而也作出不同的判决。一种观点认为，利息属于法定孳息，利息附着于工程款存在，应随工程款一并支付，无需考虑双方过错；另一种观点认为，利息属于承包人的损失，应按照双方过错承担。另外，司法实践中对利息的起算时间、计算标准存在差异。

最高院在〔2017〕民终434号“山东富邦盛世房地产开发有限公司、江苏省第一建筑安装集团股份有限公司建设工程施工合同纠纷二审案”中认为：欠付工程款的利息属于法定孳息，江建公司要求富邦公司自其起诉之日起支付上述工程款的利息，符合法律规定，予以支持。

最高院在〔2018〕民终69号“德阳弘扬建设发展有限公司、金沙县教育局建设工程施工合同纠纷二审案”中认为：发包人未按照合同约定支付工程款，客观上造成承包人损失，利息损失为承包人的实际损失。

《建设工程司法解释（一）》第二十四条规定：“当事人就同一建设工程订立的数份建设工程施工合同均无效，但建设工程质量合格，一方当事人请求参照实际履行的合同关于工程价款的约定折价补偿承包人的，人民法院应予支持。”笔者认为：根据上述规定，建设工程施工合同无效以后，承包人获得的不再是合同约定的工程款，而只是参照合同关于工程价款的约定给予承包人的折价补偿。既然是折价补偿不是工程款，因此，所谓利息就不能算作工程款的法定孳息，只能作为承包人的损失按照过错进行分担。

2. 实际施工人

《建设工程司法解释（一）》第四十三条第二款规定：“实际施工人以发包人为被告主张权利的，人民法院应当追加转包人或者违法分包人为本案第三人，在查明发包人欠付转包人或者违法分包人建设工程价款的数额后，判决发包人在欠付建设工程价款范围内对实际施工人承担责任。”

该条明确发包人的责任为：只在欠付建设工程价款范围内对实际施工人承担责任，并未包括利息或其他费用，故实际施工人是不能计取利息损失的。

2.33 合同无效，定金条款是否有效？

答：合同无效，那么该合同自始不发生法律效力，对合同当事人均无法律约束力，所以双方约定的定金条款也系无效条款。

《民法典》第一百五十五条规定："无效的或者被撤销的民事法律行为自始没有法律约束力。"第一百五十七条规定："民事法律行为无效、被撤销或者确定不发生效力后，行为人因该行为取得的财产，应当予以返还；不能返还或者没有必要返还的，应当折价补偿。有过错的一方应当赔偿对方由此所受到的损失；各方都有过错的，应当各自承担相应的责任。法律另有规定的，依照其规定。"

参考案例：湖南长沙中院（2014）芙民初字第2157号"原告罗某与被告某建设有限公司建设工程施工合同纠纷案"。

2.34 合同无效，担保条款是否有效？

答：合同无效，担保条款无效。

《民法典》第三百八十八条规定："设立担保物权，应当依照本法和其他法律的规定订立担保合同。担保合同包括抵押合同、质押合同和其他具有担保功能的合同。担保合同是主债权债务合同的从合同。主债权债务合同无效的，担保合同无效，但是法律另有规定的除外。担保合同被确认无效后，债务人、担保人、债权人有过错的，应当根据其过错各自承担相应的民事责任。"

《民法典》第六百八十二条规定："保证合同是主债权债务合同的从合同。主债权债务合同无效的，保证合同无效，但是法律另有规定的除外。保证合同被确认无效后，债务人、保证人、债权人有过错的，应当根据其过错各自承担相应的民事责任。"

根据上述法律规定，担保条款或担保合同具有从属性，系从合同，若主合同无效，则从合同无效，即担保条款也无效。主合同无效而导致担保合同无效，担保人无过错的，担保人不承担民事责任；担保人有过错的，按照各方过错的大小承担相应的民事责任。

2.35 合同无效，可得利益损失是否予以赔偿？

答：合同无效，可得利益损失不予赔偿。

从法理上来说，可得利益与信赖利益适用于不同的情形。在大陆法系上，可得利益是指在合同有效的前提下，当事人因履行合同而产生的利益，以合同有效为前提，其承担的责任是违约责任。而信赖利益是指在一方当事人因合同不成立、无效或被撤销而遭受损失，另一方对其进行补偿，使得其利益恢复至合同签订之前的状态，其承担的责任为缔约过失责任。因此，合同无效时，过错方应承担的赔偿范围为信赖利益损失，只有在合同有效时，过错方才承担可得利益损失。

综合《民法典》的规定来看，合同无效情形下的损失赔偿对象不包括履行利益。《民法典》第一百五十七条规定："民事法律行为无效、被撤销或者确定不发生效力后，行为人因该行为取得的财产，应当予以返还；不能返还或者没有必要返还的，应当折价补偿。有过错的一方应当赔偿对方由此所受到的损失；各方都有过错的，应当各自承担相应的责任。法律另有规定的，依照其规定。"《民法典》第五百八十四条规定："当事人一方不履行合同义务或者履行合同义务不符合约定，造成对方损失的，损失赔偿额应当相当于因违约所造成的损失，包括合同履行后可以获得的利益；但是，不得超过违约一方订立合同时预见到或者应当预见到的因违约可能造成的损失。"两相比较可以得知，第一百五十七条规定的合同无效情形下的损失赔偿仅限于直接损失，而不包括基于合同得以履行可获得的利益损失。

2.36　合同无效，其赔偿范围如何认定？

答：合同无效后，其赔偿范围依据《民法典》第一百五十七条的规定，产生两种法律后果：(1) 返还财产或折价补偿；(2) 赔偿损失。

关于返还财产或者折价补偿的性质，一般认为是基于物上请求权或者不当得利请求权。关于赔偿损失的性质，学理上一般认为是缔约过失责任，缔约过失责任以先合同义务为前提，所谓先合同义务，是指当事人为缔约而接触磋商之时，基于诚实信用原则而产生的协助、告知、阐明、保护、照顾、保密等义务。缔约过失责任的最主要承担方式为损害赔偿，损害赔偿的对象为信赖利益。信赖利益的损失是指缔约人信赖合同有效成立，但因法定事由发生，致使合同不成立、无效或被撤销等而遭受的损害。

信赖利益的损害包括所受损害和所失利益。所受损害又称直接损失，是指既有财产的减少，如缔约费用（如为签订合同而支出的交通费、咨询费等合理费用）、准备履约费用（如为履行买卖合同而租赁仓库支付的租金等合理费用）、已付金钱产生的利息等。所失利益又称间接损失，是指既有财产本应增加而未增加的部分，包括应丧失了与第三人另行缔约的机会所产生的损失等。如因时令性水果的买卖合同归于无效，卖主只能低价贱卖水果，因低价出售是由于丧失交易时机所致，则无效合同和最终卖价之间的差距形成的损失可以作为卖主的所失利益，由买主赔偿。信赖利益范围内的损害赔偿不必是全额赔偿。即使是属于信赖利益，是否全额赔偿，也要结合案件的实际情形予以认定。如果缔约过程中支出的某些费用属于不缔约也要支出的费用，则不应得到赔偿；如果为准备履约而支出了费用，但同时获益的，应把获益部分予以扣除后再计算费用；为准备履约而购买的设备、工具等，也要考虑在合同无效后是否仍有其他用途。信赖利益损害赔偿也适用过失相抵规则。如果对于合同的未成立、无效或被撤销，受害人也存在过错的，受害人应根据自己的过错程度承担相应的责任。《民法典》第一百五十七条规定："双方都有过错的，应当各自承担相应的责任"，即是对这一规则的体现。

2.37　合同无效，当事人的租金、材料损失、人员工资是否要赔偿？

答：当事人的租金、材料损失、人员工资属于直接损失，应考虑过错与损失之间的因

果关系等因素，判决各方承担相应的赔偿责任

合同无效后，依据《民法典》第一百五十七条的规定，产生两种法律后果：(1) 返还财产或折价补偿；(2) 赔偿损失。

建设工程施工合同无效，一方当事人请求对方赔偿损失的，应当就对方过错、损失大小、过错与损失之间的因果关系承担举证责任。

损失大小无法确定，一方当事人请求参照合同约定的质量标准、建设工期、工程价款支付时间等内容确定损失大小的，人民法院可以结合双方过错程度、过错与损失之间的因果关系等因素作出裁判。

若合同成立一段时间后又被认定无效，且一方在合同成立后已经开始履行合同，并因此支出了租金、购买材料、雇佣工人，由此产生的损失属于直接损失，应计算承包人的损失，人民法院可以结合双方过错程度、过错与损失之间的因果关系等判决发包人承担相应的赔偿。

2.38 施工合同无效情形下承包人可主张哪些赔偿?

答：承包人向发包人主张的损失赔偿范围主要有：

(1) 除工程价款及利息外实际支出的费用损失。因发包人原因导致合同无效的，发包人应当对承包人履行招标投标手续、备案手续、订立合同支出的费用等实际支出承担赔偿责任。

(2) 停工、窝工损失。根据《民法典》第八百零三条、第八百零四条以及《八民会议纪要》规定，因发包人原因致使工程中途缓建、停建的，承包人有权向发包人主张停工、窝工等损失，但是承包人应当在停工、窝工等事实发生后，及时采取适当措施减少损失的扩大，否则，承包人对损失扩大部分负有过错，应当承担相应的过错责任。这里也要注意：施工合同无效与停工、窝工损失没有必然联系，因此，在具体主张上述损失时，需区分损失产生的具体原因。

参考案例：最高院 (2016) 民终 73 号“远海建工（集团）有限公司与新疆厚德置业有限公司哈密分公司建设工程施工合同纠纷案”；浙江衢州中院 (2017) 浙 08 民终 276 号“凯东集团有限公司与刘武君建设工程施工合同纠纷案”。

2.39 建设工程施工合同无效，发包人能否请求参照合同约定计算工程价款?

答：建设工程施工合同无效，发包人可以请求参照合同约定计算工程价款。

《民法典》第七百九十三条规定：“建设工程施工合同无效，但是建设工程经验收合格的，可以参照合同关于工程价款的约定折价补偿承包人。”既然承包人可以请求参照合同约定支付工程价款，在法律没有否认发包人可以请求参照合同约定支付工程价款禁止性规定的情形下，那么，根据民事活动双方当事人权利义务平行的原则，发包人也可以请求参照合同约定计算工程价款。

参考案例：江苏常州中院（2014）常民终字第 1362 号“常州市西环建设工程有限公司与常州华纳电气有限公司建设工程施工合同纠纷案”。

2.40　工程总承包联合体变更共同投标协议或联合体协议的效力如何认定？

答：工程总承包合同签订后，联合体各方变更共同投标协议或者联合体协议的，原则上应当认定为有效，变更共同投标协议或者联合体协议后对建设单位的权利及工程总承包合同的效力不产生影响。但是，联合体各方变更共同投标协议或者联合体协议违反法律法规的效力性强制性规定的除外。

我国现行法律法规并未就联合体各方能否变更共同投标协议或者联合体协议作出明确的规定，根据“法无禁止即自由”的原则，联合体各方可以在协商一致的基础上变更共同投标协议或者联合体协议，其效力在不违反《民法典》及其他法律法规的强制性规定的情况下应当认定为有效。联合体各方对各方责任及工作内容作出变更，属于联合体内部权利义务的调整，不改变其对工程总承包项目的建设单位承担的合同责任，因此联合体各方变更共同投标协议或者联合体协议不对工程总承包项目建设单位的权利造成实质性影响。共同投标协议或者联合体协议是联合体之间关于权利义务的约定，仅具有约束联合体成员各方的效力，并不及于协议外的第三方，因此联合体各方变更共同投标协议或者联合体协议不对工程总承包合同的效力和履行造成影响。

参考案例：山西省高级人民法院（2015）晋商终字第 30 号“北京圆之翰工程设计有限公司、北京圆之翰选煤技术有限公司与大同同煤五矿高山精煤有限公司建设工程施工合同纠纷案”。

2.41　工程总承包人、供应商将承接的采购工作交由第三人完成，有什么法律后果？

答：如合同明确约定设备、材料、构配件采购工作必须由总承包人自行完成，或该工作根据其性质必须由总承包人自行完成，而总承包人将该工作交由第三人完成的，发包人可以要求总承包人承担违约责任，如该行为有碍合同目的实现的，发包人可以解除合同。工程总承包人或供应商将设备、材料、构配件采购工作交由第三人完成，当事人请求确认为无效的，一般不予支持。

参考案例：浙江仙居县法院（2016）浙 1024 民初 3611 号“张先利与浙江省仙居县天与滑板车有限公司、陈波建设工程施工合同纠纷案”。

2.42　以暂估价形式包括在总承包合同范围内的工程、货物、服务分包有什么处理原则？

答：工程总承包单位再分包时，以暂估价形式包括在工程总承包范围内的工程、货物、服务，如属于依法必须进行招标的项目且达到国家规定的规模标准的，未进行招标所签订的分包合同无效。

工程总承包单位中标后，在合同有约定或者取得发包人同意的情况下，总包单位可以将总承包合同范围内包括的工程、货物、服务等不属于依法必须招标的项目，直接进行发包，但由于设计深度不足、工期要求紧张等各种情形无法确定价格的项目工程以暂估价形式包括在工程总承包范围内且属于依法必须招标的，应当依法进行招标，并以此取代暂估价，调整合同价款，未进行招标所签订的分包合同无效。在二次招标中应依据招标文件中明确的内容，确定二次招标中标人。

2.43 工程总承包合同约定的工期不合理对工期条款的效力有什么影响？

答：工程总承包合同约定的工期明显低于定额工期，并且承包人不具备按照约定工期竣工的能力，执行约定工期将造成工程质量低于工程建设强制性标准的，属于任意压缩合理工期。一方当事人主张工程总承包合同约定的工期条款无效，应予支持。工程总承包合同约定工期明显低于定额工期，但综合考量承包人的管理经验、技术设备、施工水平和防护方案等方面后，承包人具备按照约定工期执行的能力，执行约定工期能够满足工程建设强制性标准的，不属于任意压缩合理工期。一方当事人主张工程总承包合同约定的工期条款无效，不予支持。

这是关于总承包合同约定的工期明显低于定额工期对工期效力的规定。总承包合同约定工期远低于定额工期时，是否会影响合同效力，应回归到建筑法律法规的立法愿景上来，即判定该约定是否会损害建筑质量安全及建筑业市场健康发展。对于优化工期的情况，既未危害建筑质量的安全，也未影响建筑业发展，不应影响合同条款效力。而对于任意压缩合理工期的情况，很可能导致建筑质量达不到国家强制性标准、行业不良竞争进一步加剧的恶果，应当结合《标准化法》《建设工程质量管理条例》等法律法规的规定和《八民会议纪要》等文件的精神，认定合同约定工期条款无效。

2.44 总承包模式下分包单位的再分包效力如何认定？

答：在工程总承包合同模式下，工程总承包单位将设计或施工工作进行分包，分包单位将分包合同范围内非主体或非关键性工作再次分包给其他具有相应资质的企业完成的，不属于《建筑法》第二十九条等法律禁止的“二次分包”情形。当事人以此请求认定合同无效的，不予支持。

对于施工总承包模式下的“二次分包”，出于维护施工安全、确保工程质量等考虑，现有法律法规等规范性文件明确规定“二次分包”合同无效。但相比传统施工总承包模式，工程总承包项目通常具有投资体量大、建设周期长、专业复杂的特点。在此情况下，允许专业分包、劳务分包有助于充分发挥参与工程项目企业的各自优势，提高工程质效。同时，还可以让总承包人或施工分包人将更多力量投入项目管理、质量、安全管控方面，从而激活中国工程总承包领域的分包市场。

因此，将工程总承包模式下的二次分包与施工总承包模式下的“二次分包”予以区分，这样在工程总承包模式下，工程总承包单位将设计或施工工作进行分包后，分包单位将分包合同范围内非主体或非关键性工作再次分包给其他具有相应资质的企业完成的，不属于《建筑法》第二十九条等法律禁止的“二次分包”情形。

参考案例：湖南郴州中院（2017）湘10民终1303号“湖南财信节能环保科技有限公司与湖南宏志建筑工程有限公司、湖南省日晶照明科技有限责任公司、安仁县经济和科技商务局建设工程合同纠纷案”。

2.45　总承包合同效力对于分包合同效力有何影响？

答：工程总承包合同无效，分包合同当事人以此为由主张分包合同无效的，不予支持。对于分包合同是否无效，应当从分包合同本身是否违反法律、行政法规的强制性规定或公共利益等方面进行综合判断。

工程总承包合同无效，分包合同失去履行可能性与必要性的，可以认定合同目的无法实现。分包合同当事人以此为由主张解除分包合同的，应予支持。但是，如果分包合同已经履行完毕，则分包合同目的已经实现，分包合同当事人请求解除分包合同的，不予支持。

参考案例：湖北省高级人民法院（2014）鄂民一初字第00015号“武汉地质勘察基础工程有限公司与福建中森建设有限公司湖北分公司、福建中森建设有限公司建设工程施工合同纠纷案”。

2.46　工程总承包合同对于分包合同价格条款有何影响？

答：工程总承包合同与分包合同属于两个独立的合同关系，总承包合同价款与分包合同价款之间一般相互独立。各分包合同约定的价款之和高于总包合同价款的，由总包方自行承担风险。总包方以此为由要求调低分包合同价款或者调高总承包合同价款的，不予支持，法律、行政法规规定或者双方当事人约定可以调整的除外。

分包合同价款没有约定或约定不明时，缔约双方不能就合同价款达成补充协议的，按照合同相关条款或者交易习惯确定。仍然不能确定的，按照订立合同时履行地的市场价格履行。

分包合同约定，分包工程竣工验收款或设备验收款以总包项目竣工验收作为付款条件，或者质保期从总包项目竣工验收起计算的，应当由总包方承担总包项目通过竣工验收的举证责任。在分包项目已经通过验收的情况下，总包方未能举证总包项目是否以及何时通过竣工验收，或者总包项目虽未通过验收，但分包单位证明总包方对总包项目在合理期限内未能通过竣工验收存在过错的，则验收款的付款条件应当视为已经达成。质保期是否已过，应当根据分包工程竣工验收时间、分包项目与总包项目的关系等因素综合判断。

2.47 总承包合同与分包合同的质量条款存在差异，该如何处理？

答：工程总承包合同或分包合同约定的质量标准低于工程建设强制性标准的，该约定无效。工程总承包模式下的分包单位按照其与工程总承包单位的约定实施工程，如果分包工程质量符合分包合同要求，发包人以分包单位施工部分的质量不符合发包人与工程总承包单位约定标准为由请求分包单位承担责任的，不予支持。

相较于传统的工程施工总承包模式，工程总承包模式下的质量标准由原来的按图施工变为按约建设，质量的内涵比传统模式更广。如果分包单位按照其与工程总承包单位的约定实施工程，且质量符合分包合同的要求，即使工程在性能和功能等方面不满足发包人与工程总承包单位的质量约定，分包单位既无侵权过错也不违反分包合同的约定，无须向发包人承担质量责任。

2.48 工程总承包合同约定的争议解决方式是否适用于实际施工人诉发包人在欠付工程款范围内支付工程款的纠纷？

答：工程总承包合同约定的争议解决方式不一定适用于实际施工人诉发包人在欠付工程款范围内支付工程款的纠纷。

《建设工程司法解释（一）》第四十三条规定："在查明发包人欠付转包人或者违法分包人建设工程价款的数额后，判决发包人在欠付建设工程价款范围内对实际施工人承担责任"，这与实际施工人诉工程总承包人的纠纷之间，应属于诉的合并。如果约定的管辖方式均为诉讼或同一仲裁机构，可以合并管辖，如果不同，则无法进行诉的合并。人民法院合并管辖时，不能违反级别管辖的规定；仲裁机构虽无级别管辖的限制，但应征得所有当事人同意方可合并管辖。

实际施工人诉发包人在欠付范围内支付工程价款时：(1) 如果工程总承包合同约定的管辖方式和工程总承包人与实际施工人签订的合同约定的管辖方式不一致，则受理的裁判机构不应违反工程总承包合同的管辖约定，以对总承包合同进行实体审理的方式查明发包人欠付工程总承包人的建设工程价款数额；(2) 如果工程总承包合同约定的管辖方式和工程总承包人与实际施工人签订的合同约定的管辖方式一致，则受理的裁判机构可以对上述合同合并管辖，并以对总承包合同进行实体审理的方式查明发包人欠付工程总承包人的建设工程价款数额；(3) 人民法院合并管辖时，不得违反级别管辖的规定；仲裁委员会合并管辖时，必须征得各方当事人一致同意。

2.49 工程总承包合同解除，分包合同失去履行可能性、必要性，该怎么办？

答：工程总承包合同解除，分包合同失去履行可能性、必要性后理应解除。

尽管从合同相对性来看，总包合同与分包合同是两个相互独立的合同，但总包合同与分包合同在内容上和履行上是相互联系的。分包合同是总承包人为履行总包合同约定的内容而与分包人签订的，分包合同来源于总包合同。因此，总包合同是签订、履行分包合同的前提与基础。总包合同解除后，发包人的相对方失去了总承包人的法律地位，总承包人与分包人之间的分包合同即失去了继续履行的必要性和可能性，使分包合同陷入履行不能。在此情形下，总包合同解除必然导致分包合同同步解除。

2.50　约定“任何变更均不调整价款”的效力如何认定？

答：“任何变更均不调整价款”是无效的。

合同约定固定总价并不意味着工程价款一律不得调整，这就要求在采取固定总价计价方式时，双方应明确风险范围，同时约定固定总价范围之外的风险，并应约定调整方法。在有些工程中，当事人在签订合同及（或）制作工程预算时没有图纸或只有非常简单的草图，施工时才拿到经过设计审查的施工图。此时，通常坚持按照合同约定的固定总价结算工程款既缺乏依据也显失公平。但也有例外情况，例如在工程为设计施工承包模式下，虽然没有施工图但也可固定总价包干，故绝不可一概而论。

第 3 章

实际施工人的认定及救济途径

3.1 什么是实际施工人？其范围指哪些？

答：“实际施工人”是在建设工程施工合同纠纷案件中出现的一个概念，其最早出现于《建设工程司法解释（一）》。但是，该解释并没有对“实际施工人”下定义，迄今国内也没有法律法规对“实际施工人”这个概念提出明确的定义。

根据该解释和国内一些省份高级人民法院的指导意见及司法审判案例，我们认为，“实际施工人”是指依据相关法律法规规定被认定为无效的建设工程施工合同中实际完成工程建设的承包人。其具体范围包括施工企业、施工企业分支机构、包工头等法人和非法人组织、自然人等。

参考案例：最高院（2018）民终 391 号“郑州手拉手集团有限公司与河南省冶金建设有限公司、沈光付、郑州市昌达食品实业公司建设工程施工合同纠纷案”。

3.2 项目经理能否是实际施工人？

答：项目经理不是实际施工人。

《建筑施工企业项目经理资质管理办法》第二条规定：“本办法所称建筑施工企业项目经理（以下简称项目经理），是指受企业法定代表人委托对工程项目施工过程全面负责的项目管理者，是建筑施工企业法定代表人在工程项目上的代表人。”

项目经理与实际施工人是两个概念，它们之间可以从以下几点区别开：（1）从主体角度看，项目经理仅限于自然人，而实际施工人既可以是法人、其他经济组织，也可以是自然人；（2）从资格上看，项目经理必须是自然人，通过专门的考核，取得相应的资质证书，方可担任。而实际施工人可能具有一定的施工资质等级证书，也可能没有相应的施工资质等级证书；（3）从劳动关系看，项目经理与建筑企业之间存在劳动合同关系，建筑企业对其进行管理、为其支付工资、缴纳社会保险及考核工作绩效。而实际施工人与建筑企业之间可能是分包、转包、挂靠等关系。

在司法实践中，有些实际施工人为了便于开展工作，对外以承包人的项目经理宣称，事实上是分包、转包、借用、挂靠等关系，这种情形比比皆是。我们可以从上述四点区别来判断当事人是项目经理还是实际施工人，尤其是他们之间是否构成劳动合同关系，是否受《劳动合同法》的约束。

参考案例：《〈最高人民法院关于审理建设工程施工合同纠纷案件适用法律问题的解释〉第二十六条第二款的限缩适用问题——大连恒达机械厂与普兰店市宏祥房地产开发有限公司、大连成大建筑劳务有限公司、大连博源建设集团有限公司、赵学君建设工程施工合同纠纷申请再审案》，载最高人民法院民事审判第一庭编《民事审判指导与参考》总第62辑，人民法院出版社2015年版，第265～266页。

3.3 实际施工人的身份如何确认？

答：关于实际施工人身份的确认标准，目前的法定依据是《建设工程司法解释（一）》第四十三条的规定："实际施工人以转包人、违法分包人为被告起诉的，人民法院应当依法受理。实际施工人以发包人为被告主张权利的，人民法院应当追加转包人或者违法分包人为本案第三人，在查明发包人欠付转包人或者违法分包人建设工程价款的数额后，判决发包人在欠付建设工程价款范围内对实际施工人承担责任。"

《建设工程司法解释（一）》第四十四条规定："实际施工人依据民法典第五百三十五条规定，以转包人或者违法分包人怠于向发包人行使到期债权或者与该债权有关的从权利，影响其到期债权实现，提起代位权诉讼的，人民法院应予支持。"

《民法典》第五百三十五条对"债权人代位权"是这样规定的："因债务人怠于行使其债权或者与该债权有关的从权利，影响债权人的到期债权实现的，债权人可以向人民法院请求以自己的名义代位行使债务人对相对人的权利，但是该权利专属于债务人自身的除外。代位权的行使范围以债权人的到期债权为限。债权人行使代位权的必要费用，由债务人负担。相对人对债务人的抗辩，可以向债权人主张。"

由上并结合司法判例可以总结出，实际施工人的身份是在无效合同中出现的以下三种情形之一：(1) 自身没有资质，借用有资质的建筑企业名义签订合同并施工；(2) 转包中接受建设工程转包的承包人；(3) 违法分包中接受建设工程分包的分包人。

我们通常口头所说的"不具有建筑施工资质的施工队""不属于建筑企业设立的项目部""包工头"等均可能属于实际施工人。司法审判中具体身份的认定主要还是从书面合同、施工图纸、工程洽商记录、设计变更、工程质量签认、施工日志、工程量报表、人工投入等资料。比如，《北京高院解答》中就提出"实际施工人应当是最终实际投入资金、材料和劳力进行工程施工的法人、非法人企业、个人合伙、包工头等民事主体。法院应当严格实际施工人的认定标准，不得随意扩大《建设工程司法解释（一）》的适用范围。对于不属于前述范围的当事人，依据该规定以发包人为被告主张欠付工程款的，应当不予受理，已经受理的，应当裁定驳回起诉。"

参考案例：最高院（2014）民申字第737号"佟延安与沈阳双兴建设集团有限公司、沈阳双兴建设集团华鹏建筑工程有限公司等建设工程施工合同纠纷申请再审案"。

3.4 签订内部承包协议的人能否为实际施工人？

答：一般情况下不能。建设工程内部承包协议是建设工程施工合同的承包人就其承包的全部或部分工程与其下属分支机构或职工签订的工程承包合同，属于建筑施工企业的一种内部经营方式，法律和行政法规对此并不禁止，该承包人应对工程施工过程及质量等进行管理，对外承担施工合同的权利义务。

建设工程内部承包协议只要不违反法的一般性规定，其通常是有效的合同，当事人以内部承包合同的承包方无施工资质为由主张合同无效的，法院不予支持。而实际施工人与发包人签订的施工合同本身就是无效合同。

建设工程内部承包协议的承包人通常是建筑施工企业的下属分支机构或者项目经理，与建筑施工企业之间存在劳动或管理关系，其不符合最高人民法院在《建设工程司法解释（一）》中提到了"实际施工人"的身份认定标准。

参考案例：最高院（2015）民申字第2481号"王强与浙江宝业幕墙装饰有限公司、天津海顺置业发展有限公司建设工程施工合同纠纷案"；最高院（2019）民再258号"吴道全、重庆市丰都县第一建筑工程公司建设工程施工合同纠纷再审案"。

3.5 工程数次转包后如何确定实际施工人？

答：建设工程数次转包后的实际施工人的确定应当是最终实际投入资金、材料和劳力进行工程施工的法人、非法人企业、个人合伙、包工头等民事主体，不包括单个的建筑工人。最高院并没有在《建设工程司法解释（一）》中作出明确的说明，但是北京市高院、四川省高院等在相关解释时，明确了建设工程数次转包后实际施工人主体的认定标准，其他各省司法审判实践中也是参照这种认定。

参考案例：江苏省丰县法院（2018）苏0321民初1361号"丁子傲与张博、江苏君临建设工程有限公司劳务合同纠纷案"；吉林高院（2019）吉民终413号"李彦广与长春博宇路桥有限责任公司、长春建工集团吉泓建筑有限公司、吉林省榆长建筑工程有限公司、李胜男建设工程施工合同纠纷二审案"。

3.6 实际施工人需要提交哪些证据以证明其身份？

答：审查实际施工人时，需要遵循权利义务的实际享有和履行的原则，以辨别实际施工人和表面上的"承包人"。

首先，实际施工人要提供工程书面合同，证明其与发包人或名义"承包人"之间存在转包、违法分包、借用其他企业资质承揽建设工程等无效情形。其次，提供自己以包工包料、包工不包料等形式完成了工程的具体施工的证据，比如以自己名义购买的用于该项工程的物料、与建筑工人存在雇佣关系的资料。再者，提供自工程开工至竣工验收到案件起诉之日，与发包单位或名义"承包人"之间进行工程款结算、资金往来的财务资料。另外，提供该工程的审批资料、验收资料予以证明。

参考案例：最高院（2019）最高法民终843号"黄建军、四川金兴建设集团有限责任公司建设工程施工合同纠纷二审案”；贵州高院（2019）黔民终 179 号“陈友亮、中国电建集团贵州工程有限公司建设工程分包合同纠纷案”。

3.7　工程验收合格，发包人和转包人如何向实际施工人承担责任？

答：工程验收合格，发包人在未支付的工程款范围内承担付款责任；转包人向实际施工人承担合同约定的责任。

《民法典》第七百九十三条规定：“建设工程施工合同无效，但是建设工程经验收合格的，可以参照合同关于工程价款的约定折价补偿承包人。”《建设工程司法解释（一）》第四十三条规定：“实际施工人以发包人为被告主张权利的，人民法院应当追加转包人或者违法分包人为本案第三人，在查明发包人欠付转包人或者违法分包人建设工程价款的数额后，判决发包人在欠付建设工程价款范围内对实际施工人承担责任。”根据上述法律规定，建设工程验收合格，发包人在未支付的工程款范围内承担付款责任；转包人向实际施工人承担合同约定的责任。

参考案例：最高院（2016）民申 3339 号“张支友与中天建设集团有限公司、汪国民建设工程施工合同纠纷案”。

3.8　挂靠型实际施工人能否直接向发包人（业主）主张权利？

答：挂靠型实际施工人不能直接向发包人（业主）主张权利。

《建设工程司法解释（一）》第四十三条规定：“实际施工人以转包人、违法分包人为被告起诉的，人民法院应当依法受理。实际施工人以发包人为被告主张权利的，人民法院应当追加转包人或者违法分包人为本案第三人，在查明发包人欠付转包人或者违法分包人建设工程价款的数额后，判决发包人在欠付工程价款范围内对实际施工人承担责任”。该条规定明确说明可以直接起诉发包人主张工程款的实际施工人只包括转包和违法分包的实际施工人，不包括借用资质的实际施工人。因此，挂靠型实际施工人不能依据上述规定直接向发包人主张工程款。

实际施工人适用范围应做限缩性解释，只包含转包和违法分包，不能随意扩大适用，不包括挂靠人，且只在欠付劳务分包农民工工资范围适用。《建设工程司法解释（一）》关于实际施工人的内容是突破合同相对性的特殊性规定，只在严格符合主体条件情形下才能适用，目的是保护农民工弱势群体权益，不应任意突破。因此，挂靠型实际施工人如果依据该条司法解释规定直接向发包人主张权利欠缺法律依据。

参考案例：最高院（2016）民申 936 号“刘德湘与云南建工水利水电建设有限公司、胡胤等建设工程施工合同纠纷案”。

3.9　如何认定发包人是否已足额支付工程款？

答：工程价款的支付，有约定按照约定支付，没有约定可申请造价鉴定确定应付金额，如果发包人已经全部支付到位，即为足额支付了工程款。

《建筑法》第十八条规定："建筑工程造价应当按照国家有关规定，由发包单位与承包单位在合同中约定。公开招标发包的，其造价的约定，须遵守招标投标法律的规定。发包单位应当按照合同的约定，及时拨付工程款项。"《民法典》第八百零七条规定："发包人未按照约定支付价款的，承包人可以催告发包人在合理期限内支付价款。"《建设工程司法解释（一）》第二十一条规定："当事人约定，发包人收到竣工结算文件后，在约定期限内不予答复，视为认可竣工结算文件的，按照约定处理。承包人请求按照竣工结算文件结算工程价款的，人民法院应予支持。"根据上述法律规定，工程价款的支付，有约定按照约定支付，没有约定可申请造价鉴定确定应付金额，如果发包人已经全部支付到位，即为足额支付了工程款。

参考案例：最高院（2014）民申字第1132号"张学才等159人、甘肃利兴建筑工程有限公司与甘肃民盛房地产开发有限公司劳务合同纠纷案"。

3.10 违法分包人能否向实际施工人收取管理费？

答：违法分包人如果没有实施管理，则不能向实际施工人收取管理费。违法分包人如果实施了管理并收取管理费，人民法院可以收缴。

《民法典》第七百九十一条规定："发包人可以与总承包人订立建设工程合同，也可以分别与勘察人、设计人、施工人订立勘察、设计、施工承包合同。发包人不得将应当由一个承包人完成的建设工程支解成若干部分发包给数个承包人。总承包人或者勘察、设计、施工承包人经发包人同意，可以将自己承包的部分工作交由第三人完成。第三人就其完成的工作成果与总承包人或者勘察、设计、施工承包人向发包人承担连带责任。承包人不得将其承包的全部建设工程转包给第三人或者将其承包的全部建设工程支解以后以分包的名义分别转包给第三人。禁止承包人将工程分包给不具备相应资质条件的单位。禁止分包单位将其承包的工程再分包。建设工程主体结构的施工必须由承包人自行完成。"《建设工程司法解释（一）》第一条第二款规定："承包人因转包、违法分包建设工程与他人签订的建设工程施工合同，应当依据民法典第一百五十三条第一款及第七百九十一条第二款、第三款的规定，认定无效。"司法审判实践中，人民法院往往可以"收缴当事人已经取得的非法所得"。

对于"当事人已经取得的非法所得"，应当理解为"实际施工人已经给付的管理费中，属于违法分包人、转包人所有"的那部分，而并非违法分包人、转包人所收取的全部管理费，否则就相当于既确认合同无效，又要求当事人履行合同内容，这与法律的基本原则是相违背的。"超出与违法分包人、转包人实际履行管理义务应获劳务费用相对应的管理费部分"，才是"当事人已经取得的非法所得"，人民法院可以"予以收缴"。剩余部分管理费，则应当返还实际施工人。人民法院收缴当事人非法所得的前提条件为当事人已经实际取得的管理费，对于尚未收取的管理费，因当事人没有实际取得，不属于人民法院可以收缴的范围。对这部分管理费，基于合同无效，实际施工人不需要再缴纳。但各地法院对此执行力度不一样。

参考案例：最高院（2018）最高法民申5206号"邹城市钢山街道杜家庄村村民委员

会与邹城市华辰建筑有限公司建设工程施工合同纠纷案”。

3.11 实际施工人请求权属于什么性质?

答：实际施工人请求权性质属于债权请求权。

根据合同的基本原则，与实际施工人之间存在法律关系的仅有合同的另一方主体，即工程的承包人，因此，如果实际施工人的权益想要得到法律的支持，那么其完成工程的质量就理应达到相应的标准，此时，其可以请求承包人支付工程费用，合同符合法律有效的要件时，按照双方约定的内容支付工程款，合同违法而不具有相应的效力时，参照合同约定支付工程款。

实际施工人与发包人之间并没有直接的法律关系。实际施工人可以向建筑物的所有权人主张工程费用。根据《民法典》“合同相对性”的基本原则，合同的一方当事人只能向另一方主体主张债权，不能向除此之外的第三方主张，此处与《民法典》的基本原则相背离。《建设工程司法解释（一）》第四十三条、第四十四条的规定也表明，实际施工人在请求工程的所有权人向自己支付工程款时，发包人向实际施工人承担的工程款债务数额不得高于发包人对承包人的负债，这就意味着，承包人对发包人享有债权是没有拿到工程款的实际施工人可以对发包人进行工程款请求的逻辑前提。因此，“当工程质量合格，建设单位已将工程款支付给转包人、非法分包人，但后者未向实际施工人支付价款”和“实际施工人承建的部分合格，但是违法分包人负责的部分不合格，导致了工程项目的整体验收不符合相应的标准”这两种情况下，实际施工人收取工程费用的权利不能得到合理的保护。

由此可见，建设单位没有在规定的时间内向转包人、违法分包人支付其因建设项目而垫付的各项费用，是实际施工人向建设单位收取工程费用的必要条件。在这种情况下，可以不遵守合同相对性的条件就是债权人享有代位权，建设单位、承包人与实际施工人之间的法律关系可以类比次债务人、债务人、债权人。根据代位权的逻辑关系，当债务人在规定或者约定的时间内没有向债权人履行应尽的合同义务，从而使得债权人的合法权利不能及时变现，并且具备主张代位权的其他条件时，根据法律的相关规定，为了使自己理应享有的权益能够及时实现，债权人可以直接以次债务人即建设单位为被告，提起代位权之诉。该理论在《建设工程司法解释（一）》第四十四条中也得到印证。综上所述，实际施工人的请求权性质应当属于债权请求权。

参考案例：最高院（2018）民终391号“郑州手拉手集团有限公司与河南省冶金建设有限公司、沈光付、郑州市昌达食品实业公司建设工程施工合同纠纷案”。

3.12 实际施工人对发包人请求权的条件是什么?

答：实际施工人对发包人请求权的条件有两个：一是“建设工程经验收合格”；二是对发包人只能在欠付工程价款范围内请求。

《民法典》第七百九十三条规定：“建设工程施工合同无效，但建设工程经验收合格的，可以参照合同关于工程价款的约定折价补偿承包人。”这一条讲的前提是工程验收合格；《建设工程司法解释（一）》第四十三条规定："实际施工人以转包人、违法分包人为被告起诉的，人民法院应当依法受理。实际施工人以发包人为被告主张权利的，人民法院应当追加转包人或者违法分包人为本案第三人，在查明发包人欠付转包人或者违法分包人建设工程价款的数额后，判决发包人在欠付建设工程价款范围内对实际施工人承担责任。"这一条主要讲了诉讼的顺序，以合同相对性为原则，以突破合同的相对性为例外。根据上述规定，实际施工人对发包人请求权的条件有两个：一是"建设工程经验收合格"；二是对发包人只能在欠付的工程价款范围内请求。

参考案例：最高院（2019）民终 353 号"大柴旦云天实业有限公司与郑国平、湖北中勤建设发展有限公司、湖北中勤建设发展有限公司青海分公司建设工程施工合同纠纷案"。

3.13 实际施工人能否提出代位权诉讼？其提出的条件有哪些？

答：实际施工人可以提出代位权诉讼，其提出的条件有：(1) 实际施工人对转包人或者违法分包人享有合法的债权；(2) 转包人或违法分包人怠于向发包人行使其到期债权；(3) 转包人或者违法分包人对发包人的债权已到期；(4) 转包人或者违法分包人的债权不是专属于其自身的债权。

《建设工程司法解释（一）》第四十四条规定："实际施工人依据民法典第五百三十五条规定，以转包人或者违法分包人怠于向发包人行使到期债权或者与该债权有关的从权利，影响其到期债权实现，提起代位权诉讼的，人民法院应予支持。"《民法典》第五百三十五条规定："因债务人怠于行使其债权或者与该债权有关的从权利，影响债权人的到期债权实现的，债权人可以向人民法院请求以自己的名义代位行使债务人对相对人的权利，但是该权利专属于债务人自身的除外。代位权的行使范围以债权人的到期债权为限。债权人行使代位权的必要费用，由债务人负担。相对人对债务人的抗辩，可以向债权人主张。"根据上述规定，实际施工人可以提出代位权诉讼。其代位权诉讼条件有：(1) 实际施工人对转包人或者违法分包人享有合法的债权；(2) 转包人或违法分包人怠于向发包人行使其到期债权；(3) 转包人或者违法分包人对发包人的债权已到期；(4) 转包人或者违法分包人的债权不是专属于其自身的债权。

参考案例：最高院（2018）民终 611 号"黄进涛、北京建工集团有限责任公司与海口明光旅游发展有限公司、海口明光大酒店有限公司、北京建工集团有限责任公司海南分公司建设工程施工合同纠纷案"。

3.14 实际施工人请求权的范围是什么？

答：实际施工人请求权的范围包括直接与之签订合同的相对人，在特殊情况下可直接起诉发包人，但人民法院为了查明案情可以追加转包人或者违法分包人为本案当事人。发包人只在欠付工程价款范围内对实际施工人承担责任。

《建设工程司法解释（一）》第四十三条规定："实际施工人可以向发包人、转包人、违法分包人追索工程欠款；发包人在欠付工程价款范围内对实际施工人承担责任。"这一规定出于保护实际施工人特别是农民工权益的考虑，打破了合同的相对性原理，赋予实际施工人追究并无直接合同关系的发包人的权利。但同时也注意，这一规定仅适用于《建设工程司法解释（一）》明确的具有工程承、发包关系的各方（尽管其中有无效转包或违法分包合同的存在），不适用于材料供应商。因此，根据合同相对性原理，根据《建设工程司法解释（一）》第四十三条的规定，不能类推出发包人应当对实际施工人采购材料的款项承担支付责任的结论。

为了有力地保护农民工合法权益，《建设工程司法解释（一）》第四十三条规定："实际施工人以发包人为被告主张权利的，人民法院可以追加转包人或者违法分包人为本案第三人，发包人只在欠付工程价款的范围内对实际施工人承担责任。"从该条的规定看，一是实际施工人可以发包人为被告起诉。从建筑市场的情况看，承包人与发包人订立建设工程施工合同后，往往又将建设工程转包或者违法分包给第三人，第三人就是实际施工人。按照合同的相对性来讲，实际施工人应当向与其有合同关系的承包人主张权利，而不应当向发包人主张权利。但是从实际情况看，有的承包人将工程转包收取一定的管理费用后，没有进行工程结算或者对工程结算不主张权利，由于实际施工人与发包人没有合同关系，这样导致实际施工人没有办法取得工程款，而实际施工人不能得到工程款则直接影响到农民工工资的发放。因此，如果不允许实际施工人向发包人主张权利，不利于对农民工利益的保护。二是承包人将建设工程转包、违法分包后，建设工程施工合同的义务都是由实际施工人履行的。实际施工人与发包人已经全面实际履行了发包人与承包人之间的合同并形成了事实上的权利义务关系。在这种情况下，如果不允许实际施工人向发包人主张权利，不利于对实际施工人利益的保护。基于此种考虑，《建设工程司法解释（一）》第四十三条和第四十四规定，实际施工人可以向发包人主张权利，但发包人仅在欠付工程款的范围内对实际施工人承担责任，如果发包人已经将工程价款全部支付给承包人的，发包人就不应当再承担支付工程价款的责任。因此，发包人只在欠付工程价款范围内对实际施工人承担责任，并不会损害发包人的权益。三是为了方便案件审理。人民法院可以追加转包人或者违法分包人为本案当事人，考虑到案件的审理涉及两个合同法律关系，如果转包人或者违法分包人不参加到诉讼的过程中来，许多案件的事实没有办法查清，所以人民法院可以根据案件的实际情况追加转包人或者违法分包人为共同被告或者案件的第三人，实际施工人可以发包人、承包人为共同被告主张权利。这样规定，既能够方便查清案件的事实，分清当事人的责任，也便于实际施工人实现自己的权利。

综上所述，实际施工人请求权范围包括直接与之签订合同的相对人，在特殊情况下可直接起诉发包人，但人民法院为了查明案情可以追加转包人或者违法分包人为本案当事人。发包人只在欠付工程价款范围内对实际施工人承担责任。

参考案例：最高院（2018）民终59号"美建建筑系统（中国）有限公司与青海明瑞房地产开发有限公司、西宁城通交通建设投资有限公司、西宁城市投资管理有限公司建设工程施工合同纠纷案"。

3.15 如何理解实际施工人请求权的限缩?

答：对于实际施工人起诉索要工程款的，首先应当坚持合同相对性原则，实际施工人应首先向与其有合同关系的相对方主张权利，而不是径行向发包人主张权利。只有在满足一定条件下，才允许实际施工人突破合同相对性直接向发包人主张权利为补充。

《建设工程司法解释（一）》第四十三条中使用的“实际施工人”这一概念，是指因转包、违法分包、肢解合同等违法行为施工合同被认定为无效，实际从事工程建设的主体，其有别于施工人、承包人、建筑施工企业等法定施工主体。实际施工人提起索要工程款的诉讼，原则上应当以不突破合同相对性为法律适用的基本原则；突破合同相对性的特别规定，旨在保护农民工的合法权益。

从实际施工人的人员构成看，在施工现场实际从事施工作业的人员多为农民工。实际施工人与其发包人形成了施工合同关系，实际施工人内部法律关系为劳动合同关系或劳务合同关系，农民工工资或劳务报酬在工程款中的占比很高，多为农民工的基本生活保障费用。为此，《建设工程司法解释（一）》第四十三和第四十四条作出了特殊情况下准许实际施工人突破合同相对性向发包人主张工程欠款的规定。

参考案例：最高院（2015）民申字第1457号“普兰店市莲山矿业有限责任公司、崔永利与普兰店市莲山矿业有限责任公司、崔永利合同纠纷案”。

3.16 实际施工人追索工程款，如何举证?

答：《建设工程司法解释（一）》第四十三条第二款规定：“实际施工人以发包人为被告主张权利的，人民法院可以追加转包人或者违法分包人为本案第三人。发包人只在欠付工程价款范围内对实际施工人承担责任。”该条司法解释规定了实际施工人向发包人追索工程款的制度，但在司法实践中，如何分配诉讼各方的举证责任，司法解释并未进行规定。但该条的宗旨是在既不损害发包人合法权益的情况下，又尽最大限度地保护实际施工人的合法权益，故人民法院在审理实际施工人与发包人之间的建设工程施工合同纠纷时，仍应以“谁主张，谁举证”为原则，以举证责任倒置为例外。

1. 实际施工人应对其具备向发包人主张工程款的权利进行举证。举证内容包括以下几方面内容：合同及组成文件约定价款及详细组成的证据，包括建设工程合同及附件、施工图纸等设计文件、工程量清单、预算书、材料供应方式、甲供材清单、批价文件、特殊成品设备网文件、施工方案等。

2. 施工过程发生的补充、变更、确认的证据，包括补充协议、备忘录、会议纪要、设计变更指令、技术联系单、政策性调整文件、未按约定标准或期限供应材料或双方协商变更材料的证明材料、材料人工价格指导文件及质量标准、工程量调整文件、进度款支付审定单、工程签证文件、工程质量鉴定报告、中间结算文件、工程价款支付方式、延期付款及其原因的证明材料等。

3. 施工完工后进行结算、确认、审价等证据，包括竣工报告、延期竣工原因的证明材料、竣工验收日期、未按期竣工验收原因的证明材料、结算协议、审价报告、补偿协议、违约方的主要违约事实及应承担违约责任的证明材料等。

4. 首先需举证证明其对债务人（即承包人）享有合法的到期债权，其次实际施工人需证明承包人未履行支付工程款的义务，最后实际施工人需举证证明承包人对发包人享有合法的工程款债权。

5. 举证证明其与承包人之间的工程款已经结算且逾履行期。在建工程施工纠纷中，“合法的到期债权”即指工程款已经由双方结算完毕且支付工程款的期限已经届满。因实际施工人与承包人之间系合同相对方，故实际施工人应当举证证明其与承包人之间的工程款已经结算且逾履行期。而对于承包人与发包人之间的工程款是否已经结算，仍应由实际施工人承担举证责任。因为实际施工人系基于代为求偿的原则突破合同相对性要求发包人承担责任，因此不宜因实际施工人难以对发包人和承包人之间的合同关系举证的客观事实，而将工程款是否结算的举证责任分配给发包人。如果这样认定将可能损害发包人的合法权益，违背了司法解释的制定初衷。在实际施工人能够证明承包人与发包人之间的工程款已经结算的情形下，对于该工程款的付款期限是否届满的举证责任应倒置为由发包人承担。因实际施工人在无法获取承包人与发包人之间合同条款的情形下，难以证明结算后的付款期限是否届满，而发包人作为合同的持有人，在实际施工人起诉后可以其与承包人之间的合同抗辩付款期限尚未届满，故由发包人承担其对于承包人的工程款付款期限的举证责任更为合理。

6. 在实际施工人已经对基础法律关系的成立完成了证明责任后，发包人和承包人结算的事实已经查明的情况下，对“欠付工程价款范围”的举证责任不应再遵循“谁主张，谁举证”的原则，而应将举证责任倒置为由发包人承担举证责任。因为发包人掌握着结算金额和已付款的证据，此时发包人应当对结算金额和已付款金额承担举证责任。若此时发包人拒绝举证，根据《民事诉讼法司法解释》第一百一十二条规定，人民法院可以认定实际施工人主张的内容为真实。而如果实际施工人对发包人欠付工程价款数额存有异议，则应对己方主张的欠付工程价款数额承担举证责任。

参考案例：湖北高院（2017）鄂民申 1894 号“湖北三三重工有限公司、陶新和建设工程施工合同纠纷再审审查与审判监督案”。

3.17　向实际施工人承担责任的主体范围如何确认？

答：发包人在欠付工程款未支付范围内承担责任，中间一系列违法分包人或转包人中，只有与实际施工人签订合同的违法分包人或转包人向实际施工人承担责任，其他中间违法分包人或转包人不属于向实际施工人承担责任的主体范围，但是，中间违法分包人或转包人如果占有实际施工人工程款，则谁占有（欠付的工程款），谁返还（实际施工人）；占有多少（而非实际施工人被拖欠多少），返还多少；不占有（不欠付的工程款），则不属于承担责任主体。

《建设工程司法解释（一）》第四十三条第二款规定的实际施工人对发包人等所享有的是特殊情况下的一种法定债权；而在合同有效情形下，各方当事人所行使和主张的（向其相对人）是基于合同约定产生的一般债权。但实际施工人的概念和主体唯有在无效合同关系中产生，而当合同无效时，法律开始介入干预，并取代和改变当事人之间的既有合意，实际施工人所行使的诉权从法理基础上来看，系返还之诉，而非给付之诉。《建设工程司法解释（一）》第四十三条第二款规定系对返还责任主体作出了扩充和突破，是在原合同相对性基础上的一种延伸，而并非是对合同相对性的彻底打破。实际施工人对发包人欠付范围内的工程价款请求权，其性质并非代位权，而是基于实际施工人与发包人之间已经全面实际履行了发包人与承包人之间的合同并形成了事实上的权利义务关系而产生的法定债权。《建设工程司法解释（一）》第四十三条第二款虽然规定“发包人只在欠付工程款的范围内对实际施工人承担责任”，但因其并未明确是什么责任，故在全国各地方法院的指导意见中，各自规定互不一致，包括从最高院的生效法律文书中可以看出，有连带责任的、有直接给付责任的，这其中的不同固然有个案当中工程款支付情况的具体差别，以及实际施工人诉求选择的不同而造成，但我们认为，发包人（这里是广义的发包人，包括转包人、违法分包人）承担的是有限责任，这个限定指的就是以发包人欠付总承包人的工程款范围为限（或是以转包人、违法分包人对其合同相对人所欠付的工程款范围为限），而并非是以实际施工人被欠付的工程款范围为限的。发包人承担责任的性质只能是一种补充责任，即使被表述为连带责任，仍是一种补充连带责任，在合同相对性依然存续的状态下，法定债务的一种加入（向实际施工人）。其基本逻辑线条则是无效——取得——返还。除了实际施工人的合同相对人对实际施工人承担责任之外，对相对人之上游的合同主体而言，谁占有（欠付的工程款），谁返还（实际施工人），占有多少（而非实际施工人被拖欠多少），返还多少。转包人、违法分包人并非合同相对人时，对实际施工人所承担的责任的性质和模式与发包人类似，然而当转包人、违法分包人本身系实际施工人的相对人时，其应该按合同相对性对实际施工人承担完全支付责任，这个无效返还规则，对发包人、转包人、违法分包人（而无论其是否系实际施工人的合同相对人）均适用，都是贯通和一致的。由发包人在欠付范围内承担责任，由承包人在其实际取得的工程款范围内承担，根据过错原则、公平原则、相对性原理和返还责任，我们认为，在实际施工人案件中，无论是承包人还是实际施工人，他们的权利应当得到合理保护，但他们的行为却不应得到鼓励。

参考案例：最高院（2013）民申字第 15085 号“菏泽市通衢公司与浙江裕众建设集团有限公司、曹县人民政府建设工程施工合同纠纷案”；最高院（2014）民申字第 1634 号“溧阳市华盛置业发展有限公司与南通启益建设集团有限公司建设工程施工合同纠纷一案”。

3.18 发包人向实际施工人承担责任的形式是什么?

答：发包人向实际施工人承担责任的形式即发包人在其所欠付的转包人或违法分包人工程款范围内承担责任。

关于发包人应向实际施工人承担何种责任形式，有连带责任说、补充责任说、代偿责任说等观点。连带责任中数个债务人对同一债权人负担全部给付的义务，债权人可任意请求每个债务人给付，但一旦任一债务人给付，则债务整体消灭。连带责任体现的是给付的同一性、主体的平等性和消灭的整体性。补充责任强调债务人的主次之分，在主债务人不能履行或不能完全履行时，从债务人才补充性地履行，因此从债务人具有先履行抗辩权。代偿责任的主要特征在于代为清偿，在债务人代替其他债务人履行债务后，还可向原债务人追偿。

根据《建设工程司法解释（一）》，实际施工人突破合同相对性，向发包人主张权利，该民事行为的实质为代位权的行使。所谓代位权，是指债权人以自己的名义替债务人行使债权，以保障自身债权的实现。我国《民法典》第五百三十五条对代位权有明确规定，因债务人怠于行使其到期债权，对债权人造成损害的，债权人可以向人民法院请求以自己的名义代位行使债务人的债权，但该债权专属于债务人自身的除外。代位权的行使范围以债权人的债权为限。债权人行使代位权的必要费用由债务人负担。实际施工人以自己的名义代位转包人或违法分包人，向发包人主张权利，其依据是转包人或违法分包人与发包人所签订的合同。

首先，发包人向实际施工人承担的应是其自身的责任，为直接责任，这与代偿责任存在本质区别。

其次，发包人承担责任的依据是自己所签订的合同，给付的内容是其自身所欠付的工程款，与同为债务人的转包人或违法分包人承担责任的依据、给付的内容均不同，而连带责任中不同债务人承担的是同一给付内容。且发包人只在欠付工程款的范围内承担责任，一旦其向与之签订合同的转包人或违法分包人付清了工程款，此种责任则消灭。这与“在未清偿全部债务前，全体债务人仍向债权人负责”的连带责任也有不同。

最后，只要发包人对转包人或违法分包人欠付工程款，就具有向实际施工人给付工程款的义务，发包人没有要求实际施工人先向转包人或违法分包人主张的权利，也即发包人没有先履行抗辩权，因而，发包人所承担的责任形式也非补充责任。

综上所述，发包人承担的责任应是其所欠付的转包人或违法分包人工程款范围内的自身责任。

参考案例：广西贺州中院（2020）桂11民终509号“林玉兴、白荣春建设工程施工合同纠纷案”。

3.19 发包人对实际施工人承担责任的范围是什么？

答：发包人只在欠付工程价款范围内对实际施工人承担责任。

《建设工程司法解释（一）》第四十三条规定：“实际施工人以转包人、违法分包人为被告起诉的，人民法院应当依法受理。实际施工人以发包人为被告主张权利的，人民法院应当追加转包人或者违法分包人为本案第三人，在查明发包人欠付转包人或者违法分包人建设工程价款的数额后，判决发包人在欠付建设工程价款范围内对实际施工人承担责任。”《建设工程司法解释（一）》第四十四条规定：“实际施工人依据民法典第五百三十五条规定，以转包人或者违法分包人怠于向发包人行使到期债权或者与该债权有关的从权利，影响其到期债权实现，提起代位权诉讼的，人民法院应予支持。”《民法典》第五百三十五条规定：“因债务人怠于行使其债权或者与该债权有关的从权利，影响债权人的到期债权实现的，债权人可以向人民法院请求以自己的名义代位行使债务人对相对人的权利，但是该权利专属于债务人自身的除外。代位权的行使范围以债权人的到期债权为限。债权人行使代位权的必要费用，由债务人负担。相对人对债务人的抗辩，可以向债权人主张。”以上规定允许实际施工人突破合同相对性，向发包人主张权利。

实际施工人依照上述法律规定向发包人主张权利时，往往会主张工程价款、利息及违约金等。那么，发包人在欠付工程款的范围内对实际施工人主张哪些债权承担责任，仅仅是工程款，抑或是工程款和法定孳息，或者是工程款、法定孳息、违约金等。实践中，主要存在三种观点：

第一种观点认为，发包人在欠付的工程款范围内仅对实际施工人主张的工程款承担责任；因发包方与实际施工人之间未设立建设施工合同关系，实际施工人向发包方主张利息损失、违约金等违约责任的，不予支持。其理由如下：（1）从司法解释制定的背景来讲，《建设工程司法解释（一）》第四十三条、第四十四条的规定赋予了实际施工人可以向发包人主张权利，故而允许实际施工人突破合同相对性。但是，对突破合同相对性后的责任应当进行限制，避免过度保护，从而损害其他第三人的利益。（2）从法理角度讲，大部分实际施工人与承包人签订的合同可能无效，那么其主张范围应当限定在不当得利返还之债的范围内。细分该不当得利之债的构成，主要包括的是实际施工人对案涉工程的人、财、物的投入、费用、利润和税金等。其中，人的投入外在表现主要就是建筑工人，即农民工工资。既然实际施工人主张的工程款包括了工程垫资以及相应资金成本（以利息方式体现），那么就不能既主张参照工程款计算方式确定不当得利金额，又另行主张属于资金投入成本的利息。否则，就可能构成利息的重复给付。同理，违约金不是建筑工程的投入，也没有主张基础。

第二种观点认为，发包人在欠付的工程款范围内仅对实际施工人主张的工程款及法定孳息承担责任，不包括其他违约责任。其理由如下：（1）利息部分。发包人欠付工程款，利息作为工程款的法定孳息，根据“本息一体”原则，应当由发包人承担，不属于发包人应付工程款范围之外增加的责任；否则免除发包人支付利息的义务，不利于催使发包人及时履行付款义务，减少因欠付工程款增加的诉讼纠纷。（2）违约金部分。因发包人与实际施工人之间不存在合同关系，在法律没有明确规定的情况下，不得随意扩大司法解释的规定，加重发包人的责任负担。

第三种观点认为，发包人在欠付的工程款范围对实际施工人可以向承包人主张的债权均应当承担责任，包括工程款、利息、违约金等费用。其理由如下：（1）从文义解释的角度来看，《建设工程司法解释（一）》第四十三条仅仅对发包人承担责任的限额进行了规定，即以其欠付的工程款对外承担责任，并没有对实际施工人主张的权利范围进行限定，发包人在欠付工程款的范围内对实际施工人主张的工程款、利息、违约金等均应当承担责任。（2）从保护手段来讲，《建设工程司法解释（一）》规定的目的是保护农民工等建筑工人的工资利益，但是它为间接性保护，主要通过保护实际施工人利益为手段来保护农民工等建筑工人的工资利益，而实际施工人能否向农民工等建筑工人支付工资，取决于其资产负债情况。如果不对实际施工人享有的违约金请求权等债权一并保护，最终损害的仍会是农民工等建筑工人的工资权益。

我们赞同第二种观点，即发包人承担责任的范围限于工程款本金及利息，不包括违约金。除上述理由外，还有其他理由如下：《民法典》第一百二十二条规定：“因他人没有法律根据，取得不当利益，受损失的人有权请求其返还不当利益。”《民法典》第九百八十五条规定：“得利人没有法律根据取得不当利益的受损人可以请求得利人返还取得的利益，但是有下列情形的除外：（一）为履行道德义务进行的给付；（二）债务到期之前的清偿；（三）明知无给付义务而进行的债务清偿。”根据上述规定，债权人有权请求债务人返还原物及原物的孳息。在不能返还原物折价补偿的法律后果中，则应包括“折价”及自应清偿之日开始计算的“折价”所生孳息。

因此，在实际施工人基于《建设工程司法解释（一）》第四十三条和第四十四条规定请求发包人在欠付工程款范围内支付欠付工程款及相应工程款所生孳息的，与上述法律及司法解释规定并无冲突，应予以支持。从有利于解决纠纷出发，发包人承担责任的限额是“在欠付工程款范围内”，并未加重发包人的责任，更能积极督促实际施工人主张权利，防止发包人或承包人恶意拖延工程款支付。从利益平衡角度讲，如果为了保护其他实际施工人的利益而限制积极实际施工人的权利，也是一种不公。

根据《建设工程司法解释（一）》第一条的规定，实际施工人无论通过借用资质、转承包还是违法分包的形式承揽工程，该合同均为无效。就此而言，实际施工人请求支付工程款的性质系在合同无效之下提起诉讼请求，故应依据合同无效的原则加以处理。《民法典》第七百九十三条所确立合同无效后的法律后果是：应当返还基于合同取得的财产；如果不能返还或者没有必要返还的，则应当折价补偿；有过错的一方应当赔偿对方因此所造成的损失。

综上所述，发包人只在欠付工程价款范围内对实际施工人承担责任，不宜扩大范围。

参考案例：最高院（2015）民申字第3367号“盘锦市城建房地产开发有限责任公司与被申请人徐尊伟建设工程施工合同纠纷案”。

3.20　发包人向实际施工人承担责任的条件是什么？

答：发包人向实际施工人承担责任的条件是发包人依据承包合同应付而欠付承包人的工程价款。

《建设工程司法解释（一）》第四十三条和第四十四条的规定对合同相对性原则的突破是有限度的。对这个限度，《建设工程司法解释（一）》规定得非常明确，即发包人仅在欠付工程款的范围内对实际施工人承担责任。所谓欠付工程款，是指发包人依据承包合同应付而欠付承包人的工程价款。换言之，实际施工人向发包人主张权利时，发包人只是在欠付工程价款的范围内，将本应直接付给承包人的价款支付给实际施工人。因此，即使承包人未支付或未完全支付实际施工人工程款，如果发包人能够证明其已向承包人付清工程款，则不能判决发包人承担责任。只有在发包人的确尚未支付或未完全支付承包人工程款的情况下，可判决发包人在欠付工程款的范围内承担责任。有限度地突破合同相对性也是《建设工程司法解释（一）》的立法本意，根据《建设工程司法解释（一）》第四十三条和第四十四条的规定，实际施工人可以向发包人主张权利，但发包人仅在欠付工程款的范围内对实际施工人承担责任，如果发包人已经将工程价款全部支付给承包人的，发包人就不应当再承担支付工程价款的责任。因此，发包人只在欠付工程价款范围内对实际施工人承担责任，并不会损害发包人的权益。从另一角度而言，实际施工人系依据其与承包人之间的转包合同、分包合同向发包人主张权利，发包人系依据其与承包人之间的承包合同向实际施工人支付款项。由于经过转包、分包，后者约定的款项通常大于前者，因此，如果发包人在向实际施工人支付款项后仍有部分工程款未支付的，则发包人仍应向承包人支付依法应当支付剩余的工程款。对于发包人与转包人或者违法分包人尚未进行结算的，是否应由发包人也先行承担责任，然后再向转包人或者违法分包人追偿？我们认为不能。因为《建设工程司法解释（一）》第四十三条之所以规定人民法院可以追加转包人或者违法分包人为本案当事人，就是基于考虑到案件的审理涉及两个合同法律关系，如果转包人或者违法分包人不参加诉讼，发包人是否拖欠工程款就没有办法查清，当事人的责任就无法在判决中明确。所以，发包人向实际施工人承担责任的条件是发包人欠付工程款，发包人依据承包合同应付而欠付承包人的工程价款。

参考案例：最高院（2013）民一终字 93 号“济南市历城区建筑安装工程公司、济南市历下区城乡基础建设工程处与济南市历城区建筑安装工程公司第十分公司、济南市历城区城市建设综合开发公司建设工程施工合同纠纷案”；最高院（2013）民一终字 100 号“满洲里市扎赉诺尔宏基城市基础设施投资开发有限责任公司与聂绮、中国内蒙古森林工业集团森天建设有限公司建设工程施工合同纠纷案”；最高院（2014）民申字 1575 号“荣盛（蚌埠）置业有限公司与王修虎、合肥市华星建筑安装工程有限公司建设工程施工合同纠纷案”。

3.21 发包人向实际施工人承担责任，如何举证？

答：实际施工人一方对工程款已经结算完毕负有举证责任；发包人在欠付工程款范围内对实际施工人承担责任，故对工程款应当付多少、已付多少，尚欠付多少承担举证责任。

参考案例：最高院（2015）民申字第 3367 号“盘锦市城建房地产开发有限责任公司、徐尊伟与盘锦市城建房地产开发有限责任公司、徐尊伟建设工程施工合同纠纷案”；最高院（2015）民申字第 3268 号“河南省柘城县市政建筑工程公司、河南省广厦建设工程有限公司商丘分公司与河南省广厦建设工程有限公司商丘分公司、中国化学工程第四建设有限公司等建设工程施工合同纠纷案”；最高院（2019）民申 788 号“赵树英、胥攀建设工程施工合同纠纷再审案”。

3.22 实际施工人是否应当交管理费？

答：如果按照约定收取管理费的当事人在合同履行过程中实施了管理行为并在招标投标过程中缴纳了相关费用，且建设工程经竣工验收合格的，可以参照合同约定收取管理费，实际施工人按照约定交管理费。如果按照约定收取管理费的当事人在合同履行过程中没有实施管理行为，在招标投标过程中没有缴纳相关费用，虽然建设工程经竣工验收合格的，则不能参照合同约定收取管理费，实际施工人无须按照约定交管理费。关键看承包人在施工过程中是否提供了管理服务，无管理服务则无须交管理费，有管理服务则产生管理费。

《民法典》第七百九十三条规定：“建设工程施工合同无效，但是建设工程经验收合格的，可以参照合同关于工程价款的约定折价补偿承包人”依据上述规定，我们认为，因转包、违法分包建设工程或者基于挂靠关系形成的合同约定了管理费，如果按照约定收取管理费的当事人在合同履行过程中实施了管理行为并在招标投标过程中缴纳了相关费用，且建设工程经竣工验收合格的，可以参照合同约定适当收取管理费。但是，如果约定缴纳的管理费过高，法院可根据“任何人不得从自己的过错中获利”的基本法理，予以调整，甚至可以没收“违法所得”。如果不是将工程甩手转包给实际施工人后一切不管，从中渔利，而是自始至终参加管理，且为工程支付了费用，这些费用理应摊入工程成本，并从工程款中收回来。因此，该“管理费”并非“违法所得”。即便认定为“违法所得”，也应当将参加管理的成本扣除后如果有剩余的才能上缴国库。因此，我们认为实际施工人是否要交纳管理费，要根据承包人在施工过程中投入的管理服务工作的多少而定。

参考案例：最高院（2014）民抗字第10号“湖北中民建筑工程有限公司因与胡俊雄、中国化学工程第十六建筑公司建设工程施工合同纠纷案”；最高院（2014）民申字第1277号“宜昌东阳光火力发电有限公司人与十六化建公司中民建公司、胡某某建设工程施工合同纠纷案”；最高院（2014）民申字第861号“中太公司与余松坚、黄泽喜建设工程施工合同纠纷案”；最高院（2014）民申字第1078号“四川路航建设工程有限责任公司与谢红、谢剑标建设工程施工合同纠纷申请再审案”；最高院（2019）民申2429号“中煤昔阳能源有限责任公司（原国投昔阳能源有限责任有限公司）、西安建强电力有限公司建设工程施工合同纠纷再审案”。

第4章

建设工程合同违约纠纷处理

4.1　逾期开工违约责任如何认定?

答：按照《建设工程司法解释（一）》和《民法典》的相关规定认定。

《建设工程司法解释（一）》第八条规定了在当事人对建设工程开工日期有争议的情形下，开工日期的具体认定规则为："当事人对建设工程开工日期有争议的，人民法院应当分别按照以下情形予以认定：（一）开工日期为发包人或者监理人发出的开工通知载明的开工日期；开工通知发出后，尚不具备开工条件的，以开工条件具备的时间为开工日期；因承包人原因导致开工时间推迟的，以开工通知载明的时间为开工日期。（二）承包人经发包人同意已经实际进场施工的，以实际进场施工时间为开工日期。（三）发包人或者监理人未发出开工通知，亦无相关证据证明实际开工日期的，应当综合考虑开工报告、合同、施工许可证、竣工验收报告或者竣工验收备案表等载明的时间，并结合是否具备开工条件的事实，认定开工日期。"因发包人原因导致开工日期延误的，开工日期顺延，造成承包人损失的发包人应当赔偿损失。

参考案例：最高院（2014）民申字第1844号"天津市东丽区建筑工程有限公司与中国京冶工程技术有限公司建设工程合同纠纷案"。

4.2　工程竣工工期违约责任如何认定?

答：可从竣工日期、工期延误和工期顺延、工期顺延的事由、主张工期顺延的期限和程序、工期顺延的天数等方面来分析。

一、竣工日期的认定

《建设工程司法解释（一）》第八条规定："当事人对建设工程实际竣工日期有争议的，人民法院应当分别按照以下情形予以认定：（一）建设工程经竣工验收合格的，以竣工验收合格之日为竣工日期；（二）承包人已经提交竣工验收报告，发包人拖延验收的，以承包人提交验收报告之日为竣工日期；（三）建设工程未经竣工验收，发包人擅自使用的，以转移占有建设工程之日为竣工日期。"所以，当事人对建设工程实际竣工日期有争议的，按照以下情形分别处理：（一）建设工程经竣工验收合格的，以竣工验收合格之日为竣工日期；（二）承包人已经提交竣工验收报告，发包人拖延验收的，以承包人提交验收报告之日为竣工日期；（三）建设工程未经竣工验收，发包人擅自使用的，以转移占有建设工程之日为竣工日期。

二、工期延误和工期顺延的认定

（一）工期延误，是指工程施工过程中实际工期落后于合同工期或者工程竣工后实际工期超出合同工期的情形。施工过程中的工期延误，可以在后续施工中通过赶工方式抢回，竣工后的工期延误则是无法改变的事实状态。工期延误将导致违约责任或损失赔偿责任的承担，法律责任主要有以下四类：第一，是基于施工合同的违约责任；第二，施工成本（人、机、材、保险等）增加导致的损失赔偿责任；第三，人、机、材等价格上涨导致的损失赔偿责任；第四，工期延长导致的关联损失（监理费、逾期交房违约金、房屋租金等）赔偿责任。（二）工期顺延，是指发包人原因或者不可抗力原因导致实际工期落后于合同约定工期或超出合同工期，承包人请求延长合同工期的情形。通过工期顺延，承包人一方面可以免除该部分工期违约责任，另一方面可以向发包人主张停工、窝工、合理利润等损失。

由此可见，工期顺延的前提条件是工期延误的事实出现。当然出现工期延误的事实，并不必然导致工期顺延，一般来说，要想成功顺延工期，还应当出现工期顺延的事由，同时工期延误与工期顺延的事由存在因果关系。除此之外，承包人还应当按照合同约定的程序和期限进行工期索赔，当然实践中对于工期顺延是否必须提出工期顺延请求或者说承包人未按合同约定进行工期索赔是否导致工期顺延权利丧失存在不同的观点。

工期延误的事实是否存在，只要通过实际工期与合同约定的工期进行对比即可判断。工期顺延的事由出现，如果没有导致工期延误或者工期延误与该事由没有关联，也不能顺延工期。

三、工期顺延的事由

由于发包人的原因或者不可抗力导致工期延误是构成工期顺延的事由，因承包人自身原因导致的工期延误，不是工期顺延事由。

1. 法律规定工期顺延的事由。《民法典》第七百九十八条规定："隐蔽工程在隐蔽以前，承包人应当通知发包人检查。发包人没有及时检查的，承包人可以顺延工程日期。"《民法典》第八百零三条规定："发包人未按照约定的时间和要求提供原材料、设备、场地、资金、技术资料的，承包人可以顺延工程日期。"《建设工程司法解释（一）》第十一条规定："建设工程竣工前，当事人对工程质量发生争议，工程质量经鉴定合格的，鉴定期间为顺延工期期间。"

2. 合同约定工期顺延事由。《建设工程施工合同（示范文本）》GF—2017—0201通用条款第7.5.1条"因发包人原因导致工期延误"规定："在合同履行过程中，因下列情况导致工期延误和（或）费用增加的，由发包人承担由此延误的工期和（或）增加的费用，且发包人应支付承包人合理的利润：(1) 发包人未能按合同约定提供图纸或所提供图纸不符合合同约定的；(2) 发包人未能按合同约定提供施工现场、施工条件、基础资料、许可、批准等开工条件的；(3) 发包人提供的测量基准点、基准线和水准点及其书面资料存在错误或疏漏的；(4) 发包人未能在计划开工日期之日起7天内同意下达开工通知的；(5) 发包人未能按合同约定日期支付工程预付款、进度款或竣工结算款的；(6) 监理人未按合同约定发出指示、批准等文件的；(7) 专用合同条款中约定的其他情形。因发包人原因未按计划开工日期开工的，发包人应按实际开工日期顺延竣工日期，确保实际工期不低于合同约定的工期总日历天数。因发包人原因导致工期延误需要修订施工进度计划的，按照第7.2.2项〔施工进度计划的修订〕执行。”

3. 工期顺延事由类型。根据以上分析，工期顺延事由主要有以下几种类型：第一，延期开工，因发包人的原因导致工程未能按约定时间开工；第二，无法正常施工，如发包人未依约提供图纸、原材料、设备、场地，或者发包人未依约定支付工程预付款、进度款，以及发包人未依约履行协助义务；第三，设计变更，施工过程中设计变更增加工程量或增加施工难度；第四，不可抗力，如自然灾害、政府行为等。

四、主张工期顺延的期限和程序

《建设工程司法解释（一）》第十条规定：“当事人约定顺延工期应当经发包人或者监理人签证等方式确认，承包人虽未取得工期顺延的确认，但能够证明在合同约定的期限内向发包人或者监理人申请过工期顺延且顺延事由符合合同约定，承包人以此为由主张工期顺延的，人民法院应予支持。当事人约定承包人未在约定期限内提出工期顺延申请视为工期不顺延的，按照约定处理，但发包人在约定期限后同意工期顺延或者承包人提出合理抗辩的除外。”

如上所述工期顺延事由发生，并不必然导致工期顺延，施工合同中通常会约定签证确认程序以及主张顺延的期限。但承包人未在合同约定的时间或未按照合同约定的程序主张顺延工期，是否丧失工期顺延的权利，司法实践中有截然不同的观点和判例。

1. 承包人未按合同约定期限和程序主张顺延工期，不能顺延。合同明确约定工期顺延应当经过签证确认，未经确认的根据合同约定视为工期不顺延。

《建设工程施工合同（示范文本）》GF—2017—0201 通用条款第19.1条“承包人的索赔”规定：“根据合同约定，承包人认为有权得到追加付款和（或）延长工期的，应按以下程序向发包人提出索赔：(1) 承包人应在知道或应当知道索赔事件发生后28天内，向监理人递交索赔意向通知书，并说明发生索赔事件的事由；承包人未在前述28天内发出索赔意向通知书的，丧失要求追加付款和（或）延长工期的权利；(2) 承包人应在发出索赔意向通知书后28天内，向监理人正式递交索赔报告；索赔报告应详细说明索赔理由以及要求追加的付款金额和（或）延长的工期，并附必要的记录和证明材料；(3) 索赔事件具有持续影响的，承包人应按合理时间间隔继续递交延续索赔通知，说明持续影响的实际情况和记录，列出累计的追加付款金额和（或）工期延长天数；(4) 在索赔事件影响结束后28天内，承包人应向监理人递交最终索赔报告，说明最终要求索赔的追加付款金额和（或）延长的工期，并附必要的记录和证明材料。”

2. 承包人未按合同约定期限和程序主张顺延工期，分情况确定是否顺延。

首先，工期顺延是承包人法定权利。根据《民法典》第八百零三条规定，发包人在施工过程中未按合同约定支付工程进度款或者提供原材料、设备、场地、技术资料等，承包人可以顺延工期。

其次，承、发包双方地位悬殊。目前建筑市场发包人处于强势，承包人施工过程中要取得签证十分困难，也难以取得监理或发包人关于承包人主张顺延的签收资料。

因此，对于该种情形分以下情形处理：第一，看承包人是否主张过权利。如果承包人在约定的期限内主张过工期顺延，则可以顺延工期；第二，如果没有主张过工期顺延，要看工期顺延事由是否严重影响工程进度，如果严重影响工程进度，则应当顺延工期，如果轻微影响或者不影响施工进度的，不予顺延工期。前一种观点强调程序公正，注重合同约定，促使承包人严格依照合同约定在发生工期顺延事由时及时主张权利并办理签证；后一种观点强调实体公平，更符合建筑市场的实际。司法实践中，该两种观点均有判例支撑。但从《建设工程施工合同（示范文本）》GF—2017—0201的规定来看，后一种观点将会成为主流，承包人应当顺应变化注重合同程序性约定。

五、工期顺延的天数的认定

如果确定工期延误后可以顺延工期，那么是否因此延误的所有工期全部可以顺延？如果不能全部顺延，关于顺延天数如何认定？需要分以下几种不同情形考量。第一，合同履行过程中，工期延误情形发生后承包人主张工期顺延，并且经过发包人的认可，那么发包人认可的顺延天数法院应当全部予以认定；第二，承包人按照合同约定的期限和程序提交了工期顺延的索赔申请，而发包人没有回应，根据施工合同中不作为默示条款的约定，法院一般会对索赔的天数予以认定；第三，发包人对于承包人按合同约定请求工期顺延请求提出异议的，法院一般需要结合工期延误是施工过程中关键路线的延误还是非关键路线的延误进行判断，如果是关键路线的延误，一般应当予以认定，如果系非关键路线的工期延误，一般结合案件酌情认定或者通过司法鉴定确认。例如，《安徽高院意见》第十五条规定："因发包人迟延支付工程进度款而认定承包人享有工期顺延权的，顺延期间自发包人拖欠工程进度款之日起至进度款付清之日止"；第四，承包人未按照合同约定期限和程序主张工期顺延的，法院可能认定工期顺延权丧失，对承包人要求的工期顺延天数全部否认；如果法院认定承包人仍然享有工期顺延权的，一般会结合案情酌定或者通过司法鉴定确定。

参考案例：最高院（2014）民申字第1828号"湖南环达公路桥梁建设总公司与湖南凯旋长潭西线高速公路有限公司建设工程施工合同纠纷案"。

4.3　工程质量违约责任如何认定？

答：《建筑法》第五十八条规定："建筑施工企业对工程的施工质量负责。建筑施工企业必须按照工程设计图纸和施工技术标准施工，不得偷工减料。工程设计的修改由原设计单位负责，建筑施工企业不得擅自修改工程设计。"第五十九条规定："建筑施工企业必须按照工程设计要求、施工技术标准和合同的约定，对建筑材料、建筑构配件和设备进行检验，不合格的不得使用。"第六十条规定："建筑物在合理使用寿命内，必须确保地基基础工程和主体结构的质量。"根据以上法律规定，施工企业需要对因自己的原因导致的工程质量不合格承担责任，主要包括以下情形：(1) 建筑工程施工方不按照工程设计图纸和施工技术规范施工造成的工程质量问题，比如，施工方在工序方面缺少重要环节，有的甚至擅自修改图纸进行施工，造成工程质量问题或者质量隐患。工程施工图纸和施工技术规范是保证工程质量的基本前提，也是划分责任的重要依据；(2) 建筑施工方未按照工程设计要求、施工技术规范和合同约定，对建筑材料、建筑构配件和设备进行检验，使用不合格的建筑材料、构配件和设备造成的工程质量问题；(3) 建筑物在合理使用寿命内，地基基础工程和主体结构的质量出现问题；建筑工程竣工时，屋顶、墙面有渗漏、开裂等问题，均应由承包人承担质量责任；(4) 其他工程质量缺陷。具体包括：地面、楼面、门窗工程等出现问题；室内地坪空鼓、开裂、起沙，厕所、厨房、盥洗室地面泛水、积水，阳台积水漏水等质量问题；电气管线、上下水管线安装工程的质量问题；电气线路、开关、电表的安装，电气照明器具的安装，给水管道、排水管道的安装等出现的问题；供热、供冷系统工程质量问题等。

参考案例：上海一中院（2015）沪一中民二（民）终字第3408号“爵丽紫珠美（上海）珠宝饰品有限公司诉陶四宝建设工程施工合同纠纷案”。

4.4 违反建设工程施工合同义务责任如何认定?

答：《民法典》第五百七十七条规定：“当事人一方不履行合同义务或者履行合同义务不符合约定的，应当承担继续履行、采取补救措施或者赔偿损失等违约责任。”

《民法典》第五百七十八条规定：“当事人一方明确表示或者以自己的行为表明不履行合同义务的，对方可以在履行期限届满前请求其承担违约责任。”

根据上述法律规定，违约责任认定依据的主要事实有两点：第一是不履行合同义务或者履行合同义务不符合约定；第二是明确表示或者以自己的行为表明不履行合同。

参考案例：最高法（2018）民终59号“美建建筑系统（中国）有限公司与青海明瑞房地产开发有限公司建设工程施工合同纠纷案”。

4.5 双方违约责任如何认定?

答：《民法典》第五百九十二条规定：“当事人都违反合同的，应当各自承担相应的责任。当事人一方违约造成对方损失，对方对损失的发生有过错的，可以减少相应的损失赔偿额。”

参考案例：云南高院（2013）云高民一终字第230号“云南昌霖公司与普洱万豪公司建设工程施工合同纠纷案”。

4.6 施工合同解除违约责任如何认定?

答：施工合同解除违约责任可根据《民法典》第五百六十三条和第五百六十六条的规定来认定。

《民法典》第五百六十三条规定：“有下列情形之一的，当事人可以解除合同：(一) 因不可抗力致使不能实现合同目的；(二) 在履行期限届满前，当事人一方明确表示或者以自己的行为表明不履行主要债务；(三) 当事人一方迟延履行主要债务，经催告后在合理期限内仍未履行；(四) 当事人一方迟延履行债务或者有其他违约行为致使不能实现合同目的；(五) 法律规定的其他情形。”

《民法典》第五百六十六条规定：“合同解除后，尚未履行的，终止履行；已经履行的，根据履行情况和合同性质，当事人可以请求恢复原状或者采取其他补救措施，并有权请求赔偿损失。合同因违约解除的，解除权人可以请求违约方承担违约责任，但是当事人另有约定的除外。”

参考案例：浙江杭州萧山区法院（2005）萧民一初字第2362号“杭州潇潇五金工具有限公司与被告杭州民盛建设工程有限公司建设工程承包合同纠纷案”。

4.7　补充协议或结算协议未约定放弃追究违约责任，该如何认定？

答：《广东高院2012审判工作纪要》（粤高法〔2012〕240号）第31条规定：“在承包人延误工期或发包人迟延付款的情况下，双方签订补充协议，承包人重新承诺完工时间或发包人重新承诺付款期限，不能视为守约方对违约方放弃主张违约责任，但补充协议明确约定放弃追究违约责任或当事人明确达成谅解的除外。”

参考案例：安徽池州中院（2015）池民三终字第00029号“池州市江口建筑安装工程有限公司与池州市华兴建筑安装架业有限公司建设工程施工合同纠纷案”。

4.8　拒绝按中标通知书签订施工合同，违约责任如何认定？

答：1. 根据《招标投标法》的规定，在招标人发出中标通知书后，招标人和中标人双方应当签订书面合同。如果招标人或者是中标人一方拒绝订立合同，将承担缔约过失责任还是违约责任，相关民事法律并没有给出明确的规定。

这两种责任的大小有很大的差异，如果承担缔约过失责任，根据《民法典》第五百条的规定，应当赔偿因违反诚实信用原则给对方造成的损失，违反诚实信用原则给对方造成的损失通常限于对方因信赖会与之订立合同而发生的相关支出；如果承担违约责任，则根据《民法典》第五百八十三条的规定，赔偿额相当于因违约给对方造成的损失，包括对方在合同履行后可以获得的利益，即包括对方的可得利益损失。显然，明确究竟承担何种责任，是重要的。

2. 主流观点的立论基础及其逻辑并不妥当。

缔约过失责任观点是主流观点，这种观点在我国司法实践中得到一些地方高级法院判决的支持。这种观点认为，承担违约责任的前提是双方已经形成了合同关系，而招标人和中标人之间尚没有合同关系。因为根据《民法典》的规定，建设工程合同必须以书面形式订立，而招标人和中标人之间尚没有订立书面合同，故双方并不存在合同关系，因此拒绝订立合同的一方只需承担缔约过失责任。

主流观点的立论基础是其对《民法典》第七百八十九条和《招标投标法》第四十六条分别所指的建设工程书面合同之间的关系的理解。《民法典》第七百八十九条规定：“建设工程合同应当采用书面形式。”《招标投标法》第四十六条规定：“招标人和中标人应当自中标通知书发出之日起三十日内，按照招标文件和中标人的投标文件订立书面合同。”主流观点认为，《民法典》第七百八十九条所指的书面合同和《招标投标法》第四十六条所指的书面合同是同一个书面合同，正因为招标人或者中标人一方拒绝订立该书面合同，所以双方才不存在建设工程合同关系。

然而，我们认为这一观点并不妥当。即使中标后没有订立书面合同，双方也已经建立了合同关系，这个已经建立的合同就是基于招标文件、投标文件和中标通知书形成的合同，也就是《民法典》第七百八十九条所指的书面合同。因为《民法典》第四百六十九条规定："书面形式是合同书、信件和电报、电传、传真等可以有形地表现所载内容的形式。"而招标文件、投标文件和中标通知书显然符合上述形式要求。就相关文件的法律性质而言，招标文件属于要约邀请，投标文件属于要约，中标通知书属于承诺。因而，即使中标通知书发出后中标人和招标人没有订立《招标投标法》规定的书面合同，但是双方的书面合同关系也已经存在了，不是什么缔约过失责任的问题。

既然双方已经存在合同关系了，为什么《招标投标法》第四十六条还要求双方订立书面合同呢？该书面合同与基于招标文件、投标文件和中标通知书构成的书面合同又是怎样的法律关系呢？

这两个合同实际上是同一个合同关系，而并不是两个不同的合同关系。中标后订立的书面合同恰恰是对发出中标通知书之时双方就建立的书面合同关系的一种补充约定，前者的内容必须服从后者。因为《招标投标法》第四十六条规定："招标人和中标人不得再行订立背离合同实质性内容的其他协议。"而所谓"合同实质性内容"就是指招标文件和投标文件规定的实质性内容。显然，尽管一方在中标后拒绝与另一方订立书面合同，这并不能抗辩双方因中标通知书发出这一事实而建立的书面合同关系，即由招标文件、投标文件和中标通知书等书面文件构成的书面合同。

3. 以招标投标方式订立合同的特殊性。

以招标投标方式确立合同关系是比较特殊的，因为涉及招标人和中标人双方权利义务的一些具体约定常常无法在投标文件和中标通知书中体现出来。所以，发出中标通知书后，双方尽管已经建立了合同关系，但还应当对履行合同涉及的具体事项做出补充约定，通常这些补充约定会和招标文件及投标文件的相关内容一并体现在双方即将签订的建设工程合同书中。

具体地说，以招标投标方式确立的合同关系的这种特殊性表现在：订立合同分为两个阶段：第一个阶段由招标文件、投标文件和中标通知书构成了书面合同，确定了双方的合同关系，并明确了合同的实质性条款；第二个阶段由双方进一步完善该书面合同的内容，形成了补充合同。这是因为第二阶段对具体事项的约定通常无法体现在第一阶段的招标文件和投标文件中。

实践中通常的做法是，双方把两个阶段的合同内容一并体现在建设行政部门统一制定的建设工程合同书中，该合同书也就包括了双方合同关系的全部。但这仍然也不能改变在签订统一制定的建设工程合同书之前，双方已经形成了书面合同关系的事实。

4. 结论。

发出中标通知书后拒绝订立合同的一方应当承担违约责任而非缔约过失责任，即违约方应当支付给对方的赔偿额还应当包括对方履行合同后可以获得的利益，即可得利益损失。

参考案例：最高院（2014）民一终字第155号"广厦建设集团有限责任公司与福州市台江区房地产开发公司施工合同纠纷案"。

4.9　施工合同无效，约定“罚款”能否按违约金认定？

答：如果合同无效，则合同中有关罚款承担的约定条款亦无效。人民法院可根据具体情况按比例确定。

最高人民法院在中铁十局集团第二工程有限公司（以下简称“中铁十局二公司”）与华通路桥集团有限公司（以下简称“华通公司”）建设工程施工合同纠纷申诉、申请民事裁定书【（2017）最高法民申 394 号】的观点认为根据过错情况按比例承担。华通公司与中铁十局二公司签订的《经营承包合同》因违反《招标投标法》的强制性规定而无效，故合同中有关罚款承担的约定条款亦无效。《经营承包合同》中双方关于罚款的约定不属于结算和清算条款，华通公司认为应适用《合同法》第九十八条《民法典》第五百六十七条“合同的权利义务终止，不影响合同中结算和清算条款的效力”的理由不能成立。罚款的性质应认定为发包方对施工方主张的违约金，人民法院有权依据实际情况对违约金予以调整。原审判决考虑到华通公司与中铁十局二公司双方对《经营承包合同》无效均存在一定过错，确定该笔罚款按照各自的过错分担，确定的分担比例及数额并无不当。

参考案例：最高院（2017）最高法民申 394 号“中铁十局集团第二工程有限公司与华通路桥集团有限公司建设工程施工合同纠纷”。

4.10　违约原因不明责任如何认定？

答：如果合同双方在合同中没有约定违约金，违约金一般等于违约所造成的实际经济损失。此时，由损失方提供由于相对方的违约行为导致自己损失的证据，主张赔偿。

《民法典》第五百八十四条规定：“当事人一方不履行合同义务或者履行合同义务不符合约定，造成对方损失的，损失赔偿额应当相当于因违约所造成的损失，包括合同履行后可以获得的利益，但是，不得超过违约一方订立合同时预见到或者应当预见到的因违约可能造成的损失。”

参考案例：广西崇左天等县法院（2019）桂 1425 民初 918 号“莫前波与黄广斌建设工程施工合同纠纷案”。

4.11　预期违约责任如何认定？

答：《民法典》第五百七十八条规定：“当事人一方明确表示或者以自己的行为表明不履行合同义务的，对方可以在履行期限届满前请求其承担违约责任。”

参考案例：贵州黔西南布依族苗族自治州中级人民法院（2018）黔 23 民终 697 号“贵州脑滋源生物科技有限责任公司、兴义市龙腾装饰店装饰装修合同纠纷案”。

4.12　工程结算违约责任如何认定？

答：工程结算违约责任可按以下规则认定。

1. 固定价格的认定规则。如果当事人因此发生争议，则合同约定的固定价格就是认定工程价款的依据。司法实践中也是如此认定，当事人约定按照固定价结算工程价款，一方当事人请求对建设工程造价进行鉴定的，不予支持。但需要特别说明的是，合同当事人对风险范围以外的合同价款调整方法进行约定的，则应按约定的方法来认定。对固定价以外的部分，应当另行确定工程价款。

2. 可调整价格的认定规则。如果当事人对工程价款之确定不能达成一致，则直接适用签订建设工程施工合同时当地建设行政主管部门发布的计价方法或者计价标准来认定工程价款。对于固定价格确定工程价款以外的工程价款的认定也可以适用这种认定规则。

3. 成本加酬金的认定规则。可以通过县级以上人民政府建设行政主管部门进行调解，经调解达成一致，即当事人双方确定了审核结论，则该审核结论就是认定工程价款的依据；如果不予认可，则当事人一方则只能依法申请仲裁或者向法院提起诉讼来认定工程价款，不论是仲裁或诉讼程序中认定工程价款的方法一般是通过司法鉴定来实现。

对此，《证据规定》中有相应的规定。当事人对部分案件事实有争议的，仅对有争议的事实进行鉴定，但争议事实范围不能确定，或者双方当事人请求对全部事实鉴定的除外。该条中的鉴定当然包括工程价款鉴定。

4. 建筑工程结算的法律依据。《民法典》第八百零七条规定："发包人未按照约定支付价款的，承包人可以催告发包人在合理期限内支付价款。发包人逾期不支付的，除根据建设工程的性质不宜折价、拍卖外，承包人可以与发包人协议将该工程折价，也可以请求人民法院将该工程依法拍卖。建设工程的价款就该工程折价或者拍卖的价款优先受偿。"

参考案例：四川资阳中院（2017）川20民终624号"四川时代装饰工程有限公司与成都昶威建筑劳务有限责任公司建设工程施工合同纠纷案"。

4.13 工程质量保证金违约责任如何认定？

答：质量保证金是将一部分钱财作为工程质量的保证金。就一方来说，它是对质量的承诺，就另一方来说，它是对部分款项设定给付条件，其性质是对违反约定的质量不合格的预防与救济措施。

质量保证金的认定和处理比较复杂一些。这首先是因为对于质量保证金这一概念的内涵究竟是什么在理解上有分歧。质量保证金，因其中有保证二字，使人联想到《民法典》中的保证，因而认为可能将其解释为一种担保。实际上，就担保的对象来看，《民法典》上的担保针对的是主债务的履行，而不是针对主债务履行的质量。就主合同与担保合同的主从关系来看，质量保证金本身就是主合同价款的一部分，如果认定其为一种担保，那么就会出现以主合同价款担保主合同这样不符合担保逻辑关系的现象。从构成要件来分析，约定质量保证金与《民法典》规定的担保种类也无一相符。再者，法定担保中没有质量保证金这一种类。因此，约定质量保证金不宜解释为担保。

就字面意思理解而言，质量保证金乃是合同一方就所供标的物的质量向对方所作的一种承诺。这一承诺为合同价款中的特定部分的给付设定了特定条件，这个条件就是标的物的质量合格。这意味着，如果标的物的质量符合约定，那么付款义务方就必须向对方给付该款项。这一点很容易理解，困难在于如果标的物质量不合格，合同中又没有明确质量保证金的具体用途的，质量保证金该如何处理？一种意见认为，在标的物质量不合格的情况下，应当将质量保证金作为或比照违约金来处理，即交付标的物的一方因质量不合格构成违约，给付质量保证金的一方可以拒付该部分质量保证金。如果质量不合格造成的损失大于质量保证金的，交付标的物的违约方还应就超出部分承担赔偿责任。但如果质量不合格造成的损失过分低于质量保证金的，按照最高人民法院相关司法解释，低于30%的，交付标的物的违约方可以请求法院作相应的调整，在调整后，给付质量保证金的一方仍应给付剩余部分。另一种意见认为，双方既然约定了质量保证金，互相作出了承诺，就应当信守，严格按照约定履行，因此，只要质量不合格，给付质量保证金的一方即可拒付，其有权不再给付该部分特定化的货款。交付标的物的违约方不但要承担因质量不合格造成的超出质量保证金的损失部分，而且在损失低于质量保证金的情况下，也不能请求法院作相应的调整。

我们认为，质量保证金就一方来说，是对质量的承诺，就另一方来说，是对部分款项设定给付条件，其性质是对违反约定的质量不合格的预防与救济措施，因此，在合同中不存在违约条款的情况下，不妨比照《民法典》第三编合同编中的违约金条款处理质量保证金。这是完全符合双方意思的。但在质量保证金和违约金二者并存的情况下，应如何处理？从合同义务的履行来看，质量保证金的给付是一方的义务，而质量合格是另一方的义务，在质量不合格构成根本违约的情况下，给付货款的一方自然享有对给付货款请求的全面的抗辩权，不但作为质量保证金的那部分特定货款不应继续给付，而且违约方还要按照违约金条款承担违约责任。而在质量不合格尚不构成根本违约的情况下，由于提供标的物的一方违约在先，因此，给付质量保证金的一方享有先履行抗辩权，即违约方应当按照违约金条款先行承担责任，在质量完全合格后才可以请求给付质量保证金。有一种意见认为，既然是一个对等的双务关系，就可以合并处理，即违约方也可以以质量保证金抵扣违约金。但是，这样处理对给付质量保证金的一方显然不公平。因为质量保证金本身就是要在质量合格的条件下才实际给付的，现在质量不合格了，给付的条件未成就，就不应给付，且就双方义务履行的先后来说，本来质量合格的履行义务在先，给付质量保证金的义务在后，如果这时准予抵扣，就等于双方同时履行了义务，这就改变了合同义务履行的先后顺序，剥夺了给付质量保证金的一方先履行的抗辩权。因此，这种意见是不妥当的。

综上所述，工程质量有争议时，质量保证金如何认定这一问题，工程质量保证金就相当于是双方的保证方式，如果工程质量存在问题，质量保证金就会发挥作用，如果合格，那么质量保证金要予以退还。

参考案例：四川泸州中院（2020）川05民终1188号“梁仕勇、四川金和润道建筑劳务有限公司建设工程分包合同纠纷案”。

4.14 多份合同约定不同违约责任如何认定？

答：只要合同内容是双方真实意思表示，合同内容不违法，就合法有效。如若签订时间相同，则根据双方签订本合同的目的及双方实际履行情况，以实际履行的合同为准。如果多份合同签订时间有先后顺序，且多份合同均属有效合同，除当事人有特别约定外，多份合同对同一内容有不同约定时，基于意思表示最新最近且不违反合同目的，可根据合同成立的时间先后，以最后一份合同确定的内容为准。

参考案例：黑龙江高院（2016）黑民终241号“大庆市卓骏房地产开发有限责任公司与大庆市金城建筑安装工程有限公司建设工程施工合同纠纷案”。

4.15 违约金能否调整？如何调整？

答：司法实践中，一般当事人主张约定的违约金过高，请求予以适当减少的，人民法院应当以实际损失为基础，兼顾合同的履行情况、当事人的过错程度以及预期利益等综合因素，根据公平原则和诚实信用原则予以衡量，并作出裁决。

当事人约定的违约金超过造成损失的百分之三十的，一般可以认定为《民法典》第五百八十五条规定的“过分高于造成的损失”。

《民法典》第五百八十五条第二款规定：“约定的违约金低于造成的损失的，人民法院或者仲裁机构可以根据当事人的请求予以增加；约定的违约金过分高于造成的损失的，人民法院或者仲裁机构可以根据当事人的请求予以适当减少。”

实践中对违约金的数额能否调整以及以什么标准调整是一个争议很大的问题。我们认为，合同应当遵循自由原则。违约金作为民事责任的一种，是由当事人协商确定的。

当事人可以约定一方违约时应当根据违约情况向对方支付一定数额的违约金，也可以约定因违约产生的损失赔偿额的计算方法，那么其所承担责任的范围原则上应依据当事人的约定。

《民法典》第五百八十四条规定：“一方不履行义务给另一方造成损失所支付的赔偿额包括合同履行后可获得的利益。”这条适用的前提是当事人在合同中没有约定违约金的情形。《民法典》第五百八十五条第二款规定：“约定的违约金低于造成的损失的，当事人可以请求人民法院或仲裁机构予以增加”，该法条中的约定违约金低于造成的损失，根据《民法典》的相关解释，应当是指低于造成的实际损失，实际损失包括财产的损毁、减少或者灭失等产生的费用。

根据以上分析，对于违约金调整的标准是，合同中约定了违约金的，当事人主张提高的部分又是造成的实际损失的，则可以就约定的违约金与实际损失之间的差额为调高的标准进行调高；合同中没有约定违约金的，则损失赔偿额应当相当于因违约所造成的损失，包括合同履行后可以获得的利益。如果只是一种预期的利益，预期利益具有不确定性，对于预期利益的赔偿没有事实和法律依据，法院可能不予以支持。对此，《民法典》第五百八十四条作了明确规定，“当事人一方不履行合同义务或者履行合同义务不符合约定，造成对方损失的，损失赔偿额应当相当于因违约所造成的损失，包括合同履行后可以获得的利益。但是，不得超过违约一方订立合同时预见到或者应当预见到的因违约可能造成的损失。”

参考案例：贵州黔南布依族苗族自治州中院（2018）黔27民终2559号“平塘县恒升置业有限责任公司、左龙位商品房销售合同纠纷案”。

4.16 违约金是否限额？

答：我国法律中没有就违约金的最高限额作出具体规定。

从法理上来看，我国《民法典》中认为违约金原则上具有补偿性质，即原则上要求相当于守约方实际损失。如果守约方因为违约方未如期供货而遭受了损失，其所应该获得的损害赔偿金应相当于其所遭受的直接损失和可得利益损失。如果合同双方事先约定的违约金过分高于这些损失，违约方有权利请求予以适当地减少。但违约方必须要提出有关其损失额度的确凿证据。《民法典》第五百八十四条规定："当事人一方不履行合同义务或者履行合同义务不符合约定，造成对方损失的，损失赔偿额应当相当于因违约所造成的损失，包括合同履行后可以获得的利益，但是，不得超过违约一方订立合同时预见到或者应当预见到的因违约可能造成的损失。"《民法典》第五百八十五条规定："当事人可以约定一方违约时应当根据违约情况向对方支付一定数额的违约金，也可以约定因违约产生的损失赔偿额的计算方法。"该条的第二款规定："约定的违约金低于造成的损失的，当事人可以请求人民法院或者仲裁机构予以增加；约定的违约金过分高于造成的损失的，当事人可以请求人民法院或者仲裁机构予以适当减少。当事人就迟延履行约定违约金的，违约方支付违约金后，还应当履行债务。"

参考案例：山东济南中院（2019）鲁01民终12008号"山东二审民事判决书 景和置业有限公司与周蓝天商品房预售合同纠纷案"。

4.17 违约损害赔偿与实际损失赔偿关系如何确认？

答：合同双方出于保证合同顺利履行和高效率解决违约问题的考虑，常常会约定违约情况下的损失赔偿金额或者计算方法，即"约定损失"。而实践中往往存在约定违约赔偿的金额与实际因违约造成的损失不一致的情况，那么，如何适用才是合法合理的呢？我们可从以下几方面分析：

一、"实际损失"在法律上的含义

《民法典》第五百八十四条规定："当事人一方不履行合同义务或者履行合同义务不符合约定，造成对方损失的，损失赔偿额应当相当于因违约所造成的损失，包括合同履行后可以获得的利益，但不得超过违约一方订立合同时预见到或者应当预见到的因违约可能造成的损失。"可见，违约赔偿责任是与"因违约所造成的损失"直接关联的，而后者既包括实际发生的损失，又包括"合同履行后可以获得的利益"（又叫"可得利益损失"）等方面的损失。

司法实践中，当事人主张约定的违约金过高请求予以适当减少的，人民法院往往以实际损失为基础，兼顾合同的履行情况、当事人的过错程度以及预期利益等综合因素，根据公平原则和诚实信用原则予以衡量，并作出裁决。因此，从现行法律规范来理解，"实际损失"仅指因违约直接给被违约方造成的支出性的损失，是其中一个主要部分。

二、违约损害赔偿以"实际损失"为基础

违约损害赔偿是因债务人不履行合同债务所产生的责任。由于债务人违约而使债权人遭受损害，当事人之间的原合同债务就转化为损害赔偿的债务关系。按照法理及法律、司法解释的精神，损害赔偿原则上仅具有补偿性而不具有惩罚性。损害赔偿具有补偿性，其主要目的在于弥补或填补债权人因违约行为所遭受的损害后果。《民法典》原则上不采用惩罚性损害赔偿，除经营者对消费者提供商品或服务有欺诈行为的情形例外，依照《消费者权益保护法》的规定（加倍赔偿）承担损害赔偿责任。

《民法典》第五百八十四条规定："损失赔偿额应当相当于因违约所造成的损失。"第五百八十五条规定："当事人可以约定一方违约时应当根据违约情况向对方支付一定数额的违约金，也可以约定因违约产生的损失赔偿额的计算方法。约定的违约金低于造成的损失的，当事人可以请求人民法院或者仲裁机构予以增加；约定的违约金过分高于造成的损失的，当事人可以请求人民法院或者仲裁机构予以适当减少。"因此，即便合同双方预先约定了违约责任的承担，但违约损害赔偿责任仍取决于给被违约方所造成的损失。审判实践中，确定违约损害赔偿也是"以实际损失"为基础，兼顾可得利益损失等。

由此可见，违约损害赔偿是以"实际损失"为基础的，这符合调整民事法律关系的潜在理念——公平原则与诚实信用原则。

三、"约定损失"与"实际损失"的权衡标准

从《民法典》第五百八十四条来看，"损失赔偿额应当相当于因违约所造成的损失。"但并不直接否定约定的损失赔偿，因为从合同的履行到承担违约责任仍是以双方意思自治为主，并且主张"实际损失"以及可得利益损失等需要受损一方当事人举证证明，实践中往往存在成本高和举证难的问题，因此当事人一般按约定损失赔偿金额解决违约问题。只有在当事人请求法院调整约定损失赔偿额的情况下，才涉及法院在"约定损失"与"实际损失"及其他因素的综合权衡的问题。那么，量的问题如何权衡呢？

所此，我们认为，原则上"应当以实际损失为基础，兼顾合同的履行情况、当事人的过错程度以及预期利益等综合因素，根据公平原则和诚实信用原则予以衡量"。具体标准是，当事人约定的违约金超过造成损失的百分之三十的，一般可以认定为《民法典》第五百八十五条第二款规定的"过分高于造成的损失"。

参考案例：内蒙古呼和浩特中院（2016）内 01 民终 2685 号"江西省中盛建筑集团有限公司与淮安市勤业建设劳务有限公司建设工程施工合同纠纷案"。

4.18 放弃违约责任后能否主张实际损失赔偿？

答：我国法律认为违约金的性质是补偿性，放弃违约责任即为放弃要求违约方补偿因违约造成损失的权利，也自然不能再要求实际损失赔偿。

参考案例：四川成都中院（2016）川 01 民终 2179 号"四川希望华西建设工程总承包有限公司、成都宏建架料租赁有限公司建筑设备租赁合同纠纷案"。

4.19 违约金与实际损失赔偿是否可以并存？

答：如对同一违约事实同时适用约定违约金和实际损失赔偿，那么赔偿的数额将超过造成损失的数额，此时之违约责任则具有惩罚性，不符合"补偿性为主，惩罚性为辅"原则。司法实践中，在请求增加违约金额的情况下一般禁止同时主张约定违约金和损失赔偿，根据法律推理理论，此种禁止也适用于本问题的情形。因此，对同一违约事实一般不能同时主张约定违约金和损失赔偿，然而，在违约金不足以弥补损失赔偿的情况下，可以再主张损失赔偿，但以弥补损失为限。因此，在违约金不足以弥补损失的情况下，违约金

与实际损失赔偿可以并存。

参考案例：最高院（2013）民提字第 202 号“宁波物流有限公司与宁波合货柜有限公司租赁合同纠纷案”。

4.20 约定违约金与实际损失赔偿有什么关系？

答：考察约定违约金与损失赔偿的适用关系，要区分以下几种情况：

（一）无约定违约金时，如当事人未约定违约金，则可主张损失赔偿。在此情况下，因为不存在违约金，所以不存在约定违约金和损失赔偿并用的问题。

（二）约定违约金低于造成的损失时，根据《民法典》第五百八十五条第二款的规定，“约定的违约金低于造成的损失的，当事人可以请求人民法院或者仲裁机构予以增加。”也就是说，在此种情况下，不能在主张违约金的同时主张损失赔偿，而是只能请求增加违约金。对此，司法实践认为：“当事人依照《民法典》第五百八十五条第二款的规定，请求人民法院增加违约金的，增加后的违约金数额以不超过实际损失额为限。增加违约金以后，当事人又请求对方赔偿损失的，人民法院不予支持。”

（三）违约金高于造成的损失时，此种情况又可分为两种不同情况：

1. 约定违约金稍微高于造成的损失时，当事人可主张违约金，但不能同时主张违约金和损失赔偿。

2. 约定违约金过分高于造成的损失时，根据《民法典》第五百八十五条第二款的规定，“约定的违约金过分高于造成的损失的，当事人可以请求人民法院或者仲裁机构予以适当减少。”关于此款所述之“过分高于造成的损失”，司法审判实践中主流观点认为：“当事人约定的违约金超过造成损失的百分之三十的，一般可以认定为‘过分高于造成的损失’。”

参考案例：最高院（2012）民一终字第 67 号“山西三维集团股份有限公司与山西数源华石化工能源有限公司企业租赁经营合同纠纷上诉案”。

4.21 违约金与利息能否并存？

答：违约金与利息可以并存，但两者之和不得超出银行同期同类贷款利率或者同期贷款市场报价利率的 4 倍。

首先，逾期利息应该认为是借贷合同到期后，借款人继续占用本金所产生的利息收益，确切地说是本金在逾期未还这段时间内产生的孳息，支付逾期利息是对出借人的合理补偿，无论借贷双方是否事前约定，借款方逾期未归还本金的，出借方都可要求借款方支付逾期利息，这是法律赋予出借方的权利。

其次，违约金是双方事先约定的，是双方就未来对方可能违约而作出的对自己有救济效果的条款，只要一方违约，另一方无论是否存在金钱上的实际损失，都可根据双方的约定要求违约方承担赔偿责任。违约金的作用在于督促双方及时、合理地履行合同义务，是对合同履行的一种担保。违约金的数额由双方约定，如果存在实际损失的，违约金数额可以和实际损失相当，也可以高于实际损失，但不得总计超过银行同期同类贷款利率或者同期贷款市场报价利率的4倍。

由此看出，逾期利息和违约金的性质和作用都不同，两者的适用也不存在矛盾冲突。借贷双方事先没有约定，事后借款方未按时履行还款义务的，出借方可以主张逾期利息；借贷双方事先约定单独适用逾期利息或者违约金的，出借方可按约定向借款方主张逾期利息或者违约金；借贷双方既约定了逾期利息又约定了违约金的，出借方可同时就逾期利息和违约金进行主张，只要两者之和不超过银行同期同类贷款利率或者同期贷款市场报价利率的4倍即可。

参考案例：最高人民法院（2017）最高法民字再64号“唐治芳、熊廷坤民间供贷纠纷案。”

第5章 工程计量与价款计算

5.1 工程计量的依据有哪些？

答：工程量是以自然计量单位或物理计量单位表示的各分项工程或结构构件的工程数量。工程量是结算工程价款的重要依据。

根据《全国统一建筑工程预算工程量计算规则》的规定，建筑工程预算工程量除依据《全国统一建筑工程基础定额》及本规则各项规定外，尚应依据以下文件：经审定的施工设计图纸及其说明；经审定的施工组织设计或施工技术措施方案；经审定的其他有关技术经济文件。因此，工程计量的依据包括：(1)《全国统一建筑工程基础定额》；(2)《全国统一建筑工程预算工程量计算规则》；(3) 经审定的施工设计图纸及其说明；(4) 经审定的施工组织设计或施工技术措施方案；(5) 经审定的其他有关技术经济文件等。

参考案例：湖南高院（2014）湘民三终字35号"湘南水总水电建设集团有限公司与江华瑶族自治县大林江水电有限公司建设工程施工合同纠纷案"；最高院（2015）民一终字99号"江苏中盛建设集团有限公司与青海亚捷房地产开发有限公司建设工程施工合同纠纷案"；最高院（2017）民再97号"五指山兆通房地产开发有限公司与海南金盛建筑工程有限公司建设工程施工合同纠纷案"；四川甘孜藏族自治州中院（2019）川33民初3号"广元市金轮建筑有限责任公司与成都万领房地产开发有限公司建设工程施工合同纠纷案"。

5.2 争议工程量如何计入工程款？

答：根据《建设工程司法解释（一）》第二十条的规定，当事人对工程量有争议的，按照施工过程中形成的签证等书面文件确认。承包人能够证明发包人同意其施工，但未能提供签证文件证明工程量发生的，可以按照当事人提供的其他证据确认实际发生的工程量。如果没有签证也没有其他证据，可以及时向法院申请对其实际施工的工程量进行工程造价鉴定。

参考案例：最高院（2018）民申5457号"沈阳东瀛房地产开发有限公司与浙江花园建设集团有限公司建设工程施工合同纠纷案"；最高院（2018）民终696号"浙江东阳建

工集团有限公司与安徽省阜阳市中南置业有限责任公司建设工程施工合同纠纷上诉案”；四川高院（2014）川民提字560号“周道江与四川岷江建筑工程公司、郑恩强、郑恩和、王家林建设工程施工合同纠纷案”；最高院（2016）民申195号“克拉玛依市独山子众鑫房地产开发有限公司与新疆天北同利建筑安装有限公司建设工程施工合同纠纷案”。

5.3 甲供材料金额如何认定？

答：“甲供材料”简单来说就是由发包方提供的材料，一般是在发包方与承包方签订合同时事先约定的。对施工方而言，优点就是可以减少材料的资金投入和资金垫付压力，避免材料价格上涨带来的风险。对于甲方而言，甲供材料可以更好地控制主要材料的进货来源，保证工程质量。

甲供材料款应当根据合同约定来认定，如果合同未约定，则根据实际消耗的材料数量和材料单价来确定，材料数量不确定的或者有争议的，根据《建设工程工程量清单计价规范》GB 50500—2013第3.2.4条规定，发承包双方对甲供材料的数量发生争议不能达成一致的，应按照相关工程计价定额同类项目规定的材料消耗量计算。甲供材料单价不明确的，根据《民法典》第五百一十一条规定，按照订立合同时履行地的市场价格履行；依法应当执行政府定价或者政府指导价的，按照规定履行。

参考案例：最高院（2019）民终209号“中铁上海工程局集团北方工程有限公司、府谷煤业集团有限公司建设工程施工合同纠纷案”；最高院（2015）民申字第1234号“民事再审 裁定 四川天福房地产开发有限公司与四川省第四建筑工程公司建设工程施工合同纠纷案”；最高院（2014）民一终字256号“云南设计院集团与贵州博宏实业有限公司建设工程合同纠纷案”。

5.4 甲供材料款如何扣回？

答：根据合同约定确定。如果合同未约定，根据结算单价×供应数量。

参考案例：最高院（2015）民申字134号“陕西建工第六建设集团有限公司建设工程施工合同纠纷案”。

5.5 签订多份合同，如何结算价款？

答：《建设工程司法解释（一）》第二条规定：“招标人和中标人另行签订的建设工程施工合同约定的工程范围、建设工期、工程质量、工程价款等实质性内容，与中标合同不一致，一方当事人请求按照中标合同确定权利义务的，人民法院应予支持。”

实践中，根据不同情形价款的工程价款的结算也不相同，具体如下：

（1）如果当事人之间签订的合同所涉工程属于国家强制招标投标的范围，当事人之间也进行了招标投标手续，并且该合同也经过了备案，其另行签订的合同与该备案合同的实质性内容不一致的，应当以登记的备案合同结算工程款。

（2）如果当事人之间签订的合同所涉工程不属于国家强制招标投标的范围，当事人之间进行了招标投标，并且在建设行政主管部门登记备案，另行签订的合同与备案的合同在实质性内容上不一致的，应当认定该登记备案的合同作为工程款结算的依据。

(3) 如果当事人之间签订的合同所涉工程不属于强制招标投标的范围，当事人之间也没有进行招标投标手续，但是按照当地建设行政主管部门的要求进行了备案，该备案合同与当事人另行签订的合同的内容不一致的，此种情况不属于上述司法解释规定的情形，当事人之间可能只履行其中的一份合同，也可能是后一份合同对前一份合同进行了变更，应根据实际履行的合同确定工程价款，如果确定不了实际履行的合同，应按照最后签订的合同结算工程价款。

参考案例：最高法（2017）民终175号“江苏省第一建筑安装集团股份有限公司与唐山市昌隆房地产开发有限公司建设工程施工合同纠纷案”。

5.6 多份合同均无效，如何计算价款？

答：在多份施工合同均无效的情形下，按照实际履行的合同结算工程价款，实际履行的合同难以确定的参照最后签订的合同结算价款。

《建设工程司法解释（一）》第二十四条规定：“当事人就同一建设工程订立的数份建设工程施工合同均无效，但建设工程质量合格，一方当事人请求参照实际履行的合同结算建设工程价款的，人民法院应予支持。实际履行的合同难以确定，当事人请求参照最后签订的合同结算建设工程价款的，人民法院应予支持。”根据上述规定，在多份施工合同均无效的情形下，按照实际履行的合同结算工程价款，实际履行的合同难以确定的，参照最后签订的合同结算价款。

参考案例：最高人民法院（2011）民一终字第62号“汕头公司与秦浪屿公司建设工程施工合 同纠纷上诉案”。

5.7 正常的合同变更不构成中标合同实质性变更，如何计算价款？

答：按照实际履行的工程量结算工程款。

建设工程施工合同的变更不同于通常意义上的合同变更，根据《招标投标法》及《建设工程司法解释（一）》的规定，建设工程施工合同当事人中对中标合同的实质性内容进行变更是不允许的。对于实质性内容的含义应当根据《民法典》并结合建设工程合同履行的特点来界定，依《民法典》，更换了标的、数量、质量、价款、报酬、履行期限等，更改了违约责任，更改了解决争议的方式，更改了合同成立的时间地点等均为实质性变更，但建设工程施工合同的变更不同于通常意义上的合同变更，建设工程施工过程中经常遇到因设计变更、自然条件变化、工程量变化等因素导致标的、数量、价款、报酬、履行期限的变更，就属于正常的合同变更情形，均属非实质性变更，应当按照实际履行的工程量结算工程款。

参考案例：最高人民法院（2019）民终583号“重庆国际贸易集团有限公司、贵州省金沙县天誉合投资管理有限责任公司建设工程施工合同纠纷案”。

5.8 签订固定单价合同，如何计算价款？

答：固定单价合同是指合同的价格计算是以图纸及规定、规范为基础，工程任务和内容明确，业主的要求和条件清楚，合同单价一次包死，固定不变，即不再因为环境的变化和工程量的增减而变化的一类合同。根据量变价不变的原则，工程量按实计算，单价执行合同单价，即固定单价合同结算价=固定单价×实际工程量。

参考案例：最高院（2017）民申字1234号“四川天福房地产开发有限公司与四川省玄虚四建筑工程公司建设工程施工合同纠纷案”。

5.9 签订固定总价合同，如何计算价款？

答：固定总价合同，俗称“闭口合同”“包死合同”。所谓“固定”，是指这种价款一经约定，除业主增减工程量和设计变更外，一律不调整。所谓“总价”，是指完成合同约定范围内工程量以及为完成该工程量而实施的全部工作的总价款。施工过程中，发包方不变更合同约定的施工内容，合同约定的固定价款就是最终的结算价款，即固定总价合同结算价=合同价。若发生合同承包范围外的工程，应当按照合同约定的合同外工程款计算方式结合合同外工程量结算，如合同中未约定计算方式，应按照市场价和实际工程量计算，即固定总价合同结算价=合同价+合同外工程款。

参考案例：浙江绍兴越城区法院（2016）浙0602民初8972号“上海北玻玻璃技术工业有限公司与绍兴市镜湖建设开发有限公司买卖合同纠纷案”。

5.10 如何理解和执行工程价款下浮？

答：一般是指以工程总造价为基数下浮，即工程税后下浮。具体税前还是税后应在合同中约定。

参考案例：最高院（2013）民一终字68号“湖南省第六工程有限公司与株洲市汇亚房地产开发有限公司建设工程施工合同纠纷案”；安徽高院（2014）皖民四终00099号“安徽天炫医疗设备科技有限公司与安徽省四圆建设工程有限公司建设工程施工合同纠纷案”；最高院（2017）民再134号“再审申请人海南省第二建筑工程公司与被申请人海南职业技术学院建设工程施工合同纠纷案”；福建三明中院（2020）闽04民终776号“福建省中禹水利水电工程有限公司、永安市自来水公司建设工程施工合同纠纷案”。

5.11 计价约定不明的情况下，如何计算价款？

答：可以参照签订建设工程施工合同时当地建设行政主管部门发布的计价方法或者计价标准结算工程价款。

《建设工程司法解释（一）》第十九条规定：“当事人对建设工程的计价标准或者计价

方法有约定的，按照约定结算工程价款。因设计变更导致建设工程的工程量或者质量标准发生变化，当事人对该部分工程价款不能协商一致的，可以参照签订建设工程施工合同时当地建设行政主管部门发布的计价方法或者计价标准结算工程价款。建设工程施工合同有效，但建设工程经竣工验收不合格的，依照民法典第五百七十七条规定处理。”《民法典》第五百七十七条规定：“当事人一方不履行合同义务或者履行合同义务不符合约定的，应当承担继续履行、采取补救措施或者赔偿损失等违约责任。”根据上述规定，可以参照签订建设工程施工合同时当地建设行政主管部门发布的计价方法或者计价标准结算工程价款。

参考案例：广东云浮市中院（2017）粤53民终1027号“谭新锦、伍新娇、张荣志与委托代建合同纠纷案”。

5.12　清单漏缺项如何计算价款？

答：通常情况下的做法是：(1) 看这一项与清单中其他项有没有相同的，有相同的就用已有的项目在结算时进行计算；(2) 看这一项与清单中其他项类似的，有类似的就用类似的项目在结算时进行计算；(3) 这一项与清单中其他项没有的，按合同约定执行。如果合同中没有约定的，根据《建设工程工程量清单计价规范》GB 50500—2013 第9.5条规定，应由承包人提出漏缺项工程的单价，报发包人确认后调整。

参考案例：江西赣州中院（2016）赣07民终3146号“湖南对外建设集团有限公司、赣州水务集团有限责任公司建设工程施工合同纠纷案”。

5.13　标的物转移占有是否可以认定结算条件成就？

答：无论工程是否办理竣工验收手续，标的物转移由发包人管理使用的，工程价款结算条件已成就。

《建筑工程司法解释（一）》第九条规定：“当事人对建设工程实际竣工日期有争议的，人民法院应当分别按照以下情形予以认定：（三）建设工程未经竣工验收，发包人擅自使用的，以转移占有建设工程之日为竣工日期。”根据前述司法解释之规定，无论工程是否办理竣工验收手续，标的物转移占有由发包人管理的，工程价款结算条件均已成就。据此，无论工程是否办理竣工验收手续，标的物转移由发包人管理使用的，工程价款结算条件已成就。

参考案例：辽宁高院（2019）辽民申6677号“裁定锦州市发达房地产开发有限公司、锦州市太和区建筑公司建设工程合同纠纷案”。

5.14　视为认可约定结算文件适用什么条件？

答：首先，约定“结算答复期限”。比如说约定了结算的答复期限是30天或者50天，约定的期限要明确。

其次，约定“逾期不答复视为认可结算”。《建设工程司法解释（一）》第二十一条规定："当事人约定，发包人收到竣工结算文件后，在约定期限内不予答复，视为认可竣工结算文件的，按照约定处理。承包人请求按照竣工结算文件结算工程价款的，人民法院应予支持。"

最后，发包人在"结算答复期间"没有答复。

参考案例：河南驻马店驿城区法院（2018）豫1702民初9762号"驻马店市思创建设工程劳务有限公司与河南省建设集团有限公司、杨清文合同纠纷案"。

5.15 完成部分工程如何结算?

答：完成部分工程依然要结算工程价款。由于承包人的原因造成工程停工的，发包人可追究承包人违约责任，由承包人赔偿发包人的损失，但发包人应对承包人已经完成的工程量的价款按照合同约定进行结算，合同无约定的据实结算；若由于发包人的原因造成工程停工的，则发包人要赔偿承包人的损失，已经完成的工程量的价款按照合同约定进行结算，合同无约定的据实结算。

参考案例：宁夏银川中院（2017）宁01民终2675号"宁夏众安消防安全工程有限公司与宁夏海利达房地产开发有限公司建设工程施工合同纠纷案"。

5.16 施工合同解除如何结算工程款?

答：建设工程施工合同解除后，已经完成的建设工程质量合格的，发包人应当按照约定支付相应的工程价款；已经完成的建设工程质量不合格的，修复后的建设工程经竣工验收合格，发包人请求承包人承担修复费用的，应予支持；修复后的建设工程经竣工验收不合格，承包人请求支付工程价款的，不予支持。因建设工程不合格造成的损失，发包人有过错的，也应承担相应的民事责任。

《民法典》第八百零六条规定："承包人将建设工程转包、违法分包的，发包人可以解除合同。发包人提供的主要建筑材料、建筑构配件和设备不符合强制性标准或者不履行协助义务，致使承包人无法施工，经催告后在合理期限内仍未履行相应义务的，承包人可以解除合同。合同解除后，已经完成的建设工程质量合格的，发包人应当按照约定支付相应的工程价款；已经完成的建设工程质量不合格的，参照本法第七百九十三条的规定处理。"《民法典》第七百九十三条规定："建设工程施工合同无效，但是建设工程经验收合格的，可以参照合同关于工程价款的约定折价补偿承包人。建设工程施工合同无效，且建设工程经验收不合格的，按照以下情形处理：（一）修复后的建设工程经验收合格的，发包人可以请求承包人承担修复费用；（二）修复后的建设工程经验收不合格的，承包人无权请求参照合同关于工程价款的约定折价补偿。发包人对因建设工程不合格造成的损失有过错的，应当承担相应的责任。"由此可见，合同解除后已经完成的建设工程质量合格，发包人应当按照约定支付相应的工程价款。合同解除后已经完成的建设工程质量不合格的，按照《民法典》第七百九十三条规定处理，即修复后的建设工程经竣工验收合格，发包人请求承包人承担修复费用的应予支持，同时承包人可以请求支付工程价款。修复后的建设工程经竣工验收不合格，承包人请求支付工程款的不予支持。

参考案例：最高院（2014）民一终字第69号“青海方升建筑安装工程有限责任公司与青海隆豪置业有限公司建设工程施工合同纠纷案”。

5.17　中标合同需要具备什么条件？

答：应当具备以下条件：（1）属于应当招标的工程项目，《招标投标法》第三条对哪些工程项目应当招标作出了明确规定。（2）履行了招标投标法定程序，依《中标通知书》记载的实质性内容签订的正式的施工合同。（3）《中标通知书》为认定合同效力的实质性条件，《招标投标法》第四十五条第二款规定：“中标通知书对招标人和中标人具有法律效力。”

参考案例：杭州市中级人民法院（2014）浙杭民初字第4号“支华与杭州恒泰建设工程有限公司、包头市国银投资有限责任公司建设工程施工合同纠纷案”。

5.18　合同价款结算条件如何认定？

答：合同价款结算条件通常要看，一是标的物转移占有结算条件成就；二是视为认可约定结算文件适用条件出现；三是完成部分工程符合约定条件；四是合同解除；五是中标合同约定的条件成就；六是发包人故意拖延验收超过合理的期限；七是合同约定的结算条件成就。

《建设工程司法解释（一）》第九条第三款规定：“建设工程未经竣工验收，发包人擅自使用的，以转移占有建设工程之日为竣工日期。”按照行业惯例，经竣工验收合格，合同价款结算条件成就。《建设工程司法解释（一）》第二十一条规定：“当事人约定，发包人收到竣工结算文件后，在约定期限内不予答复，视为认可竣工结算文件的，按照约定处理。承包人请求按照竣工结算文件结算工程价款的，人民法院应予支持。”根据此条规定，发包人收到竣工结算文件后，在约定期限内不予答复，视为认可竣工结算文件。虽然只是完成了部分工程，但该部分工程已经竣工验收，此后的工作为下一道工序由他人完成，对于已经竣工验收的部分结算条件已经成就，不应等所有工程完工才结算。合同解除后已经施工的部分经验收合格，亦应为结算条件成就。《建设工程司法解释（一）》第二条规定：“招标人和中标人另行签订的建设工程施工合同约定的工程范围、建设工期、工程质量、工程价款等实质性内容，与中标合同不一致，一方当事人请求按照中标合同确定权利义务的，人民法院应予支持。招标人和中标人在中标合同之外就明显高于市场价格购买承建房产、无偿建设住房配套设施、让利、向建设单位捐赠财物等另行签订合同，变相降低工程价款，一方当事人以该合同背离中标合同实质性内容为由请求确认无效的，人民法院应予支持。”根据上述规定，招标文件、投标文件、中标通知书亦是结算工程价款的依据。根据《民法典》第八百零六条的规定，“承包人将建设工程转包、违法分包的，发包人可以解除合同。发包人提供的主要建筑材料、建筑构配件和设备不符合强制性标准或者不履行协助义务，致使承包人无法施工，经催告后在合理期限内仍未履行相应义务的，承包人可以解除合同。合同解除后，已经完成的建设工程质量合格的，发包人应当按照约定支付相应的工程价款；已经完成的建设工程质量不合格的，参照本法第七百九十三条的规定处理。”《民法典》第七百九十三条规定：“建设工程施工合同无效，但是建设工程经验收合格的，可以参照合同关于工程价款的约定折价补偿承包人。建设工程施工合同无效，且建设工程经验收不合格的，按照以下情形处理：(1) 修复后的建设工程经验收合格的，发包人可以请求承包人承担修复费用；(2) 修复后的建设工程经验收不合格的，承包人无权请求参照合同关于工程价款的约定折价补偿。发包人对因建设工程不合格造成的损失有过错的，应当承担相应的责任。”

《建设工程司法解释（一）》第二十一条规定：“当事人约定，发包人收到竣工结算文件后，在约定期限内不予答复，视为认可竣工结算文件的，按照约定处理。承包人请求按照竣工结算文件结算工程价款的，人民法院应予支持。”根据此条规定，发包人拖延验收应当承担责任。

综上所述，合同价款结算条件通常从以上七个方面来认定。

参考案例：最高院（2006）民一终字 52 号“江西圳业房地产开发有限公司与江西省国利建筑工程有限公司建设工程施工合同纠纷案”；最高院（2014）民提 32 号“福建三明市林立房地产开发有限公司与福建省永泰建筑工程公司建设工程施工合同纠纷案”。

5.19 工程价款结算处理原则有哪些？

答：工程价款结算处理原则有：遵从约定优先结算，固定价结算，中标合同结算，工程变更结算等。

合同约定固定总价方式结算工程款的，应当按照合同给定的不同风险范围，可以或者不能调整工程价款。因设计变更导致超出合同约定风险范围内的工程量或质量标准变化，应按照司法解释规定据实结算。固定价格合同分为两类，一类是固定总价合同，其合同总价在风险范围内不调整。另一类是固定单价合同，其合同综合单价不再调整，但该类合同的工程量是据实计算，工程量调整必然导致工程价款做相应调整。固定价格也不是绝对不能调整，如果人工费和材料费大幅上涨，可适用情势变更原则做适当调整，不使利益过度失衡。《建设工程司法解释（一）》第二条“招标人和中标人另行签订的建设工程施工合同约定的工程范围、建设工期、工程质量、工程价款等实质性内容，与中标合同不一致，一方当事人请求按照中标合同确定权利义务的，人民法院应予支持。招标人和中标人在中标合同之外就明显高于市场价格购买承建房产、无偿建设住房配套设施、让利、向建设单位捐赠财物等另行签订合同，变相降低工程价款，一方当事人以该合同背离中标合同实质性内容为由请求确认无效的，人民法院应予支持。”该条确定了中标合同结算的基本原则，不仅适用于有效合同，亦适用于无效合同的结算；不仅适用于必须招标工程项目结算，也适用于非必须招标项目、自愿招标项目结算。但发包人与承包人因客观情况发生了在招标投标时难以预见的变化而另行订立建设工程施工合同的除外。

参考案例：宁夏银川中院（2017）宁 01 民初 259 号“石嘴山市宁晟劳务分包有限公司与宁夏煤炭基本建设有限公司、神华宁夏煤业集团有限责任公司建设工程施工合同纠纷案”。

5.20 协议变更合同如何结算?

答：应当尊重当事人意思自治原则，当事人协议变更合同后，应当以协议变更后的合同作为结算依据。

参考案例：新疆高院（2017）新民终 86 号“新疆金玛依石油化工有限公司与新疆寰球工程公司建设工程施工合同纠纷案”。

5.21 审计结论能否作为结算依据?

答：财政部门的评定审核结果不能直接作为工程的结算依据，但双方以明确的意思表示（合同明确约定或合同虽无约定但双方事后确认）同意财政评审结果作为结算依据的除外。

审计是国家对建设单位的一种行政监督，不影响建设单位与承建单位的合同效力。建设工程承包合同案件应以当事人的约定作为法院判决的依据。只有在合同明确约定以审计结论作为结算依据的情况下，才能将审计结论作为判决的依据。除双方合同约定之外，审计部门对建设资金的审计结果不能作为工程款结算的依据。

参考案例：辽宁大连中院（2016）辽 02 民终 1302 号“大连世联防水工程有限公司诉大连市星海湾开发建设管理中心建设工程施工合同纠纷案”；广东广州中院（2014）穗中法民五终字第 235 号“广东虹雨照明工程建设有限公司诉广州市南沙区东涌镇人民政府建设工程施工合同纠纷案”。

5.22 政府文件能否作为结算依据?

答：要看合同如何约定。当事人双方在建设工程施工合同中约定以地方人民政府的文件作为工程价款的结算标准和依据的，该政府文件已经构成合同的内容，该约定并不违反法律、行政法规的强制性规定，应当依法认定约定有效。

参考案例：河北石家庄正定县法院（2017）冀 0123 民初 149 号“河北戎基建筑工程有限公司与河北美亚房地产开发有限公司建设工程施工合同纠纷案”。

5.23 未约定造价标准如何结算?

答：未约定造价标准，双方可协商确定，不能协商一致的，可以参照签订施工合同时当地建设行政主管部门发布的计价方法或计价标准。

《民法典》第五百一十条规定：“合同生效后，当事人就质量、价款或者报酬、履行地点等内容没有约定或者约定不明确的，可以协议补充；不能达成补充协议的，按照合同相关条款或者交易习惯确定。”第五百一十一条规定：“当事人就有关合同内容约定不明确，依据前条规定仍不能确定的，适用下列规定：(1) 质量要求不明确的，按照强制性国家标准履行；没有强制性国家标准的，按照推荐性国家标准履行；没有推荐性国家标准的，按照行业标准履行；没有国家标准、行业标准的，按照通常标准或者符合合同目的的特定标准履行。(2) 价款或者报酬不明确的，按照订立合同时履行地的市场价格履行；依法应当执行政府定价或者政府指导价的，依照规定履行。”根据上述法律规定，未约定造价标准，双方可协商确定，不能协商一致的，可以参照签订施工合同时当地建设行政主管部门发布的计价方法或计价标准。

参考案例：山东临沂中院（2019）鲁13民终1537号“山东省费县金成建设有限公司、山东银光天宏房地产开发有限公司建设工程施工合同纠纷案”。

5.24 第三方出具审核意见能否作为结算依据？

答：发包方授权或者委托第三人与承包方直接进行工程款决算审核工作时，第三人依据发包方的授权，代表发包方与承包方进行工程款的决算工作，双方达成的一致意见，视为发包方与承包方达成的一致意见，不违反法律禁止性规定，根据意思自治原则，可以作为承、发包双方决算工程款的依据。

参考案例：最高人民法院（2003）民一终字第77号“山东世界贸易中心与中国建筑第八工程局建筑工程施工合同纠纷案”。

5.25 如何处理约定取费标准下浮结算？

答：按照约定费率计算出总造价后再乘以约定下浮率。

参考案例：最高院（2013）民一终字68号“湖南省第六工程有限公司与株洲市汇亚房地产开发有限公司建设工程施工合同纠纷案”；安徽高院（2014）皖民四终00099号“安徽天炫医疗设备科技有限公司与安徽省四圆建设工程有限公司建设工程施工合同纠纷案”；最高院（2017）民再134号“海南省第二建筑工程公司与被申请人海南职业技术学院建设工程施工合同纠纷案”。

5.26 发包人逾期不答复结算文件如何处理？

答：《建设工程司法解释（一）》第二十一条规定：“当事人约定，发包人收到竣工结算文件后，在约定期限内不予答复，视为认可竣工结算文件的，按照约定处理。承包人请求按照竣工结算文件结算工程价款的，人民法院应予支持。”如合同中明确约定提交结算报告的时间、答复时间，并需明确约定逾期不予答复即以结算报告为结算工程款的依据等内容，逾期答复的按照结算文件结算工程款。如合同中没有相关约定建议按照合同约定提起诉讼或者仲裁，对工程款有争议的可以委托司法鉴定机构出具鉴定意见。

参考案例：湖北武汉中院（2015）鄂武汉中民商重第00007号“陈爱新与武汉丰太建筑有限公司、随州碧桂园房地产开发有限公司建筑工程施工合同纠纷案”。

5.27 同时在两个单位任职，其签署的文件能否作为结算依据？

答：具有双重职务身份既可代表本公司又可代表另一公司，其签署的法律文件对两个公司均具有法律效力，可以作为结算或付款的依据。

参考案例：广东高院（2014）粤民二申字第64号“广东省肇庆市第二建筑工程集团有限公司与德庆县悦城工业集约基地建设指挥部、德庆县人民政府建设工程施工合同纠纷再审案”。

5.28　无效合同结算受何调整和限制？

答：根据《民法典》第七百九十三条的规定，建设工程施工合同无效，但建设工程经竣工验收合格，承包人请求参照合同约定支付工程价款的，应予支持。故虽然合同无效，但工程结算仍然受到合同有关结算条款规定的调整和限制，前提是相关条款不违反法律的强制性规定。

参考案例：浙江宁波鄞州区法院（2016）浙0212民初8225号“林国兴、宁波翔逸建设有限公司与宁波中洲建设工程有限公司、陈真军建设工程施工合同纠纷案”。

5.29　发包人与实际施工人签订的结算协议能否作为结算依据？

答：建设工程经竣工验收合格后，实际施工人与发包人已经就涉案工程签署结算协议的，该结算协议应视为实际施工人与发包人就施工工程结算问题所达成的合意。实际施工人请求发包人依据结算协议支付工程价款的，人民法院可予支持。

参考案例：黑龙江省东阳房地产开发有限公司与郑延利建设工程施工合同纠纷案，《民事审判指导与参考》2012年第1辑（总第49辑），人民法院出版社2012年版，第176-180页。

5.30　发包人对实际施工人结算有何影响？

答：发包人对实际施工人结算的影响主要表现在两方面：一是发包人对工程价款的确认可以作为结算依据；二是发包人向实际施工人主张税金，法官可以根据具体案情行使自由裁量权确定。

由于发包人的原因导致审价结论无法得出的情况下，实际施工人可以依据发包人在施工阶段作出的对工程价款的书面确认主张工程款。发包人向实际施工人主张税金结算，应根据具体案情，由法官行使自由裁量权确定。

参考案例：最高院（2013）民一终字93号“黄国盛、林心勇与江西通威公路建设集团有限公司、泉州泉三高速公路有限责任公司建设工程分包合同纠纷案”。

5.31　实际施工人结算是否受发包人与承包人或转包人之间合同限制？

答：实际施工人向发包人主张工程款，不应受发包人与承包人或转包人之间合同限制。

根据《民法典》和《建设工程司法解释（一）》的规定，工程竣工验收合格的，实际施工人可以参照合同约定要求支付工程款，发包人在欠付工程款范围内支付工程款。这里的“合同约定”不是指发包人与承包人或转包人或违法分包人之间的合同约定，而是指实际施工人与转包人、违法分包人之间的合同约定。故，实际施工人向发包人主张工程款，不应受发包人与承包人或转包人之间合同限制。当然，实际施工人不能只向发包人直接主张权利而放弃向转包人或违法分包人主张权利。如果实际施工人直接向发包人主张权利，人民法院应当追加转包人或违法分包人作为被告。

参考案例：最高院（2014）民申字第952号“倪黄庄村委会与华北建设公司建设工程施工合同纠纷案”。

5.32 发包人对其提供的现场资料承担准确性责任的范围如何确定？

答：发包人和总承包人可以通过合同对项目相关的地下、水文及环境等现场资料准确性的责任进行约定。合同未作约定或约定不明的，应由提供方对其提供的现场资料的准确性负责。现场资料由发包人提供的，总承包人应在合理期限内尽到一个有经验承包商的合理复核义务。总承包人以发包人提供的项目相关的地下、水文及环境等现场资料存在错误为由要求对合同价款进行调整的，应结合项目类型、现场资料对项目的具体影响、双方过错程度、实际损失情况以及过错与损失之间的因果关系等因素进行综合认定。

参考案例：浙江省宁波市中院（2009）浙甬行终字第44号判决书“俞霞金等诉宁波市鄞州区人民政府政府信息公开行政诉讼案”。

5.33 发包人要求承包人修改其已经批准的设计图纸，承包人能否主张费用增加和工期延长？

答：工程总承包项目中，在未变更发包人要求的情形下，发包人要求承包人修改其此前编制并已取得发包人批准的图纸，承包人因此主张费用增加和（或）工期顺延的，应当按照以下情形分别处理：

（一）发包人已批准的图纸与发包人要求相符的，或者发包人已批准的图纸虽与发包人要求不符，但承包人能够证明发包人在批准时明确知晓且同意不符之处的，应予支持。

（二）发包人已批准的图纸与发包人要求不符，且承包人不能证明发包人在批准时明确知晓且同意不符之处的，不予支持。

参考案例：四川德阳中院（2015）德民二终字第64号“线重鑫诉德宏众合建设工程有限责任公司施工合同纠纷案”。

5.34 在工程总承包项目中，工程量清单对合同价款有何影响？

答：在工程总承包项目中，承包人不能以发包人在发包时提供的工程量清单所列工程量、项目描述等与实际施工情况不符合为由，主张调整合同价格，但合同另有约定的除外。

参考案例：最高院（2019）最高法民终1800号“北京万兴建筑集团有限公司、北京中城辉煌房地产开发有限公司建设工程施工合同纠纷案”。

5.35　因初步设计错漏引起设计变更导致工程量变化对合同价款有何影响？

答：工程总承包合同对因初步设计错漏引起设计变更导致工程量变化的责任分配作出明确约定的，按约定处理。合同未明确约定的，工程总承包项目在初步设计审批完成后发包，发包人以初步设计文件作为发包人要求，且要求承包人不得高于初步设计概算进行限额设计的，发包人应当对初步设计文件（及工程概算）的准确性负责。承包人因初步设计错漏主张增加费用和（或）延长工期的，应予支持，但承包人未在合理期限内尽合理的复核义务而未发现初步设计错漏或在发现设计错漏后未及时通知发包人的除外。

参考案例：广西南宁市中院（2011）南市民二终字第421号“陶桂才与南宁国恒供电开发公司、毛诒建设工程施工合同纠纷案”。

5.36　变更程序对合同价款和工期有何影响？

答：工程总承包合同约定承包人未按工程变更的程序报送顺延工期、增加价款申请视为丧失顺延工期、增加价款权利的，或者约定发包人在一定期限内未予答复视为认可承包人申请的，按照约定处理，但在约定期限后双方又达成一致意见、一方当事人提出未在约定期限内报送申请或者答复申请的合理理由的除外。承包人没有按照约定的变更程序主张权利，依约已失去调整工期、价款的权利，又按照索赔程序索赔工期或价款的，不予支持，发包人同意的除外。

参考案例：福建泉州中院（2018）闽05民终4114号“厦门市陆兴行租赁有限公司、上海大钧劳务服务有限公司建设工程施工合同纠纷案”。

5.37　约定变更不调整费用有无例外情形？

答：非经招标投标签订的工程总承包合同约定变更引起的费用增减不调整合同价款的，如构成格式条款，按相关法律规定处理；如不构成格式条款，按照约定处理，但变更导致双方权利义务严重失衡的除外。招标签订的工程总承包合同约定变更引起的费用增减不调整合同价款的，约定无效，发包人要求发生变更的，相应调整合同价款。

工程实务中，一般约定工程发生变更发生后价款做相应调整，但不排除发包人利用其优势地位，在合同中约定任何变更引起的费用增减均不调整价款。该种情形下，工程变更发生后，承包人要求调整价款的，应当如何处理，关键看是否为格式条款。

参考案例：最高院（2016）民再135号“广东省韶关市第二建筑工程公司与韶关市坪

石发电厂有限公司建设工程施工合同纠纷案”。

5.38 工程总承包人设计优化的费用增加及利益分配有何规则?

答:设计文件经发包人审核批准后,承包人提出优于发包人要求的项目功能、适用性、工期等建议,增加了发包人的收益,除合同另有明确约定外,应当按照以下情形分别进行利益分配(或补偿):(一)发包人接受优化建议并同意施工导致工程费用增加的,承包人请求发包人支付实施该建议而增加的费用或就功能显著提升要求予以奖励的,应予以支持;如发包人接受该优化建议,导致承包人工程费用减少的,发包人和承包人应均享所节省工程费用利益;(二)承包人未经发包人确认或者同意实施该项优化措施的,承包人要求发包人给予补偿或奖励的,不予支持,但发包人予以追认的除外。

这是关于承包人利用自身经验进行设计优化,提升项目功能,增加收益或缩减成本,如果合同未约定收益分成的,对发包人取得的收益和节省的费用,承包人是否有权要求与发包人分享以及如何分享的规则。

参考案例:江苏南京中院(2016)苏01民终9806号“上海始信建筑设计咨询有限公司与南京朗福地产有限公司服务合同纠纷案”。

5.39 总承包合同解除后不平衡报价如何调整?

答:工程总承包合同解除后,已完工程结算时,如果合同在约定总价的同时,还分别约定了设计费、建筑安装工程费、设备购置费、总承包其他费等各项价款,发包人或者承包人认为在各项价款之间存在不平衡报价要求调整的,应当对存在不平衡报价承担举证责任。人民法院或者仲裁机构可以委托工程造价鉴定机构对于是否存在不平衡报价以及不平衡幅度出具专业意见。鉴定机构认定存在不平衡报价的,人民法院或者仲裁机构应区分合同解除的阶段以及造成合同解除的过错分别进行处理。承包人在投标时承诺不存在不平衡报价,合同解除时又要求调整合同价款的,不予支持。设计与施工阶段无法区分的,人民法院或者仲裁机构可以依据不平衡报价的幅度、解除合同的过错结合公平原则进行裁判。设计阶段因发包人原因解除合同,发包人认为设计费约定过高要求调整的,不予支持。承包人认为设计费约定过低要求调整,且设计费明显低于市场价格的,应当酌情予以调整。设计阶段因承包人原因解除合同,承包人认为设计费约定过低要求调整的,不予支持;发包人认为设计费约定过高要求调整,且设计费明显高于市场价格的,应当酌情予以调整。施工阶段因发包人原因解除合同,建筑安装工程费各分部分项存在不平衡报价的,且承包人认为建筑安装工程部分完成比例较低,按照合同约定的价格结算对承包人利益明显失衡的,人民法院或仲裁庭可以委托造价鉴定机构进行鉴定,参照定额标准和(或)市场报价情况据实结算。完成比例是否较低,可个案裁量确定。发包人认为不平衡报价导致按照合同约定的价格结算将对发包人利益明显失衡要求调整的,不予支持。施工阶段因承包人原因解除合同,建筑安装工程费各分部分项存在不平衡报价,发包人认为按照合同约定的价格结算对发包人利益明显失衡的,人民法院或仲裁庭可以委托造价鉴定机构进行鉴定,参照定额标准和(或)市场报价情况据实结算。承包人认为不平衡报价导致按照合同约定的价格结算将对承包人利益明显失衡要求调整的，不予支持。

参考案例：浙江杭州中院（2017）浙01民终528号“杭州兴业市政园林工程有限公司与杭州市拱墅区城市管理局建设工程施工合同纠纷案”。

5.40 分包合同价款没有约定或约定不明，双方也未达成补充协议怎么办？

答：应该按照订立合同时履行地的市场价格履行。

根据《民法典》第五百一十一条第二款的规定，“价款或者报酬不明确的，按照订立合同时履行地的市场价格履行；依法应当执行政府定价或者政府指导价的，依照规定履行。”如果工程价款属于政府定价或者政府指导价，则只需执行政府定价或者政府指导价即可。但是根据《价格法》第三条规定，“政府指导价，是指依照本法规定，由政府价格主管部门或者其他有关部门，按照定价权限和范围规定基准价及其浮动幅度，指导经营者制定的价格。政府定价，是指依照本法规定，由政府价格主管部门或者其他有关部门，按照定价权限和范围制定的价格。”《价格法》第十八条规定：“下列商品和服务价格，政府在必要时可以实行政府指导价或者政府定价：（一）与国民经济发展和人民生活关系重大的极少数商品价格；（二）资源稀缺的少数商品价格；（三）自然垄断经营的商品价格；（四）重要的公用事业价格；（五）重要的公益性服务价格。”

很明显，建设工程的定价不属于上述五种可以实行政府指导价或者政府定价的，故分包合同价款没有约定或约定不明时，根据本条规定，应当按照订立合同时履行地的市场价格确定。

参考案例：天津市第二中级人民法院（2019）津02民终1041号“中国新兴建设开发有限责任公司、天津东方广厦钢结构工程有限公司建设工程分包合同纠纷案”。

5.41 在工程总承包项目中，承包人以发包人提供的设计文件存在缺陷要求增加费用和（或）顺延工期，应如何处理？

答：在工程总承包项目中，承包人以发包人在发包时提供的设计文件存在缺陷为由，主张因此导致的费用增加和（或）工期顺延的，除当事人另有约定外，应当按照以下情形分别处理：

（1）发包人提供的设计文件不属于承包人设计义务范围，或属于承包人设计义务范围，但构成对承包人的要求的，应予支持，但因承包人未在合理期限内发现设计缺陷，或在发现设计缺陷后未及时通知发包人而导致扩大的费用增加和（或）工期延误除外。前述“构成对承包人的要求”，是指发包人提供的设计文件并非仅供承包人参考，承包人不得脱离发包人提供的设计文件自行设计。前述“合理期限”，是指以一个有经验的工程总承包单位的能力为标准，在考虑合理的成本后，承包人可通过复核，发现发包人提供的设计文件存在缺陷的期限。

（2）发包人提供的设计文件属于承包人设计义务范围，且不构成对承包人的要求的，不予支持。

参考案例：福建莆田荔城区法院（2018）闽0304民初3926号“福建省第十四届运动会莆田市筹备委员会场馆建设与技术保障部与厦门辉煌装修工程有限公司装饰装修合同纠纷案”。

5.42 由于承包人自身的原因导致发包人要求修改设计文件合同总价款是否调整？

答：由于承包人自身的原因导致发包人要求修改设计文件合同总价款不调整。

承包人的设计文件存在错误、遗漏、含混、矛盾、不充分或者其他缺陷，承包人不能以设计文件已经获得发包人审核或者批准要求增加因消除上述缺陷而发生的费用。

参考案例：四川成都高新技术产业开发区人民法院（2018）川0191民初6470号“深圳华森建筑与工程设计顾问有限公司与成都高投长岛置业有限公司、成都高投置业有限公司建设工程设计合同纠纷案”。

5.43 承包人提出设计优化增加费用和工期的应当给予承包人补偿如何处理？

答：应按照以下方案处理：

（1）发包人接受优化建议并同意施工导致工程费用增加的，承包人请求发包人支付实施该建议而增加的费用或借功能显著提升要求予以奖励的，应予以支持；如发包人接受该优化建议，导致承包人人工费用较少的，发包人和承包人应分享所节省工程费用利益；

（2）承包人未经发包人确认或者同意实施该项优化措施的，承包人要求发包人给予补偿或奖励的，不予支持，但发包人予以追认的除外。

参考案例：重庆二中院（2019）渝02民终851号“深圳市联点主题装饰设计工程有限公司与重庆市开州区汉丰湖旅游有限公司建设工程设计合同纠纷案”。

5.44 法律法规政策变化引起的合同价款变化的风险应当由谁承担？

答：因国家法律、法规、规章和政策发生变化影响合同价款的风险，发承包双方可以在合同中约定由发包人承担。实行招标的建设工程，一般以施工招标文件中规定的提交投标文件的截止时间前的第28天作为基准日。不实行招标的建设工程，一般以建设工程施工合同签订前的第28天作为基准日。合同当事人应当依据法律、法规、规章和有关政策的规定调整合同价款。如果有关价格（如人工、材料和工程设备等价格）的变化已经包含在物价波动事件的调价公式中，则不再予以考虑。

参考案例：河津市人民法院（2019）晋民终64号“河津市人民政府与山西五建集团有限公司建设工程施工合同纠纷案”。

5.45　采用总价合同的工程总承包合同，设计费、采购费和施工价款分别列明的，由于发包人原因解除合同后如何结算？

答：采用总价合同的工程总承包合同，设计费、采购费和施工价款分别列明的，由于发包人原因解除合同应根据各自约定的权利义务关系，确定其法律关系适用及是否应合并审理：

(1) 如各自列明的没有依存关系，则应分别适用各自典型的法律规范分别提起诉讼或者仲裁；

(2) 如各自列明的有一定依存关系，可以分别提起诉讼或者仲裁，当事人同意时也可以合并审理。

参考案例：最高院（2017）最高法民终894号“赤峰光大光伏农业发展有限公司、山东电力建设第三工程公司建设工程施工合同纠纷案”。

5.46　联合体成员之间的内部分工是否影响联合体各方就工程质量对发包人承担连带责任？

答：联合体成员之间的内部分工不影响联合体各方就工程质量对发包人承担连带责任。

由于《招标投标法》《政府采购法》等法律法规中均明确规定了联合体各方就承包的项目向上端主体承担连带责任，因此在实践中，联合体对承包合同的上游主体承担连带责任的争议不大。但联合体是基于民事协议而成立的一种组织形式，联合体各方成员依旧具有独立的人格和法律主体地位，因此在向上端主体承担连带责任后，联合体内部成员间可就联合协议所约定的各自的责任范围，如设计效果，施工质量、工期等承担相应的责任。

在电建河北公司、电建贵州电力设计院建设工程施工合同纠纷一案中，法院也认为联合体各方签订的《联合体协议书》合法有效，故应该遵守协议书中“联合体对外承担连带责任”的约定，对外共同承担连带责任。而联合体内的各被告不能以联合体内部原因拒绝履行对外应承担的责任，联合体内部成员间的分歧，可根据联合体内部协议来解决，因此判决联合体各方对涉案工程所欠付的工程款承担连带责任。

参考案例：黔南布依族苗族自治州中级人民法院（2019）黔27民终1154号“中国电建集团河北工程有限公司（原为河北省电力建设第一工程公司）、中国电建集团贵州电力设计研究院有限公司建设工程施工合同纠纷”；河津市人民法院（2019）晋民终64号“河津市人民政府与山西五建集团有限公司建设工程施工合同纠纷案”。

5.47　实际施工人的结算是否应有适当限制？

答：实际施工人的结算应有适当限制。

实际施工人依据《建设工程司法解释（一）》第四十三条以发包人为被告或被申请人主张权利的，发包人在欠付工程价款范围内对实际施工人承担责任；但发包人能够证明其欠付款项与实际施工人无关的除外。

需要指出的是，虽然一般情况下，发包人欠付的款项难以区分究竟是欠付的施工部分款项还是设计或采购部分款项，但如果发包人确实可以证明其欠付的款项与实际施工人无关时，则应免除发包人就该部分款项直接支付的责任。例如，2020 年 5 月 1 日起开始施行的《保障农民工工资支付条例》第二十六条规定："施工总承包单位应当按照有关规定开设农民工工资专用账户，专项用于支付该工程建设项目农民工工资。"若总承包人据此开设了专用账户，且发包人可以证明其直接将款项按时足额转至该账户的，应免除相应部分的直接支付责任。此外在总承包人系联合体，且联合体各方收款可以明确区分之时，比如，负责施工部分的联合体成员已经收取了足额款项但未支付给实际施工人，此时实际施工人不能就发包人欠付其他联合体成员的款项主张权利。

参考案例：最高院（2018）最高法民申 1808 "王强、贵州建工集团第四建筑有限责任公司建设工程施工合同纠纷案"。

5.48 建设工程涉及政府补助款如何结算？

答：我们认为，无论政府可行性缺口补贴的具体方式是资本金注入、投资补助、优惠贷款或者贷款贴息等方式，如果社会投资人或者其占主导地位的 PPP 项目公司订立的建设工程合同中存在施工承包人垫资条款，只要该垫资条款的履行不会导致政府在财政预算支出计划外承担额外的支出责任，便不适用或曰不违反《政府投资条例》（以下简称《条例》）关于禁止垫资建设的规定；反之，尽管建设工程合同的发包人主体不是政府或者政府指定的机关事业单位（如发包人为社会投资人或者政府作为股东之一的 PPP 项目公司），但是，发包人履行建设工程合同中的承包人垫资条款如果触发政府增加预算计划之外的财政支出（比如，政府与社会投资人的项目公司设立协议或者公司章程约定，公司在清偿工程合同价款资金不足时，股东应当按持股比例向公司追加投入相应资金；社会投资人与政府之间约定政府有义务就社会投资人清偿超支工程款而增加贷款贴息，或者增加其他补贴），该等条款的存在仍然会构成间接违反《条例》关于禁止垫资建设的规定。因此，从政府的角度看，由于难以干预社会投资人或者其控股主导的项目公司与施工企业的工程承包合同的具体签订内容，则在可行性缺口补贴型 PPP 项目中，应当避免出现与社会投资人的上述约定；施工企业如果作为社会投资人，通过与政府约定，企图将自身与再分包或分包施工企业约定的垫资产生的建设成本超支风险与政府分担，有可能因为政府方的行为间接违反《条例》而难以落实，最终的项目超支风险难以向政府转嫁或要求政府分担。

参考案例：重庆石柱土家族自治县法院（2006）石民初字第 302 号"陈世文诉谭建平、卢宗发工程款结算纠纷案"。

第 6 章

工程相关费用的承担

6.1 建设工程需要缴纳哪些税？税率分别是多少？

答：(1) 增值税，税率为11%；(2) 城市维护建设税，税率为7%；(3) 教育费附加，税率为3%；(4) 地方教育费附加，税率为2%；(5) 印花税：建设工程合同按承包金额的万分之三贴花，账本按5元/本缴纳（每年启用时），年度按“实收资本”与“资本公积”之和的万分之五缴纳（第一年按全额缴纳，以后按年度增加部分缴纳）；(6) 城镇土地使用税按实际占用的土地面积缴纳（各地规定不一）；(7) 房产税按自有房产原值的70%×1.2%缴纳；(8) 车船税按车辆缴纳（各地规定不一，不同车型税额不同）；(9) 企业所得税，税率为25%；(10) 发放工资代扣代缴个人所得税（个人所得税法起征点为5000元）。

参考案例：河南鹤壁山城区法院（2011）山民初字第1771号“鹤壁华韵—贝赛尔新型建材股份有限公司与河南城建建设集团有限公司买卖合同纠纷案”。

6.2 工程税费有争议，由谁承担？

答：税费是由建设单位付给施工单位，由施工单位代缴。

按照我国的税法，系获得收益的主体依据收益额度进行纳税的。施工单位递交的签证单中的税价是构成其报价总额的一项内容。就像我们自然人的工资内的所得税一样，是个人收到企业的工资的一部分。原始是企业的钱在我们收益时由我们拿出付税。在转包的前提下实际施工人是不能按有效合同来结算工程款的。其次，工程款组成中包括税金，这里的税金是指工程建设税，应当在工程款计取中一并支付，由承包人负责缴纳，即事实上是由发包人支付的。实际施工人是没有义务缴纳这部分税金的，实际施工人如果是一个企业，作为企业应缴纳的增值税则另当别论。而如果实际施工人是个人，其个人所得超过了个人所得税的起征点，则应缴纳个人所得税。

参考案例：安徽蚌埠中院（2016）皖03民终1182号“安徽六建建设集团有限公司、符德琪建设工程施工合同纠纷案”。

6.3 承包人主张赶工措施费，能否得到支持？

答：赶工措施费是指当发包方要求的工期少于合理工期或者工程项目由于自然、地质以及外部环境的影响导致工期延误，承包方为满足发包方的工期要求，通过采取相应的技术及组织措施所发生的，应由发包方负担的费用，包括为赶工所额外增的人工费、材料费、机械费、劳务损失、加班班次奖金以及相应的规费和税金等。对赶工措施费的约定需根据招标文件的要求及合同、工程现场施工情况、周围的环境及天气等方来认定。赶工措施费，一般会在合同中约定，若未约定的情况下，因合同工期压缩导致的赶工或非施工方原因导致工期延误的赶工，承包人主张赶工措施费能得到支持。

参考案例：安徽高院（2019）皖民终1262号“王卫东、马鞍山苏杭置地发展有限公司、马鞍山市花山区人民政府与浙江中仑建设有限公司建设工程施工合同纠纷案”。

6.4 临时设施费由谁承担？

答：临时设施费是指施工企业为进行建筑工程施工所必须搭设的生活和生产用的临时建筑物、构筑物和其他临时设施费用等。正常情况下，临时设施费是由建设单位出，但建设单位一般不单独支付该笔费用，而是包含在工程款中支付。

参考案例：山东威海中院（2020）鲁10民终1364号“文登市华亿工程有限公司与威海市鲁东建筑工程有限公司建设工程施工合同纠纷案”。

6.5 水电费代付金额如何认定？

答：水电计量按总表实际用量结算，一般由甲方（建设单位）代缴水电费，在支付工程款时按实际用量和实际价格全额扣除。

参考案例：浙江绍兴中院（2020）浙06民终223号“中设建工集团有限公司与绍兴众合置业有限公司建设工程施工合同纠纷案”；安徽芜湖中院（2020）皖02民终1226号“芜湖代曼特金属制品有限公司与安徽明景建筑工程有限公司建设工程施工合同纠纷案”。

6.6 建筑工程社会保障费如何支付？

答：一般是由建设单位支付。建设工程社会保障费是工程造价的组成部分，是为职工缴纳养老保险、医疗保险、失业保险、工伤保险和生育保险等社会保障方面的费用，在项目费用组成中属于规费，系不可竞争费用。建设工程社会保障费由建设单位在工程开工前按工程项目造价中规定的费率一次性缴清，不得减免。施工单位报预算时应该要报这部分费用，这部分费用要包含在总造价之中，但是由于该费用已经由建设单位缴纳，所以承包商结算时财务要扣除这部分费用。

参考案例：最高院（2019）民申5790号“鞍山金都房地产开发有限公司与鞍山市铁丰建筑工程有限公司建设工程施工合同纠纷案”。

6.7　总承包管理费如何计取？

答：总承包管理费是出现在“施工总承包管理”模式中的费用，在“施工总承包管理合同”中，一般会按照工程造价百分比或者固定数额来确定总承包管理费，这个费用的确定可以不用事先就明确知道工程总造价，这也是施工总承包管理模式的招标可以不依赖于施工设计图出齐的原因之一。根据《建筑法》第二十九条规定，“建筑工程总承包单位可以将承包工程中的部分工程发包给具有相应资质条件的分包单位；但是，除总承包合同中约定的分包外，必须经建设单位认可。”如果当总承包人要求发包人同意其分包时，发包人往往要求总承包人同意由其直接与分包人结算，并约定以分包工程价款的一定比例向总承包人支付总包管理费。此时总承包单位收取的是名副其实的总包管理费。

参考案例：浙江嘉兴中院（2013）浙嘉民初字第7号“浙江省建工集团有限责任公司与平湖市人民政府机关事务管理局建设工程施工合同纠纷案”。

6.8　安全文明措施费如何计取？

答：据《建筑工程安全防护、文明施工措施费用及使用管理规定》（建办〔2005〕89号）规定，安全文明措施费全称是安全防护、文明施工措施费，是指按照国家现行的建筑施工安全、施工现场环境与卫生标准和有关规定，购置和更新施工防护用具及设施、改善安全生产条件和作业环境所需要的费用。建筑工程安全防护、文明施工措施费是由《建筑安装工程费用项目组成》中措施费所含的环境保护费、文明施工费、安全施工费、临时设施费等组成。建设单位与施工单位应当在施工合同中明确安全防护、文明施工措施项目总费用，以及费用预付、支付计划、使用要求、调整方式等条款。建设单位与施工单位在施工合同中对安全防护、文明施工措施费用预付、支付计划未作约定或约定不明的，合同工期在一年以内的，建设单位预付安全防护、文明施工措施项目费用不得低于该费用总额的50%；合同工期在一年以上的（含一年），预付安全防护、文明施工措施费用不得低于该费用总额的30%，其余费用应当按照施工进度支付。实行工程总承包的，总承包单位依法将建筑工程分包给其他单位的，总承包单位与分包单位应当在分包合同中明确安全防护、文明施工措施费用由总承包单位统一管理。安全防护、文明施工措施由分包单位实施的，由分包单位提出专项安全防护措施及施工方案，经总承包单位批准后及时支付所需费用。

参考案例：最高院（2019）民终442号“湖北东森置业有限公司与国基建设集团有限公司建设工程施工合同纠纷案”。

6.9　施工配合费由谁承担，如何支付？

答：施工配合费即总包配合费，通常指由项目甲方发包总承包单位和专业分包单位的项目施工配合费：含提供水电接口、提供垂直运输、土建收口、施工脚手架、竣工资料归档、成品保护、平行交叉影响、铁件预埋等总包单位的服务、配合管理责任、施工现场管理、竣工资料汇总整理等服务所需的费用。在建筑工程里面，总承包单位一般指土建施工单位，分包单位指装饰、设备安装等其他按照国家相关法律规定的准予分包的项目工程。甲方将土建、安装、装饰等交由承包单位施工，将其他特殊安装工程或者装饰工程分包给第三方公司，土建单位即施工总承包单位向分包单位索取的费用即为施工配合费。通常施工中配合费是由工程发包方向总承包方支付，按分项工程完工结算总款的百分之三收取，因地区的差异，不完全一致，但相差不大。

参考案例：最高院（2019）民终519号“安徽中防投资有限公司、浙江湖州市建工集团有限公司建设工程施工合同纠纷案”。

6.10 工程特殊费由谁承担？

答：工程特殊费主要指优良工程费、提前竣工措施费、远地工程施工费、特殊技术措施费、停窝工费、工程夜间施工增加费等，一般由建设单位承担。

参考案例：福建南平延平区法院（2016）闽0702民初1076号“楼绍祥与中泛建设集团有限公司建设工程施工合同纠纷案”。

6.11 工程规费由谁承担？

答：工程规费由施工单位缴纳，在办理施工许可证中，需要缴纳的主要费用有人防异地建设费、农民工保证金、建工保险、新型墙材专项资金。其中人防异地建设费的缴纳要看该项目有无人防设施。建筑工程报建时，建设单位应当按照国家和各级政府的规定向县住建局缴纳城市基础设施配套费、新型墙体材料专项基金、建筑业劳保统筹基金、人民防空工程易地建设费、工程交易服务费等规费。

参考案例：最高院（2020）民申243号“江杏生与江苏省建工集团有限公司建设工程施工合同纠纷再审审查与审判监督案”。

6.12 建设单位管理费由谁承担？

答：建设单位管理费是经批准单独设置管理机构，为筹建、建设和竣工验收前的生产准备等工作所发生的管理费用。它一般包括：工作人员的工资、工资附加费、办公费、差旅交通费、劳动保护费、工具用具使用费、固定资产使用费、零星固定资产购置费、招募生产工人费、建设单位本身发生的劳保支出、待业保险基金、退休养老基金、技术图书资料和其他管理性质的开支。建设单位管理费由建设单位承担。

参考案例：广西崇左中院（2020）桂14民终641号“龙州县人民政府、广西龙州榕兴置业有限责任公司建设工程合同纠纷案”。

6.13 勘察设计费由谁承担？

答：勘察设计费是建设单位自行或委托勘察设计单位进行工程水文地质勘察、设计所发生的各项费用（包括技术资料购置费），包括勘察费用和设计费用两部分。勘察费用一般按实际完成的工作量计算支付，设计费用一般根据不同的行业、不同的建设规模和工程内容繁简程度制定的费用定额计算支付；对于没有定额的，可按设计概算的一定百分比计算支付。凡委托独立核算又未实行企业化取费试点的勘察设计单位进行工程地质勘察和设计所需要费用（包括技术资料购置费），由事业费开支，不在建设单位列支。勘察设计费一般可分三次拨付：签订勘察设计合同后拨付30%，勘察开工后拨付30%，勘察完成后全部付清。勘察设计费由建设单位承担。

参考案例：江苏连云港中院（2020）苏07民终959号“连云港市易事特光伏科技有限公司与连云港绿源电力工程有限公司建设工程施工合同纠纷案”。

6.14　研究试验费由谁承担？

答：研究试验费是指为本建设项目提供或验证设计数据、资料所进行必要的研究试验和按照设计规定在施工过程中必须进行的试验项目所发生的费用，以及支付科研成果、专利、先进技术的一次性转让费。研究试验费由建设单位承担。

参考案例：广东云浮中院（2017）粤53民终1397号“云浮市港务局与广东霭霖投资有限公司建设工程施工合同纠纷案”。

6.15　工程监理费由谁承担？

答：工程监理费是指依据国家有关机关规定和规程规范要求，工程建设项目法人委托工程监理机构对建设项目全过程实施监理所支付的费用，在建设工程总投资中属于工程建设其他费的部分。我国的工程监理费的取费标准是参考《建设工程监理与相关服务收费管理规定》（发改价格〔2007〕670号）计取，并按照相应的地方规范作出调整。工程监理费由建设单位承担。

参考案例：四川成都中院（2019）川01民终15003号“蒋俊华、南京铁马信息技术有限公司与中国移动通信集团四川有限公司成都分公司等建设工程合同纠纷案”；最高院（2018）民终716号“贵州中新房国石低碳住工有限公司与毕节金海湖新区管理委员会建设工程施工合同纠纷案”。

6.16　工程保险费由谁承担？

答：工程保险费是指建设项目在建设期间根据需要实施工程保险所需的费用，包括以各种建筑工程及其在施工过程中的物料、机器设备为保险标的的建筑工程一切险，以安装工程中的各种机器、机械设备为保险标的的安装工程一切险，以及机器损坏保险等。工程保险费一般是由施工单位承担。

参考案例：最高院（2018）民终524号“浙江鼎元建设有限公司与九江市暨阳置业有限公司建设工程施工合同纠纷案”。

6.17 供电贴费由谁承担？

答：供电贴费，是指在用户申请用电或增加用电容量时，供电企业向用户收取的用于建设110千伏及以下各级电压外部供电工程建设和改造等费用的总称，应由用户承担。2003年，根据《国家发展和改革委员会关于停止收取供配电贴费有关问题的补充通知》（发改价格〔2003〕2279号）规定，此费用已经停止收取。

参考案例：山东高院（2014）鲁民一终字第131号“烟台汇丰房地产开发有限公司与烟台房地产开发集团有限公司合同、无因管理、不当得利纠纷案”。

6.18 施工机构迁移费由谁承担？

答：施工机构迁移费是施工企业根据建设任务的需要，经有关部门决定承建之地（指公司或公司所属工程处、工区）由原驻地迁移到另一地区所发生的一次性搬迁费用。其内容包括：职工及随同家属的差旅费，调迁期间的工资，施工机械、设备、工具、用具和周转材料的运杂费。不包括：(1) 应由施工企业自行负担的在规定距离范围内调动施工力量以及内部平衡施工力量所发生的迁移费用；(2) 由于违反基建程序，盲目调迁队伍所发生的迁移费；(3) 因中标而引起施工机构迁移所发生的迁移费。施工机构迁移费一般由建设单位承担。

参考案例：山东高院（2016）鲁民终575号“新泰巨元矿山工程有限公司与山东华新建筑工程集团有限责任公司建设工程施工合同纠纷案”；安徽安庆宜秀区法院（2019）皖0811民初222号“何志银、安庆新亚同环保有限公司与上海信开水务产业有限公司建设工程施工合同纠纷案”。

6.19 引进技术和进口设备其他费用由谁承担？

答：引进技术和进口设备其他费用具体包括：(1) 为引进技术和进口设备派出人员进行设计、联络、设备材料监检、培训等的差旅费、置装费、生活费用等；(2) 国外工程技术人员来华的差旅费、生活费和接待费用等；(3) 国外设计及技术资料费、专利和专有技术费、延期或分期付款利息；(4) 引进设备检验及商检费。引进技术和进口设备其他费用一般由建设单位承担。

参考案例：最高院（2019）民终64号“莱芜钢铁冶金生态工程技术有限公司与山东省冶金设计院股份有限公司建设工程施工合同纠纷案”。

6.20 工程承包费由谁承担？

答：工程承包费是指具有总承包条件的工程公司，对工程建设项目从开始建设至竣工投产全过程的总承包所需的管理费用。具体内容包括组织勘察设计、设备原料采购、非标准设备设计制造与销售、施工招标、发包、工程预决算、项目管理、施工质量监督、隐蔽工程检查、验收和试车直至竣工投产的各种管理费用。该费用按国家主管部门或省、自治区、直辖市协调规定的工程总承包费取费标准计算；如无规定时，一般工业建设项目为投资估算的6%～8%，民用建筑和市政项目为4%～6%。不实行工程总承包的项目不计算本项费用。工程承包费由建设单位承担。

参考案例：陕西安康汉滨区法院（2020）陕0902民初1370号“陕西嘉合水电工程有限公司与陕西本朴房地产开发有限公司建设工程合同纠纷案”。

6.21　与工程建设有关的其他费用有哪些？

答：工程建设其他费用是根据有关规定应在基本建设投资中支付的，并列入建设项目总概预算或单项工程综合概预算的，除建筑安装工程费用和设备工器具购置费以外的费用。包括：土地、青苗等补偿费和安置补助费、建设单位管理费、研究试验费、生产职工培训费、办公和生活家具购置费、联合试运转费、勘察设计费、供电贴费、施工机构迁移费、矿山巷道维修费、引进技术和进口设备项目的其他费用等。

参考案例：广东广州市海珠区法院（2017）粤0105民初9425号“广州市昭华市政建设工程有限公司与广州威恒建设工程有限公司建设工程施工合同纠纷案”。

6.22　措施项目费中安全文明施工费能否作为竞争性费用？

答：措施项目费中安全文明施工费不能作为竞争性费用。

《建设工程工程量清单计价规范》GB 50500—2013第3.1.5条规定：“措施项目中的安全文明施工费必须按国家或省级、行业建设主管部门的规定计算，不得作为竞争性费用。”根据这一规定，措施项目费中安全文明施工费不能作为竞争性费用，也就是说安全文明施工费用必须按照规定计价，发承包双方不得在施工合同中自行约定减免或者放弃。

参考案例：江苏高院（2016）苏民终254号“江苏南通三建集团股份有限公司与南京市第十建筑工程有限公司建设工程分包合同纠纷案”；四川高院（2016）川民终781号“四川恩威制药有限公司、四川省建筑机械化工程公司建设工程施工合同纠纷案”；湖北高院（2017）鄂民终1840号“广西建工集团第二安装建设有限公司、湖北福人木业有限公司建设工程施工合同纠纷案”。

第 7 章

合同变更与解除

7.1 未完成工程如何计量?

答：工程计量是指承发包双方根据合同约定，对承包人完成合同工程的数量进行计算和确认。未完成工程计量通常由承发包双方共同选定或由人民法院指定有资质的工程造价咨询机构根据相关资料进行计量。鉴于只有纳入计价的工程量才能纳入工程价款结算，未完成工程量计量的实质意义在于施工合同解除后，承发包双方共同选定有资质的工程造价咨询机构以工程量清单、设计图纸、签证单及洽商单等为依据，按照相应的工程量计量规范计算和确认已完成工程量，以便进行工程合同价款计算、调整和确认。

参考案例：安徽淮南中院（2019）皖04民初154号“程振国与寿县锦天置业有限公司、安徽锦天建设工程有限公司建设工程施工合同纠纷案”。

7.2 监理工程师签字的签证单能否作为合同变更依据?

答：根据《工程造价咨询业务操作指导规程》，工程签证是指按承发包合同约定，由承发包双方就施工过程中涉及合同价款之外的责任事件所做的签认证明。工程签证的主要表现形式是《工程签证单》。关于签证单的法律性质，司法实践通说认为是承发包双方达成的补充协议，合法有效的签证单是合同变更的重要依据。因此，为避免后期工程价款结算出现争议，承发包双方应当以书面形式明确界定签证单的签证主体、签证权限、签证内容等。作为发包人的代理人，监理工程师在签证单上的签字盖章行为是其参与施工合同管理的一项具体权限和职责，该权限和职责来自发包人的委托授权以及法律法规赋予的工作职责。根据《建设工程施工合同（示范文本）》GF—2017—0201通用条款和专用条款第4条约定，监理单位派驻施工现场的监理人员分为总监理工程师和监理工程师，其权限、职责须在工程监理合同和（或）施工合同中明确。如果监理工程师的签字或盖章行为在发包人授权范围内，根据《民法典》第一百六十二条规定，“代理人在代理权限内，以被代理人名义实施的民事法律行为，对被代理人发生效力。”监理工程师签字或盖章文件对发包人具有约束力，能够作为工程价款结算依据；如果监理工程师签字、盖章的行为超出授权范围的，则该监理工程师签字或盖章行为不能视为发包人的意思表示；虽然没有代理权限，但监理工程师签字、盖章的行为构成表见代理的，监理人就相关事项进行签字或盖章的行为对发包人仍具有约束力。需要注意的是，即便未经发包人授权，监理工程师签字或盖章文件系履行工作职责过程形成的工作记录，能够客观反映施工过程中发生的事实，因此可以作为证明工程变更、工程质量、索赔事件等事实发生的民事证据。

法律依据有以下4点：

1.《建筑法》第三十三条规定："实施建筑工程监理前，建设单位应当将委托的工程监理单位、监理的内容及权限，书面通知被监理的建筑施工企业。"

2.《建设工程司法解释（一）》第二十条规定："当事人对工程量有争议的，按照施工过程中形成的签证等书面文件确认。承包人能够证明发包人同意其施工，但未能提供签证文件证明工程量发生的，可以按照当事人提供的其他证据确认实际发生的工程量。"

3.《江苏高院意见》第十二条规定："建设工程价款进行鉴定的，承包人出具的工程鉴证单等工程施工资料有瑕疵，鉴定机构未予认定，承包人要求按照工程鉴证单等工程施工资料给付相应工程价款的，人民法院不予支持，但当事人有证据证明工程签证单等工程施工资料载明的工程内容确已完成的除外。"

4.《北京高院解答》第十条规定："工程监理人员在监理过程中签字确认的签证文件，涉及工程量、工期及工程质量等事实的，原则上对发包人具有约束力，涉及工程价款洽商变更等经济决策的，原则上对发包人不具有约束力，但施工合同对监理人员的授权另有约定的除外。"

参考案例：最高院（2014）民一终字第69号"赤峰建设建筑（集团）有限责任公司与唐山凤辉房地产开发有限公司建设工程施工合同纠纷二审案"；最高院（2018）民申6042号"烟台达世汽车配件有限公司、山东元宏建设工程有限公司建设工程施工合同纠纷案"。

7.3　工程量签证表能否作为工程量变更结算依据？

答：工程量签证表是承发包双方在施工过程中形成的，用以记载工程内容发生变更而增加的具体内容的书面文件。一般而言，有效的工程量签证表包含签证内容、计算式、工程数量以及施工方、监理方、业主方现场代表签字、日期等，应当据以确认工程量变更，并作为工程款结算的依据。

参考案例：最高院（2013）民申字第2434号"昆明三建建设（集团）有限公司与邓仁达以及重庆市黄浦建设（集团）有限公司、王芳、彭洪亮、云南省德宏州盈江县国土资源局建设工程施工合同纠纷案"。

7.4　发包人合作方管理人员的签证能否作为工程量变更结算依据？

答：建设工程施工合同的发包人享有接收建设工程、进行施工管理等权利，也负有依照合同约定核算工程量、验收工程、向承包人支付工程价款等义务。就合作开发房地产项目而言，工程发包人分为两种情形：一种情况是合作各方均在建设工程施工合同上签字盖章，合作各方均负有支付合同价款的义务；另一种情况是合作各方共同推荐其中某一方为代表或者成立了新的项目公司与施工企业签订建设工程施工合同，由被推荐的某一方代表或者成立的新的项目公司承担工程价款支付义务。当然，这是合作开发房地产项目的对外责任，就对内责任方面，即合作开发各方责任划分，如果合作开发房地产合同中对合作各方责任承担份额划分有约定的从其约定，没有约定的按照出资比例分担。如果发包人的合作方不是建设工程施工合同的签订主体，其管理人员在无发包人授权的情况下，没有直接实施工程现场施工管理的权限，所作的签证确认对当事人不具有约束力，不能作为工程量变更和价款结算依据，但施工方有理由相信该签证人员有代理权的除外。

参考案例：最高院（2013）民一终字第81号“廊坊华联商厦有限责任公司与廊坊市金碧伦房地产开发有限公司合作开发房地产合同纠纷案”。

7.5　发包人工作人员超越权限的签证能否作为结算依据？

答：建设工程施工现场管理中，发包人工作人员主要包括法定代表人、发包人驻工地现场代表（业主代表）、发包人派驻现场其他工作人员三类，上述人员所作签证的效力必须具体分析。第一，发包人的法定代表人是代表法人行使职权的负责人，其所作的签证应当依法确认有效。即使法定代表人超越其权限作出签证，其职务或代表行为仍应确认有效，除非相对人知道或者应当知道其超越权限。第二，发包人驻工地现场代表是由发包人任命并派驻施工现场，负责处理合同履行过程中与发包人有关的具体事宜的现场负责人，其超越内部授权但已构成表见代理的行为，一般应当确认此类签证有效。例外的是，若发包人有证据证明施工方明知发包人驻工地现场代表超越权限的，则该现场代表的签证对发包人不发生法律效力。第三，发包人派驻施工现场的其他工作人员，因其并非一方当事人任命代表该方履行合同的现场负责人，其在施工现场通常也不具有确定工程量和工程价款等职责，故对于此类人员的签证，施工方负有必要审查和审慎注意的义务，核实清楚其是否具有相应的授权。因此，在施工合同对此类人员的签证权限没有明确约定或约定不明的情况下，其所作出的签证，尤其是超越权限的签证行为一般不应认定为有效。

法律依据如下：

1.《民法典》第一百七十一条规定：“行为人没有代理权、超越代理权或者代理权终止后，仍然实施代理行为，未经被代理人追认的，对被代理人不发生效力。”

2.《浙江高院解答》第十一条规定：“要严格把握工程施工过程中相关材料的签证和确认。除法定代表人和约定明确授权的人员外，其他人员对工程量和价款等所作的签证确认，不具有法律效力。没有约定明确授权的，法定代表人、项目经理、现场负责人的签证、确认具有法律效力；其他人员的签证、确认，对发包人不具有法律效力，除非承包人举证证明该人员确有相应权限。”

3.《北京高院解答》第九条规定：“当事人在施工合同中就有权对工程量和价款洽商变更等材料进行签证确认的具体人员有明确约定的，依照其约定，除法定代表人外，其他人员所作的签证确认对当事人不具有约束力。”

参考案例：福建宁德中院（2017）闽09民终1100号“福建美福房地产有限公司、福建省花卉盆景有限公司建设工程施工合同纠纷案”。

7.6 发包人驻工地代表的签证能否作为结算依据?

答：发包人驻工地代表，又称为业主代表，是发包人任命并派驻施工现场，负责处理合同履行过程中与发包人有关的具体事宜的现场负责人。通常情况下，发包人对驻工地代表的授权在施工合同中有明确的约定，即使施工合同中没有明确约定，其所作出的签证通常仍可认定为代表发包人实际履行合同的职务行为，或者可认定为虽超越发包人内部授权但已构成表见代理的行为，一般应当确认此类签证有效。需要注意的例外情形是，若发包人有证据证明施工方明知驻工地代表无相应权限的，则该驻工地代表的签证对发包人不发生法律效力。例如，发包人对其驻工地代表的授权文件已明确驻工地代表不具有确认工程价款调整的权限，并且该授权文件在工程开工前已送达承包人等。

参考案例：河南郑州中院（2015）郑民二终字第478号“河南隆基建设有限公司与郑州恒亿电气有限公司建设工程施工合同纠纷案”。

7.7 发包人没有在工程联系单上签字，但有证据证明发包人收到联系单未予以回答，且施工项目已实际发生，能否计入工程总造价?

答：可以计入。工程联系单是工程参建各方在施工过程中为协调处理各种工程事件单方出具的书面联系文件。通常情况下，工程联系单的内容只是工作联系的情况表述，不作为最终事实的确认，也不是办理竣工增减结算的依据。如果工程联系单内容要成为施工事实的，需另行按程序办理签证单予以确认；如其内容涉及设计变更的，需按规定另行办理设计变更单或技术核定单。工程建设实践中，承包人提请发包人签证的工程联系单得不到发包人签证的现象较为普遍，甚至有发包人拒不提供收到签证的回执，进而导致承发包双方就工程量确认、价款调整和进度款的支付等出现争议。鉴于此，最高人民法院结合实际，在《建设工程司法解释（一）》第二十条中规定：“当事人对工程量有争议的，按照施工过程中形成的签证等书面文件确认。承包人能够证明发包人同意其施工，但未能提供签证文件证明工程量发生的，可以按照当事人提供的其他证据确认实际发生的工程量”。司法解释在对有关工程量的认定上作出有利于施工方规定的同时，也明确了施工方的举证责任。一般而言，有关工程建设项目的会议纪要、施工组织方案、施工日志、监理日志、监理人员或设计人员的签字以及变更工程的竣工验收资料等，不仅可以证明工程变更客观存在，还可以佐证发包人同意施工。综上，发包人虽然未在施工方报请的工程联系单上签字，但施工方有证据证明工程实际发生的，由此而产生的变更的工程量及相应价款争议，可以通过委托造价审定机构实地勘验等方法确认并据以主张权利，而不局限于施工人提交工程量变更增加的工程联系单。

参考案例：江苏省高院（2016）苏民终1439号“高邮市万濠置业有限公司与江苏苏兴建设工程有限公司建设工程施工合同纠纷案”。

7.8 工程设计变更如何认定?

答：工程设计变更是指设计单位依据建设单位要求，结合工程实际情况，对已批准的或已审查合格并备案的设计文本中所涉及的建设内容进行调整、修改、完善、优化等。通常设计变更会引起工程量的增减、新增或删除工程分项、工程质量和进度的变化，以及施工方案的变化。工程施工合同赋予发包人工程设计变更权利，可以通过下达指令，重新发布图纸或变更令来实行。鉴于设计变更对工程造价有较大影响，为合理控制造价，工程设计变更实行先报批后变更的原则。从内容和形式上看，工程设计变更通常分为以下四种情形：一是在建设单位组织的图纸会审、设计交底会，由建设单位、监理单位、施工单位提出，各方研究同意而改变施工图设计。二是施工单位在施工过程中，遇到一些原设计未预料到的具体情况，经监理单位、设计单位、建设单位同意，办理设计变更或设计变更联络单。三是工程开工后，由于某些方面的需要，建设单位提出要求改变某些施工方法，或增减某些具体工程项目等，如在一些工程中由于建设单位要求增加的管线，在征得设计单位的同意后作出设计变更。四是施工单位由于施工方面、资源市场的原因，如材料供应或者施工条件不成熟，认为需改用其他材料代替，或者需要改变某些工程项目的具体设计等引起的设计变更，经建设单位、监理单位和设计单位签字同意后作为设计变更。由此可见，设计变更无论是由哪方提出，均应由建设单位、监理单位、设计单位、施工单位协商，经过确认后由设计单位发出相应图纸或说明，由监理工程师办理签发手续，再交由施工单位具体实施。

参考案例：福建莆田荔城区法院（2018）闽0304民初3926号“福建省第十四届运动会莆田市筹备委员会场馆建设与技术保障部与厦门辉煌装修工程有限公司装饰装修合同纠纷案”。

7.9 设计变更后取费标准如何确定？

答：《建设工程施工合同（示范文本）》GF—2017—0201第10.4.1条“变更估价原则”中明确规定：“除专用合同条款另有约定外，变更估价按照本款约定处理：(1) 已标价工程量清单中或预算书有相同项目的，按照相同项目单价认定；(2) 已标价工程量清单或预算书中没有相同项目，但有类似项目的，参照类似项目的单价认定；(3) 变更导致实际完成的变更工程量与已标价工程量清单或预算书中列明的该项目工程量的变化幅度超过15%的，或已标价工程量清单或预算书中列无相同或类似项目的单价，按照合理的成本或利润构成的原则，由合同当事人按照第4.4款［商定或确定］确定变更工作的单价。”这表明，在施工结算时，设计变更部分的取费标准遵循“施工合同专用条款中有约定的，按照约定；没有约定的，适用施工合同通用条款中的规定”的处理原则。

参考案例：湖南郴州中院（2011）郴民一终字第377号“郴州市建筑装饰有限公司与郴州市苏仙区城镇建设综合开发公司建设工程施工合同纠纷案”。

7.10 设计变更导致工期延长遇到材料价格上涨，是否仍按照投标书单价计算价款？

答：通常情况下，设计变更将会导致工程量增加，进而带来工期延长。《建设工程施工合同（示范文本）》GF—2017—0201 第 10.6 条规定："因变更引起工期变化的，合同当事人均可要求调整合同工期，由合同当事人按照第 4.4 款［商定或确定］并参考工程所在地的工期定额标准确定增减工期天数。"由于非承包人原因导致的工期延长后，在施工期间遇到材料价格上涨时，施工单位可以基于相应的设计变更通知单、商定的工期延长天数等证据材料，要求建设单位对此期间的材料价格上涨部分给予补差。就具体材料价格结算标准而言，《建设工程司法解释（一）》第十九条第二款规定："因设计变更导致建设工程的工程量或者质量标准发生变化，当事人对该部分工程价款不能协商一致的，可以参照签订建设工程施工合同时当地建设行政主管部门发布的计价方法或者计价标准结算工程价款。"

参考案例：浙江高院（2009）浙民终字第 58 号"宁波福华房地产开发有限公司与杭州建工集团有限责任公司建设工程施工合同纠纷案"。

7.11 投标书及所附预算书的价格与询标记录的价格不一致时，应以哪个为约定施工项目、价格的依据？

答：《招标投标法实施条例》第五十二条规定："投标文件中有含义不明确的内容、明显文字或者计算错误，评标委员会认为需要投标人作出必要澄清、说明的，应当书面通知该投标人。投标人的澄清、说明应当采用书面形式，并不得超出投标文件的范围或者改变投标文件的实质性内容。"这是询标的法律依据。施工企业按照招标文件及相关计算工程造价的资料，计算工程预算总造价后，再考虑投标策略及各种影响因素，提出投标报价，该投标报价由汇总价及明细组成。当投标人的投标报价中出现汇总价与明细表中综合单价的计算结果不一致时，通常情况下，评标委员会组织询标，投标人需对上述价格不一致进行澄清、说明，并书面承诺。同时，根据法律的规定，投标人的书面澄清或者说明不得超过投标文件的范围或者改变投标文件的实质性内容，以防止投标人的澄清或者说明变成实质上的新要约。换句话说，在询标记录中，投标人可以改动的是明细表中计算有误的综合单价，并据以书面澄清或说明。否则，评标委员会将其作为废标处理。由此可见，投标文件及其所附预算书的价格与询标记录中的价格不一致时，总价以投标文件为准，综合单价以询标记录为准。

7.12 未经建设单位和设计单位同意变更设计图纸施工，承包人能否主张增加费用？

答：不能。为提高工程勘察设计质量，我国实行施工图设计文件审查制度，施工企业必须遵循按图施工原则。《建筑法》第五十八条第二款规定："建筑施工企业必须按照工程设计图纸和施工技术标准施工，不得偷工减料。工程设计的修改由原设计单位负责，建筑施工企业不得擅自修改工程设计。"《建设工程质量管理条例》第二十八条第一款也作了类似规定，并在第六十四条明确规定："违反本条例规定，施工单位在施工中偷工减料的，使用不合格的建筑材料、建筑构配件和设备的，或者有不按照工程设计图纸或者施工技术标准施工的其他行为的，责令改正，处工程合同价款百分之二以上百分之四以下的罚款；造成建设工程质量不符合规定的质量标准的，负责返工、修理，并赔偿因此造成的损失；情节严重的，责令停业整顿，降低资质等级或者吊销资质证书。”因此，施工单位未经建设单位和设计单位同意擅自变更设计图纸施工的，不仅不能主张增加费用，而且将面临行政处罚；如果工程存在质量问题与擅自变更设计图纸施工有直接因果关系的，还将承担民事责任。

参考案例：山西晋城中院（2018）晋05民终1502号“晋城市中瑞房地产开发有限公司与李某、王某合同纠纷案”。

7.13 承、发包人对变更工程量计取达成了一致意见，仅数额未能确定，发包人能不能否认工程量变更？

答：不能。如果承发包双方对工程变更量计取有约定，而仅就工程变更所发生的实际工程量无法达成一致意见的，应当根据不同情况来分析和解决变更工程量计取：第一种情况是承包人签证手续不完善，但通过现场勘查能计算出变更工程量的，可根据现场勘查记录计取工程量及计算工程价款；一方当事人不配合现场勘查的，应当承担举证不能的法律后果。第二种情况，如果承包人向发包人提交了签证单，且签证单上明确载明了变更工程量，但发包人拒绝对承包人提交的签证单进行审核，或发包人仅确认签证单所载明的工程变更事实，对工程量不予确认，却又未提出具体意见的，原则上可按承包人签证单载明的工程量计取工程价款，但发包人有证据证明签证单上载明工程量计算错误的除外。第三种情况，承包人虽然没有办理签证手续或签证单上没有载明工程量，但能够证明工程变更事实的，法院或仲裁机构一般会参考鉴定机构的意见酌定裁判工程价款金额。

参考案例：安徽省高院（2015）皖民四初字第00010号“安徽新力建设工程有限公司、滁州嘉宇房地产有限公司建设工程施工合同纠纷案”。

7.14 工程设计变更后，计价标准能否变更？

答：可以。设计变更是建设工程价款结算中容易发生争议的内容，承发包双方事先难以准确预料设计变更的内容，而不同的设计变更，对双方利益有不同的影响。《建设工程司法解释（一）》第十九条规定：“当事人对建设工程的计价标准或者计价方法有约定的，按照约定结算工程价款。因设计变更导致建设工程的工程量或者质量标准发生变化，当事人对该部分工程价款不能协商一致的，可以参照签订建设工程施工合同时当地建设行政主管部门发布的计价方法或者计价标准结算工程价款。”根据这一规定，在施工合同履行过程中因设计变更导致工程量及相应价款增加，且已按照合同约定办理了设计变更与工程签证报批手续的，承发包双方可以协商确定设计变更后新增工程量的计价标准，并作为工程价款结算的依据；不能协商一致的，可以参照工程所在地建设行政主管部门发布的计价方法或者计价标准结算工程价款。

参考案例：湖南省郴州市中级人民法院（2011）郴民一终字第377号“郴州市苏山区

建设综合开发有限公司与郴州市建筑装饰有限公司建设工程施工合同纠纷案”。

7.15　索赔和工程量变更签证单是否应作为计取税金和规费的基础?

答：可以。税金是国家税法规定的应计入建筑安装工程造价内的营业税、城市维护建设税、教育费附加和地方教育附加；工程规费是指按国家法律、法规规定，由省级政府和省级有关权力部门规定必须缴纳或计取的社会保障费、住房公积金。无论采用定额计价还是工程量清单计价，税金和规费的计取基数是人工费、机械费或工程税前造价。由于索赔和工程变更签证单是按照造价定额或综合单价计价的，故应作为计取税金和规费的基础，除非施工合同中明确约定索赔和工程量变更签证单中的金额已包含税金和规费。

参考案例：江苏省高院（2015）苏民终字第0069号“青海方升建筑安装工程有限责任公司与青海隆豪置业有限公司建设工程施工合同纠纷案”。

7.16　工程量变更后是按照招标设计图计算工程量，还是按照实体施工图计算工程量来作为工程价款结算的依据?

答：《建设工程施工合同（示范文本）》GF—2017—0201第1.6.3条［图纸的修改和补充］规定：“图纸需要修改和补充的，应经图纸原设计人及审批部门同意，并由监理人在工程或工程相应部位施工前将修改后的图纸或补充图纸提交给承包人，承包人应按修改或补充后的图纸施工。”第12.3.1条［计量原则］规定：“工程量计量按照合同约定的工程量计算规则、图纸及变更指示等进行计量。工程量计算规则应以相关的国家标准、行业标准等为依据，由合同当事人在专用条款中约定。”《建设工程工程量清单计价规范》GB 50500—2013第8.2.2［单价合同的计量］规定：“施工中进行工程计量，当发现招标工程量清单中出现缺项、工程量偏差，或因工程变更引起工程量增减时，应按承办人在履行合同义务中完成的工程量计算。”第8.3.2条［总价合同的计量］规定：“采用经审定批准的施工图纸及其预算方式发布形成的总价合同，除按照工程变更规定的工程量增减外，总价合同各项目的工程量应为承包用于结算的最终工程量。”由此可见，无论是总价合同还是单价合同，当工程施工过程中发生设计变更时，施工单位应按照设计单位、建设单位、监理单位签批后的设计变更指示单及修改补充后的施工图纸进行施工，计算因此而发生的工程量增减并作为工程价款结算的依据。

7.17　合同外工程价款如何确定?

答：合同内、合同外是建筑业内俗语。所谓合同内就是原投标范围内工程项目，包括设计图纸和施工合同对应工程量清单内包含的工程量；合同外，即超出合同项目范围部分，包括原有工程量清单内项目量的增加以及清单外项目的增加。一般情况下，承发包双方通过《工程签证单》或者《工程联系单》证明施工单位在合同约定范围外进行的施工工程量。相应地，承发包双方按照有关规定和合同条款约定的各种取费标准计算新增工程的价款，即为合同外工程价款，主要由工程设计变更增加的价款及现场签证价款构成，变更估价的通常做法是参照合同价格的“估价三原则”，但专用条款中另有约定的除外。对此，《建设工程施工合同（示范文本）》GF—2017—0201 在通用条款部分第 10 条［变更］中就变更范围、变更权、变更程序以及变更估价等做了详细的规定。需要提醒注意的是：首先，对新增工程要区分附加工作和额外工作。附加工作是为完成合同工程所需要实施的新增工作，是对合同工程主体功能的必要补充，经发包人（工程师）发出变更指示后，一般承包人无拒绝权。而额外工作与完成合同工程没有必然关系的新增工作，如果缺少这些工作，原合同工程仍然可以发挥预期效益。对额外工作，一般要求发包人重新发包确定新的承包人来实施，如发包人直接采取变更的方式要求原承包人实施，原承包人有权拒绝，而且对于额外工作的价款双方可以重新商定。其次，承发包双方应严守合同及时办理变更估价申请（工程变更签证）。如果承包人在收到变更指示后合同约定期限内未提交变更估价申请，视为该项变更不涉及合同价款的变更；发包人在承包人提交变更估价申请后逾期未完成审批或提出异议的，视为认可承包人提交的变更估价申请。再次，合同外工程价款一般是在业主招标时预留的暂定金额中列支。最后，为便于区分，承包人应尽量在工程进度款申请表或竣工结算单上将合同内工程量和合同外新增工程量分开单独列项。

参考案例：最高院（2018）民申 3311 号“湖北耘进房地产开发有限公司、湖北惠博建筑工程有限责任公司建设工程施工合同纠纷案”。

7.18 分包修建的施工便道是否属于合同外新增工程？

答：这个问题要结合具体情形具体分析。施工便道的修建责任主体要分场外、场内。施工企业进场施工前，建设单位负有“三通一平”的义务，即：保障施工现场给水排水、供电、施工道路满足施工要求以及施工场地应当平整。其中，路通是指场外道路已铺到建设工程施工现场周围入口处，以满足施工现场车辆出入需要。因此，场外的施工便道应由建设单位提供。如果施工单位（含分包单位）代为建设，一般会通过工程签证形式由建设单位承担费用。而建设工程规划红线范围内的临时施工道路建设费用属于安全文明措施费范畴，已纳入工程量清单综合报价中，故由施工单位承担。当存在建筑工程总承包单位将部分工程发包给具有相应资质条件的分包单位情形时，分包方在施工现场需使用总承包单位提供的水电、道路、脚手架等，按有偿服务的原则，一般会在分包合同中通过协商约定总承包单位向分包方收取总包服务费。所以，通常情况下分包方不需自行建设施工便道。如果分包单位为了自己施工方便，自行修建临时施工便道，则该项费用自己承担；如果是应建设单位要求赶工期或其他不可归责于施工人原因，由于该项费用不在分包合同范围内，可以与总承包单位协商后，经总承包单位与建设单位、监理单位协商同意，方可作为合同外工程，采用经济签证方式纳入计价，由建设单位承担。

参考案例：辽宁营口中院（2018）辽 08 民终 100 号“辽宁市政建设工程有限公司与营口沿海开发建设有限公司建设工程合同纠纷案”。

7.19 施工合同对于二期工程未作明确约定，二期工程量能否认定为合同外新增工程量？

答：从合同角度上看，民商事领域倡导契约自由原则，协议变更合同也是法律赋予合同当事人的一项基本权利。由于建设工程施工过程中普遍存在较多的不确定性因素，尤其是涉及工程设计变更、质量标准等客观原因，承发包双方通过补充协议、会议纪要、来往函件、签证等洽商记录形式变更工程量、工期、工程价款、工程项目性质的，一般并不依据《招标投标法》第四十六条认定为变更中标合同的实质性内容。而另一方面，鉴于建设工程关系到质量与安全，《国务院关于〈必须招标的工程项目规定〉的批复》（国函〔2018〕56号）列举式规定了必须招标项目，例如“施工单项合同估算价在400万元人民币以上”，这就在一定程度上是对合同外新增工程必要限制。同时，《建筑法》《建设工程质量管理条例》对“肢解发包”做了明确的禁止。在工程实践领域，虽然建设工程合同备案制度已取消，如果承发包双方不签订施工合同，也就无法明确施工单位、工程范围内容等，很难申领到施工许可证、办理工程质量和安全报监手续；而一旦“无证”施工，根据《建设工程质量管理条例》第五十七条之规定，建设单位会面临被责令停止施工、限期改正、罚款等行政处罚。当然，如果原施工合同未约定二期工程，而原承包人实际施工并经验收合格的，可以作为新增工程并参照原合同中综合单价计取工程价款。综上，如果发包人直接将二期项目的工程内容交由承包单位实施，在不违反《招标投标法》《必须招标的工程项目规定》等法律、行政法规的前提下，承发包双方可以协商签订补充协议，既便于办理基本建设手续，也可以有效防范工程价款结算争议。

参考案例：河南高院（2010）豫法民提字第4号“朱亚舟与信阳工业城城东南路项目部、河南五建第二建筑安装有限公司建设工程施工合同纠纷案”。

7.20 当事人对合同外工程价款不能协商一致，能否以定额标准据实计算？

答：需要区分情况。合同外工程价款主要由工程设计变更增加的价款及现场签证价款两部分构成。一般情况下，承发包双方在建设工程施工合同中就工程变更估价作明确约定。《建设工程司法解释（一）》第十九条规定：“当事人对建设工程的计价标准或者计价方法有约定的，按照约定结算工程价款。因设计变更导致建设工程的工程量或者质量标准发生变化，当事人对该部分工程价款不能协商一致的，可以参照签订建设工程施工合同时当地建设行政主管部门发布的计价方法或者计价标准结算工程价款。”根据这一规定，因设计变更引起的增加工程价款结算在没有合同约定且无法协商一致的情况下，可以按照定额标准据实计算；而对于非设计变更原因增加的工程款，现场签证审批单一般按照工程量清单约定的综合单价计算。

参考案例：广东珠海金湾区法院（2016）粤0404民初2167号“中建三局装饰有限公司与港中旅（珠海）海泉湾有限公司建设工程施工合同纠纷案”；湖南郴州中院（2011）郴民一终字第377号“郴州市苏山区建设综合开发有限公司与郴州市建筑装饰有限公司建设工程施工合同纠纷案”。

7.21 承包人未提交增量工程的经济签证，植筋能否作为合同清单外增量工程计算价款？

答：投标文件、施工设计图纸及施工合同对应的工程量清单中没有约定是否采用植筋方法，如果施工单位实际采用了植筋方法，一般需要提供植筋现场签证，证明实际发生的增量工程，并据此向发包人主张费用。如果施工单位在施工过程中没有提出植筋签证，则需注意以下几点：一是施工图纸未明确采用植筋方法的，而施工单位对其采用植筋方法负有证明责任。比如，施工组织设计中有关植筋的工艺、流程描述，施工日志对植筋的具体规格、数量等情况记录，施工视频资料，监理旁站与检验记录等。一旦在工程结算时就植筋费用发生争议，也便于工程造价鉴定机构计算具体植筋费用。二是在施工单位有证据证明实际采用植筋方法，且已经向监理单位提出鉴证申请，如果发包人及监理单位在施工时明知而并未提出异议的，应当视为发包人同意采用植筋方法，并承担由此增加的工程费用。

参考案例：山西高院（2018）晋民终 600 号“山西六建集团有限公司、灵石县人民医院建设工程施工合同纠纷案”。

7.22 承包人报发包人批准同意的具体施工方案，并非承包合同项下另外增加的工程，费用由谁承担？

答：由发包人承担。施工方案是施工企业根据一个施工项目制定的，用来指导建设工程项目施工过程的技术、经济和组织的技术性文件。而合同外新增工程费用是施工单位根据发包人（含工程师）发出的变更指示单或通过现场签证单，在施工过程中实际发生的新增工程价款，此项费用不在原施工合同约定的范围内，承包单位通过现场签证或变更指示单向发包人主张上述新增工程费用。可见，施工方案与施工合同项目新增工程并非对应关系。在施工过程中，出现新增零星工程的，施工企业按已批准的施工方案（含专项施工方案）规定的内容进行施工，无须再制定施工方案；只有在出现重大设计变更、超出原施工方案内容时，施工企业才需要依据发包人（含工程师）变更指示单另行编制专项施工方案。

参考案例：河南郑州高新技术产业开发区法院（2017）豫 0191 民初 8712 号“郑州海翔电器设备有限公司与河南鸿源酒店管理服务有限公司合同纠纷案”。

7.23 停工损失费、优质工程奖励款是否要支付利息？

答：有观点认为，根据《建设工程司法解释（一）》第二十六条规定，“当事人对欠付工程价款利息计付标准有约定的，按照约定处理；没有约定的，按照同期同类贷款利率或者同期贷款市场报价利率计息。”并且在司法实践中，建筑工程价款包括承包人为建设工程应当支付的工作人员报酬、材料款等实际支出的费用，不包括承包人因发包人违约所造成的损失，欠付工程款的利息属于法定孳息，因停工损失费、优质工程奖励款不属于工程价款，而是“因发包人违约所造成的损失”，不应当支付利息。我们认为这个观点并不全面。优质工程奖励款是承发包双方在工程价款之外所作的特别约定，一般是约定工程质量达到合同约定的条件和标准时，发包人另行支付的款项。停工损失费在《民法典》第八百零四条中也有明确规定，即“因发包人的原因致使工程中途停建、缓建的，发包人应当采取措施弥补或者减少损失，赔偿承包人因此造成的停工、窝工、倒运、机械设备调迁、材料和构件积压等损失和实际费用”。可见，停工损失费、优质工程奖励款虽不在工程价款范畴内，但明显属于金钱债务。一般而言，金钱债务的迟延履行对守约方造成的损失可视为欠付款项的利息损失。因此，当施工合同未对停工损失费、优质工程奖励款的支付做明确约定时，根据《民法典》第五百一十一条规定，“当事人就有关合同内容约定不明确，依据前条规定仍不能确定的，适用下列规定：（四）履行期限不明确的，债务人可以随时履行，债权人也可以随时请求履行，但是应当给对方必要的准备时间。”施工单位主张权利后，建设单位在催告的合理期限内仍未履行支付义务的，人民法院或仲裁机构对该部分利息损失应予支持。

参考案例：最高院（2007）民一终字第39号“大连渤海建筑工程总公司与大连金世纪房屋开发有限公司、大连宝玉房地产开发有限公司、大连宝玉集团有限公司建设工程施工合同纠纷案”。

7.24 合同约定不可抗力造成承包人的损失由承包人自行承担，承包人能否向发包人主张由此造成的损失？

答：合同约定不可抗力造成承包人的损失由承包人自行承担，承包人不能向发包人主张由此造成的损失。

《建设工程工程量清单计价规范》GB 50500—2013 第9.10.1条规定：“因不可抗力事件导致的人员伤亡、财产损失及其费用增加，发承包双方应按下列原则分别承担并调整合同价款和工期：1. 合同工程本身的损害、因工程损害导致第三方人员伤亡和财产损失以及运至施工场地用于施工的材料和待安装的设备的损害，应由发包人承担；2. 发包人、承包人人员伤亡由其所在单位负责，并应承担相应费用；3. 承包人的施工机械设备损坏及停工损失，应由承包人承担；4. 停工期间，承包人应发包人要求留在施工场地的必要的管理人员及保卫人员的费用应由发包人承担；5. 工程所需清理、修复费用，应由发包人承担。”《建设工程施工合同（示范文本）》GF—2017—0201在通用条款第17条中也作了类似约定。需要提醒注意的是：一是发包人不得强行要求承包人在发生不可抗力后承担全部责任，否则，因违反法律规定而认定为无效；二是不可抗力发生后，承发包双方均应采取措施尽量避免和减少损失的扩大，任何一方当事人没有采取有效措施导致损失扩大的，应对扩大的损失承担责任。三是因合同一方迟延履行合同义务，在迟延履行期间遭遇不可抗力的，并不免除其违约责任。

参考案例：上海一中院（2009）沪一中民二（民）终字第2362号“上海祥龙建筑装潢工程有限公司与路易里欧生物科技（上海）有限公司建设工程合同纠纷案”。

7.25 固定总价合同被解除，工程价款如何计算？

答：固定总价合同，俗称“闭口合同”“包死合同”。“固定”是指价款一经约定，除业主增减工程量和设计变更外，一律不调整；“总价”是指完成合同约定范围内工程量以及为完成该工程量而实施的全部工作的总价款。因此，相较于固定单价合同、成本加酬金合同，固定总价合同更有利于业主方。对于承包人而言，其实现合同目的、获取利益的前提是完成全部工程。固定总价合同被解除，如果按照合同约定的固定单价计算已完工程价款，则对承包人明显不公平，因此，不能适用原合同中约定的工程价款计价方法。司法实践中，一般通过工程造价鉴定机构确定工程价款，大致有三种方法：一是以合同约定总价与全部工程预算总价的比值作为下浮比例，再以该比例乘以已完工程预算价格进行计价；二是已完施工工期与全部应完施工工期的比值作为计价系数，再以该系数乘以合同约定总价进行计价；三是依据当地建设行政主管部门发布的定额信息价进行计价。目前来看，第三种计价方式已成为趋势。建设行政部门发布的定额属于政府指导价，依据政府部门发布的定额计算已完工程价款符合《民法典》第五百一十一条“当事人就有关合同内容约定不明确，依据前条规定仍不能确定的，适用下列规定：……（二）价款或者报酬不明确的，按照订立合同时履行地的市场价格履行；依法应当执行政府定价或者政府指导价的，依照规定履行”的规定，计价结果更为公平合理。

参考案例：最高院（2014）民一终字第 69 号“青海方升建筑安装工程有限责任公司与青海隆豪置业有限公司建设工程施工合同纠纷案”。

7.26 固定单价合同解除，工程价款如何计算？

答：固定单价合同是指承发包双方约定以工程量清单及其综合单价进行合同价款计算、调整和确认的施工合同。采用固定单价合同情形下，投标人在编制投标报价时应充分考虑施工期间各类建材的市场风险，工程量的风险由发包人承担，价的风险在约定风险范围内的，由承包人承担，风险范围以外的按合同约定。承包人接受固定单价合同的前提和基础是完成全部工程，从而实现合同目的，获取利益。《民法典》第 567 条规定：“合同的权利义务关系终止，不影响合同中结算和清理条款的效力。”《建设工程司法解释（一）》第十九条也规定：“当事人对建设工程的计价标准或者计价方法有约定的，按照约定结算工程价款。”因此，固定单价合同解除时的结算方式首先是参照合同原有约定，适用的前提是当事人已就合同解除后工程价款结算达成共识。如果承发包双方未就合同解除后已完工程价款结算达成一致，或参照合同原有约定结算将会导致发包人违约受益的情形时，可以参照定额标准据实结算。《建设工程司法解释（一）》第十九条第二款明确规定：“因设计变更导致建设工程的工程量或者质量标准发生变化，当事人对该部分工程价款不能协商一致的，可以参照签订建设工程施工合同时当地建设行政主管部门发布的计价方法或者计价标准结算工程价款。”

参考案例：最高院（2014）民一终字第 69 号“青海方升建筑安装工程有限责任公司与青海隆豪置业有限公司建设工程施工合同纠纷案”。

7.27 总包合同解除后，分包合同是否要解除？

答：应当解除。工程分包合同虽然独立于施工总承包合同，但总承包合同是签订、履行分包合同的前提和基础。一旦总承包合同解除，鉴于分包合同中一方当事人丧失了总承包单位的法律地位，导致分包合同失去继续履行的必要性和可能性，进而使分包合同陷于履行不能。在此情形下，分包合同应予解除。当然，原总承包单位可能因此向分包单位承担相应的违约责任，这也不能阻却分包合同解除。

参考案例：最高院（2016）民再 53 号“沙伯公司与三星公司、福建土木公司建设工程施工合同纠纷案”。

7.28　建设工程施工合同解除有何程序？

答：合同解除是指合同有效成立后，当具备合同解除条件时，因当事人一方或双方的意思表示而使合同关系自始消灭或向将来消灭的一种行为。合同解除分为法定解除和约定解除。《民法典》第五百六十三条规定：“有下列情形之一的，当事人可以解除合同：（一）因不可抗力致使不能实现合同目的；（二）在履行期限届满前，当事人一方明确表示或者以自己的行为表明不履行主要债务；（三）当事人一方迟延履行主要债务，经催告后在合理期限内仍未履行；（四）当事人一方迟延履行债务或者有其他违约行为致使不能实现合同目的；（五）法律规定的其他情形。”该条规定了法定解除权行使的条件。至于约定解除，分为协议解除和约定解除。协议解除是指合同成立后，在未履行或未完全履行之前，当事人通过协商解除合同。《民法典》第五百六十二条第一款规定：“当事人协商一致，可以解除合同”。约定解除是指双方当事人在合同中约定，由当事人一方在某种解除合同的条件成就时享有解除权，并可以通过行使合同解除权，使合同关系消灭。《民法典》第五百六十二条第二款规定：“当事人可以约定一方解除合同的事由。解除合同的事由发生时，解除权人可以解除合同。”但是，无论是法定解除，还是约定解除，都必须遵循一定的合同解除程序。《民法典》第五百六十五条规定：“当事人一方依法主张解除合同的，应当通知对方。合同自通知到达对方时解除；通知载明债务人在一定期限内不履行债务则合同自动解除，债务人在该期限内未履行债务的，合同自通知载明的期限届满时解除。对方对解除合同有异议的，任何一方当事人均可以请求人民法院或者仲裁机构确认解除行为的效力。当事人一方未通知对方，直接以提起诉讼或者申请仲裁的方式依法主张解除合同，人民法院或者仲裁机构确认该主张的，合同自起诉状副本或者仲裁申请书副本送达对方时解除。”因此，如果当事人一方根据法定解除的规定或通过行使约定解除权解除合同，其必须将解除合同的意思表示通知对方，建设工程施工合同解除亦是如此。

参考案例：（2008）浙民一终字第 223 号“慈溪市第二建筑工程有限公司与慈溪市三金智能仪表有限公司建设工程施工合同纠纷案”。

7.29　如何把握建设工程施工合同解除时间点？

答：根据《民法典》第五百六十二条、五百六十五条之规定，建设工程施工合同解除时间点有以下四种：（1）当事人一方依法主张解除合同的，合同自通知到达对方时解除；（2）当事人一方通知载明债务人在一定期限内不履行债务则合同自动解除，债务人在该期限内未履行债务的，合同自通知载明的期限届满时解除；（3）当事人一方未通知对方，直接以提起诉讼或者申请仲裁的方式依法主张解除合同，人民法院或者仲裁机构确认该主张的，合同自起诉状副本或者仲裁申请书副本送达对方时解除；（4）当事人双方协议解除合同的，协商一致时合同解除。

参考案例：广东佛山中院（2017）粤 06 民终 11305 号“佛山市禅城区张槎街道海口海四股份合作经济社、广东青企房地产投资有限公司合资、合作开发房地产合同纠纷案”。

7.30 施工合同解除的情形有哪些?

答：《民法典》第八百零六条规定：“承包人将建设工程转包、违法分包的，发包人可以解除合同。发包人提供的主要建筑材料、建筑构配件和设备不符合强制性标准或者不履行协助义务，致使承包人无法施工，经催告后在合理期限内仍未履行相应义务的，承包人可以解除合同。”据此，发包人解除施工合同的情形包括：承包人转包或违法分包；承包人明确表示或者以行为表明不履行合同主要义务；承包人在合同约定的期限内没有完工，且在发包人催告的合理期限内仍未完工；承包人已经完成的建设工程质量不合格，并拒绝修复。承包人解除施工合同的情形包括：发包人未按约定支付工程价款；发包人提供的主要建筑材料、建筑构配件和设备不符合强制性标准；发包人不履行合同约定的协助义务。

参考案例：重庆高院（2015）渝高法民终字第 00499 号“重庆宇昌海实业有限公司与冠鲁建设股份有限公司建设工程施工合同纠纷案”。

7.31 迟延完工合同解除判断标准是什么?

答：迟延完工合同解除是指承包人没有于合同约定的期限内完成合同约定的工程，发包人有权解除合同。根据《建设工程质量管理条例》第十六条规定，“建设单位收到建设工程竣工报告后，应当组织设计、施工、工程监理等有关单位进行竣工验收。”对于“完工”的判断标准，应当是以竣工验收为标志，即由建设单位会同设计、施工、工程监理等部门对建设工程项目进行竣工验收后即“完工”。

参考案例：北京二中院（2015）二中民再终字第 06110 号“北京芙蓉江房地产经纪有限公司与北京夏都融侨贸易有限公司商品房委托代理销售合同纠纷案”。

7.32 建设工程施工合同解除有何法律后果?

答：《民法典》第五百六十六条规定：“合同解除后，尚未履行的，终止履行；已经履行的，根据履行情况和合同性质，当事人可以请求恢复原状或者采取其他补救措施，并有权请求赔偿损失。”第八百零六条规定：“承包人将建设工程转包、违法分包的，发包人可以解除合同。发包人提供的主要建筑材料、建筑构配件和设备不符合强制性标准或者不履行协助义务，致使承包人无法施工，经催告后在合理期限内仍未履行相应义务的，承包人可以解除合同。合同解除后，已经完成的建设工程质量合格的，发包人应当按照约定支付相应的工程价款；已经完成的建设工程质量不合格的，参照本法第七百九十三条的规定处理。”第七百九十三条规定：“建设工程施工合同无效，但是建设工程经验收合格的，可以参照合同关于工程价款的约定折价补偿承包人。建设工程施工合同无效，且建设工程经验收不合格的，按照以下情形处理：（一）修复后的建设工程经验收合格的，发包人可以请求承包人承担修复费用；（二）修复后的建设工程经验收不合格的，承包人无权请求参照合同关于工程价款的约定折价补偿。发包人对因建设工程不合格造成的损失有过错的，应当承担相应的责任”。据此，建设工程施工合同解除有两种法律后果：一是验收合格的，发包人应当按照约定支付相应的工程价款；二是验收不合格的，按照以下情形处理：(1)修复后的建设工程经验收合格的，发包人可以请求承包人承担修复费用；(2)修复后的建设工程经验收不合格的，承包人无权请求参照合同关于工程价款的约定折价补偿。发包人对因建设工程不合格造成的损失有过错的，应当承担相应的责任。

参考案例：上海松江区法院（2016）沪0117民初17794号“王佩林与上海辰红装饰设计有限公司装饰装修合同纠纷案”。

7.33 施工合同解除与施工合同效力有何关系？

答：合同解除系针对合法有效的合同，对无效的合同不存在解除的问题。而施工合同的效力问题有其特殊性，《建设工程司法解释（一）》第一条对施工合同无效情形做了相应规定：“在建设工程实践中，施工合同无效属于常见现象。”因此，在解除施工合同之前，应当准确判断合同效力，并据此确定是要求解除合同还是要求确认合同无效。

参考案例：湖南长沙岳麓区法院（2017）湘0104民终9406号“邓任凭、赵祖明诉湖南捞刀河建设集团有限公司等建设工程施工合同纠纷案”。

第8章

工期责任承担与索赔

8.1 开工日期一般有哪几种情形?

答:《建设工程司法解释(一)》第八条规定:“当事人对建设工程开工日期有争议的,人民法院应当分别按照以下情形予以认定:(一)开工日期为发包人或者监理人发出的开工通知载明的开工日期;开工通知发出后,尚不具备开工条件的,以开工条件具备的时间为开工日期;因承包人原因导致开工时间推迟的,以开工通知载明的时间为开工日期。(二)承包人经发包人同意已经实际进场施工的,以实际进场施工时间为开工日期。(三)发包人或者监理人未发出开工通知,亦无相关证据证明实际开工日期的,应当综合考虑开工报告、合同、施工许可证、竣工验收报告或者竣工验收备案表等载明的时间,并结合是否具备开工条件的事实,认定开工日期。”根据上述规定,可分三种情形来确定:

一、对实际开工日期有争议的,以发包人或监理人发出的开工通知上载明的时间确定。

正常情况下,发包人或监理人未通知开工的,承包人不太可能提前进场开工,因为擅自进场施工承包人要承担较大的损失。所以,从常理上讲,开工通知上确定的日期和实际开工日期较为接近。

不过需要注意的是,开工通知发出后,发包人的原因造成推迟开工的,以开工条件具备的时间为开工日期;承包人原因造成推迟开工的,以开工通知载明的时间为开工日期。也就是说,如果发包人或监理人发出开工通知后,哪一方的原因造成开工日期推迟的,开工日期的认定对哪一方不利。

二、经发包人同意进场施工的,以进场施工的时间为开工日期。

承包人未发出开工通知的情况下,经发包人同意提前进场施工的情况亦比较常见,当事人为了赶工期或其他原因,在尚不具备开工条件,经发包人与承包人协商一致,提前入场开工建设,此时应当以承包人实际入场日期为开工日期。不过,对于实际进场施工的日期,当出现争议时承包人往往否认实际进场施工日期的,因为这样可以让开工日期尽可能地延后,对承包人有利。所以,发包人可以结合监理记录、工作资料等确定的时间认定开工日期。

三、综合多种因素认定开工日期。

在司法实践中,也存在一些发包人或监理人未发出开工通知,亦无相关证据证明实际开工日期，也就是依据上述第一、二项仍无法确定开工日期，这种情况下只能综合考虑多种因素来确定开工日期，实际上这一项也相当于是兜底款项。

综上分析可以看出，当事人对开工日期存在争议的情况下，应当本着实事求是的原则，并结合相关证据进行认定，使得认定的开工日期尽可能更接近于真实的开工日期，以平衡承包人和发包人双方的利益。

参考案例：新疆乌鲁木齐市中院（2019）新01民终1712号“新疆云鼎建筑安装有限责任公司与新疆海港房地产开发有限责任公司建设工程合同纠纷案”。

8.2 竣工日期认定有哪几种情形？

答：《建设工程司法解释（一）》第九条规定：“当事人对建设工程实际竣工日期有争议的，人民法院应当分别按照以下情形予以认定：（一）建设工程经竣工验收合格的，以竣工验收合格之日为竣工日期；（二）承包人已经提交竣工验收报告，发包人拖延验收的，以承包人提交验收报告之日为竣工日期；（三）建设工程未经竣工验收，发包人擅自使用的，以转移占有建设工程之日为竣工日期。”《建筑法》第六十一条规定：“交付竣工验收的建筑工程，必须符合规定的建筑工程质量标准，有完整的工程技术经济资料和经签署的工程保修书，并具备国家规定的其他竣工条件。建筑工程竣工经验收合格后，方可交付使用；未经验收或者验收不合格的，不得交付使用。”

根据上述规定，一般按照下述方式来确定竣工日期：(1) 建设工程经竣工验收合格的，以竣工验收合格之日为竣工日期；既然工程已经验收合格了，则将竣工验收合格之日定为竣工日期是比较合理的；(2) 承包人已经提交竣工验收报告，发包人拖延验收的，以承包人提交验收报告之日为竣工日期；(3) 建设工程未经竣工验收，发包人擅自使用的，以转移占有建设工程之日为竣工日期。

具体认定方法可分为以下几个方面：(1) 双方确认的日期为竣工日期；(2) 建设工程经竣工验收合格的，以竣工验收合格之日为竣工日期（注意是经盖章的验收报告的时间，不是竣工验收备案日期，因为竣工验收备案是由建设单位来报送）；(3) 承包人提交竣工验收报告，发包人拖延验收的，以承包人提交验收报告之日为竣工日期；(4) 未经过竣工验收，发包人擅自使用的，以转移占有建设工程之日为竣工日期。

参考案例：上海高院（2015）沪高民一（民）终字第20号“浙江省东阳第三建筑工程有限公司、上海进福房地产开发有限公司建设工程施工合同纠纷案”。

8.3 实际工期中是否包括合理顺延工期？

答：实际工期指工程从实际开工之日至竣工验收合格之日的全部有效施工期限，包括合理顺延的工期。

《建设工程司法解释（一）》第十条规定：“当事人约定顺延工期应当经发包人或者监理人签证等方式确认，承包人虽未取得工期顺延的确认，但能够证明在合同约定的期限内向发包人或者监理人申请过工期顺延且顺延事由符合合同约定，承包人以此为由主张工期顺延的，人民法院应予支持。当事人约定承包人未在约定期限内提出工期顺延申请视为工期不顺延的，按照约定处理，但发包人在约定期限后同意工期顺延或者承包人提出合理抗辩的除外。”由此可见，当事人约定顺延工期应当经发包人或者监理人签证等方式确认，承包人虽未取得工期顺延的确认，但能够证明在合同约定的期限内向发包人或者监理人申请过工期顺延且顺延事由符合合同约定，承包人以此为由主张工期顺延的，人民法院应予支持。

当事人约定承包人未在约定期限内提出工期顺延申请视为工期不顺延的，按照约定处理，但发包人在约定期限后同意工期顺延或者承包人提出合理抗辩的除外。

最高院在“中国建筑股份有限公司与昆山市超华投资发展有限公司建设工程施工合同纠纷”案件中认为，中建公司虽然未按合同约定在索赔事件发生后28天内向工程师送交索赔损失及相关资料，但中建公司多次在工地例会中提及因超华公司原因造成工期延误的问题，并于六次向超华公司提交报告，并抄送监理工程师。中建公司并未放弃对损失赔偿的主张。超华公司对中建公司索赔意向是明知的，其仅以中建公司未及时申报为由主张中建公司丧失索赔权无法律依据，亦有违公平原则，该辩解理由不能成立。中建公司有权就因工期延误造成的实际损失主张赔偿。

工期能否顺延是建设工程施工合同纠纷中常见的问题，也是司法实践中的难点。工期应否延续对施工合同双方权利义务影响甚巨。以前的有关建设工程司法解释对工期顺延问题没有细致的规定，本条司法解释规定扭转了施工过程中就顺延工期确认中，承包方一直处于不利的地位，其相对保护了承包人的合法权益。

当事人约定顺延工期应当经发包人或者监理人签证等方式确认，但实践中承包人提出工期顺延申请后，发包人基于同意后将产生的相应后果，往往不予出具签证确认，且实践中监理人一般是由发包人雇佣，承包人获得监理人的工期顺延签证较为困难，即便承包人申请了工期顺延，监理人也未必会出具签证，这使得承包人实际处于比较被动的地位。在这种情况下，如果人民法院仍然机械地按照合同约定，一概以发包人或者监理人未确认为由认定工期不顺延，对承包人是不公平的。因此，本条第一款规定，对于当事人约定“顺延工期应当经发包人或者监理人签证等方式确认”的情况，对于发包人或监理人不签证确认的也可能构成工期顺延，但需要满足两个条件缺一不可：一是程序上，承包人能够证明在合同约定的期限内向发包人或者监理人申请过工期顺延；二是实体上，顺延事由符合合同约定。

参考案例：最高院（2014）民一终字第310号“中国建筑股份有限公司与昆山市超华投资发展有限公司建设工程施工合同纠纷案”。

8.4 节点工期违约的裁判观点主要有哪些？

答：节点工期即时间节点是一个很抽象和应用很广泛的概念，通俗地说，就是某个大环境中的一个点或者一段，好比公交车线路中的一个站台。比如在工期计划，或者工作计划等里面体现较多。以工期计划为例，时间节点可以代表工程的某个阶段或者某个里程碑的点，而此阶段或这个里程碑之前的工作需要在某个时间之前完成，这就是工程中经常提到的时间节点。

有关节点工期违约的裁判观点有以下几点：

1. 节点工期违约责任的约定有效，但施工合同中未约定具体的节点工期延误违约责任标准的不能适用节点工期延误违约责任标准。参考案例：福建省莆田市秀屿法院（2015）秀民初字第1893号判决。

2. 发包人应对节点工期延误的事实承担举证责任。参考案例：安徽省亳州中院（2013）亳民一初字第00072号判决。

3. 无法认定节点工期延误系承包人单方面原因所致，发包人亦存在进度款支付延迟时，发包人不能主张节点工期延误违约金。参考案例：广西高院（2017）桂民终84号判决。

4. 未完成节点工期内的施工任务并不会使发包人产生实质性损失，承包人在后期的形象进度中完全可以通过科学合理的赶工措施保证工程项目在原计划总工期内通过竣工验收，即便总工期与节点工期均出现延误，对发包人而言仅导致因工程不能按期竣工验收产生的损失。因此，总工期违约金和节点工期违约金不应同时适用。故发包人不能向承包人主张节点工期违约金。参考案例：大连中院（2018）辽民终1726号判决。

5. 合同解除情况下，承包人仍应当承担节点工期违约责任，法院可主动根据工期定额推算节点工期并据此划分工期逾期的责任。参考案例：最高院（2015）民申字第2635号判决“安徽广厦建筑（集团）股份有限公司与安徽众力房地产开发有限公司建设工程施工合同纠纷”；参考案例：江苏淮安中院（2018）苏08民终3980号“巨匠建设集团股份有限公司、涟水县汉邦置业有限公司建设工程施工合同纠纷案”。

8.5　施工进度计划能否作为判断工期是否逾期的依据？

答：业主同意施工单位的进度计划，即为审批意见，所以可视为同意施工单位当前及今后的工期顺延。

在实践中，即使由于业主原因导致工期逾期的，施工单位往往很难得到业主同意工期顺延的书面签证。业主在施工过程中有时会哄骗建筑企业加快进度，口头承诺不会追究工期责任或者许诺待工程结束后再办理签证，而一旦工程结束，业主出于扣款、延付等目的又追究工期逾期责任。施工单位则因口说无凭、证据不足往往陷入被动。

即使无法得到业主同意工期顺延的书面签证，但如果有大量证据证明的确存在业主原因导致工期延误的情况，且无法分清各自责任的，则业主也应就工期逾期后果承担相应的责任。

部分法院对于类似的工期争议处理作出了明确规定，如安徽省高级人民法院在2014年1月1日施行的《关于审理建设工程施工合同纠纷案件适用法律问题的指导意见（二）》第四条就曾规定：“承包人未能提供顺延工期的签证等书面文件，但能够证明工程存在延期开工、不具备施工条件、设计变更、工程量增加、发包人指定的分包工程迟延完工、不可抗力等不可归责于承包人的原因，影响施工进度的，可以允许承包人相应顺延工期。”

施工单位务必在施工过程中重视证据收集工作，如一定要重视施工进度计划表的编制工作。科学合理地编制施工组织设计及进度计划，在可能的情况下尽量多设置施工关键线路，为工期顺延创造机会。

参考案例：湖北宜昌中院（2017）鄂05民终68号“浙江中南建设集团钢结构有限公司

与湖北利达建设工程集团有限公司、宜都市东孚机械有限公司建设工程施工合同纠纷案”。

8.6 发包人要完成的开工准备工作主要有哪些?

答:通常情况下,建筑工程开工前,发包方进行的工作大致如下:工程立项;建立工程项目组;项目可行性研究;筹措建设资金;取得建设用地的《用地规划许可证》;取得建设用地的规划意见书;取得建设用地周边的市政条件——给水、排雨污水、热力、电力、电话、电视、煤气等;设计方案招标投标;拆迁;组织建设用地的地质勘探。

具体来说,工程开工前,发包方应完成以下工作:(1)办理土地征用、拆迁补偿、平整施工场地等工作,使施工场地具备开工条件,在开工后继续负责解决以上事项遗留问题;(2)将施工所需的水电、电信线路接入,开通施工场地、城乡公共道路的通道;(3)办理施工许可证及其他施工所需证件、批件和临时用地、停水、停电、中断道路交通、爆破作业等的申请批准手续(证明承包人自身资质的证件除外);(4)确定水准点与坐标控制点,以书面形式交给承包人,进行现场交验;(5)组织承包人和设计单位进行图纸会审和设计交底;(6)协调处理施工场地周围地下管线和邻近建筑物、构筑物(包括保护文物)、古树名木的保护工作,承担相关费用等。

参考案例:福建莆田城厢区法院(2018)闽0302民初2047号“福建金茂工程项目管理有限公司与莆田市木兰溪防洪工程建设管理处建设工程施工合同纠纷案”。

8.7 承包人要完成的开工准备工作主要有哪些?

答:建筑施工是指工程建设实施阶段的生产活动,是各类建筑物的建造过程,也可以说是把设计图纸上的各种线条,在指定的地点,变成实物的过程。它包括基础工程施工、主体结构施工、屋面工程施工、装饰工程施工等。施工作业的场所称为“建筑施工现场”或叫做“施工现场”,也叫做工地。

建筑施工要求承包人在开工前应做的准备工作主要有:(1)施工图纸预审和参与会审;(2)编制施工组织设计(方案),履行审批手续;(3)编制施工预算造价或计划造价;(4)按施工材料需要量计划准备钢材、水泥等主要材料及设备;(5)按施工机具需用量计划备好机械及工具;(6)完成详细的施工组织设计和工程量清单分析表;(7)完成恢复定线准备报验;(8)建完试验室,完成开工前的各项试验;(9)进行人员、设备进场报验,建立质量保证体系,各种图表上墙;(10)建完必要的纵、横便道、便桥和生产、生活用房;(11)熟看设计文件、技术规范,进行技术交底;(12)呈报第一批单项开工报告;(13)按劳动力需用量计划组织施工队伍进场,并进行入场教育。

参考案例:湖北襄阳中院(2018)鄂06民终1867号“湖北时代国宜电气科技有限公司、四川省泸州市第十建筑工程有限公司建设工程施工合同纠纷案”。

8.8 发包人在约定期限未完成开工准备,应承担哪些责任?

答:《建设工程施工合同(示范文本)》GF—2017—0201专用合同条款7.3.1引导合

同双方分别明确关于发包人、承包人应完成的其他开工准备工作及期限。《民法典》第八百零三条规定，发包人未按照约定的时间和要求提供原材料、设备、场地、资金、技术资料的，承包人可以顺延工程日期，并有权要求赔偿停工、窝工等损失。《建设工程施工合同（示范文本）》GF—2017—0201通用合同条款7.5.1、7.3.2对因发包人原因导致工期延误进行了约定。基于上述法律规定和合同约定，如发包人未在合同约定的期限成开工准备相关工作，承包人可能获得的权利（亦即发包人应承担的责任）有：要求工期顺延、要求赔偿停、窝工损失、要求发包人支付合理利润、提出价格调整要求、解除合同等。

参考案例：苏州中院（2018）苏05民终2913号“苏州市顺驰建筑市政工程有限公司与吴江经济技术开发区建设局建设工程合同纠纷案”。

8.9 承包人在约定期限未完成开工准备，应承担哪些责任？

答：《建设工程施工合同（示范文本）》GF—2017—0201通用合同条款第7.5.2条规定：“因承包人原因造成工期延误的，可以在专用合同条款中约定逾期竣工违约金的计算方法和逾期竣工违约金的上限。承包人支付逾期竣工违约金后，不免除承包人继续完成工程及修补缺陷的义务。”通用合同条款第11.2条规定：“因承包人原因造成工期延误，在工期延误期间出现法律变化的，由此增加的费用和（或）延误的工期由承包人承担。”基于此，承包人应承担的责任主要有：(1)承包人支付逾期竣工违约金；(2)继续完成工程及修补缺陷的义务；(3)承担由此增加的费用和（或）延误的工期；(4)承担施工合同被解除的风险。因此，如果承包人长时间无法完成开工准备持续无法开工的，发包人有权依据《民法典》第五百六十三条的规定及合同约定解除施工合同。

参考案例：浙江绍兴中院（2020）浙06民终587号“绍兴上虞联鑫置业有限公司、金刚幕墙集团有限公司建设工程施工合同纠纷案”。

8.10 承发包人均未完成开工准备，责任如何承担？

答：在此情形下，司法实践中，法院往往依据过错归责原则，针对双方责任如何划分等问题根据合同约定及履行情况等因素综合认定。

参考案例：湖南高院（2014）湘高法民三终字第9号“中国十五冶金建设集团有限公司与刘四清、陈林等建设工程施工合同纠纷案”。

8.11 施工许可证的申请主体是谁？

答：《建筑法》第七条规定：“建设单位应当按照国家有关规定向工程所在地县级以上人民政府建设行政主管部门申请领取施工许可证。”

建设单位（又称业主或项目法人）是建设项目的投资者，为建设项目开工和施工单位进场做好各项前期准备工作，是建设单位应尽的义务。因此，施工许可证的申请领取，应该是由建设单位负责，而不是施工单位或者其他单位。

参考案例：江西高院（2016）赣民初71号“上海绿地建设（集团）有限公司与江西

华鹏实业发展有限公司建设工程施工合同纠纷案”。

8.12 在无施工许可证情形下，工期延误责任由谁承担？

答：根据《建筑法》第七条规定，建筑工程开工前，建设单位应当按照国家有关规定向工程所在地县级以上人民政府建设行政主管部门申请领取施工许可证。故无施工许可证情形下，工期延误责任通常由建设单位承担。施工许可证属于部门规章规定的开工程序的规定，没有施工许可证并不必然导致工期延误，未取得施工许可证的开工期限仍应计算在工期内，故在未取得许可证的情况下，施工人实际进场施工仍应计入施工工期，因无证施工或施工许可证办理导致的工期延误所带来的损失也应由建设单位承担。

参考案例：江苏南京市中院（2017）苏01民终9112号“苏州第一建筑集团有限公司与北京金一南京珠宝有限公司建设工程合同纠纷案”。

8.13 在无施工许可证情形下，施工单位能否要求解除合同并主张违约责任？

答：根据《建筑法》的相关规定，无施工许可证情形下，施工单位可以要求解除合同并主张违约责任。但施工单位若在明知无施工许可证的情况下仍然开工建设其无权要求建设单位赔偿违约金。

参考案例：最高院（2017）最高法民终936号“天津国华信达实业股份有限公司与邯郸市华信实业集团有限公司建设工程施工合同纠纷案”。

8.14 施工时间超过许可证上记载的竣工时间，是否属于无证施工？

答：施工时间超过许可证上记载的竣工时间不属于无证施工。

施工许可证主要限定的是开工时间，如果无法在许可证上记载的竣工时间完工，可申请延期。故施工时间超过许可证上记载的竣工时间不属于无证施工。

参考案例：广东深圳中院（2016）粤03民终8266号“钟娘爱与深圳市龙华新区龙华办事处，深圳市广汇源水利勘测设计有限公司，深圳市广汇源水利建筑工程有限公司侵权责任纠纷案”。

8.15 开工报告应由谁签发？

答：开工报告是由建设项目承包商申请，并经业主批准而正式进行拟建项目永久性工程施工的报告。

（1）总体开工报告：承包人开工前应按合同规定向监理工程师提交开工报告，主要内容应包括：施工机构的建立、质检体系、安全体系的建立和劳力安排，材料、机械及检测仪器设备进场情况，水电供应，临时设施的修建，施工方案的准备情况等。虽有以上规定，并不妨碍监理工程师根据实际情况及时下达开工令。

(2) 分部工程开工报告：承包人在分部工程开工前14天向监理工程师提交开工报告单，其内容包括：施工地段与工程名称；现场负责人名单；施工组织和劳动安排；材料供应、机械进场等情况；材料试验及质量检查手段；水电供应；临时工程的修建；施工方案进度计划以及其他需说明的事项等，经监理工程师审批后，方可开工。

(3) 中间开工报告：长时间因故停工或休假（7天以上）重新施工前，或重大安全、质量事故处理完后，承包人应向监理工程师提交中间开工报告。

参考案例：江苏高院（2016）苏民终464号“中设建工集团有限公司与洪泽县金丰房地产有限公司、淮安市信通投资担保有限公司建设工程施工合同纠纷案”。

8.16　实际开工日期如何认定？

答：《建设工程施工合同（示范文本）》GF—2017—0201第1.1.4.3条定义工期为：“工期是指在合同协议书约定的承包人完成工程所需的期限，包括按照合同约定所作的期限变更。”该条款定义的工期，是在合同协议书约定的工期总日历天数基础上，结合合同约定的工期变更，进行相应的天数调整后工期总日历天数。但该定义作为合同条款，定义过于笼统，无法实际操作，若在专用合同条款里没有明确，将会留下争议风险。《全国统一建筑安装工程工期定额（2000）》在总说明第五条对单项工程工期作了定义：“是指单项工程从基础破土开工（或原桩位打基础桩）起至完成建筑安装工程施工全部内容，并达到国家验收标准之日止的全过程所需的日历天数。”这一定义具体明确，适合合同操作。该定义明确了工期起算时间点和结束截止日，虽然是对单项工程定义，但仍可参照作为整体工程项目的工期定义。开工之日如不能确定，势必影响工期日历天数的计算。

开工日期，是建设工程工期的起算点，也是控制工期风险的第一个重要节点。开工日期包括计划开工日期和实际开工日期。计划开工日期是指当事人在合同协议书中约定的开工日期，是计算合同约定的工期总日历天数的起算点。实际开工日期是指双方当事人在专用合同条款中约定的开始打表计算工期的节点，是计算实际完成工程所需的工期总日历天数的起算点。

虽然《建设工程施工合同（示范文本）》GF—2017—0201第7.3.2条对开工日期做了规定：“监理人应在计划开工日期前7天向承包人发出开工通知，工期自开工通知中载明的开工日期起算。”但实践中，因发包人原因或不可抗力原因导致不能按时开工的，开工通知中载明的开工日期并非实际开工日期，应以实际具备开工条件日为开工日期并顺延竣工日期，怎样认定实际开工日期仍为日后当事人双方因工期争议留下隐患。

司法实践中，结合最高人民法院和各地高级人民法院的司法判例，对于开工日期的确定，基本形成了以下主流裁判观点：

(1) 合同约定的开工日期、开工报告日期与施工许可证载明的日期不一致时以开工报告日期为实际开工日期。合同约定的开工日期与实际开工日期不一致的，应当以改变了的日期作为开工日期。施工许可证载明的日期并不具备绝对排他的、无可争辩的效力，建筑工程施工许可证是建设主管部门颁发给建设单位的准许其施工的凭证，只是表明了建设工程符合相应的开工条件，建设工程施工许可证并不是确定开工日期的唯一凭证。

(2) 合同约定了“开工日期以取得施工许可证及开工报告为准”，但有证据证明承包人已于取得施工许可证前进场施工的，以进场施工日期为实际开工日期。我们认为，在核发建筑工程施工许可证之前，承包人早已对案涉工程进行施工建设，并未影响建筑企业的开工建设，故认定案涉工程开工日期为承包人进场施工日期，符合履约实际。实践中，建设工程开工日期早于或者晚于施工许可证记载日期的情形大量存在。当施工单位实际开工日期与施工许可证上记载的日期不一致时，同样应当以实际开工日期而不是施工许可证上记载的日期作为确定开工日期的依据。

(3) 合同约定的开工日期不符实际的，以证据证明的实际开工日期为准。合同约定的开工日期不是实际开工日期的，双方往来函件、联席会议纪要、竣工验收备案表等证据可以作为证明工程实际开工日期的证据。

(4) 发包人或监理人发出开工令（开工通知）承包人未提出异议的，以开工令（开工通知）载明的日期为开工日期。发、承包双方往往在合同中约定开工时间以“甲方或监理方发出的开工令为准”，但是在开工令发出后，承包人认为未满足合同约定的开工条件，拒绝进场施工或进场后并未实际开工，又未及时向发包人提出异议的，对承包人顺延工期的主张人民法院一般不予支持。

(5) 无其他证据证明实际开工日期的，以合同约定开工日期或者中标通知书载明的开工日期或者开工报告载明的开工日期，亦或者开工典礼仪式日期认定为开工日期。

(6) 对实际开工约定不明的，以承包人进场日为实际开工日，包括施工人员、机械、工程材料进场，进场搭建临时设施，施工放线，破土动工。

参考案例：青海高院（2020）青民终133号“青海合盛房地产开发有限公司湟中分公司、湟中公交运输有限责任公司与江苏恒健建设集团有限公司、青海合盛房地产开发有限公司建设工程施工合同纠纷案”。

8.17 开工日期延迟的主要原因有哪些?

答：(1) 发包人不能按专用条款的约定提供开工条件的。

(2) 发包人不能按约定日期支付工程款预付款、进度款，致使工程不能正常进行的。

(3) 工程师未按合同约定提供所需指令、批准等，致使施工不能正常进行的。

(4) 设计变更和工程量增加的。

(5) 一周内非承包人原因停水、停电、停气，造成停工累计超过8小时的。

(6) 发生不可抗力。

(7) 专用条款中约定或者工程师同意工期顺延的其他情况。

参考案例：江苏高院（2016）苏民终657号“江苏弘盛建设工程集团有限公司与响水县城市资产投资有限公司建设工程施工合同纠纷案”。

8.18 当事人对建设工程实际竣工日有争议，该如何处理?

答：《建设工程司法解释（一）》第九条规定：“当事人对建设工程实际竣工日期有争

议的，人民法院应当分别按照以下情形予以认定：（一）建设工程经竣工验收合格的，以竣工验收合格之日为竣工日期；（二）承包人已经提交竣工验收报告，发包人拖延验收的，以承包人提交验收报告之日为竣工日期；（三）建设工程未经竣工验收，发包人擅自使用的，以转移占有建设工程之日为竣工日期。"。

工程竣工日期：施工单位按设计图纸内容和合同约定内容完成日期。

验收合格之日：由建设单位组织工程相关责任单位进行验收，当日验收合格，则为验收合格日期，如不合格，经过缺陷部位维修后再次由相关各单位验收，合格后为验收合格日期。

工程按合同竣工后由施工单位自检合格，报监理单位验收合格后提交竣工验收申请，初验合格后，确定正式验收日期进行验收。验收合格后，将合格工程交付建设单位或业主之日为实际交付使用时间。住宅还要进行分户验收。

参考案例：浙江绍兴中院（2015）浙绍撤终字第3号"中国农业银行股份有限公司绍兴上虞支行与浙江万峰建设集团有限公司、浙江欧纳特实业股份有限公司案"。

8.19　工程项目中部分工程由发包人另行分包的，承包人的工程竣工验收日期如何确定？

答：建设工程项目中部分工程由发包人另行分包的，承包人的竣工验收日期应当根据其承包范围内工程竣工验收日期确定竣工日。承包范围内包含多个分部分项或单位工程时，工程竣工日期应当以承包范围内最后工程通过验收的时间为工程竣工验收日。

参考案例：最高院（2013）民申字第2301号"济南二建集团工程有限公司与山东锦沧投资有限公司建设工程施工合同案"。

8.20　承包人在工程接收证书颁发后，能否提出颁发前的索赔？

答：《建设工程施工合同（示范文本）》GF—2017—0201通用合同条款第19.5条规定："承包人按第14.2款（竣工结算审核）约定接受竣工付款证书后，应视为已无权再提出在工程接收证书颁发前所发生的任何索赔。承包人按第14.4款（最终结清）提交的最终结清申请单中，只限于提出工程接收证书颁发后发生的索赔。提出索赔的期限自接受最终结清证书时终止。"由上述规定可知，承包人在工程接受证书颁发后的索赔期限受到限制，一般不能再提出接受证书颁发前的索赔。

参考案例：辽宁高院（2016）辽民终216号"辽宁市政公司与佟二堡市政公司、新市镇管委会建设工程合同纠纷案"。

8.21　发包人逾期签发工程接收证书，应承担什么样的责任？

答：发包人逾期签发工程接收证书一定期限后视为已经签发证书。《建设工程施工合同（示范文本）》GF—2017—0201通用合同条款第13.2.2条规定："（3）……发包人无正当理由逾期不颁发工程接收证书的，自验收合格后第15天起视为已颁发工程接收证书。……（5）工程未经验收或验收不合格，发包人擅自使用的，应在转移占有工程后7天内向承包人颁发工程接收证书；发包人无正当理由逾期不颁发工程接收证书的，自转移占有后第15天起视为已颁发工程接收证书。”

参考案例：最高院（2018）民申3220号“中国房地产开发集团哈尔滨有限公司、江苏省苏中建设集团股份有限公司建设工程施工合同纠纷案”。

8.22 常见的甩项工程有哪些？

答：甩项工程是指某个单位工程，为了急于交付使用，把按照施工图要求还没有完成的某些工程细目甩下，而对整个单位工程先行验收。其甩下的工程细目，称甩项工程。

甩项工程中有些是漏项工程，或者是由于缺少某种材料、设备而造成的未完工程；有些是在验收过程中检查出来的需要返工或进行修补的工程。常见的甩项工程主要有：（1）漏项工程；（2）由于缺少某种材料、设备或其他原因造成的未完工程；（3）验收过程中检查出来的需要返工或进行修补的工程；（4）承包人严重拖延工期而发包人急于使用的工程；（5）其他发包人同意进行甩项的工程。

参考案例：吉林松元乾安县法院（2014）乾民初字第1511号“黑龙江丰熙集团宏安房地产开发有限公司与长春建工集团汇达建筑有限公司、乾安县乾城建设工程项目服务有限公司建筑工程承包合同纠纷案”。

8.23 建设工程停工后，承包人申请复工需要哪些条件？

答：建设工程停工后，承包人申请复工的，一般需要具备如下条件：（1）办理完毕恢复施工所需的相关许可条件；（2）施工现场管理人员及各种工人已进场，对进场工人进行了安全教育培训；（3）施工机械和安全防护措施已检验正常、保养及维修情况符合要求；（4）对现场水、电进行全面检查，验收合格具备使用条件；（5）组织并记录作业环境踏勘结果，与停工前存在较大变化的已完成专项措施；（6）作业人员熟悉施工方案和作业指导书，完成复工前的技术交底；（7）工程资料准备齐全，原材料及混凝土试块报告合格等。

参考文件：《建筑工程施工许可管理办法》（住房和城乡建设部令第42号）；住房和城乡建设部办公厅《关于印发房屋市政工程复工复产指南的通知》。

参考案例：广东惠州中院（2014）惠中法民一终字第616号“惠州市南方明珠实业有限公司、林成林建设工程施工合同纠纷案”。

8.24 未提供工期签证和工期顺延申请材料，工期顺延主张能否得到支持？

答：承包人虽未提供工期签证和工期顺延申请材料，综合其他证据情况仍可确认工期顺延。但承包人既未取得工期顺延的签证，又不能够证明申请顺延事由符合合同约定的，工期一般不予顺延。

《建设工程司法解释（一）》第十条规定："当事人约定顺延工期应当经发包人或者监理人签证等方式确认，承包人虽未取得工期顺延的确认，但能够证明在合同约定的期限内向发包人或者监理人申请过工期顺延且顺延事由符合合同约定，承包人以此为由主张工期顺延的，人民法院应予支持。当事人约定承包人未在约定期限内提出工期顺延申请视为工期不顺延的，按照约定处理，但发包人在约定期限后同意工期顺延或者承包人提出合理抗辩的除外。"

由上述规定可知，合同约定顺延工期应当经发包人或者监理人签证等方式确认，但承包人往往提出工期顺延申请后，发包人或者监理人并未给予确认，这使得承包人实际处于比较被动的地位。在这种情况下，如果人民法院机械按照合同约定一概以发包人或者监理人未确认为由认定工期不顺延，对承包人是不公平的。从某种意义上看，发包人或者监理人针对承包人的合理申请未予确认，本身就是一种违约行为。因此，本条第一款规定，承包人申请工期顺延未得到确认，但只要能举证证明其是在约定的期间内申请，且申请的事由符合合同约定，人民法院就可以支持承包人提出的工期顺延的主张。

本条第二款规定，如果合同明确约定承包人未在约定期限内提出工期顺延申请视为不顺延的，通常应按照约定处理。不过，存在两种例外情形，如果发包人明确同意工期顺延或者承包人就未在约定期限内申请提出了合理的抗辩理由的，人民法院应支持承包人提出的工期顺延的主张。该条规定实际为强调性条款，是对司法实践中常见的两个争议问题予以了明确，因此对于承包人实际并未在约定期限内主张工期顺延，合同也未约定承包人未在约定期限内提出工期顺延申请视为不顺延的情形，法院出于公平原则考虑，依然基本会支持承包人的工期顺延主张。但是，承包人既未取得工期顺延的签证，又不能够证明申请顺延事由符合合同约定的，原则上工期不予顺延。

参考案例：最高院（2013）民提字第 182 号"河北省建材建设有限公司与昌江华盛天涯水泥有限公司建设工程施工合同纠纷案"。

8.25　工程签证材料记载工程量变更，但未记载顺延天数的，能否认定顺延？

答：根据《建设工程司法解释（一）》第十条的规定，工程签证材料记载工程量变更，但未记载顺延天数的，可以认定顺延。

参考案例：最高院（2014）民申字第 498 号"河北三建与沽源铀业建设工程施工合同纠纷案"。

8.26　合同约定无工期签证则工期不顺延，但存在客观影响工期的事实，能否酌情确定工期延误损失由双方分担？

答：根据《建设工程司法解释（一）》第十条的规定，虽然合同约定无工期签证则工期不顺延，但存在客观影响工期的事实，人民法院可以根据相关证据，酌情确定工期延误损失由双方分担。

参考案例：最高院（2017）民申4157号“浙江广扬建设集团有限公司、盱眙海通置业有限公司建设工程施工合同纠纷案”。

8.27 发包人付款延误的法律后果有哪些？

答：发包人付款延误的法律后果主要有：（一）承包人获得相应工期顺延及停工、窝工等损失赔偿；（二）承包人有权行使建设工程价款优先受偿权；（三）承包人有权解除合同并获得损失赔偿；（四）承包人有权获得迟延付款的利息。

法律依据：《民法典》第八百零三条、第八百零七条；《建设工程司法解释（一）》第二十六条、第二十七条、第三十五条；最高院《第八次民商事审判工作会议纪要》第32条；《建设工程施工合同（示范文本）》GF—2017—0201第7.5.1条款、第14.2条款、第16.1.1条款、第16.1.3条款。

参考案例：河北高院（2015）冀民一终字第292号“北京住总集团有限责任公司与御盛隆堂药业有限责任公司建设工程施工合同纠纷案”。

8.28 政府行政行为是否属于不可抗力？

答：根据《民法典》第一百八十条规定，不可抗力是指不能预见、不能避免且不能克服的客观情况。根据《建设工程施工合同（示范文本）》GF—2017—0201第17.1条规定，“不可抗力是指承包人和发包人在订立合同时不可预见，在施工合同履行过程中不可避免且不能克服的自然灾害和社会性突发事件，如地震、海啸、瘟疫、水灾、骚乱、戒严、暴动、战争和专用合同条款约定的其他情形。”《建设工程施工合同（示范文本）》GF—2017—0201第17.3.2条规定：“对不可抗力导致的人员伤亡、财产损失、费用增加和（或）工期延误等后果如何承担作了原则性划分。”但是，政府行政行为是否属于不可抗力？我们认为不能一概而论。我们认为，抽象行政行为一般属于不可抗力，而具体行政行为一般不属于不可抗力。

政府行政行为包括抽象行政行为和具体行政行为，抽象行为如立法活动或制定政策，具体的行为即通常所说的具体行政行为。理论普遍认为，立法或政策的重大变化可以构成不可抗力。而大多数的具体行政行为则不能一概列入不可抗力的范畴。首先，政府行为出现的次数太过频繁，把政府行为列为不可抗力，容易导致对不可抗力制度的滥用。其次，许多政府行为是可以预见的，合同当事人应有时间通过各种途径获知，因此，不能对政府行为一概而论地认为不能预见。最后，部分政府行为可以克服的，如错误的处罚决定可以通过行政复议程序或行政诉讼程序予以解决。这些都说明了政府行为并非全部不能预见、不能避免与不能克服。具体到判定单个的政府具体行为是否属于不可抗力，最终还是要判断其是否符合不可抗力的构成要件。

参考案例：贵州凯里市法院（2019）黔2601民初6804号“杨雪、白士新等与贵州振华置业投资有限公司商品房预售合同纠纷案”；江西上犹县法院（2017）赣0724民初1139号“赣州市南康区公园管理所与李凤兰租赁合同纠纷案”。

8.29 政府监管行为导致工期延误，承包人能否申请工期延误？

答：工期延误是指工程建设的实际进度落后于计划进度。因承包人导致的工期延误，承包人应当支付工期延误的违约金或者赔偿损失；因发包人导致的工期延误，应当顺延工期，补偿承包人停工、窝工的损失。但是，不是所有工期延误的情况下，承包人都可以提出工期顺延和费用索赔。按照形成工期延误的原因，工期延误可分为以下六种情况：(1)甲方原因；(2)甲方风险；(3)工期变更；(4)自然风险；(5)第三方风险；(6)乙方原因。其中，前五种情况的工期延误承包人可以请求顺延工期，前三种情况承包人可以获得费用索赔，只有第一种情况，承包人可以获得利润索赔。

政府行政监管行为是政府对其辖区内某些事物的控制管理行为。政府对建设工程行使监管权力而导致的工期延误不属于因政府行为导致工期延误。政府日常工程监管行为的法律依据是有关工程管理的法律、法规、规章以及地方性法规，如《建筑法》《建设工程质量管理条例》《建设工程安全管理条例》等。引起政府工程监管行为的事件与建设工程合同履约有关的事件通常指履约中的违法行为。政府工程监管行为导致工期延误的，应当区分是哪方主体的违法行为导致了政府行为的发生，如果是发包人的违法行为导致了政府监管，则应给予承包人工期顺延；如果是承包人的违法行为导致了政府行为，相应的工期延误则不应顺延。

参考案例：广西贺州中院（2012）贺民二终字第94号“袁某某、朱某某与被上诉人贺州市桂东金鑫房地产开发有限公司商品房买卖合同纠纷案”。

8.30 政府非监管行为导致工期延误，承包人能否申请工期延误？

答：政府非监管行为是与政府监管行为相对应的。如政府举办大型体育活动、举办各种会展、举办重要的国际政府或非政府会议、举办各类旅游文化科技类节日节庆活动、缓解特定时段的空气污染以及高考、中考等重要事件。此时，政府机关往往以决定、命令、通知等方式要求某一地理范围内禁止、限制施工活动作业。政府非监管行为的法律依据与建设工程本身无关，如《大气污染防治法》《突发事件应对法》《文物保护法》等。

我国现行建设工程法律法规中没有关于政府非监管行为导致工期延误后责任承担的相关规定，在《建设工程施工合同（示范文本）》GF—2017—0201也无相应的规则可参照。《民法典》第五百九十三条虽然规定了第三人原因造成的违约处理原则，但并不适用政府非监管行为导致工期延误的情形。《建设工程施工合同（示范文本）》GF—2017—0201中虽然没有相应约定，但通常可参照恶劣的气候条件、不利物质条件情形下的工期责任处理，即在不属于当事人双方过错的情形下由发包人承担承包人采取合理措施而增加的费用和（或）延误的工期。因此，我们认为，由于引起政府非监管行为的事由是与建设工程合同履约行为无关的事件，政府非监管行为导致工期延误，通常应给予承包人工期顺延。

参考案例：安徽六安中院（2018）皖15民终1140号“安徽幸福里房地产有限公司、

安徽庐江县众民建设工程有限公司建设工程施工合同纠纷案”。

8.31 建设工程施工合同法律变化风险划分的界限在哪里？

答：建设工程施工合同法律变化风险划分的界限为投标截止日前28天的基准日期。

法律变化是指基准日期后国家的法律、法规、规章和政策发生的变化。通常，招标工程以投标截止日前28天为基准日期，非招标工程以合同签订前28天为基准日期。

《建设工程施工合同（示范文本）》GF—2017—0201通用合同条款第11.2条规定："基准日期后，法律变化导致承包人在合同履行过程中所需要的费用发生除11.1［市场价格波动引起的调整］约定以外的增加时，由发包人承担由此增加的费用；减少时，应从合同价格中予以扣减。基准日期后，因法律变化造成工期延误时，工期应予以顺延。因法律变化引起的合同价格和工期调整，合同当事人无法达成一致的，由总监理工程师按4.4［商定或确定］的约定处理。因承包人原因造成工期延误，在工期延误期间出现法律变化的，由此增加的费用和（或）延误的工期由承包人承担。"

在基准日后制定且（或）正式发布的法律会影响承包商履行合同项下的义务。如果承包商由于法律变化遭受工期延误且（或）导致费用增加，承包商有权要求延长工期且（或）支付相应费用。如果由于法律变化导致费用减少，业主有权要求减少合同价款。

参考案例：重庆二中院（2020）渝02民终985号“云阳县人和投资开发有限公司与重庆建工第八建设有限责任公司建设工程合同纠纷案”。

8.32 建设工程定额标准发生变化，是否属于法律变化？

答：建设工程定额标准发生变化不属于法律变化。

工程定额是指在正常施工条件下完成规定计量单位的合格建筑安装工程所消耗的人工、材料、施工机具台班、工期天数及相关费率等的数量标准。也就是在社会平均的生产条件下，把科学的方法和实践经验相结合，生产质量合格的单位工程产品所必需的人工材料、机具数量标准，称之为建筑安装工程定额，简称工程定额。在定额计价模式下，工程造价是以建设行政主管部门颁布的预算定额和相应的配套文件来作为计算工程造价的依据。定额标准发生变化的情况下能否相应调整工程价款，应根据当事人在施工合同中有无相关的约定来确定，所以不应将定额标准的变化视为法律变化。

参考案例：最高院（2014）民一终字第69号“青海方升建筑安装工程有限责任公司与青海隆豪置业有限公司建设工程施工合同纠纷案”。

8.33 设计变更导致工作量增加，是否必然导致工期增加？

答：通常来说，如果因设计变更导致工程量增加会带来工期的顺延，在《建设工程施工合同（示范文本）》GF—2017—0201通用条款有相应规定，因此设计变更导致工程量增加通常会带来工期的增加。但是，不必然导致工期的增加，如果增加的工作量并非在工程总工期的关键线路上，就只增加工程造价而不影响总工期。所以具体如何顺延，延长多长时间，要求施工单位在发生工程变更后14天内向建设单位的工程师或监理工程师提出报告，以建设单位的工程师或监理工程师确认的顺延时间为准。如果建设单位的工程师或监理工程师在14天内不予确认也不提出修改意见，应视为同意施工单位顺延工期的要求。

参考案例：甘肃高院（2018）甘民终482号“吉化集团吉林市北方建设有限责任公司与中油吉林化建工程有限公司、中国石油天然气股份有限公司庆阳石化分公司建设工程施工合同纠纷案”。

8.34　一般情况下，如何确定工期延误事件是否导致关键线路上工程量增加而引起工期变化？

答：一般情况下，应通过鉴定来确定工期延误事件是否导致关键线路上工程量增加而引起工期变化。

与关键线路相关的工期鉴定内容主要是确定工期延误事件是在关键线路上，会对工期造成影响以及影响的天数。当事人就工期延误发生争议，人民法院在无法直接作出分析判断时往往会通过鉴定来处理工期争议。根据举证责任分配原则，工期延误事件是否位于关键线路上以及是否对总工期构成影响的举证责任在承包人，故承包人在没有直接证据证明工期延误事件是位于关键线路上并对总工期构成影响，应当申请鉴定，请求法院委托鉴定机构对此进行鉴定加以证明。

参考案例：吉林高院（2015）吉民一终字第69号“吉林市大江房地产开发有限责任公司与高云霞房屋买卖合同纠纷案”；山东高院（2016）鲁民终2409号“威海市望海房地产开发有限责任公司与浙江广扬建设集团有限公司建设工程施工合同纠纷案”。

8.35　工程尚未完成，承包人能否要求赶工费？

答：施工合同虽未约定赶工及赶工费，但在合同履行过程中发包人要求赶工或双方就赶工协商一致的，发包人应当支付赶工费；但是，如果工程尚未完工，对于赶工情况难以判断的，承包人要求赶工费，人民法院对赶工费的主张一般不予支持。

赶工费，又称赶工措施费，是指当发包方要求的工期少于合理工期或者工程项目由于自然、地质以及外部环境的影响导致工期延误，承包方为满足发包方的工期要求，通过采取相应的技术及组织措施所发生的，应由发包方负担的费用，包括为赶工所额外增的人工费、材料费、机械费、劳务损失、加班班次奖金以及相应的规费和税金等。

赶工费的计取是以承包人履行了赶工义务，发包人实现了赶工目的为前提。如果工程未完工，通常情况下无法判断承包人的赶工义务是否完成，发包人的赶工目的是否已经实现，因此，对于工程未完工的赶工费一般难以获得支持。如果工程虽未完工，但可以对承包人是否履行了赶工义务予以判断，对于赶工费也可以按已完工工程量占全部工程量的比例予以支持。即，经审查承包人已施工的工程质量合格的，可以采用“按比例折算”的方式，即由鉴定机构在相应同一取费标准下分别计算出已完工程部分的价款和整个合同约定工程的总价款，两者对比计算出相应系数，再用合同约定的固定价乘以该系数确定发包人应付的工程款。

当事人就已完工程的工程量存在争议的，应当根据双方在撤场交接时签订的会议纪要、交接记录以及监理材料、后续施工资料等文件予以确定；不能确定的，应根据工程撤场时未能办理交接及工程未能完工的原因等因素合理分配举证责任。

参考案例：最高院（2017）最高法民终19号“浙江省东阳第三建筑工程有限公司、淮安纯高投资开发有限公司建设工程施工合同纠纷案”。

8.36 不可补偿的干扰事件主要有哪些？

答：干扰事件又称索赔事件。索赔是工程承包中经常发生的正常现象，是指对原来工程施工计划和施工进度产生影响的事件，在合同履行过程中，对于并非己方的过错，而是应由对方承担责任的情况造成的实际损失向对方提出经济补偿和（或）时间补偿的要求。由于施工现场条件、气候条件的变化，施工进度、物价的变化，以及合同条款、规范、标准文件和施工图纸的变更、差异、延误等因素的影响，使得工程承包中不可避免地出现索赔。对承包人的工作产生干扰的事件很多，但并不是所有的干扰事件都可以获得补偿。如果是承包人的原因产生的干扰事件则不能获得补偿，只有非承包人的原因产生的干扰事件才有可能获得补偿。不可补偿的干扰事件主要有三类：第一类是承包人可以预见和可以预防的事件；第二类是承包人不恰当地安排等自身的行为引发的事件；第三类是承发包双方在合同中明确约定的不可索赔的事件。上述三类干扰事件的发生，承包人主张索赔一般得不到人民法院的支持。

参考案例：最高院（2013）民提字182号“河北省建材建设有限公司与昌江华盛天涯水泥有限公司建设工程施工合同纠纷案”。

8.37 可补偿的干扰事件主要有哪些？

答：可以同时提出工期和费用索赔的事件包括：（1）延误发放图纸；（2）延误移交施工现场；（3）承包人依据工程师提供的错误数据导致放线错误；（4）不可预见的外界条件；（5）施工中遇到文物和古迹；（6）非承包人原因检验导致施工的延误；（7）公共当局引起的延误；（8）对竣工检验的干扰；（9）后续法规的调整；（10）不可抗力事件造成的损害。其中，只可以费用补偿的是：（1）变更导致竣工时间的延长；（2）异常不利的气候条件；（3）由于传染病或其他政府行为导致工期的延误；（4）业主或其他承包人的干扰；其中，只可以工期补偿的是：（1）业主提前占用工程；（2）业主办理的保险未能从保险公司获得补偿部分。

参考案例：江苏苏州虎丘区法院（2017）苏0505民初3008号“上海杰敦建设工程有限公司与上海杰联建设工程有限公司建设工程施工合同纠纷案”。

8.38 对干扰产生的工效损失的估价方法主要有哪些？

答：干扰引起的施工降效费可分为人工降效费和机械降效费。对于降效费的计算和估价通常需要根据减少和防止损失扩大、以实际损失为原则，结合企业定额、施工定额、工日消耗量、施工机械台班消耗量等分析比较。通常使用的工效损失的估价方法主要有以下几种：一是以实际发生的费用与投标费用比较法。其投标文件中机械设备工效或人工时效费用可以根据已标价工程量清单中的费用、承包人计划或预算的费用、施工组织设计中的计划等来替代计算；二是对于比较简单的施工合同也可以在受干扰的工程上增加百分比的评估方法进行评估；三是受干扰时段的产值或工效与未受干扰时段或工效比较的方法。这种方法又称之为“计量里程”技术；四是与以前或其他项目的产值或工效比较的方法，即将本合同中受干扰时间段与承包人在其他合同中相同时间段的工作效率进行比较，并将比较结果作为评估工效损失的基础；五是采用与行业统计数据进行比较和评估的方法。即以同行业普遍状态下无干扰情况下的生产率为评估工效损失的基础。

《建设工程施工合同（示范文本）》GF—2017—0201虽然没有对非因承包人原因的干扰事件对承包人产生的损失索赔进行直接约定，但通用条款中一般有列举约定。承包人在干扰事件发生时应当及时提出签证或索赔主张。有些干扰事件所产生的施工降效和工效损失等已在措施项目费中体现的，承包人不应当就此再行要求干扰和降效索赔。

参考案例：江苏南京江宁区法院（2013）江宁执异字第56号“金坛公司益飞公司建设工程施工合同纠纷一案的执行案”。

8.39　可顺延工期鉴定的主要内容有哪些？

答：根据《建设工程司法解释（一）》第十一条的规定，“建设工程竣工前，当事人对工程质量发生争议，工程质量经鉴定合格的，鉴定期间为顺延工期期间。”

参考案例：山东青岛中院（2017）鲁02民终1279号“青岛和瑞城市建设集团有限公司、青岛鹏飞房地产开发有限公司建设工程施工合同纠纷案”。

8.40　引起工期延期的主要原因有哪些？

答：工期延期是工程延误或进度延误，是指工程实施过程中任何一项或多项工作的实际完成日期迟于计划规定的完成日期，从而可能导致整个合同工期的延长。工程建设过程中，因发包人、承包人、监理人及其他因素均可能引起工期延期。

发包人引起的工期延期情形主要有：(1) 发包人未能按合同约定提供图纸或所提供图纸不符合合同约定；(2) 发包人未能按合同约定提供施工现场、施工条件、基础资料、许可、批准等开工条件；(3) 发包人提供的测量基准点、基准线和水准点及其书面资料存在错误或疏漏；(4) 发包人未能在合同约定日期内同意下达开工通知；(5) 发包人增加合同工作内容；(6) 发包人改变合同中任何一项工作的质量要求或其他特性；(7) 发包人未能按合同约定日期支付工程预付款、进度款或竣工结算款；(8) 依约由发包人提供材料、设备的，发包人迟延提供材料工程设备或变更交货地点；(9) 因发包人原因导致的暂停施工；(10) 发包人要求在工程竣工前交付单位工程。

承包人引起的工期延期情形主要有：(1) 施工管理混乱、组织不力；(2) 依约由承包人准备设备和材料的，设备或材料供应迟延；(3) 由于承包人的材料、工程设备，或采用施工工艺不符合合同要求造成的任何缺陷需返工、修补；（4）因承包人原因导致的暂停施工。

监理人引起的工期延期情形主要有：（1）监理人未能按合同约定发出指示、指示延误或发出了错误指示；（2）监理人未按合同约定发出批准或批准延误；（3）监理人不能按时进行检查，且未按合同约定的时间向承包人提交延期要求；（4）监理人不能按时参加试车，且未按合同约定的时间以书面形式向承包人提出延期要求。

其他因素引起的工期延期情形主要有：（1）不可抗力导致工期延误；（2）遇到不可预见的不利物质导致工期延误；（3）出现异常恶劣气候导致工期延误；（4）政府等机构的临时措施、指令等导致工期延误。

因以下原因造成工期延误，经工程师确认，工期可以相应顺延：（1）发包人不能按专用条款的约定提供开工条件的；（2）发包人不能按约定日期支付工程款预付款、进度款，致使工程不能正常进行的；（3）工程师未按合同约定提供所需指令、批准等，致使施工不能正常进行的；（4）设计变更和工程量增加的；（5）一周内非承包人原因停水、停电、停气造成停工累计超过 8 小时的；（6）发生不可抗力；（7）专用条款中约定或者工程师同意工期顺延的其他情况。

以上这些情况工期可以顺延的根本原因在于，这些情况属于发包人违约或者是应当由发包人承担的风险。反之，如果造成工期延误的原因是承包人的违约或都应当由承包人承担的风险，则工期不能顺延。

当发生工期可以顺延的情况时，应按以下做法予以确认。承包人在工期可以顺延的情况发生后 14 天内，应将延误的工期向工程师提出书面报告。工程师在收到报告后的 14 天内予以确认答复，逾期不予答复，视为报告要求已经被确认。

当然，工程师确认的工期顺延期限应当是事件造成的合理延误，由工程师根据发生事件的具体情况和工期定额、合同文件等的规定予以确认。经工程师确认顺延的工期应该纳入合同工期，作为合同工期的一部分。如果承包人不同意工程师的确认结果，则按合同规定的争议解决方式处理。

参考案例：浙江宁波鄞州区法院（2015）甬鄞民初字第 1039 号“五洋建设集团股份有限公司与宁波中物置业有限公司建设工程施工合同纠纷案”。

8.41 在施工合同无效情形下，工期违约金条款是否适用？

答：在合同无效的情况下，有三种条款是有效的：（1）合同中独立存在的有关解决争议方法的条款；（2）因合同无效返还由该合同取得的财产；（3）有过错的一方应当赔偿对方因此所受到的损失，双方都有过错的应当各自承担相应责任。争议解决条款是指合同中约定的，如果双方发生争议，是选择仲裁还是诉讼等。无效合同中关于违约金条款，是先有约定，违反约定才会适用本条款追究违约责任，现在“约定”无效了，不存在违约的情形，那么自然也就不可能适用本条款。无效合同自始无效，违约条款在无效合同中也自始无效，只能要求造成合同无效一方承担缔约过失责任或赔偿责任。从上文的内容中可以知道，违约金条款不是争议解决条款，因此要是合同被认定为无效的话，那么其中关于违约金的条款也应当是无效的。

参考案例：最高院（2019）民终44号“成都市青羊区建筑工程总公司与银川望远工业园区管理委员会建设工程施工合同纠纷案”。

8.42 承包人提出工期顺延的情形主要有哪些？

答：（1）发包人未按合同约定的期限提供设计图纸等施工必需的资料。

若发包人未按合同约定的期限提供设计图纸等施工必需的资料，导致承包人无法施工的，则从发包人提供这些施工必须资料之日起算工期。其他如因发包人缺乏建设规划许可证、施工许可证或其他原因导致有关政府部门要求停工的，则停工期间应当从工期中予以扣除。

一般来说，当事人在施工合同中均约定发包人按工程进度支付工程进度款。若发包人未按期支付工程进度款，承包人有权停工，因此引起的工期延误责任由发包人承担。

（2）发包人指定的分包人与承包人在施工过程中衔接不当。

实践中，通常存在发包人将部分工程如钢结构工程、消防工程、水电工程、空调工程等直接分包给他人施工，或者要求承包人分包给指定的单位施工的情形。然而在施工过程中，承包人与分包人之间可能因施工衔接不当导致工期延误，在此情形下，发包人应当承担相应的工期延误责任。

（3）工程质量鉴定。

《建设工程司法解释（一）》第十一条规定：“建设工程竣工前，当事人对工程质量发生争议，工程质量经鉴定合格的，鉴定期间为顺延工期期间。”对工程质量的鉴定可否作为顺延工期的理由，主要以工程质量是否合格作为判断标准。如果工程质量经鉴定是合格的，则应将鉴定期间作为顺延工期期间；反之，如果工程质量经鉴定不合格，则工期不应当顺延，承包人逾期竣工的，应当承担相应的违约责任。

承包人在施工过程中如发生不可抗力因素，或者其他不可归责于承包人的意外事件导致工期延误的，承包人有权主张工期顺延。比如发生地震、暴雨期间无法施工，工期顺延。

法律依据：《建设工程司法解释（一）》第十条规定：“当事人约定顺延工期应当经发包人或者监理人签证等方式确认，承包人虽未取得工期顺延的确认，但能够证明在合同约定的期限内向发包人或者监理人申请过工期顺延且顺延事由符合合同约定，承包人以此为由主张工期顺延的，人民法院应予支持。当事人约定承包人未在约定期限内提出工期顺延申请视为工期不顺延的，按照约定处理，但发包人在约定期限后同意工期顺延或者承包人提出合理抗辩的除外。”

参考案例：山东高院（2018）鲁08民终5515号“济南四建（集团）有限责任公司、济宁市海润房地产开发有限公司建设工程施工合同纠纷案”；最高院（2017）民申285号“北京城建四建设工程有限责任公司、北京罗顿沙河建设发展有限公司建设工程施工合同纠纷案”。

8.43 承包人提出工期违约举证要考虑哪些因素？

答：承包人所主张的导致工期延误的相关事实是否能够成立，是否能够免除或减轻承包人延误工期的责任，承包人在举证时往往要考虑以下因素：(1) 承包人所主张的相关事实是否与工期延长存在必然因果关系。因为衡量因果关系通常以该事实对施工造成的影响是否作用于关键线路为依据，一般由承包人承担举证证明责任；(2) 如果合同中约定承包人未在约定期限内申请工期顺延签证视为放弃工期顺延权利的，承包人通常还需要就其已在约定期限内申请工期顺延承担举证证明责任；多种原因交叉作用导致工期延误的双方还需各自就相关事实发生的先后、持续时间、原因大小等进行举证和说明。

参考案例：最高院（2018）民终59号“美建建筑系统（中国）有限公司、青海明瑞房地产开发有限公司建设工程施工合同纠纷案”。

8.44 延续索赔通知的主要内容有哪些？

答：延续索赔通知是索赔方在发出索赔通知书并提交首份索赔报告后，因索赔事件的影响仍然存在，并导致索赔方在一段时间内持续产生费用和（或）工期损失，为此按照合同约定定期向监理人或合同相对方延续提出的索赔要求。根据《建设工程施工合同（示范文本）》GF—2017—0201第19.1条第3项规定，索赔事件具有持续影响的，承包人应按合理时间间隔继续递交延续索赔通知，说明持续影响的实际情况和记录，列出累计的追加付款金额和（或）延长天数。相对于首份索赔报告中的索赔主张来说，可以理解为扩大的损失。所以，延续索赔通知的主要内容应当包括以下几方面：一是延续索赔的事实与理由，也就是索赔事件的影响产生的情况；二是定性分析。即索赔方有权获得进一步索赔的合同依据和法律依据，并说明索赔方对索赔事件的持续存在无过错责任，索赔事件的持续产生无法避免且索赔方已经采取了措施以避免损失扩大；三是定量分析，即说明在此前索赔主张之外进一步给予追加付款的金额、延长的工期，以及累计应给予追加付款的金额和（或）延长工期的天数；四是索赔证据，主要围绕上述三方面搜集整理相应的证据。例如：(1) 构成合同的各种资料（包含合同文件及补充协议、中标通知书、合同谈判备忘录、标前会议和澄清会议、招标投标文件、合同条款、标准规范及有关技术条款、图纸、标价的工程量清单、投标书附表，以及构成合同组成部分的文件等）；(2) 来往文函，如业主、监理的变更指令，各种认可信函、通知等；(3) 各种会议纪要；(4) 施工进度计划和实际施工进度记录；(5) 施工现场的工程文件，如施工记录、施工备忘录、施工日报、监理工程师填写的施工记录和各种签证等；(6) 工程照片，照片作为证据应清楚和直观，还要注明日期（有必要时注明部位）；(7) 气候报告，最好是权威部门发布的气候报告；确有困难的，当地网络新闻，报纸等载有气候异常的报道；(8) 工程中的各种检验验收报告和各种技术鉴定报告等；(9) 工程的交接记录，图纸和各种资料的交接记录（注明日期和场地、风水电交接情况）；(10) 建筑材料和设备的采购、订货、运输、进场、使用方面的记录、凭证和报表；(11) 市场行情资料，包括市场价格、官方的物价指数、工资指数等；(12) 各种会计核算资料，包括工资单、工资报表、工程款账单等会计报表；(13) 国家法律、法令、政策文件等（如税率变化等）。

参考案例：河南漯河中院（2014）漯民一终字第23号“漯河市高级中学与河南省第

五建筑安装工程（集团）有限公司建设工程施工合同纠纷案”。

8.45 发包人损失的主要形式和范围有哪些？

答：发包人损失通常指因工期延长而导致的费用支出增加或收益减少、可以量化为金钱而进行索赔的损失。发包人损失表现形式多种多样，其主要形式和范围有以下几种：一是经营收入损失。如因工期延误导致发包人无法按时使用建筑物进行经营所造成的经济损失。二是逾期交房而承担购房人违约金损失。三是发包人的担保费用损失。发包人按照合同约定向承包人提供支付担保，因工期延误而担保期限延长而增加担保费用的损失。四是租金损失。因工期延误导致发包人延长租赁机械设备多付出租金以及不能使用建筑物而租赁其他建筑物支付的租金损失。五是对他人违约造成的损失。因工期延误，往往导致发包人对他人违约而承担损失。六是机会利润损失。因工期延误而导致发包人失去工程建设新的机会而造成的利润损失。七是延长监理期费用损失。工期延误必然导致监理期延长从而增加监理费用。

参考案例：江苏常州中院（2016）苏04民终2525号“常州常重机械有限公司与江苏天同建设发展有限公司、黄惠中建设工程施工合同纠纷案”。

8.46 工期延误时的租金损失是否以房屋租赁实际发生为前提？

答：工期延误时的租金损失不以房屋租赁实际发生为前提。

施工合同纠纷中的租金损失，是指发包人和承包人在履行建设工程施工合同过程中，因承包人的违约行为导致发包人另外支出的租金费用或减少租金收入，或导致发包人受到可以按租金标准计算的其他损失。通过租金标准来确定工期延误所造成的实际损失，是以工程延迟使用的期间作为计算租金的期间，以与工程同地段、类似房屋的租金数额作为发包人延迟使用工程房屋或者承包人额外支出租赁费用的损失。不管房屋租赁是否实际发生，发包人均为受到损失，故，工期延误时的租金损失不以房屋租赁是否实际发生为前提。

参考案例：最高院（2017）民申2765号判决“昆山市超华投资发展有限公司与中国建筑工程总公司、中国建筑股份有限公司建设工程施工合同纠纷案”。

8.47 如何确定开工日？

答：《建设工程司法解释（一）》第八条规定：“当事人对建设工程开工日期有争议的，人民法院应当分别按照以下情形予以认定：（一）开工日期为发包人或者监理人发出的开工通知载明的开工日期；开工通知发出后，尚不具备开工条件的，以开工条件具备的时间为开工日期；因承包人原因导致开工时间推迟的，以开工通知载明的时间为开工日期。（二）承包人经发包人同意已经实际进场施工的，以实际进场施工时间为开工日期。

（三）发包人或者监理人未发出开工通知，亦无相关证据证明实际开工日期的，应当综合考虑开工报告、合同、施工许可证、竣工验收报告或者竣工验收备案表等载明的时间，并结合是否具备开工条件的事实，认定开工日期。”由此可知，在未取得施工许可证的情况下，以实际进场实际施工日为工期起算点；已取得施工许可证的情况下，应当以施工许可证中载明的日期为开工日期（或合同约定的开工日期为准），不能依据施工许可证所载日期开工的，应以实际开工日期为准。

参考案例：最高人民法院（2013）民申字第862号“广州市建筑集团有限公司与广州东顺房地产开发有限公司建设工程施工合同纠纷案”。

8.48 合同约定开工日与实际开工日期不一致，如何确定开工日期？

答：在实际履行合同过程中由于种种原因可能并未按照合同约定的程序履行开工手续。在此情况下如何确定工期的起算时间将直接影响双方的实际利益。在工程实际开工后发包人补发开工指令，如何确定工期起算时间，争议较大。在合同约定未能得到执行的情况下，应以双方实际履行的情况确定工程的实际开工时间。一种观点认为，发包人补发开工指令且确定的开工日期与实际日期不符，应认定发包人确认工期的起算时间以其确认的开工时间为准，对已经实际施工时间作了放弃不再计算工期。另一种观点认为，如果发包人有证据证明实际开工的时间早于开工令确定的时间，仍应按照实际开工时间起算工期。我们认为在此种情形下，发包人对工程实际已经施工的事实是清楚的，在补发开工指令时仍重新确定开工时间，应理解为对已经施工时间的一种放弃，不能再以实际开工时间计算工期。

参考案例：江苏高院（2015）苏民终字第00331号“江苏五星建设集团有限公司与镇江市中金重工科技有限公司建设工程施工合同纠纷案”。

8.49 合同约定开工日期与开工报告记载日期不一致，如何确定开工日期？

答：应当按照以下原则认定开工日期：（1）承包人有证据证明实际开工日期的，则应认定该日期为开工日期（承包人的证据可以是发包人的通知、工程监理的记录、当事人的会议纪要等）。（2）承包人虽然无证据证明开工日期，但有开工报告的，则应认定开工报告中记载的日期为开工日期。（3）若承包人无任何证明实际施工日期，也无开工报告，则应以合同约定的开工日期为准。

由此可见，只有在无开工报告的前提下才以合同约定开工日期为准，因此当两者不一致时以开工报告记载日期为准。

参考案例：最高院（2018）最高法民再401号“交通银行股份有限公司贵州省分行、中国银行股份有限公司湖北省分行保证合同纠纷案”。

8.50　合同仅约定了工期，没有约定开工日期和竣工日期，如何确定开工日期？

答：工程合同的工期计算涉及开工日期和竣工日期，开工日期即是工期计算的起始点，竣工日期即是工期计算的终点。建设工期的计算，就是工期计算的终点减去计算的起始点。

一、开工日期

开工是指承包人进场开始施工。开工日期，是建设工程工期的起算点，也是控制工期风险的第一个重要节点。一般而言，开工日期的确定方式有以下几种：(1) 合同中约定具体的日期作为开工日期；(2) 以发包人开工通知中写明的日期作为开工日期；(3) 以监理人的开工通知写明日期作为开工日期；(4) 以承包人递交的开工报告或开工申请被批准的日期为开工日期。

当前使用较多的九部委2007年版《标准施工招标文件》中将开工日期确定为“监理人发出的开工通知中写明的开工日期”。实践中，当事人就开工时间经常发生争议，其原因是约定的开工日期与实际开工日期不一致。

在此情形下，应当按照以下原则认定开工日期：

(1) 承包人有证据证明实际开工日期的，则应认定该日期为开工日期（承包人的证据可以是发包人的通知、工程监理的记录、当事人的会议纪要等）。

(2) 承包人虽无证据证明开工日期，但有开工报告的，则应认定开工报告中记载的日期为开工日期。

(3) 若承包人无任何证据证明实际施工日期，也无开工报告，则应以合同约定的开工日期为准。

二、竣工日期

竣工是指承包人完成施工任务。一般来说，工程竣工后，发包人均进行验收，确认合格后予以接收。然而在实践中，承包人工程完工之日和竣工验收时间经常有时间差，所以确定竣工日期很重要，因为涉及工程款的支付时间和利息的起算时间、逾期竣工违约和违约金的数额、工程风险转移等重要问题。《建设工程司法解释（一）》第九条对竣工日期也做了明确规定。

1. 以双方确认的日期为竣工日期。

如果双方当事人签字确认了竣工日期，则该确认的日期为竣工日期。确认的形式一般是书面的，可以是竣工验收登记表、协议、会议纪要、往来函件、监理记录等。

2. 建设工程经竣工验收合格的，以竣工验收合同之日作为竣工日期。

《民法典》第七百九十九条规定：“建设工程竣工后，发包人应当根据施工图纸及说明书、国家颁发的施工验收规范和质量检验标准及时进行验收。验收合格的，发包人应当按照约定支付价款，并接收该建设工程。建设工程竣工经验收合格后，方可交付使用；未经验收或者验收不合格的，不得交付使用。”根据该规定，工程竣工验收合格是发包人支付工程价款、工程交付的前提。所以最高院《建设工程司法解释（一）》规定以竣工验收合格日期作为竣工日期。

3. 承包人已经提交竣工验收报告，发包人拖延验收的，以承包人提交验收报告之日为竣工日期。

国务院《建设工程质量管理条例》颁布实施后，政府不再参与建设工程竣工验收工作，而由建设单位组织设计、施工、监理等进行验收或自行验收，因而竣工验收的主导权在于发包人。

承包人已经提交竣工验收报告，发包人拖延验收的，以承包人提交验收报告之日为竣工日期。该规定的法理依据是在附条件的民事行为中，若当事人恶意阻止条件成就的，视为条件已经成就。

4. 建设工程未经竣工验收，发包人擅自使用的，以转移占有建设工程之日为竣工日期。

根据《建筑法》及《民法典》的有关规定，建设工程未经竣工验收，不得交付使用。然而在实践中，时常发生发包人出于各种原因而在工程未经竣工验收而擅自使用工程的情形。

《建设工程司法解释（一）》第九条第（三）项规定："建设工程未经竣工验收，发包人擅自使用的，以转移占有建设工程之日为竣工日期"。理由如下：

（1）发包人在工程未经竣工验收的情况下擅自使用工程，违反了上述相关法律规定，应承担相应的责任。

（2）发包人使用工程，表明其已经实现合同的目的。

（3）发包人使用工程后，若再进行竣工验收，便出现质量责任不清晰的问题。

所以从合法、诚实信用原则考虑，应认定发包人使用工程日期即该工程转移占有的日期为竣工日期。

参考案例：河南高院（2013）豫法民二终字第129号"河南天桥建设工程公司、河南天桥建设工程公司豫南分公司与桂林市联发房地产开发有限责任公司、桂林市联发房地产开发有限责任公司汝南分公司建设工程合同纠纷案"。

8.51 工程竣工验收备案表上记载的开工日期能否作为开工日期确定的依据？

答：工程竣工验收备案表上记载的开工日期是认定开工日期的依据之一，但并不是唯一依据，需结合其他材料综合判断。

《建设工程司法解释（一）》第八条规定了在当事人对建设工程开工日期有争议的情形下，开工日期的具体认定规则为："（一）开工日期为发包人或者监理人发出的开工通知载明的开工日期；开工通知发出后，尚不具备开工条件的，以开工条件具备的时间为开工日期；因承包人原因导致开工时间推迟的，以开工通知载明的时间为开工日期。（二）承包人经发包人同意已经实际进场施工的，以实际进场施工时间为开工日期。（三）发包人或者监理人未发出开工通知，亦无相关证据证明实际开工日期的，应当综合考虑开工报告、合同、施工许可证、竣工验收报告或者竣工验收备案表等载明的时间，并结合是否具备开工条件的事实，认定开工日期。"

可见，工程竣工验收备案表上记载的开工日期是认定开工日期的依据之一，但并不是唯一依据，需结合其他材料综合判断。

参考案例：江西赣州寻乌县法院（2019）赣0734民初1087号“赣州市泰基房地产开发有限公司与广东恒宇建设工程有限公司、周金华合同纠纷案。”

8.52 合同约定工程开工日期以开工报告为准，但双方均无法提交开工报告，能否以双方盖章认可的竣工报告记载的日期为准？

答：可以，但不是唯一，要综合考虑认定。

最高院《建设工程司法解释（一）》第八条第三项规定：“发包人或者监理人未发出开工通知，亦无相关证据证明实际开工日期的，应当综合考虑开工报告、合同、施工许可证、竣工验收报告或者竣工验收备案表等载明的时间，并结合是否具备开工条件的事实，认定开工日期。”

参考案例：湖北荆州中院（2016）鄂10民终699号“洪湖市康联房地产开发有限公司与洪湖市螺山镇建筑工程公司建设工程施工合同纠纷案。”

8.53 建设工程项目在未取得施工许可证的情况下，开工是否影响实际开工时间的认定？

答：按照《建筑法》的规定，应该是先取得了施工许可证才能开工，但实践中常出现未取得施工许可证而先施工，后来补办了施工许可证的情形，这时工期的起算点问题就成了争议。理论中有两种说法，一种认为应以实际开工的时间起算，一种则认为应以随后取得施工许可证的时候起算。我们认为，未取得施工许可证而提前开工的，应以实际开工日期作为开工日期，并以此来计算工期的起始日，理由是：

《建筑法》第六十四条规定：“未取得施工许可证或者开工报告未经批准擅自施工的，责令改正，对不符合开工条件的，责令停止施工，可以处以罚款。”《建筑工程施工许可管理办法》第十二条规定：“对于未取得施工许可证或者为规避办理施工许可证将工程项目分解后擅自施工的，由有管辖权的发证机关责令停止施工，限期改正，对建设单位处工程合同价款1%以上2%以下罚款；对施工单位处3万元以下罚款。”《建设工程质量管理条例》第五十七条规定：“违反本条例规定，建设单位未取得施工许可证或者开工报告未经批准，擅自施工的，责令停止施工，限期改正，处工程合同价款1%以上2%以下的罚款。”第七十三条规定“依照本条例规定，给予单位罚款处罚的，对单位直接负责的主管人员和其他直接责任人员处单位罚款数额5%以上10%以下的罚款。”

从法律和部门规章的规定可以看出：第一，未取得施工许可证施工并不必然导致停工，只要符合开工条件，进行改正，即补办施工许可证即可，当然可能要承担罚款等行政责任。第二，改正（补办施工许可证）后在效果上与开工前取得了施工许可证的效果是一样的，即改正后可以视为对前期未取得施工许可证状态的补正、追认，而不是否认以前未取得施工许可证而施工完成的工程量的非法性。实际上建设实践中也不可能否认，否则的话岂不是要将已建成的工程拆除重建？

开工是一个客观事实，开工与否是事实判断，开工合法与否是价值判断，不能将两者混淆。即开工是一个客观事实，并不因未取得施工许可证就否认这一事实的存在的。同时未取得施工许可证，施工单位完全有理由拒绝开工，施工单位选择了开工，应视为放弃了违法施工的抗辩，并不能再来援引“未取得施工许可证的开工期限不能算在工期里来推迟工期的起算点”。

工期的起算点应以开工来起算的，而开工是客观事实，未取得施工许可证并不影响这一事实的存在；同时根据现行的法律规定，未取得施工许可证也并不必然导致停工，换句话说即未取得施工许可证的施工进度和取得了施工许可证的施工进度是一样的。所以未取得施工许可证而提前开工的，应以实际开工日期作为开工日期，并以此来计算工期的起始日。

对于发包方而言：(1) 应当合理安排招标时间，给签订合同、办理许可证留有提前量。(2) 合同约定的工期应当充分考虑办理施工许可证所需时间，避免届至开工日期还未取得施工许可证的尴尬。(3) 取得施工许可证以前，可以与承包方协商做一些施工准备工作。

对承包方而言：(1) 投标、签订合同前，应当调查发包方是否已经取得相关许可（国有土地使用证、建设用地规划许可、建设工程规划许可、建筑工程施工许可等）。如果尚未取得，应当确定取得时间计划。(2) 合同条款中施工许可证是开工必备条件，由发包方负责办理。约定由承包方代办的，应当明确发包方的协助义务，以及无法取得许可时的风险负担。(3) 明确约定因发包方导致无法按约定日期开工的违约责任，如工期顺延、窝工损失赔偿，超过多少日无法取得许可时承包方可以解除合同。(4) 在未取得许可证而发包方强令开工的，承包方有权拒绝开工，或要求发包方书面承诺承担行政处罚损失补偿、工期顺延等责任。

参考案例：广东高院（2014）粤民申字第 2106 号“广州中煤江南基础工程公司与中建二局第三建筑工程有限公司，增城香江房地产有限公司建设工程施工合同纠纷案”。

8.54 竣工日期的确定是以竣工验收备案表上记载的时间还是以城建档案移交时间为准？

答：建设工程竣工档案移交与建设工程竣工验收备案不是同一回事。建设工程竣工档案移交是建设工程竣工验收备案前的一项必不可少的工作。移交时间期限：竣工后六个月。验收及移交程序：由建设单位提出验收及移交，按项目验收及移交。由建设单位先对各单位工程档案进行验收及审查，满足档案归档要求后向档案主管部门提出验收及移交申请。

建设工程文件的归档范围主要包括工程准备阶段文件、监理文件、施工文件、竣工图、竣工验收文件、工程声像档案六个部分。

具体关系如下：(1) 建设工程竣工档案移交是将全套的经检查合格的施工档案移交到

当地指定的档案馆内，由档案馆出具《工程档案移交书》。当地质监站负责对工程质量实体与施工档案进行监督检查，若是得到《工程档案移交书》，那么说明工程档案资料已经验收合格，只要工程实体合格质监站就可以出具《工程质量监督报告》。《工程质量监督报告》是建设工程竣工验收备案的必备文件。(2) 建设工程竣工验收备案是各项验收全部合格后由政府部门出具《工程验收备案表》，各项验收包括工程质量验收、消防验收、环保验收、节能验收、防雷验收等。

参考案例：江苏徐州中院（2016）苏 03 民终 1148 号“胡正军与徐州市香居房地产开发有限公司建设工程施工合同纠纷案”。

8.55　竣工日期的确定是以竣工验收合格之日还是以承包人提交竣工报告为依据？

答：(1) 竣工验收已通过，以承包人提交竣工验收报告日期为实际竣工日期；

(2) 鉴定需要期间的，还是以提交竣工验收报告日期为实际竣工日期；

(3) 由于发包人延误的验收，是以通过竣工验收合格日期为实际竣工日期。

参考案例：江苏徐州中院（2016）苏 03 民终 1148 号“胡正军与徐州市香居房地产开发有限公司建设工程施工合同纠纷案”。

8.56　工程整改合格之日和取得竣工验收备案书的时间，哪个作为竣工之日更为合适？

答：1. 竣工日期的认定以建设工程竣工或完成整改为前提

是否竣工与是否竣工验收并非同一概念。住房和城乡建设部于 2013 年发布的《房屋建筑和市政基础设施工程竣工验收规定》第五条规定了建设工程竣工验收的条件，其中第一项为“完成工程设计和合同约定的各项内容”，第十项为“建设主管部门及工程质量监督机构责令整改的问题全部整改完毕”。进行竣工验收的前提是建设工程业已竣工或完成整改，如果建设工程尚未竣工或未完成整改的，即使发包人擅自使用部分建设工程，亦不存在确定“实际竣工日期”的问题。

2. 竣工验收备案日期并非竣工验收合格日期

根据《建设工程司法解释（一）》第九条第一项规定，当事人对建设工程实际竣工日期有争议的，是以“竣工验收合格”之日为竣工日期，而非以竣工验收备案之日为竣工之日。竣工验收备案是发包人的义务，且竣工验收备案是建设行政主管部门对建设工程质量进行监督管理的制度安排之一，是否予以备案是质监部门依法在自身职权范围内行使的权力，具有行政法律行为的性质。而竣工验收属于民事法律行为，竣工验收与竣工验收备案不同。竣工验收备案之日不能等同于建设工程的竣工验收合格之日，不能据此否定建设工程通过在先竣工验收的事实。

参考案例：湖北孝感中院（2016）鄂 09 民终 225 号“广州市绿菩提装饰有限公司与湖北楚国盛世楚王城文化旅游发展有限公司、湖北深鸿润文化科技发展有限公司装饰装修合同纠纷案”。

8.57 竣工日期是以四方验收的日期为准还是以整改完毕的日期为实际竣工日期?

答:《建设工程司法解释(一)》第九条规定:“当事人对建设工程实际竣工日期有争议的,按照以下情形分别处理:(一)建设工程经竣工验收合格的,以竣工验收合格之日为竣工日期;(二)承包人已经提交竣工验收报告,发包人拖延验收的,以承包人提交验收报告之日为竣工日期;(三)建设工程未经竣工验收,发包人擅自使用的,以转移占有建设工程之日为竣工日期。”本条司法解释是关于如何确定建设工程实际竣工时间的规定,包括以下几层含义:当事人对建设工程实际竣工日期有争议的,如果建设工程经过竣工验收属于优良或合格的,以竣工验收合格之日作为竣工日期;若经验收属于不合格工程,则需要承包方按合同约定标准或有关工程质量技术规范进行整改,并达到合同约定标准或符合有关工程质量技术规范,重新验收合格之日作为实际竣工日期;如果承包人早已提交了竣工验收报告,而发包人拖延验收的,以承包人提交验收报告之日作为工程竣工的日期;如果建设工程未经竣工验收就被发包人擅自使用的,则以转移占有建设工程之日作为确定竣工日期的标准。

参考案例:最高院(2018)民终846号“锦宸集团有限公司、呼伦贝尔市天顺房地产开发有限公司建设工程施工合同纠纷案”。

8.58 发包人拖延验收是否以承包人提交验收报告之日为竣工日期?

答:《建设工程司法解释(一)》第九条规定:“当事人对建设工程实际竣工日期有争议的,按照以下情形分别处理:(一)建设工程经竣工验收合格的,以竣工验收合格之日为竣工日期;(二)承包人已经提交竣工验收报告,发包人拖延验收的,以承包人提交验收报告之日为竣工日期;(三)建设工程未经竣工验收,发包人擅自使用的,以转移占有建设工程之日为竣工日期。”

该条解决的是实际竣工日期的认定问题,第(二)项“承包人已经提交竣工验收报告,发包人拖延验收的,以承包人提交验收报告之日为竣工日期”也未点明“以承包人提交验收报告之日为竣工验收合格日期”。但是,通过对条文的直接解释和司法判决的观点来看,承包人已经提交竣工验收报告,发包人拖延验收的,以承包人提交验收报告之日为竣工验收合格日期,即推定竣工的同时推定合格。

对条文的解释:发包人拖延验收的,承包人提交验收报告之日视为竣工验收合格日期

1. 从“文义解释”的角度看

“竣工日期”本就应当以工程质量合格为前提,否则如果工程质量不合格,承包人需要对工程进行修理、返工、改建,等承包人修理、返工、改建结束且验收合格之日才是竣工日期,修理、返工、改建之前的工程质量不合格的“竣工日期”不是竣工日期。再结合

《建设工程司法解释（一）》第九条第一项中“以竣工验收合格之日为竣工日期”的措辞来看，至少在《建设工程司法解释（一）》第九条中“竣工日期”是指以工程质量合格（不论是正常的竣工验收合格还是推定的工程质量合格）为前提的竣工日期。

2. 从体系解释的角度看

《建设工程司法解释（一）》第九条第（一）项是对竣工验收合格的竣工日期的规定。第（三）项虽未直接体现“竣工验收合格”字样，但是建设工程未经竣工验收，发包人擅自使用后，应视为验收合格，又以使用部分质量不符合约定为由主张权利的，是自相矛盾，第九条第（三）项规定的“竣工日期”也是以工程质量合格为前提的竣工日期。因此，第九条第（二）项规定的“竣工日期”是以工程质量合格为前提的竣工日期。

最高院的判例也证实了这一观点：发包人拖延验收的，承包人提交验收报告之日视为竣工验收合格日期。

最高院（2015）民申字第2904号民事裁定认为，对于二审法院认定2010年4月23日为工程结算日是否有证据证明的问题。依据信诚公司的再审申请，其此项主张针对的是涉案工程款的付款时间以及利息起算点的问题。原审法院查明，长建公司承建的绝大部分涉案工程已于2010年4月之前投入使用，特别是信诚公司在二期工程未进行验收而擅自使用的情形下，依据《建设工程司法解释（一）》第九条第三项“建设工程未经竣工验收，发包人擅自使用的，以转移占有建设工程之日为竣工日期”之规定，应以信诚公司占有涉案工程之日为竣工日期，但目前认定实际占有日期之证据尚不充分。又，在信诚公司实际使用涉案工程的情形下，长建公司于2010年4月23日以公证送达的方式向信诚公司送达了涉案二期工程的《工程决算书》及《结算卷》，信诚公司在收到上述竣工结算文件后迟迟未予组织竣工验收及结算，依据《建设工程司法解释（一）》第九条第（二）项“承包人已经提交竣工验收报告，发包人拖延验收的，以承包人提交验收报告之日为竣工日期”之规定，原审法院以长建公司向信诚公司最后送达竣工结算文件之日（2010年4月23日）作为涉案工程的竣工日期并无不当。

分析该判决观点，虽然没有直接提及承包人已经提交竣工验收报告，发包人拖延验收的，承包人提交验收报告之日视为竣工验收合格之日。但是上述判决认为承包人向发包人送达竣工结算文件之日（2010年4月23日）为工程结算日，由此完全可以得出结论：承包人向发包人送达竣工结算文件之日（2010年4月23日）视为竣工验收合格之日。否则如工程质量不合格，承包人有修理、返工、改建的义务，发包人并不产生支付工程款的义务。

参考案例：最高院（2015）民申字第2904号“长春信诚房地产开发有限责任公司、长春建设股份有限公司与长春信诚房地产开发有限责任公司、长春建设股份有限公司建设工程施工合同纠纷案”。

8.59 发包人未按照合同约定支付进度款如何确定工期？

答：发包人未按期支付工程进度款不直接导致承包人拥有顺延工期的权利。

《民法典》第八百零三条规定：“发包人未按照约定的时间和要求提供原材料、设备、场地、资金、技术资料的，承包人可以顺延工程日期并有权要求赔偿停工、窝工等损失。”实践中，有许多施工单位片面理解该法律条文，误认为，只要发包人不按期支付工程款，承包方就有权顺延工期而无需为工期延误承担责任。大家之所以会产生这样的误解，归根到底还是由于未能正确理解《民法典》第八百零三条规定。

首先，从法律规定来看，法条原文使用的术语是“可以”，也就是说，此时承包人拥有选择权。承包人可以选择顺延工期，也可以选择按照原定期限继续施工。如果承包人选择垫资施工，属于承包人对自己权利的放弃，其结果当然是承包人必须按期向发包人交付工程。因此，一旦发生发包人逾期支付工程款的情形，承包人需明确进行意思表示，表明其选择究竟为何。其次，从举证责任来看，发生工程逾期的情形后，如果承包人主张是因为发包人未按期支付工程进度款的原因导致了工期的延误，其应当承担举证责任，来证明发包人的违约行为导致工期延误的事实及因果关系。实践中通常需要承包人提供停工通知等证据，否则，承包人需承担举证不能的后果。因此，对《民法典》第八百零三条的正确理解应当是：发包人未按期支付工程款的，承包人履行完相应的通知义务后，享有停工的权利。

实践中，工程款的支付和工期延误是两个的问题，因此，导致工期延误的原因非常重要，是判断相关当事人是否应当承担法律责任的重要标准，当事人应当做好这方面的证据收集工作。

参考案例：四川德阳中院（2017）川 06 民终 643 号“高齐与江天健、张安、四川民福建设集团有限公司建设工程施工合同纠纷案”。

8.60 工程存在大量变更，导致工程量增加，承包人是否要承担工期延误的违约责任？

答：增加工程量属于发包人原因造成的工程工期延误，承包人不承担责任。

参考案例：最高院（2014）民一终字第 69 号“赤峰建设建筑（集团）有限责任公司与唐山凤辉房地产开发有限公司建设工程施工合同纠纷案”。

8.61 发包人未按照约定支付预付款，承包人是否要承担工程延期违约金的责任？

答：承包人在约定预付时间 7 天后向发包人发出要求预付的通知，发包人收到通知后仍不能按要求预付，承包人可在发出通知后 7 天停止施工，发包人应从约定应付之日起向承包人支付应付款的贷款利息，并承担违约责任。建设工程合同中的工程款包括预付款、进度款（中间结算款）、结算款。关于工程款的支付方式，发承包双方可以在合同中进行约定。发包人应当严格按照合同的约定向承包人支付应付工程款，承包人有权依据合同的约定要求发包人支付预付款、进度款、结算款等工程款，如发包人拒不按约支付，承包人有权行使法律赋予的权利、要求发包人承担相应的法律责任。

参考案例：四川高院（2015）川民终字第 1179 号“四川中地能源建设公司、四川万兴置业有限公司建设工程施工合同纠纷案”。

8.62 无证据证明工程延期是承包人原因造成的，承包人是否要承担责任？

答：实践中对于建设工程工期延误纠纷的举证责任是如何分配的？承发包双方各自的证明标准又有着什么不同呢？对此尚没有统一的标准，通过梳理众多涉及建设工程工期逾期的案件，多数裁判规则是，认为发包人只要证明承包人的实际工期超出合同约定的工期即可，而作为承包人而言，其若主张自身不承担工期逾期的违约责任，则必须举证证明自身有工期顺延的正当理由且工期顺延的天数不少于发包人主张的工期逾期的天数。此处，谈到举证责任分配，必然提到证明标准。在工期延误纠纷中，承包人的证明标准是比较严格的，作为承包人而言，其必须要证明确实存在顺延的事项、实际延误的天数，且在关键线路上有因果关系。这对承包人的管理能力而言要求很高，在诉讼中其提起的证明工期顺延的证据也往往很难达到如此的证明标准。

1. 理论梳理

根据《民法典》第七百九十八、八百零三、八百零四条的规定，因发包人的原因造成建设工程逾期竣工的，承包人除有权顺延工期外，造成承包人停工、窝工等损失的，还可以要求发包人予以赔偿。如果因发包人的原因导致建设工程无法按照约定的施工进度进行，承包人可以中途停建或者缓建，停建或者缓建期间造成的停工、窝工、倒运、机械设备调迁、材料或者构件积压等损失和实际费用的，承包人有权请求发包人予以赔偿。依据《民法典》第八百零八条的规定，建设工程合同没有规定的，适用承揽合同的有关规定。而《民法典》第七百七十八条规定，承揽工作需要定作人协助的，定作人有协助的义务。定作人不履行协助义务致使承揽工作不能完成的，承揽人可以催告定作人在合理期限内履行义务，并可以顺延履行期限；定作人逾期不履行的，承揽人可以解除合同。建设工程施工合同的订立基础是发包人和承包人基于相互的信任，双方均应当遵循诚实信用的原则履行合同约定的义务。在信任基础上订立的建设工程施工合同，当事人之间负有相互协助的义务，为此，《民法典》第七百九十五条将双方相互协作作为合同的主要内容加以规定，任何一方不履行协作义务，均构成根本性违约。根据最高人民法院发布的《八民会议纪要》第33、34条的[1]规定，发包人不履行建设工程施工合同中的协作义务，承包人可以催告其在合理期限内履行义务，并有权顺延建设工期，要求赔偿损失。对于发包人仍不履行协助义务的，承包人可以行使合同解除权。

司法实践中，发包人承担的工期延误的责任，主要是顺延合同约定的工期。发包人是否承担工期延误的责任，关键在于承包人的举证证明，即承包人有证据证明因发包人的原因导致工期延误的，除可以要求顺延工期外，还可以请求发包人赔偿因工期延误造成的实际损失。

2. 实务争议

工程建设过程中，发包人应当按照合同约定履行自己的义务，为承包人建设工作提供必要条件，保证工程建设顺利进行。根据《民法典》第八百零三条的规定，因发包人导致工期顺延，造成停工、窝工等损失的应承担赔偿责任。

对于工期顺延纠纷，如何分配举证责任的问题，实践中存在不同观点：第一种观点认为，该类纠纷按照“谁主张、谁举证”的民事证据规则处理即可；第二种观点认为，一般情形下，按照“谁主张，谁举证”的基本原则处理是可行的，但是，由于实践中造成工期延误的原因复杂多样，故在特殊情形下，应从公平的原则出发，合理确定双方的举证责任。“谁主张，谁举证”，这是一条基本的民事诉讼举证原则。发包方、承包方在关于工期的纠纷中各自的主张应当是这样的：发包方认为，合同约定的工期明确具体，承包方完成工程的时间晚于合同约定的竣工日期；承包方认为，合同约定的工期并不明确或虽然明确，但是由于存在不可归责于承包方的事由，导致工期延长，承包方对此不承担责任。围绕这样的主张，双方应当各自提交相应证据：发包方首先应当证明合同约定工期具体明确，其次发包方应当证明工程实际竣工日期。承包方应证明工期延长的原因在于不可归责于己方的自然因素、人为因素。从上述逻辑来看，似乎双方的举证责任划分明确，不易产生分歧，但是，以下情形需作特别处理：

(1) 合同未约定工期或约定工期不明确时的举证责任。根据《民法典》第五百一十一条的规定，发包人、承包人对于工期未约定或约定不明确，属于上述法律规定的范畴。

(2) 注意工程变更与增加的不同性质对于举证责任承担的影响。例如，建筑物增加门窗的数量，建筑材料的变更、工艺方法的变化等，这些应属于原有合同内容的变更。在诉讼中，发包人提交合同和竣工验收资料以说明承包人延误工期，承包人提交类似上述工程变更的相关证据，以证明工期的延长是由于工程变更造成的，对此，如何负担举证责任，实践中存在不同观点：第一种观点认为，原合同约定的工期，是以原合同约定的工程内容为基础的，既然工程内容发生大量变更，原工期必然发生变化，因此，发包方除了提交合同、工程验收单之外，还应举证证明，上述工程变更对于工期并无影响，只有这样发包的举证责任才完成；第二种观点认为，这些变更对工期是否有影响，如果有影响，其影响的后果是延长工期还是减少工期，延长或减少的数量是多少？都不是想当然就能确定的。工程的变更有可能会延长工期，也可能会减少工期，具体情况如何，需要专业机构的鉴定才能确定。在发包人否认工程变更导致工期延长的情况下，承包人应承担举证责任，证明工程变更导致工期延长。

(3) 工期鉴定的提请。在工期纠纷中，承包方往往会举出很多证据，证明导致工期延长的原因在于自然因素或发包方原因等。但是多数情况下，双方并没有一个明确的工期顺延天数的签证。如何确定这些因素导致工期延长的天数，司法实践中，有的法院依职权进行酌定，笔者认为，这是不妥当的。较为合理的做法是由专业机构对这些因素导致工期延长的天数进行司法鉴定。

在这种情况下，提请工期司法鉴定的责任在于承包方。对于提请司法鉴定的时间，应根据最高院《证据规定》第二条和第五十一条的规定确定。在仲裁或诉讼时，仲裁机关或人民法院都会指定举证期限，一般举证期限会截止于开庭前。因此，承包方在进行工期延误举证时一定注意，不能仅仅举出影响工期各种因素存在的证据，多数情况下还应考虑提交工期鉴定申请，要求对于这些因素影响工期的具体天数进行鉴定，同时应当注意，这一鉴定申请应在举证期限内提出。

参考案例：最高院（2015）民一终字第249号“甘肃红旗公司与青海福音公司建设工

程施工合同纠纷案”。

8.63 承包人未按照约定报送形象进度预算是否要承担逾期交工违约金？

答：形象进度预算指在建设工程施工过程中，按工程形象进度完成的工程量计算并支付的各项工程预算。承包人未按约定报送会影响工程款支付。若导致逾期交工，属于承包人原因的工期延误，应承担违约责任。

参考案例：山东滨州中院（2013）滨中民四初字第20号“江苏省建工集团有限公司与滨州至尊置业有限公司建设工程施工合同纠纷案”。

8.64 发包人变更设计，承包人未提出要求延期的申请，承包人是否要承担延期交工违约金？

答：发包人变更设计属于发包人原因，承包人在工期可以顺延的情况发生后14天内，应将延误的工期向工程师提出书面报告。工程师在收到报告后的14天内予以确认答复，逾期不予答复，视为报告要求已经被确认。承包人如未提出延期申请，视为无需延期。

参考案例：江苏高院（2016）苏民终1124号“昆山前端电子有限公司与江苏南通六建建设集团有限公司、江苏中雄建设工程有限公司等建设工程施工合同纠纷案”。

8.65 承包人未按照合同约定的索赔程序在约定期限内向发包人发出索赔意向或书面索赔报告，是否要承担延期交工责任？

答：根据《简明标准施工招标文件》（2012年版）第16.1条的规定：根据合同约定，承包人认为有权得到追加付款和（或）延长工期的，应按以下程序向发包人提出索赔：

（1）承包人应在知道或应当知道索赔事件发生后14天内，向监理人递交索赔通知书。索赔通知书应详细说明索赔理由以及要求追加的付款金额和（或）延长的工期，并附必要的记录和证明材料；

（2）索赔事件具有连续影响的，承包人应在索赔事件影响结束后的14天内，向监理人递交最终索赔通知书，说明最终要求索赔的追加付款金额和延长的工期，并附必要的记录和证明材料；

（3）承包人未在前述14天内递交索赔通知书的，丧失要求追加付款和（或）延长工期的权利。

由此可见，承包人未在期限内要求索赔，丧失追加付款或延长工期的权利，如造成工期延误，要承担相应责任。

参考案例：山东青岛市中院（2020）鲁02民特65号“青岛青龙高速公路建设有限公

司、中电建路桥集团有限公司申请撤销仲裁裁决特别程序案”。

8.66 承包人未提供双方签字确认的工程变更和工期顺延的签证，能否主张工期顺延？

答：根据《建设工程司法解释（一）》第十条的规定，承包人提出工期顺延不认为是工期违约，有三种情形：

（1）根据合同约定，承包人就工期顺延事由要求发包人或监理人书面确认。建设工程施工合同中一般会约定承包人可以提出工期顺延的事由、处理流程等内容。承包人对非自身原因的工期延误，可以要求发包人或监理人进行工期顺延确认，并保存相关证据。

（2）承包人能证明在合同约定期限内，向发包人或监理人申请过符合合同约定事由的工期顺延。这种情形在建设工程施工过程中大量存在，主要是不规范施工造成，当出现符合合同约定的工期顺延事由时，承包人及时提出了申请，但是出现发包人或监理人因各种原因不予确认的情况，这样即使发包人或监理人对承包人提出的工期顺延没有确认，也视为符合工期顺延的事由，承包人应当保留好相关的证据。

（3）承包人未在约定期限内提出工期顺延的，视为工期不顺延，但是发包人过期后同意工期顺延或承包人提出合理抗辩的除外。

因此，承包人对已向发包人提出工期顺延要求承担举证责任，而不以发包人是否同意承担举证责任。

参考案例：广东中山中院（2013）中中法民一终字第792号“中建设三局建设工程股份有限公司、中山市华创置业有限公司与中建三局建设工程股份有限公司、中山市华创置业有限公司建设工程施工合同纠纷案”；广东中山中院（2013）中中法民一终字第792号“中建三局集团有限公司（原中建三局建设工程股份有限公司）、中山市华创置业有限公司建设工程施工合同纠纷执行案”。

8.67 承包人提交的工期顺延工程联系单没有发包人、监理公司等合同约定人员签字盖章，能否主张工期顺延？

答：承包人提出工期顺延是法定权利，无需发包方认可。

建筑工程的工期涉及承包人和发包人的重要权益，从以往的判例来看，当承包人以发包人拖欠工程款为由起诉的，发包人就以工期延误为由要求承包人赔偿或支付违约金。但是，在建筑工程在施工过程中，工期延误难以避免，从实践来看，工期延误的原因非常多，例如，极端天气、政府行为、工程设计变更、工程量增加、发包人自身的原因，当然有的确实是承包人自身的原因导致。工期发生延误后，承包人应证明延误的理由并不是自身原因造成的，否则就要承担工期延误的违约责任或赔偿责任。因此，有哪些情形出现时，承包人提出工期顺延不认为是工期违约？根据《建设工程司法解释（一）》第十条的规定，笔者认为共有三种情形：（1）根据合同约定，承包人就工期顺延事由要求发包人或监理人书面确认。建设工程施工合同中一般会约定承包人可以提出工期顺延的事由、处理流程等内容。承包人对非自身原因的工期延误，可以要求发包人或监理人进行工期顺延确认，并保存相关证据。(2) 承包人能证明在合同约定期限内，向发包人或监理人申请过符合合同约定事由的工期顺延。这种情形在建设工程施工过程中大量存在，主要是不规范施工造成，当出现符合合同约定的工期顺延事由时，承包人及时提出了申请，但是出现发包人或监理人因各种原因不予确认的情况，这样即使发包人或监理人对承包人提出的工期顺延没有确认，也视为符合工期顺延的事由，承包人应当保留好相关的证据。(3) 承包人未在约定期限内提出工期顺延的，视为工期不顺延，但是发包人过期后同意工期顺延或承包人提出合理抗辩的除外。

正常情况下，承包人与发包人会在合同中约定申请工期顺延的期限，当发生工期顺延的事由时，承包人未在约定期限内申请的，即可以视为工期不顺延，承包人丧失工期顺延的权利，该约定符合意思自治的基本原则。同时又规定了两种除外情况，一是承包人过期申请工期顺延发包人同意的，这仍是体现意思自治的原则；二是承包人有合理的抗辩理由，例如不可抗力、情势变更、极端天气、设计变更等等，有这些理由存在的，即使承包人未在约定期限内申请工期顺延的，承包人仍可以主张酌情延长工期。从司法实践来看，工期延误的原因极为复杂，因此造成的工期顺延的，承包人要首先承担举证责任，否则承包人可能因举证不能而承担不利的法律后果。承包人在出现工期顺延的事由时，应当及时按合同约定处理或者同发包人、监理人协商处理，同时保留好相应的证据，以避免自身合法权益受到损害。当不可抗力、情势变更、极端天气、设计变更等等，有这些理由存在的情况下，即使承包人未在约定期限内申请工期顺延的，承包人仍可以主张酌情延长工期。承包人提交的工期顺延工程联系单没有发包人、监理公司等合同约定人员签字盖章，仍可主张工期顺延。

参考案例：重庆高院（2019）渝民终792号“重庆建工第三建设有限责任公司与重庆融华房地产有限公司建设工程施工合同纠纷案”。

8.68 工期延误是多方面原因造成的，责任如何承担？

答：工期延误是发包人、承包人原因引起的，按各自过错承担责任。由于不可抗力、意外事件、鉴定导致的工期延误，互不承担责任。由于第三方原因导致的，一般应由承包方先向发包方承担违约责任，再由承包方向第三方追偿。

参考案例：河南郑州中院（2011）郑民四初字第24号“江苏中兴建设有限公司建设工程施工合同纠纷案”。

8.69 低温情况能否作为不可抗力原因主张工期延期？

答：超常低温情况属于异常恶劣气候条件，要构成不可抗力需要综合以下几个方面进行判断：

(1) 不可预见性。法律要求构成不可抗力的事件必须是有关当事人在订立合同时，对这个事件是否会发生是不可能预见到的。在正常情况下，对于一般合同当事人来说，判断其能否预见到某一事件的发生有两个不同的标准：一是客观标准，就是在某种具体情况下，一般理智正常的人能够预见到的，合同当事人就应预见到；如果对该种事件的预见需要有一定专门知识，那么只要具有这种专业知识的一般正常水平的人所能预见到的，则该合同的当事人就应该预见到。

（2）不可避免性。合同生效后，当事人对可能出现的意外情况尽管采取了及时合理的措施，但客观上并不能阻止这一意外情况的发生，这就是不可避免性。如果一个事件的发生完全可以通过当事人及时合理的作为而避免，则该事件就不能认为是不可抗力。

（3）不可克服性。不可克服性是指合同的当事人对于意外发生的某一个事件所造成的损失不能克服。如果某一事件造成的后果可以通过当事人的努力而得到克服，那么这个事件就不是不可抗力事件。

（4）履行期间性。对某一个具体合同而言，构成不可抗力的事件必须是在合同签订之后、终止以前，即合同的履行期间内发生的。如果一项事件发生在合同订立之前或履行之后，或在一方履行迟延而又经对方当事人同意时，则不能构成这个合同的不可抗力事件。构成一项合同的不可抗力事件，必须同时具备上述四个要件，缺一不可。

参考案例：宁夏吴忠中院（2014）吴民终字第384号“宁夏元亘电力有限公司、马鹏程与刘建忠、刘建国建设工程施工合同纠纷案。”

8.70 工程量变更增加，但承包人未提出延期申请，能否主张工期延期？

答：工程量变更增加属于非承包人原因工期延误，承包人未在合同约定时间内申请工期顺延，是否丧失工期顺延的权利。司法实践中有以下几种不同的观点：

第一种观点认为，承包人未在约定时间内获得工期顺延签证，但是在约定时间内主张过工期顺延，或者即使没有主张过工期顺延，但是发包人的行为确实严重影响施工进度的，承包人仍然有顺延工期的权利。如《北京高院解答》第26条规定：工期顺延如何认定？因发包人拖欠工程预付款、进度款、迟延提供施工图纸、场地及原材料、变更设计等行为导致工程延误，合同明确约定顺约延工期应当经发包人签证确认，经审查承包人虽未取得工期顺延的签证确认，但其举证证明在合同约定的办理期限内向发包人主张过工期顺延，或者发包人的上述行为确实影响施工进度的，对承包人顺延相应工期的主张，可予支持。

第二种观点认为，未在合同约定期限内提出工期顺延申请的不丧失工期顺延的权利，但是如合同明确约定未在约定期限内申请工期顺延视为放弃工期顺延权利的，按照约定承包人丧失工期顺延的权利。如《广东省高级人民法院关于审理建设工程合同纠纷案件疑难问题的解答》第20条规定：承包人未依约提出工期顺延申请的能否视为放弃工期顺延权利？发包人仅以承包人未在合同约定的期限内提出工期顺延申请而主张工期不能顺延的，不予支持，但合同明确约定承包人未依约提出顺约工期申请视为放弃权利的，按照约定处理。

第三种观点认为，无论承包人是否在约定时间内申请工期顺延，只要存在非承包人原因影响工期的，承包人均有权顺延工期。如《安徽省高级人民法院关于审理建设工程施工合同纠纷案件适用案件法律问题的指导意见（二）》第4条规定：承包人未能提供顺延工期的签证等书面文件，但能够证明工程存在延期开工、不具备施工条件、设计变更、工程量增加、发包人指定的分包工程迟延完工、不可抗力等不可归责于承包人的原因，影响施工进度的，可以允许承包人相应顺延工期。再如《河北省高级人民法院建设工程施工合同案件审理指南》第47条规定：工期延误的责任应该由造成工期延误的过错一方承担，发包人仅以承包人未在合同约定的期限内提出工期顺延申请而主张工期不能顺延的，人民法院不予支持。我们赞成第三种观点。

参考案例：河南省高级人民法院（2015）豫法立二民申字第00246号“平顶山市豫鹰翔商贸有限责任公司与西平腾达建筑安装有限公司建设工程施工合同纠纷案”。

8.71 因设计变更导致工程量增加，是否必然带来工期的顺延？

答：因设计变更导致工程量的增加通常会带来工期的增加，但是不必然导致工期的顺延。

通常来说，如果因设计变更导致了工程量的增加会带来工期的顺延，工程师在收到报告后14天内予以确认，逾期不予确认也不提出修改意见，视为同意顺延工期。因此，因设计变更导致工程量的增加通常会带来工期的增加，但是不必然导致工期的增加，如果增加的工作量并非在工程总工期的关键线路上，就只增加工程造价而不影响总工期。所以具体如何顺延，延迟多长时间，要求施工单位在发生工程变更后14天内向建设单位的工程师或监理工程师提出报告，建设单位的工程师或监理师在14天内不予确认也不提出修改意见，视为同意施工单位顺延工期的要求。

参考案例：江苏苏州中院（2019）苏05民终2338号“汪菊生与太仓市冬青建筑工程有限公司建设工程施工合同纠纷案”。

8.72 确定工期逾期违约金是否过高以何为标准？

答：《民法典》第五百八十五条规定：“当事人可以约定一方违约时应当根据违约情况向对方支付一定数额的违约金，也可以约定因违约产生的损失赔偿额的计算方法。约定的违约金低于造成的损失的，当事人可以请求人民法院或者仲裁机构予以增加；约定的违约金过分高于造成的损失的，当事人可以请求人民法院或者仲裁机构予以适当减少。”

通常，当事人依照《民法典》第五百八十五条第二款的规定，请求人民法院增加违约金的，增加后的违约金数额以不超过实际损失额为限。增加违约金以后，当事人又请求对方赔偿损失的，人民法院不予支持。

由此可见，应以实际损失作为认定违约金是否过高的标准。

参考案例：广东中山第一法院（2014）中一法张民一初字第829号“广东汇和药业有限公司与瑞华建设集团有限公司建设工程施工合同纠纷案”。

8.73 合同约定违约金高于全国银行间同业拆借中心公布的贷款市场报价利率（LPR）的4倍以上，如何调整？

答：根据最高院判例，合同约定违约金高于全国银行间同业拆借中心公布的贷款市场报价利率（LPR）4倍以上，按照全国银行间同业拆借中心公布的贷款市场报价利率（LPR）4倍（年利率15.4%）调整确定违约金的计付标准较为适宜。

在确定是否对违约金进行调整以及如何调整时，应当坚持公平与诚实信用原则。违约金赔付类似于民间借贷纠纷，且现实经济生活中民间借贷利率都比较高，因此按照年利率15.4%的标准确定违约金并不过高。考虑到债务人长期不偿还款项的过错状态，结合民间资金使用的成本因素，按照全国银行间同业拆借中心公布的贷款市场报价利率（LPR）四倍（年利率15.4%）调整确定违约金的计付标准较为适宜。

参考案例：最高院（2015）民提字第177号"杨英朝、杨合生与马延虎、马铜锁等股权转让纠纷申诉、申请案"；最高院（2017）民申3354号"中晟东泰（南宁）纳米基、林卫东建设工程施工合同纠纷案"。

8.74 工程未按照合同约定的竣工日期竣工并非承包人原因所致，承包人能否主张工期奖？

答：工期奖属于赠与。所谓赠与，是指赠与人将自己的财产无偿给予受赠人，受赠人表示接受赠与。除了具有救灾、扶贫等社会公益、道德义务性质的赠与或者经过公正的赠与外，赠与人在赠与财产的权利转移之前可以撤销赠与。

关于赠与的法律性质，学理上有不同的见解。有的观点认为属诺成合同，即一方当事人的意思表示经对方当事人同意便成立；有的观点认为属实践合同，即一方当事人的意思表示经对方当事人同意且双方交付合同标的物后才能成立，两者的最大区别在于是否把交付合同标的物作为合同成立的必要条件。从《民法典》的规定来看，我国赠与合同为诺成合同。

赠与在法律上最重要的特征，在于受赠人取得财产是无偿的。虽然依《民法典》第六百六十一条的规定，赠与可以附义务，但该义务不得成为取得财产的对价，否则便不构成赠与。

关于工期奖应否给付的问题，如工期奖的取得是无偿的，发包人可以依法行使撤销权，而不必履行该赠与约定；若承包人为取得工期奖而支付了对价，该工期奖便不属赠与之性质，发包人应履行付款义务。

参考案例：河南焦作中院（2012）焦民再一终字第2号"商城县建工劳务有限公司与河南省第二建设集团有限公司、河南省第二建设集团有限公司第三工程分公司建设工程合同纠纷案"。

8.75 建设工程未经验收发包人擅自使用如何处理？

答：建设工程未经验收发包人擅自使用的视为认可工程质量。

《建设工程司法解释（一）》第十四条明确规定："建设工程未经竣工验收，发包人擅自使用后，又以使用部分质量不符合约定为由主张权利的，人民法院不予支持；但是承包人应当在建设工程的合理使用寿命内对地基基础工程和主体结构质量承担民事责任。"具体含义如下：

一、发包人擅自使用未经验收建设工程的，出现质量问题，应自行承担责任。

《建筑法》第六十一条规定："建筑工程竣工经验收后，方可交付使用；未经验收或者验收不合格的，不得交付使用。"《民法典》第七百九十九条第二款和《建设工程质量管理条例》第十六条也作了基本相同的规定。在正常情况下房屋建成后，有关部门应根据《建设项目（工程）竣工验收办法》的规定及工程规模大小，复杂程度等组织验收。不管是新建、扩建、改建项目及技术改造项目一律要经过工程验收后，方可交付使用。为了保证建设工程质量，我国有关法律法规对工程竣工验收程序等有严格的规定。要求交付竣工验收的建筑工程，必须符合国家规定的建筑工程质量标准，并具备规定的其他竣工条件等。《建设工程质量管理条例》第二十六条、《建筑法》第五十八条、《民法典》第八百零一条均规定，施工单位对建设工程的施工质量负责。但是，根据《建设工程司法解释（一）》第十四条规定，在建设工程未经过竣工验收或者验收未通过的情况下，发包人违反法律规定，擅自或强行使用，即可视为发包人对建筑工程质量是认可的，或者虽然工程质量不合格其自愿承担质量责任。发包人使用未经验收的工程，其应当预见工程质量可能会存在质量问题，而且使用验收不合格的建筑工程就更直接说明发包人对不合格工程予以认可。随着发包人的提前使用，其工程质量责任风险也由施工单位随之转移给发包人。

二、承包人在建设工程的合理使用寿命内对地基基础工程和主体结构质量承担民事责任。

建筑物的地基基础工程和主体结构工程是建筑工程的重要基础和主体，如果一项建筑工程在地基基础工程和主体结构上出现质量问题，即使其他部分施工质量再好也难以保证整个建筑工程质量。因此《建筑法》第六十条第一款规定，建筑物在合理使用寿命内，必须确保地基基础工程和主体结构的质量，并要求建设工程在合理使用期限内不能有危及使用安全的质量问题，在合理使用期限内，如果对人身和财产造成损害的，承包人承担损害赔偿责任。该规定是法律强制性规定，其要求承包人必须确保地基基础工程和主体结构的质量在建筑物合理使用寿命内不能出现问题，无论建筑工程是否经过验收、发包人是否擅自使用，这都是承包人依照法律规定必须履行的工程质量保证义务，如果出现质量问题，承包人就必须承担相应民事责任。

参考案例：山东青岛中院（2020）鲁02民终3264号"青岛三利集团有限公司、北京弘高建筑装饰设计工程有限公司装饰装修合同纠纷案"。

8.76　承包人提出工期违约索赔的情形主要有哪些？

答：工期延误是指工程建设的实际进度落后于计划进度。因承包人导致的工期延误，承包人应当支付工期延误的违约金或者赔偿损失；因发包人导致的工期延误，应当顺延工期，补偿承包人停工、窝工的损失。但是，不是所有工期延误的情况下，承包人都可以提出工期顺延和费用索赔。按照形成工期延误的原因，工期延误可分为以下六种情况：（1）甲方原因；(2) 甲方风险；(3) 工期变更；(4) 自然风险；(5) 第三方风险；(6) 乙方原因。其中前五种情况的工期延误承包人可以请求顺延工期，前三种情况承包人可以获得费用索赔，只有第一种情况，承包人可以获得利润索赔。计划进度和定额工期是工期延误的参照物。

一、甲方原因。指甲方违反合同约定或者法定义务造成的工期延误。包括：(1) 发包人逾期支付工程预付款、进度款。(2) 发包人拖延提供施工条件。拖延提供场地、图纸等。(3) 发包人逾期提供甲供材料。(4) 发包人未办理建设行政审批手续，导致建设行政主管部门勒令停工的。甲方原因造成的工期延误，承包人可以主张，工期顺延、费用索赔和利润索赔。

二、甲方风险。(1) 不利地下条件。(2) 甲方指定分包以后，由分包人造成的工期延误。如果由甲方直接与分包单位签订分包合同，则承包人无需承担因分包人造成的工期质量责任。如果由承包人与分包人签订分包合同，则甲方、分包人和承包人按照过错比例承担相应责任。可以主张工期顺延和费用损失。《建设工程司法解释（一）》第十三条规定："发包人具有下列情形之一，造成建设工程质量缺陷，应当承担过错责任：(一) 提供的设计有缺陷；(二) 提供或者指定购买的建筑材料、建筑构配件、设备不符合强制性标准；(三) 直接指定分包人分包专业工程。"当然，承包人有过错的，也应当承担相应的过错责任。

三、工程变更。包括设计变更、施工方案变更、新增工作变更等。由此引起的等待变更指令、协商、变更施工准备，材料采购，机械设备准备等，均可引起工期延误和费用增加。《民法典》第八百零五条规定："因发包人变更计划，提供的资料不准确，或者未按照期限提供必需的勘察、设计工作条件而造成勘察、设计的返工、停工或者修改设计，发包人应当按照勘察人、设计人实际消耗的工作量增付费用。"

四、自然风险及不可抗力。属于不可抗力的地震、台风、暴雨、冰冻等。承包人可以提出工期顺延。

五、第三方原因。属于不可归因于分包人和承包人以外的意外事件，造成的工期延误，承包人可以提出工期延误。

六、乙方原因。因承包人的原因造成工期延误的，承包人应当按照合同向分包人支付工期延误的违约金或者赔偿损失。尽管客观上发生了承包人可以请求工期顺延和费用索赔的工期延误情况，还有待于承包人举证，司法实践中，如果承包人不能举证证明发生工期延误的原因，则推断工期延误是由承包人造成的。

法律依据：《民法典》第五百七十七条、第五百八十三条、第五百八十四条、第五百九十条、第七百九十八条、第八百零三条、第八百零四条、第八百零五条；《建设工程司法解释（一）》第十三条。参考《建设工程施工合同（示范文本）》GF—2017—021 通用条款 7.6、7.7、10.6、17.3.2 规定。

参考案例：安徽阜阳中院（2018）皖 12 民初 275 号"马骥与山东省建设建工（集团）有限责任公司、临泉县重点工程建设服务中心建设工程施工合同纠纷案"。

8.77 工程总承包模式下对于任意压缩合理工期如何认定？

答：工期一般是以定额来确定的，是经过科学测定的合理工期。《建设工程质量管理条例》第十条规定："建设工程发包单位不得迫使承包方以低于成本的价格竞标，不得任意压缩合理工期。"

何谓合理工期？法律上并没有作出明确规定，一般是参考定额工期的工期天数确定合理工期，定额工期是判断合理工期的基础。我们认为，合理工期是指在正常建设条件下，采取科学合理的施工工艺和管理方法，以现行的建设行政主管部门颁布的工期定额为基础，结合项目建设的具体情况，而确定使投资方、各参建单位均获得满意的经济效益的工期。根据《全国统一建筑安装工程工期定额》确定合理工期有以下几点：(1) 单项（位）工程中层高在 2.2m 以内的技术层不计算建筑面积，但计算层数；(2) 出屋面的楼（电）梯间、水箱间不计算层数；(3) 单项（位）工程层数超出本定额时，工期可按定额中最高相邻层数的工期差值增加；(4) 一个承包方同时承包 2 个以上（含 2 个）单项（位）工程时，工期的计算：以一个单项（位）工程的最大工期为基数，另加其他单项（位）工程工期总和乘相应系数计算：加一个乘以 0.35 系数；加 2 个乘以 0.2 系数；加 3 个乘以 0.15 系数；4 个以上的单项（位）工程不另增加工期；(5) 坑底打基础桩，另增加工期；(6) 开挖一层立方后，再打护坡桩的工程，护坡桩施工的工期承发包双方可按施工方案确定增加天数，但最多不超过 50 天；(7) 基础施工遇到障碍物或古墓、文物、流砂、溶洞、暗滨、淤泥、石方、地下水等需要进行基础处理时，由承发包双方确定增加工期；(8) 单项工程的室外管线（不包括直埋管道）累计长度在 100m 以上，增加工期 10 天；道路及停车场的面积在 $500m^2$ 以上，在 $1000m^2$ 以下者增加工期 10 天；在 $5000m^2$ 以内者增加工期 20 天；围墙工程不另增加工期。

定额工期是社会平均水平的体现，是各类典型工程经分析整理后截取的数据，而非个体施工企业的施工工期。缩短工期可能包括工期优化和任意压缩合理工期，优化工期是通过压缩关键工作的持续时间而节省出来的时间；任意压缩合理工期是打乱施工节奏，违背工程建设规律，挤占、取消、缩减必要施工流程，违反国家强制性标准，导致工程质量降低。开发商等通过抢工等方式任意压缩合理工期，以达到缩短资本运营周期，降低资金运作成本，提升资本运作效益的目的，因此而导致工程质量缺陷的案例很多，个别案例中造成的质量缺陷很严重，直接危及公共利益和公共安全。《标准化法实施条例》第二十三条规定，强制性标准，必须执行。不符合强制性标准的产品，禁止生产、销售和进口。"合理工期"应当界定在包括但不限于维持一个具体工程建设项目正常施工所必需的最短工期，相当于某一产品必须等于或者高于该产品对应的行业最低标准，即国家强制性标准。判断工期是否合理的关键是使投资方、各参建单位都获得满意的经济效益。建设单位不能为了早日发挥项目的效益，迫使承包单位大量增加人力、物力投入、赶工期，损害承包单位的利益。实际工作中，盲目赶工期，简化工序，不按规程操作，导致建设项目出现问题，则是任意压缩合理工期，这是应该制止的。

参考案例：浙江高院（2016）浙民终 940 号"玉环县国发投资有限公司、浙江昆仑建设集团股份有限公司建设工程施工合同纠纷案"。

8.78 发包人直接指定分包单位的工期过错责任如何认定？

答：在工程总承包项目中，发包人直接指定分包单位并造成工期延误的，总承包人可以主张发包人承担相应的过错责任。

工程总承包项目中，发包人指定分包单位的行为并不当然违法，也并不必然导致项目工期延误，只有在发包人指定分包的行为和工期延误这一结果有因果关系的，或发包人直接指定分包单位造成工期延误的，发包人才对工期延误所造成的后果承担相应的过错责任。发包人指定分包单位的工期过错责任可从以下几方面认定：

一、发包人指定的分包单位缺乏相应资质。《建筑法》第十三条规定："从事建筑活动的建筑施工企业、勘察单位、设计单位和工程监理单位，按照其拥有的注册资本、专业技术人员、技术装备和已完成的建筑工程业绩等资质条件，划分为不同的资质等级，经资质审查合格，取得相应等级的资质证书后，方可在其资质等级许可的范围内从事建筑活动。"《建筑法》第二十六条规定："承包建筑工程的单位应当持有依法取得的资质证书，并在其资质等级许可的业务范围内承揽工程。禁止建筑施工企业超越本企业资质等级许可的业务范围或者以任何形式用其他建筑施工企业的名义承揽工程。禁止建筑施工企业以任何形式允许其他单位或者个人使用本企业的资质证书、营业执照，以本企业的名义承揽工程。"如果发包人知道或应当知道其所指定的分包单位没有资质或超越资质的，仍然指定其为分包单位，发包人的行为已经违反了《建筑法》禁止性规定，可以理解为发包人的此种行为具有明显的过错。

二、属于依法必须招标的分包工程，发包人直接指定分包单位。《房建市政总承包管理办法》第二十一条规定："工程总承包单位可以采用直接发包的方式进行分包。但以暂估价形式包括在总承包范围内的工程、货物、服务分包时，属于依法必须进行招标的项目范围且达到国家规定规模标准的，应当依法招标。"如果分包的设计或施工任务应当进行招标的，在招标阶段发包人为承包人指定分包单位或没有按照招标投标程序发包人直接指定分包单位的，应当认定发包人存在相应的过错而承担过错责任。

三、将主体工程或主体设计指定分包或指定再分包的。《民法典》第七百九十一条第三款规定："禁止承包人将工程分包给不具备相应资质条件的单位。禁止分包单位将其承包的工程再分包。建设工程主体结构的施工必须由承包人自行完成。"《建筑法》第二十八条规定："禁止承包单位将其承包的全部建筑工程转包给他人，禁止承包单位将其承包的全部建筑工程肢解以后以分包的名义分别转包给他人。"如果发包人将承包人所承包的主体工程指定分包单位或者将主体工程的设计指定分包给其他第三人的，都应当认定发包人存在相应的过错而承担过错责任。

需要注意的是，在实践中，导致工期延误的原因非常复杂且多种多样，很多情形是多因一果，比如，分包人现场管理不善、分包人没有任何资质、承包人没有及时向分包人提供图纸或施工条件的，承包人没有及时向分包人支付工程进度款等最终导致分包人的工期存在严重逾期。因此，应当根据发包人和承包人的过错大小，其过错与分包人工期逾期之间的因果关系等因素综合作出判定，而不应机械适用。

参考案例：浙江高院（2007）浙民一终字第 182 号"绍兴经济开发区开发建设有限公司与绍兴县大成基础建设有限公司、浙江宝业建设集团有限公司等建设工程施工合同纠纷案"。

8.79　联合体成员节点工期违约责任如何承担?

答：发承包双方在总承包合同中明确约定了节点工期和相应违约责任的，发包人可以选择向联合体牵头成员在内的任一联合体成员主张违约责任。上游联合体成员节点工期延误使下游联合体成员遭遇导致恶劣气候条件、不可抗力等不利于施工的各种情形，最终造成下游联合体成员节点工期进一步延误，并给下游联合体成员损失的，下游联合体成员主张上游联合体成员向其承担节点损失。下游联合体成员进一步延误的，上游联合体成员与下游联合体成员按过错比例分担延误责任。

参考案例：最高院（2015）民申字第 2635 号“安徽广厦建筑（集团）股份有限公司与安徽众力房地产开发有限公司建设工程施工合同纠纷案”。

8.80　联合体成员内部责任如何划分?

答：联合体成员一方对发包人承担工期延误责任后，要求其他联合体成员承担其对外的工期责任义务的，按照以下情形分别处理：（1）联合体内部协议有约定的按照约定处理；（2）未约定或约定不明的，根据造成工期延误的原因力大小及过错程度确定联合体各方所应承担的工期责任；（3）上游联合体成员未按照约定完成工期任务造成工程关键路径工期延误，下游联合体进行赶工确保总工期未延长的，下游联合体向上游联合体成员主张赶工费用的，按照以下情形处理：①联合体内部协议明确约定工期责任承担标准的，按照约定处理；②未约定工期责任承担具体标准，但下游联合体成员能够证明所主张赶工费用的合理性，人民法院应予支持。

《民法典》第一千一百六十五条规定：“行为人因过错侵害他人民事权益造成损害的，应当承担侵权责任。依照法律规定推定行为人有过错，其不能证明自己没有过错的，应当承担侵权责任。”联合体成员内部责任未约定或约定不明时，人民法院根据造成工期延误的原因力大小及过错程度确定联合体各方所应承担的工期责任，实际上就是过错原则的应用。

赶工增加的费用一般包括新增人员和新增机械设备进退场费用、夜间施工增加费、夜间施工降效费、节假日施工补贴、材料增加费、因赶工新增项目费用、安全文明生产措施增加费、现场管理费增加部分、人员机械施工见效补偿费用、加速施工激励费用、资金成本的增加，以及其他因工期加速引起的费用增加。判断赶工费是否合理，不仅要关注赶工费用的组成，还要关注各项费用支出是否与赶工追回的天数相匹配，是否与项目当地建筑行业人材机费用相符、是否符合当地用工习惯、人材机效率是否合理等方面。

赶工费用的合理性应当由下游联合体成员证明，若下游联合体成员证明确有困难，建议申请造价鉴定。

参考案例：江苏无锡滨湖区法院（2016）苏 0211 民初 7468 号“无锡市基础工程有限公司与中商福润投资控股集团有限公司、中城投集团第六工程局有限公司建设工程合同纠纷案”。

8.81 工期共同延误责任如何划分？

答：工程总承包联合体模式下工期发生共同延误的，按照下列原则在联合体成员之间划分工期延误责任：(1) 按照过错比例划分联合体成员之间工期延误责任；(2) 过错比例难以确定的，由主导原因的责任方承担责任；(3) 如果难以确定过错比例且难以区分主导原因的，按照公平原则分摊相应责任。

《民法典》第一千一百六十五条规定："行为人因过错侵害他人民事权益造成损害的，应当承担侵权责任。"第五百九十二条规定："当事人都违反合同的，应当各自承担相应的责任。当事人一方违约造成对方损失，对方对损失的发生有过错的，可以减少相应的损失赔偿额。"实践中共同延误的具体情形种类很多，无法列举穷尽，但延误事件都在联合体成员的义务范围内。联合体成员没有在合同约定的时间节点完成自己应当完成的任务，即发生一个延误事件。当多个延误事件同时发生，那么极大可能就会造成共同延误。原因力是因果关系理论中的重要组成，旨在判断导致受害人同一损害后果的数个原因中，各个原因对于该损害后果的发生所发挥的作用力。与条件不同的是，原因必然引起结果发生，而条件只是因为发生结果提供可能性。不同于主导原因，主导原因是指在众多影响工期的因素中起决定全局的和支配地位的因素，其他因素可予以忽略。当无法确定联合体成员对共同延误发生的过错程度且无法找到主导原因时，显然让任何一方联合体成员承担全部的共同延误后果都显失公平，此时，可以考虑按照各方联合体成员的实际情况，按照合理、公平理念决定各方应承担的责任比例。

参考案例：最高院（2016）民申 2327 号"青海福音公司、甘肃红旗公司建设工程合同纠纷案"。

8.82 发包人与同一承包人分别签订设计、采购、施工合同，所发生的纠纷如何处理？

答：发包人与同一承包人就同一工程分别签订设计、采购、施工合同的，应根据各合同的所约定的权利义务的关系，确定其法律适用，以及是否应合并审理。如果合同所约定的权利义务没有依存关系，则应分别适用各合同对应典型合同的法律规范，分别提起诉讼或仲裁以及审理，如各合同所约定的权利义务有一定依存关系，则应分别适用各合同对应典型合同的法律规范，可以分别提起诉讼或仲裁，当事人同意时也可以合并审理。如果合同的权利义务紧密牵连无法分割，则应认定为混合合同，分别适用各合同对应典型合同的法律规范，或是适用主法律关系的法律规范，一般不能拆分提起诉讼或仲裁及审理。

参考案例：最高院（2018）民申 862 号"牟定兄弟矿业有限责任公司、云南德胜钢铁有限公司民间借贷纠纷案"；最高院（2018）民申 904 号"昆明赛诺制药股份有限公司、大理大学侵害技术秘密纠纷案"；最高院（2018）民申 1511 号"黄甫则、杨敢美合同纠纷案"。

8.83 工程总承包模式下如何界定"现场资料"？

答：我们认为"现场资料"从字面上理解应为与项目相关的现场数据或文字资料。

《房建市政总承包管理办法》第九条规定："建设单位应当根据招标项目的特点和需要编制工程总承包项目招标文件，主要包括以下内容……（五）建设单位提供的资料和条件，包括发包前完成的水文地质、工程地质、地形等勘察资料，以及可行性研究报告、方案设计文件或者初步设计文件等。"《公路工程设计施工总承包管理办法》第八条规定："总承包招标应当向投标人提供初步设计文件和相应的勘察资料，以及项目有关批复文件和前期咨询意见。"根据上述规定，"现场资料"是与项目相关的现场数据或文字资料。

不同于发包人要求，现场资料应具备客观性。结合上述规定，我们对"现场资料"的范围进行概括界定，主要包括地下、水文及环境等相关资料。一般来说，这些资料可能由总承包人在实际履行过程中自行获取，也可能由发包人提供，如包含在发包人提供的勘察资料或招标文件中。作为整个工程项目的基础资料，"现场资料"的准确性，对项目建设具有重大甚至决定性的影响。

参考案例：最高院（2016）民申88号"南宁市建筑安装工程集团有限公司、广西壮族自治区气象台与南宁市建筑安装工程集团有限公司、广西壮族自治区气象台建设工程施工合同纠纷案"。

8.84 "竣工试验""竣工验收"与"竣工后试验"有何不同？

答：所谓"竣工试验"，根据住房和城乡建设部、国家市场监管总局联合发布的《建设项目工程总承包合同（示范文本）》GF—2020—0216通用合同条件第1.1.4.10条"竣工试验"的定义，它是指在工程竣工验收前，根据第9条［竣工试验］要求进行的试验。

所谓"竣工验收"，根据住房和城乡建设部、国家市场监管总局联合发布的《建设项目工程总承包合同（示范文本）》GF—2020—0216通用合同条件第1.1.4.11条对"竣工验收"的定义，它是指承包人完成了合同约定的各项内容后，发包人按合同要求进行的验收。

所谓"竣工后试验"，根据住房和城乡建设部、国家市场监管总局联合发布的《建设项目工程总承包合同（示范文本）》GF—2020—0216通用合同条件第1.1.4.12条对"竣工后试验"的定义，它是指在工程竣工验收后，根据第12条［竣工后试验］约定进行的试验。

"竣工试验"与"竣工验收"仅有一字之差，"竣工试验"实际上是"竣工验收"的前置程序，包括试运行，也系为检验工程是否满足验收条件的前提。而"竣工后试验"则相对较易理解，显然是针对竣工验收之后而言的，特别是对能源、化工等生产项目来讲，竣工验收合格不代表工程总承包合同中发包人的要求完全能够得以实现，发包人在固定期限内的效率要求、产能要求，这都是有待于竣工后实验程序来加以进一步的检验。

总之，"竣工试验""竣工验收"与"竣工后试验"既有联系又有不同。

8.85 发、承包双方另行约定的保修期的起算点晚于工程实际竣工之日，合同约定的保修期是否要做相应的顺延？

答：发、承包双方另行约定的保修期的起算点晚于工程实际竣工之日，合同约定的保修期应做相应的顺延。

《建设工程质量管理条例》第四十条规定："在正常使用条件下，建设工程的最低保修期限为：（一）基础设施工程、房屋建筑的地基基础工程和主体结构工程，为设计文件规定的该工程的合理使用年限；（二）屋面防水工程、有防水要求的卫生间、房间和外墙面的防渗漏，为5年；（三）供热与供冷系统，为2个供暖期、供冷期；（四）电气管线、给水排水管道、设备安装和装修工程，为2年。其他项目的保修期限由发包方与承包方约定。建设工程的保修期，自竣工验收合格之日起计算。"

《建设工程质量管理条例》是行政法规，但关于保修期的起算点的规定并非效力性强制性规定，有关保修期的起算点应遵照双方当事人的自由约定，承、发包双方若做出保修期的起算点晚于工程实际竣工之日的约定，其本意应当是要延长相应的保修期至相应的时间点，而非在保修期内期限不变的情况下随意调整起算点，否则自工程实际竣工之日至约定的保修期起算点的这段时间内，承包人的保修义务将处于"义务真空"的境地，不利于工程安全、质量这一根本建设目的的实现。因此，如发、承包双方约定的保修时间起算点晚于工程实际竣工之日的，应视为保修期自工程实际竣工之日至约定的保修期的起算点之日起进行顺延。实践中，如工程总承包合同双方达成合意又延长保修期，建议可直接约定延长保修期限或约定保修期计算终点，避免因约定的起算点与工程实际竣工之日不同而产生的争议。

参考案例：浙江嘉兴中院（2013）浙嘉民终字第559号"东方建设集团有限公司嘉兴分公司与嘉兴北欧机具有限公司建设工程施工合同纠纷案"。

8.86 无工程开始通知的情形下，当第一项工程任务为勘察、设计时，实际工程开始日期如何认定？

答：无工程开始通知的情形下，当第一项工程任务为勘察、设计时，当事人能够协商一致的，以双方确定的日期为实际工程开始日期；当双方对设计工程开始日期有争议无法协商时，以工程开始通知载明的开始时间为准；当无工程开始通知时，亦无相关证据证明涉及开工日期的，工程开始日期的认定应分别按以下情况予以处理：

（1）开工日期原则上以承包范围内的第一项工程任务开始的时间来认定开工日期。

（2）当第一项工程任务为勘察、设计时，承包人收到发包人提供的勘察、设计需要的基础资料、现场障碍资料及约定的预付款项后一定期限作为工期开始日期。

（3）当第一项工程任务为施工图设计或详细勘察任务时，承包人收到发包人提供的施工图纸设计或详细勘察任务需要的基础资料及约定的预付款项后的一定期限作为工程开始日期。

（4）因为发包人未能按时提供勘察资料、现场障碍资料等相关资料或者提供的资料达不到施工设计条件的，或未按照约定支付预付款的项目，以补充达到施工图纸设计所需求的资料的时间或支付预付款项后一定期限为工程开始日期。因承包人原因导致开始时间推迟了，以发包人首次提供基础资料并支付预付款项后的一定期限为工程开工日期。

（5）发包人无法证明提供第一项工程任务所需求的基础资料、现场障碍资料的时间，也无法证明支付预付款的时间，且无相关证据证明实际开工日期的，应该综合考虑工程总承包合同、设计评审纪要表、竣工验收报告或竣工验收备案表等载明的时间，并结合是否具备开工条件的事实认定开工日期。

参考案例：最高院（2013）民申字461号“佳木斯融和房地产开发有限公司与佳木斯市国安建筑工程有限公司建设工程施工合同纠纷案”；安徽芜湖中院（2014）民四终字第00272号“铜陵新林建筑安装有限公司与安徽正洁新材料有限公司建设工程施工合同纠纷案”；江苏高院（2015）苏民终字第00160号“盐城丰东房地产开发有限公司与江苏省大丰高级中学委托代建合同纠纷案”。

8.87 工程总承包模式下，发包人提供的地下水、水文条件、环境或地下水管资料不全或存在错误，总承包未核实，导致停工或工期延长，是否应当顺延工期？

答：发包人提供的水文、环境或地下水管资料不全或存在错误，总承包人应当负责核实，因其未核实导致停工或工期延长，不应当顺延工期。

根据相关规定，发包人应当在基准日前将取得的地下水、水文条件以及环境方面的所有资料提供给承包人。在基准日之后所得到的此类资料也应及时提供给承包人。虽然法律法规以及合同范本规定发包人对这些资料的准确性、充分性和完整性负责，但如果合同没有特别约定，由于工程总承包模式下总承包人对工程项目的勘察、设计、采购和施工等实行全过程的质量、安全、工期和造价等全面负责的工程承包方式，工程总承包人对发包人提交的地下水、水文条件、环境或地下水管资料等资料应当进行复核，如果总承包人未尽到复核责任，即使发包人提供的地下水、水文条件、环境或地下水管资料不全或存在错误，甚至设计图纸已经经过发包人组织审核和对承包人的方案给予同意批复，也因为承包人未予以核实导致停工或工期延长，其工期不应当顺延。

参考案例：吉林高院（2017）吉民终308号“大安润风能源开发有限公司与吉林华泰电力总承包有限公司建设工程施工合同纠纷案”。

第 9 章

价款支付与竣工结算

9.1 分包人未向总承包人履行告知义务并办理报批手续，能否要求总承包人支付材料价差款?

答：不能。分包人的调整价格程序可以比照承包人的相关规定。

调整材料价差的原因有多种，根据责任承担主体可以划分发包人原因、总承包人原因、分包人自身原因以及多方主体共致的原因。因此，分包人如认为发生了非自身原因导致的材料价格调整，则应当履行告知义务，经总承包人核实后，方能确认。对此，《建设工程工程量清单计价规范》GB 50500—2013 第 9.1.2 条、第 9.1.4 条规定："出现合同价款调增事项（不含工程量偏差、计日工、现场签证、索赔）后的 14 天内，承包人应向发包人提交合同价款调增报告并附上相关资料；承包人在 14 天内未提交合同价款调增报告的，应视为承包人对该事项不存在调整价款请求。""发（承）包人应在收到承（发）包人合同价款调增（减）报告及相关资料之日起 14 天内对其核实，予以确认的应书面通知承（发）包人。当有疑问时，应向承（发）包人提出协商意见。发（承）包人在收到合同价款调增（减）报告之日起 14 天内未确认也未提出协商意见的，应视为承（发）包人提交的合同价款调增（减）报告已被发（承）包人认可。"

9.2 合同约定价款包含工程风险所增加的费用的情况下，承包人能否要求发包人支付材料价差款?

答：根据《建设工程工程量清单计价规范》GB 50500—2013 中有关计价风险的规定，"建设工程发承包，必须在招标文件、合同中明确计价中的风险内容及其范围，不得采用无限风险、所有风险或类似语句规定计价中的风险内容及范围。"根据《民法典》第五百三十三条的规定，合同成立以后客观情况发生了当事人在订立合同时无法预见的、非不可抗力造成的不属于商业风险的重大变化，继续履行合同对于一方当事人明显不公平或者不能实现合同目的，当事人请求人民法院变更或者解除合同的，人民法院应当根据公平原则，并结合案件的实际情况确定是否变更或者解除。因此，在建设工程施工合同中，如约定工程价款包含工程所有风险、无限风险的费用，则不排除在符合法定变更情形下的价格调整仍会获得法律支持。

影响价格调整的法定情形有哪些呢？《建设工程工程量清单计价规范》GB 50500—2013第3.4.2条进行归纳：一是国家法律、法规、规章和政策发生变化；二是省级或行业建设主管部门发布的人工费调整，但承包人对人工费或人工单价的报价高于发布的除外；三是由政府定价或政府指导价管理的原材料等价格进行了调整。除此之外，市场价格波动属于可约定的价格调整情形，具体由发包方和承包方约定是否调整、如何调整。

参考案例：河南高院（2018）豫民申6068号“朱彦民、河南天合房地产有限公司建设工程施工合同纠纷案”。

9.3 合同约定材料差价不调整，地方性文件明确可以调整，如何处理？

答：《民法典》第五百三十三条情势变更条款规定：“合同成立后，合同的基础条件发生了当事人在订立合同时无法预见的、不属于商业风险的重大变化，继续履行合同对于当事人一方明显不公平的，受不利影响的当事人可以与对方重新协商；在合理期限内协商不成的，当事人可以请求人民法院或者仲裁机构变更或者解除合同。”第五百三十四条又规定了市场监督管理和其他有关行政主管部门依照法律、行政法规的规定，对当事人利用合同实施危害国家利益、社会公共利益的行为负责监督处理。而在建设工程领域，为了有效控制工程造价，确保工程质量与安全，维护社会稳定，各地监管部门会出台相关文件要求发承包方对材料价格调整的规定需明确，且应风险共担不能一味地由承包方承担价格调整的风险。这些地方性规定虽然不是法律、法规，但符合《民法典》相关内容的核心思想、符合交易的公平原则。因此，即使施工合同约定材料差价不调整，如确有非承包方自身原因导致的不可预见性的价格波动，可以借助情势变更法律规定及地方性文件要求形成的良性氛围，及时向发包方主张价格调整。

参考案例：最高院（2013）民申字第135号“乐平市大地置业发展有限公司与彭仁湖、彭年及江西省乐平市第二建筑工程公司建设工程施工合同纠纷案”。

9.4 合同未约定钢筋量差属于风险外需要变更的情形，承包人能否主张钢筋量差价款？

答：《建设工程工程量清单计价规范》GB 50500—2013第3.4.2条规定了影响价格调整的法定情形：一是国家法律、法规、规章和政策发生变化；二是省级或行业建设主管部门发布的人工费调整，但承包人对人工费或人工单价的报价高于发布的除外；三是由政府定价或政府指导价管理的原材料等价格进行了调整。因此，即使合同中未约定，如发生上述法定情形的，也可调整价格。钢筋作为建设工程材料，各地都有指导信息价，可以作为法定调价依据。

参考案例：浙江高院（2013）浙民申字第453号“浙江大申建设有限公司与宁波德洲

精密电子有限公司建设工程施工合同纠纷案”。

9.5 因承包人原因导致工程延期，承包人能否要求工程延长期间人工和材料价格上涨予以调整价格?

答：因承包人原因导致工程延期，明显属于承包人的违约情形，应当承担相应的违约责任。该违约责任除包括合同中约定的延误工期违约责任和损失赔偿外，承包人对延期期间增加的费用也应当自行承担。《建设工程施工合同（示范文本）》GF—2017—0201通用条款第16.2.2条明确规定：“承包人应承担因其违约行为而增加的费用和（或）延误的工期。”《建设工程工程量清单计价规范》GB 50500—2013第9.2.2条明确规定：因承包人原因导致工期延误的，在合同工程原定竣工时间之后，合同价款调增的不予调整，合同价款调减的予以调整。该合同价款调增应当包括人工和材料价格的上涨。同时该计价规范第9.8.3条对发生合同工程工期延误的，如何确定合同履行期的价格调整也做了明确规定，“因承包人原因导致工期延误的，计划进度日期后续工程的价格，应采用计划进度日期与实际进度日期两者的较低者。”因此，从合同违约责任承担和相关计价规范可见，因承包人原因导致工程延期的，以计划进度日期为准，计划进度日后续的人工和材料价格如比实际进度日的价格发生上涨的，则不予调整；如比实际进度日的价格发生下跌的，则按较低的价格确认。

参考案例：福建宁德中院（2018）闽09民再33号“古田县平湖镇新舫村村民委员会、福建省古田县凤埔建筑工程有限公司建设工程合同纠纷案”。

9.6 承包人按照合同约定要求发包人对材料价格进行调整，发包人拒绝签证，承包人能否主张对材料价格进行调差?

答：可根据《建设工程工程量清单计价规范》GB 50500—2013第9.1.4条规定调整。《建设工程工程量清单计价规范》GB 50500—2013第9.1.4条规定：“发（承）包人应在收到承（发）包人合同价款调增（减）报告及相关资料之日起14天内对其核实，予以确认的应书面通知承（发）包人。当有疑问时，应向承（发）包人提出协商意见。发（承）包人在收到合同价款调增（减）报告之日起14天内未确认也未提出协商意见的，应视为承（发）包人提交的合同价款调增（减）报告已被发（承）包人认可。发（承）包人提出协商意见的，承（发）包人应在收到协商意见后的14天内对其核实，予以确认的应书面通知发（承）包人。承（发）包人在收到发（承）包人的协商意见后14天内既不确认也未提出不同意见的，应视为发（承）包人提出的意见已被承（发）包人认可。”因此，如果发包人对承包人的调价申请有意见应当明确提出，如果无正当理由拒签，应承担不利后果，视为认可承包人的调价申请。

参考案例：湖北高院（2018）鄂民再4号“湖北金汉房地产开发有限公司、杨金江建设工程施工合同案”。

9.7 双方约定材料差价调整协商处理，在承、发包方对材料差价未能协商一致的情况下，能否依据地方性文件规定的指导价进行调差？

答：如果双方争议的材料价格属于地方指导的范畴，能依据地方性文件规定的指导价进行调整，反之，则不能。

根据安徽省住房和城乡建设厅2019年3月印发的《安徽省建设工程材料市场价格信息发布管理暂行办法》，政府规范的材料价格信息，材料编码、材料名称是需要明确的。合肥市建设工程造价管理站印发的《合肥市建设工程市场价格信息发布管理实施细则》（合造价〔2020〕6号）文件中，明确规定合肥市建设工程市场价格信息包括可作为计价依据的价格信息，如建设工程材料、人工、工程设备、施工机械台班价格信息、装配式建筑部品部件价格；也包括仅供参考的价格信息，如绿色、新型建材产品、劳务工资。因此，如果双方争议的材料价格属于地方指导的范畴，可以依据地方性指导文件进行调差。如果不属于政府指导或政府定价范畴，则仍应由双方协商解决，而不能直接适用地方价格指导文件。

参考案例：重庆高院（2017）渝民申181号“陕西泽星建筑工程有限公司与陕西泽星建筑工程有限公司重庆分公司等建设工程合同纠纷案”。

9.8 工期延误系承、发包双方原因所致，工期延误期间材料涨价费由谁承担？

答：工期延误系承、发包双方原因所致，实务中需对双方的责任进行划分。

在工程索赔专业中推行的“初始迟延决定工期，责任比例分摊费用”原则能够较为合理地处理多事件工期迟延责任划分问题。由于作用于某项工序上的初始迟延事件已经造成工程迟延，其决定性的作用使得其他后续发生的原因将不会再造成更多的迟延，所以在多事件或多方迟延情形下，导致工期迟延的直接原因即为引起初始迟延事件的原因。在多事件迟延时段内，各种原因共同作用造成总的费用损失，但若由初始拖延责任人承担拖延期间的全部费用损失，不仅违背了相关法律及合同条款的规定，不遵循公平原则，且会给该方造成非常大的经济损失，导致资金不能按时到位、工程质量不合格等后果，最终将严重影响实现合同根本目标。而采用责任比例分摊费用进行迟延各责任方费用损失的分担，能够使各责任方在遵循相关合同条款及法律法规的情形下实现利益平衡。因此，工期延误期间材料价格上涨的损失应当根据发承包方的责任比例进行合理分摊。

参考案例：安徽宣城中院（2016）皖18民初69号“王宝强与安徽华伟建筑安装工程有限公司、安徽华伟建筑安装工程有限公司第四分公司、武汉湖畔豪庭房地产有限公司宣城市分公司建设工程施工合同纠纷案”。

9.9 因发包人原因导致工期延长，延长期间材料涨价，价格如何计取？

答：因发包人原因导致工期延长，明显属于发包人的违约情形，应当承担相应的违约责任。

《建设工程施工合同（示范文本）》GF—2017—0201 通用条款第 16.1.2 条明确规定："发包人应承担因其违约给承包人增加的费用和（或）延误的工期，并支付承包人合理的利润。"延长期间材料涨价属于承包人增加的费用，发包人应当承担。同时，《建设工程工程量清单计价规范》GB 50500—2013 第 9.8.3 条对发生合同工程工期延误的，如何确定合同履行期的价格调整亦做了明确规定，"因非承包人原因导致工期延误的，计划进度日期后续工程的价格，应采用计划进度日期与实际进度日期两者的较高者。"因此，从合同违约责任承担和相关计价规范可见，因发包人原因导致工期延长的，以计划进度日期为准，计划进度日后续的人工和材料价格如比实际进度日的价格发生上涨的，则按上涨的价格调整；如比实际进度日的价格发生下跌的，则按实际进度日较高的价格确认。

参考案例：浙江高院（2016）浙民终 149 号"上海三航奔腾建设工程有限公司与舟山阿尔法游艇俱乐部发展有限公司船坞、码头建造合同纠纷案"。

9.10 无效合同签订后不久建材价格暴涨，价格能否调整？如何调整？

答：《民法典》第七百九十三条规定："建设工程施工合同无效，但是建设工程经验收合格的，可以参照合同关于工程价款的约定折价补偿承包人。"因此，如果合同无效，但承包人仍有权要求支付工程款，且可参照无效合同中的价款约定。因建材价格暴涨导致的价格波动，属于价格调整和工程款决算范畴。按照上述条文规定，如合同中有具体的价格调整条款，则按约主张。如果没有具体约定，则可参照《建设工程工程量清单计价规范》GB 50500—2013 第 3.4.2 条影响价格调整的法定情形判断，属于国家法律、法规、规章和政策发生变化的；政府定价或政府指导价管理的原材料等价格进行了调整的，可以进行调整。超出以上情形的建材价格上涨，合同又无调整依据的，难以获得价格调整。但如果建材价格上涨已经超过订立合同时无法预见的、非不可抗力造成的不属于商业风险的情形，继续履行原合同约定价格对于承包人明显不公平的，则承包人可以请求按照《民法典》第五百三十三条情势变更之规定，与发包人重新协商；协商不成的，可诉请合同变更。

参考案例：最高院（2007）民一终字第 81 号"武汉绕城公路建设指挥部与中铁十八局集团第二工程有限公司建设工程施工合同纠纷上诉案"。

9.11 非固定价合同中人工费价格如何调整？

答：人工单价发生变化且符合省级或行业建设主管部门发布的人工费调整规定，合同当事人应按省级或行业建设主管部门或其授权的工程造价管理机构发布的人工费等文件调整合同价格，但承包人对人工费或人工单价的报价高于发布价格的除外。

参考案例：最高院（2016）民终15号“海天建设集团有限公司与天津弘泽华信房地产开发有限公司建设工程施工合同纠纷案”。

9.12　施工合同对人工补差未约定，事后也未就人工补差达成协议，人民法院能否行使自由裁量权进行调整？

答：《建设工程工程量清单计价规范》GB 50500—2013第3.4.2条规定了影响价格调整的法定情形，其中包括省级或行业建设主管部门发布的人工费调整情形。因此，在发承包方未就人工费达成协议，承包人可以主张调差，人民法院应当根据省级或行业建设主管部门发布的人工费信息价予以调整。但承包人对人工费或人工单价的报价高于发布的，发包人主张调整的，一般不应予以支持。

参考案例：浙江湖州中院（2012）浙湖民初字第2号“浙江有色建设工程有限公司湖州分公司与上海道饷建筑工程有限公司、丰隆置业（湖州）有限公司建设工程分包合同纠纷案”。

9.13　合同约定可对人工费进行政策性调整，补充协议约定了编制单价的依据，人工费调整能否纳入工程造价？

答：双方按合同及政府文件的规定调整人工费，符合客观实际也符合双方约定，人工费调整可纳入工程造价。但如果在其他价格调整过程中的可调因子包括了人工在内，则不再计算人工费，不再纳入造价。

参考案例：江苏淮安中院（2019）苏08民终1938号“江苏兴亚建设工程有限公司、淮安新港建设有限公司建设工程施工合同纠纷案”。

9.14　发包人原因导致工程延迟开工，承包人能否要求发包人承担调增的人工费？

答：发包人原因导致工期延长，明显属于承包人的违约情形，应当承担相应的违约责任。

《建设工程施工合同（示范文本）》GF—2017—0201通用条款第16.1.2条明确规定：“发包人应承担因其违约给承包人增加的费用和（或）延误的工期，并支付承包人合理的利润。”延长期间材料涨价属于承包人增加的费用，发包人应当承担。

9.15　合同约定劳动力价格上涨风险包含在合同价格内，承包人能否要求发包人支付人工价差？

答：根据《建设工程工程量清单计价规范》GB 50500—2013中第3.4.1条有关计价风险

的规定，“建设工程发承包，必须在招标文件、合同中明确计价中的风险内容及其范围，不得采用无限风险、所有风险或类似语句规定计价中的风险内容及范围。”省级或行业建设主管部门发布的人工费调整情形出现属于法定调价事由，承包人有权要求发包人调价、支付人工价差。

参考案例：广东广州中院（2016）粤01民终408号“广州市粮食集团有限责任公司与广东建城工程建设有限公司建设工程施工合同纠纷案”。

9.16 合同约定人工费执行国家调价政策，调价政策发布后双方以会议纪要形式对人工费进行了明确约定，人工费如何计价？

答：调价政策发布后双方以会议纪要形式对人工费进行了明确约定，因双方对调价政策均有明确认知。在此情形下，双方达成价格合约应当遵守。

参考案例：最高院（2019）民申978号“济源绿城置业有限责任公司建设工程施工合同纠纷案”。

9.17 承包人能否以发包人出具的招标文件中“工程实施中将不再对人工工资进行调整”系格式条款而主张该条款无效？

答：《民法典》第四百九十六条规定：“格式条款是当事人为了重复使用而预先拟定，并在订立合同时未与对方协商的条款。”发包人招标文件内容是否属于格式条款的前提，是要确定招标文件是否属于对招标投标方具有约束力的合同文件。根据《建设工程施工合同（示范文本）》GF—2017—0201通用条款第1.1.1对合同的界定，如果合同当事人未有明确约定的，合同文件并不必然包含招标文件。但当事人签订的建设工程施工合同与招标文件、投标文件、中标通知书载明的工程范围、建设工期、工程质量、工程价款不一致的，一方当事人请求将招标文件、投标文件、中标通知书作为结算工程价款的依据的，人民法院一般会支持，因为招标文件也可作为合同依据约束双方当事人。因此，根据目前的司法判断，招标文件可作为合同文件认定，那么对其中发包人预先拟定的格式内容是否无效，应当按照《民法典》第四百九十七条“格式条款无效的情形”之规定来判断，对发包人不合理地免除或者减轻其责任、加重承包人责任、限制或排除承包人主要权利的条款应认定无效。“工程实施中将不再对人工工资进行调整”，实质上是对法定价格调整情形的规避，排除了承包人依据省级或行业建设主管部门规定调整、主张人工费的权利，我们认为该约定明显属于无效的格式条款。

参考案例：黑龙江哈尔滨中院（2018）黑01民终3580号“辽宁超群建设工程有限公司、程兆奇建设工程施工合同纠纷案”。

9.18　合同无效，案涉工程已验收交付使用，承包人能否依据政策性文件主张人工费调差费用？

答：能。《民法典》第七百九十三条规定，建设工程施工合同无效，但是建设工程经验收合格的，可以参照合同关于工程价款的约定折价补偿承包人。审判人员可以综合各方面因素进行裁判，除了可以参照合同对承包人进行折价补偿，还可根据工程实际情况通过其他方式进行补偿。其中的人工费，法院可以参考政策指导文件进行裁量。

9.19　承包人未按照约定报送月进度付款申请单和工程量月进度表，能否主张支付工程进度款？

答：《建设工程工程量清单计价规范》GB 50500—2013 第 2.0.49 条规定了进度款的含义，即在工程施工过程中，发包人按照合同约定对付款周期内承包人完成的合同价款给予支付的款项，也是合同价款期中结算支付。对进度款的付款周期有约定的从约定，无约定的，根据《建设工程施工合同（示范文本）》GF—2017—0201 通用条款第 12.4.1 条的规定，应与按月的计量周期保持一致。发承包双方应按照合同约定的时间、程序和方法，根据工程计量结果，办理期中价款结算，支付进度款。承包人应在每个计量周期到期后按约定向监理人、发包人提交已完工程进度款支付申请单。除另有约定外，监理人应在收到承包人进度付款申请单以及相关资料后 7 天内完成审查并报送发包人，发包人应在收到后 7 天内完成审批并签发进度款支付证书。因此，进度款的支付以承包人提出申请为先决条件。承包人未按照约定报送月进度付款申请单的，进度款数额不明，承包人主张发包人支付无依据。如工程已经竣工，承包人在主张全部工程款时，对未按照约定报送月进度付款，则不能主张逾期付款利息。

参考案例：最高院（2014）民提字第 32 号“福建省永泰建筑工程公司与福建三明市林立房地产开发有限公司建设工程施工合同纠纷案”。

9.20　承包人未按照合同约定递交索赔意向通知书，能否主张发包人承担迟延工程进度款利息？

答：根据《建设工程施工合同（示范文本）》GF—2017—0201 通用条款第 19 条的规定，承包人应在知道或应当知道索赔事件发生后 28 天内，向监理人递交索赔意向通知书，并说明发生索赔事件的事由；承包人未在前述 28 天内发出索赔意向通知书的，丧失要求追加付款和（或）延长工期的权利。承包人按竣工结算审核约定接收竣工付款证书后，应被视为已无权再提出在工程接收证书颁发前所发生的任何索赔。承包人按最终结清提交的最终结清申请单中，只限于提出工程接收证书颁发后发生的索赔。提出索赔的期限自接受最终结清证书时终止。而模板合同对索赔程序及逾期索赔失权的问题均未在专用条款中列明可另行约定。但根据《民法典》第一百九十九条之规定，适用除斥期间的权利为撤销权、解除权等形成权。建设工程施工合同中的索赔权属于损害赔偿请求权，不适用除斥期间。再根据《民法典》第一百九十七条第二款“当事人对诉讼时效利益的预先放弃无效”的规定，逾期索赔适用诉讼时效而不适用除斥期间，对逾期索赔失权的约定并不当然有效。

参考案例：西藏自治区高院（2018）藏民终67号（最高院再审驳回再审，维持二审判决）“山东民生建设有限公司与林芝华庭房地产开发有限责任公司建设工程施工合同纠纷案”。

9.21 主合同无效，承包人能否依据《工程进度款支付协议》要求发包人支付工程进度款？

答：《民法典》第七百九十三条明确规定：“建设工程施工合同无效，但是建设工程经验收合格的，可以参照合同关于工程价款的约定折价补偿承包人。”因此，即使主合同无效，承包人与发包人就工程进度款支付的约定仍可参照履行。

9.22 在双方还没有结算的情况下，发包人在工程进度支付申请单上盖章，承包人能否以此支付申请单上的价款作为最终结算依据？

答：最终结算涉及竣工结算价的确定，发包人已盖章确认的工程进度支付单可作为最终结算的依据材料，但仍应结合其他合同约定、行业规定所需的材料，综合、全面地组织开展结算编制和复核工作。

根据《建设工程工程量清单计价规范》GB 50500—2013第2.0.51条的解释，竣工结算价是发承包双方依据国家有关法律、法规和标准规定，按照合同约定确定的，包括在履行合同过程中按合同约定进行的合同价款调整，是承包人按合同约定完成了全部承包工作后，发包人应付给承包人的合同总金额。竣工结算应当由承包人提交竣工结算申请单，其中须包括：（1）竣工结算合同价格；（2）发包人已支付承包人的款项；（3）应扣留的质量保证金。已缴纳履约保证金的或提供其他工程质量担保方式的除外；（4）发包人应支付承包人的合同价款（含调整后追加/减的合同价款）。发包人在工程进度支付申请单上盖章可以作为发承包双方实施过程中已确认的工程量及其结算的合同价款，系最终结算的依据之一，但仍需考虑是否完整，是否包含加减价款、价格调整。同时，相关招标投标文件、工程合同、法律法规作为结算编制材料中的组成部分，对最终结算价的核对、确认亦有重要作用，也是最终结算的依据。因此，发包人已盖章确认的工程进度支付单可作为最终结算的依据材料，但仍应结合其他合同约定、行业规定所需的材料，综合、全面地组织开展结算编制和复核工作。

9.23 合同约定发包人以合同总价作为计算基准支付工程进度款，不以已完成工程量作为计算基准，发包人能否以承包人未上报工程量而不支付进度款？

答：合同约定发包人以合同总价作为计算基准支付工程进度款，不以已完成工程量作为计算基准，发包人不能以承包人未上报工程量而不支付进度款。

总价合同进度款支付一般可采取按月计量支付或按支付分解表支付。按月计量支付，承包人应于每月25日向监理人报送上月20日至当月19日已完成的工程量报告，并附具进度付款申请单、已完成工程量报表和有关资料。按支付分解表支付，承包人应以编制的支付分解表及进度付款申请单向监理人提交进度付款申请单。其中，支付分解表的编制应包括施工进度计划、签约合同价和工程量等因素，实行按月分解（或约定的周期分解）。因此，不管是固定的按月计量支付方式还是以支付分解表确定的支付方式，工程量是支付进度款中必不可少的因素。发承包人可以就进度款以一定阶段分解的方式达成约定，但仍需在支付分解时就相应的工程量进行编制、上报。当然，如果发承包人明确约定的支付方式排除上述两种情形，如仅按照时间节点支付进度款，工程量不作为支付的前提条件，则有约定的从约定，发包人不能以承包人不上报工程量为由不支付进度款。

参考案例：云南高院（2020）云民终697号“亿邦集团（云南）地产有限公司、个旧市城市建筑工程有限公司建设工程合同纠纷案”。

9.24　承包人能否以双方在停工时签署的工程进度单作为涉案工程量及工程价款的依据？

答：双方停工时签署的工程进度单一般是对工程施工节点工程进度量的确认，一般作为进度付款的依据。

《建设工程司法解释（一）》第二十条规定：“当事人对工程量有争议的，按照施工过程中形成的签证等书面文件确认。承包人能够证明发包人同意其施工，但未能提供签证文件证明工程量发生的，可以按照当事人提供的其他证据确认实际发生的工程量。”根据法律规定，工程进度单可以作为工程量的证明依据。但工程进度单如果是阶段性的，可能部分工程的施工任务并没有全部完成，也没有经过承包方自检和监理方检验，对进度工程量的审核并不是一种严格的审核，更多的是一种估算。此时，在双方发生争议时，承包人不能简单地以进度单进行作为结算的依据。

参考案例：最高院（2020）民申1242号“江苏帝成建设集团有限公司、新疆金正大农佳乐生态工程有限公司建设工程施工合同纠纷再审审查与审判监督案”。

9.25　发包人付款超出应付金额要求，承包人退还多付部分，能否对多付部分主张利息？

答：发包方请求承包方返还多支付的工程价款应当区别系建设工程施工合同纠纷还是不当得利纠纷。如果工程价款已经双方结算或者经生效裁判确定，发包方请求承包方返还多支付的工程价款，应当适用不当得利纠纷。否则，工程价款未经双方结算，工程价款本身存在争议，则应当适用建设工程施工合同纠纷。在不当得利纠纷中，发包人有权要求承包人返还取得的利益，该利益孳息包括由原物所产生的天然孳息和法定孳息，因此发包人可主张多付款的法定孳息。对超过该孳息的利息主张，如果承包人是善意的，则不应当支持；如承包人具有恶意，发包人则可以损失主张。

参考案例：浙江台州市中院（2018）浙10民终2985号“玉环县燃料有限公司、台州华兴建设工程有限公司建设工程合同纠纷案”。

9.26 发包人收到承包递交的工程进度报表后未在规定的时间内审核，也未拨付工程进度款，承包人能否要求发包人支付工程进度款？

答：《建设工程施工合同（示范文本）》GF—2017—0201第12.4.4条及《建设工程工程量清单计价规范》GB 50500—2013第10.3.11条均规定，若发包人逾期未签发进度款支付证书，则视为已签发进度款支付证书，承包人提交的进度款支付申请已被发包人认可。发包人应在进度款支付证书或临时进度款支付证书签发后14天内完成支付，发包人逾期支付进度款的，应按照市场报价利率支付违约金。

参考案例：福建高院（2016）闽民终492号“中国一冶集团有限公司与福建省永隆食品冷藏有限公司建设工程合同纠纷案”。

9.27 工程款债权约定逾期付款违约金超过借贷利率上限能否得到支持？

答：《民法典》第五百八十五条规定，当事人可以约定一方违约时应当根据违约情况向对方支付一定数额的违约金，也可以约定因违约产生的损失赔偿额的计算方法。约定的违约金低于造成的损失的，人民法院或者仲裁机构可以根据当事人的请求予以增加；约定的违约金过分高于造成的损失的，人民法院或者仲裁机构可以根据当事人的请求予以适当减少。《2019年全国民事审判工作会议纪要》第50条规定，认定约定违约金是否过高，一般应当以损失为基础进行判断，这里的损失包括合同履行后可以获得的利益。除借款合同外的双务合同，作为对价的价款或者报酬给付之债，并非借款合同项下的还款义务，不能以受法律保护的民间借贷利率上限作为判断违约金是否过高的标准，而应当兼顾合同履行情况、当事人过错程度以及预期利益等因素综合确定。主张违约金过高的违约方应当对违约金是否过高承担举证责任。因此，工程款债权是基于建设工程施工合同法律关系形成，与一般的民间借贷法律关系有所区别，违约金是否设置过高仍应以损失作为衡量的主要标准，而不能仅以借贷利率限定。

参考案例：最高院（2018）民终1115号“青海璞润投资有限公司与江苏邗建集团有限公司合同、无因管理、不当得利案”。

9.28 发包人未按合同约定拨付预付款和工程进度款，承包人为此向银行贷款产生的利息应由谁承担？违约金如何计算？

答：我们认为当事人同时主张违约金和利息的，可予支持。当事人主张的总额在同期同类贷款利率或同期贷款市场报价利率的4倍范围内的，应当综合违约行为的情节、程度，给守约方造成损失的大小等因素进行确定。当事人主张的总额超出同期同类贷款利率或同期贷款市场报价利率的4倍范围的，应当举证证明实际损失的数额，人民法院可按照相关规定处理。如果双方约定违约金，则承包人有权按照合同约定主张逾期付款违约金，但对利息虽然可以和违约金一并主张，但总额一般不得高于同期同类贷款利率或同期贷款市场报价利率的4倍。如果确实因发包人逾期付款导致承包人存在融资过高、超过法律支持范围的，则需举证证明损失存在方能支持。

参考案例：陕西西安中院（2015）西中民四终字第00447号“西安双鱼置业有限公司与陕西建工第一建设集团有限公司安装公司建设工程施工合同纠纷案”。

9.29　发包人主张支票已交给承包人但承包人未出具收条，其举证责任由谁承担？

答：已支付支票事实的举证责任在于发包人，承包人对发包人的付款责任不承担直接的举证义务。

参考案例：新疆伊犁州奎屯市法院（2017）新4003民初589号“李科元与新疆泰新建设工程有限公司、新疆泰新建设工程有限公司奎屯分公司建设工程施工合同纠纷案”。

9.30　案外人签字的收、借条与工程具有关联性的举证责任应分配给谁？

答：工程施工中案外人签字的收、借条，系为了证明工程发生的款项和支付情况。收、借条与工程具有关联性的举证责任一般应由主张人承担。

参考案例：辽宁朝阳北票法院（2015）北审民初字第00021号“鞠植友与刘文祥建设工程施工合同案”。

9.31　实际施工人退场后，承包人未经其同意代为支付的款项能否视为已付款？

答：如果实际施工人在施工过程中以承包人名义与其他第三人签订合同，则发生纠纷后，承包人代为支付了相关款项可以视为已付款。如果实际施工人以自身名义对外签订合同，承包人在未经实际施工人同意下代付款项实为债的加入，与工程款支付系不同的法律关系。承包人不能直接视代付款为已付工程款，但可依法进行债的抵消。

9.32　发包人能否以持有发票而主张已付清工程款？

答：《发票管理办法》第三条规定：“发票是指在购销商品、提供或者接受服务以及从事其他经营活动中，开具、收取的收付款凭证。”《最高人民法院关于审理买卖合同纠纷案件适用法律问题的解释》第八条规定："出卖人仅以增值税专用发票及税款抵扣资料证明其已履行交付标的物义务，买受人不认可的，出卖人应当提供其他证据证明交付标的物的事实。合同约定或者当事人之间习惯以普通发票作为付款凭证，买受人以普通发票证明已经履行付款义务的，人民法院应予支持，但有相反证据足以推翻的除外。"因此，可以发现增值税专用发票与普通发票在买卖合同中的地位是被区别对待的。增值税专用发票仅是记载商品销售额和增值税税额的财务收支凭证，是购货方纳税义务和进项税额的合法凭证。其本身只是交易双方的结算凭证，能够证明双方存在债权债务的可能性，并不能证明双方存在债权债务的必然性。而普通发票在市场交易中的功能之一是收付款凭证，因此对收付款行为具有一定的证明效力。增值税专用发票开具只表明买卖双方商品成交，而不能证明买受人已经付清所有货款。仅凭增值税专用发票不能证明标的物已经交付，也不能证明货款已经支付。对于增值税发票来说，买受人以增值税发票证明已经履行付款义务的存在一个前提，即"合同约定或者当事人之间习惯以增值税发票作为付款凭证"，且无相反证据推翻的。

同理，在建设工程领域，也应当对发票进行区分，如果是增值税专用发票，只能证明双方存在工程款结算关系，但不能以此证明发包人持有该发票就已经支付了相关款项。如果是普通发票，双方又一贯以发票作为付款凭证，承包人也没有相反证据证明未付款事实的，则发包人持有发票有可能认定已支付了相应款项。

参考案例：最高院（2005）民一终字第 82 号"江苏南通二建集团有限公司诉新疆创天房地产开发有限公司建设工程施工合同纠纷案"。

9.33 发包人主张以房抵款的事实需要提供哪些证据予以证明？

答：发包人主张以房抵债的目的是抵扣工程价款。为了能够实现该目的，以房抵债行为需要达到消灭债务的程度。因此，除了提供发承包人签订的书面以房抵债协议，还要提供该房屋基于抵债目的而签订的房屋买卖合同；同时证明该房屋已实际交付承包人占有；如房屋未过户，还要证明非因发包人自身原因未办理过户登记的事实。《2019 年全国民事审判工作会议纪要》对于采用抵债方式、可视为支付价款的上述三要件进行了明确。

参考案例：重庆市江北区法院（2017）渝 0105 民初 3690 号"重庆一建建设集团有限公司与重庆新华立地产（集团）有限公司建设工程施工合同纠纷案"。

9.34 承发包人约定以房抵款的商品房标的物不明确怎么办？

答：承包人主张以房抵债是为了达到实现债权的目的。根据《2019 年全国民事审判工作会议纪要》的规定，除了提供发承包人签订的书面以房抵债协议，还要提供该房屋基于抵债目的而签订的房屋买卖合同；同时证明该房屋已实际交付承包人占有；如房屋未过户，还要证明非因承包人自身原因未办理过户登记的事实。根据规定内容可以知晓，以房抵债协议及相应的房屋买卖合同签订需要抵债的房屋明确，否则难以认定抵债的效力。

9.35　发包人能否以收据证明全部为现金支付？

答：收条作为当事人之间收付款的书证、直接证据，对证明当事人之间收付款的事实具有一定的证明效力。但是，在收条记载的内容与当事人之间实际收付款的情形有时并不一致的情况下，仅以收条为据尚不足以充分证明实际收付款情况。特别是在工程领域大额资金往来中，除收条外，还应结合双方的交易习惯、付款凭证、汇款单据等证据，对收条中记载的资金是否实际支付加以综合判断认定。如果发包人与承包人自交易以来均转账后再出具收条，则按照当事人的交易习惯，除有收据外，发包人还应提供转账凭证，否则与双方一般交易习惯相违背，难以让人信服。

参考案例：内蒙古锡林郭勒盟中院（2015）锡中法民再字第 16 号“王锁堂、石金与锡林郭勒康盛基业房地产开发有限责任公司等建设工程施工合同纠纷案”。

9.36　双方签订以物抵债协议，物权未办理登记前旧债是否已经消灭？

答：若债权人与债务人达成以物抵债协议，可能构成债的更改，即成立新债务，同时消灭旧债务；亦可能属于新债务，与旧债务并存。基于保护债权的理念，债的更改一般需有当事人明确消灭旧债的合意，否则，当事人于债务清偿期届满后达成的以物抵债协议，性质一般应为新债清偿。因此，如果当事人以房抵债协议中未约定因此而消灭相应金额的工程款债务，则协议在性质上应属于新债清偿协议。在发包人未履行以房抵债协议或房屋未办理登记等致使以物抵债协议目的不能实现的情况下，承包人或实际施工人有权请求发包人履行旧债务、支付工程款。

9.37　开发商与承包人签订《委托收款协议书》，能否以此主张全部购房户应收款全部计入已付工程款？

答：作为发包人的开发商与承包人签订《委托收款协议书》委托承包人向购房户收款，双方建立的是委托代理关系，委托收款所取得的购房款应归发包人所有。只有在发包人和承包人就所收房款明确约定冲抵工程款时，才具有房款视为发包人已付工程款的性质。否则，仅凭借《委托收款协议书》无法证明购房款已计入已付工程款。

9.38　发包人用以房抵款的形式支付实际施工人工程款，承包人能否再向发包人主张该部分工程款？

答：建设工程施工合同纠纷中的以房抵债行为，是指发包人与承包人约定以特定房屋替代原定给付工程款债权的意思表示。对于以房抵债协议是否有效，司法实务中一般就债务清偿期届满前后达成以房抵债有不同认识。对于债权人与债务人在债务履行期届满前就作出以物抵债的约定，由于债权尚未到期，债权数额与抵债物的价值可能存在较大差距。如果此时直接认定该约定有效，可能会导致双方利益显失公平。当事人于债务清偿期届满后签订的以物抵债协议，对以物抵债协议的效力、履行等问题的认定，应以尊重当事人的意思自治为基本原则。只要双方当事人的意思表示真实，合同内容不违反法律、行政法规的强制性规定，合同即为有效。当事人于债务清偿期届满后达成的以物抵债协议，可能构成债的更改，即成立新债务，同时消灭旧债务；亦可能属于新债务，与旧债务并存。基于保护债权的理念，债的更改一般需有当事人明确消灭旧债的合意，否则，当事人于债务清偿期届满后达成的以物抵债协议，性质一般应为新债清偿。因此，如果当事人以房抵债协议中未约定因此而消灭相应金额的工程款债务，则协议在性质上应属于新债清偿协议。在发包人未履行以房抵债协议、致使以物抵债协议目的不能实现的情况下，承包人或实际施工人有权请求发包人履行旧债务、支付工程款，且该请求权的行使，并不以以房抵债协议被撤销或者被解除为前提。

参考案例：最高院（2016）民终 484 号“通州建总集团有限公司与内蒙古兴华房地产有限责任公司建设工程施工合同纠纷案”。

9.39 承包人接受承兑汇票后能否要求发包人支付承兑汇票贴现利息？

答：如果在建设工程施工合同中未明确约定可采取现金、电汇其他方式进行付款的情况下，发包人擅自以承兑汇票方式支付工程款，是对合同的不完全履行。发包人全面履行义务应当包括在合同约定的付款日期，保障承包人按时足额取得应得工程款。承兑汇票实际上是一种约定承兑日到期的债权，提前承兑，应给付贴息。若发包人使用远期承兑汇票付款，汇票兑现的日期才是承包人实际取得工程款的日期，这个日期明显晚于合同约定的付款日期。如果在约定日期提前兑取该汇票，承包人就需要支付贴息款。因此，发包人通过承兑付款显然不符合合同的约定，要么造成付款时间迟延，要么导致承包人取得的工程款金额减少，加重了承包人的合同义务。在此情况下，承包人要求发包人支付承兑汇票贴现利息应获得法律支持。

参考案例：安徽高院（2015）皖民四终字第 00073 号“长兴越烽建设工程有限公司与淮北圣火房地产开发有限责任公司建设工程施工合同纠纷案”。

9.40 承、发包人约定以房抵款，承包人在竣工后未交付涉案房屋，案外人能否要求承包人返还涉案房屋？

答：《2019 年全国民事审判工作会议纪要》第 125 条规定：“实践中，商品房消费者向房地产开发企业购买商品房，往往没有及时办理房地产过户手续。房地产开发企业因欠债而被强制执行，人民法院在对尚登记在房地产开发企业名下但已出卖给消费者的商品房采取执行措施时，商品房消费者往往会提出执行异议，以排除强制执行”。对此，《最高人民法院关于人民法院办理执行异议和复议案件若干问题的规定》第 29 条规定：“符合下列情形的，应当支持商品房消费者的诉讼请求：一是在人民法院查封之前已签订合法有效的书面买卖合同；二是所购商品房系用于居住且买受人名下无其他用于居住的房屋；三是已支付的价款超过合同约定总价款的百分之五十。人民法院在审理执行异议之诉案件时，可参照适用此条款。”第127条规定：“商品房消费者之外的一般买受人对登记在被执行人名下的不动产提出异议，请求排除执行的，《最高人民法院关于人民法院办理执行异议和复议案件若干问题的规定》第28条规定，符合下列情形的依法予以支持：一是在人民法院查封之前已签订合法有效的书面买卖合同；二是在人民法院查封之前已合法占有该不动产；三是已支付全部价款，或者已按照合同约定支付部分价款且将剩余价款按照人民法院的要求交付执行；四是非因买受人自身原因未办理过户登记。人民法院在审理执行异议之诉案件时，可参照适用此条款。”同理，承包人基于以物抵债协议未交付房屋，案外人只有在满足以上情形下方可以对房屋权属进行主张。

参考案例：呼和浩特中院（2017）内01执异77号“呼和浩特牧王房地产开发有限责任公司、内蒙古创世达商业建设有限公司与其他债权人纠纷执行案”。

9.41　承包人项目经理收款行为是个人行为还是职务行为？

答：根据《建设工程施工合同（示范文本）》GF—2017—0201中的词语定义，项目经理是指由承包人任命并派驻施工现场，在承包人授权范围内负责合同履行，且按照法律规定具有相应资格的项目负责人。由此可见，项目经理虽然能够代表承包人履行合同内容，但仍需在承包人的授权范围。如果承包人对项目经理的授权事项中不包含工程款的收取，则项目经理收款无授权依据，其并非履职行为，发包人向其支付了款项不能视为已向承包人履行了支付义务。如果承包人授权中包含了项目经理的收款事项，则收款行为可作为职务行为予以认定。

参考案例：河南许昌中院（2017）豫10民终2745号“许昌远东房地产开发有限公司、中州万基城市建设有限公司建设工程施工合同纠纷案”。

9.42　承包人的项目经理、内部承包人使用伪造项目部印章收款视为个人行为还是职务行为？

答：《2019年全国法院民事审判工作会议纪要》第41条规定：“司法实践中，有些公司有意刻制两套甚至多套公章，有的法定代表人或者代理人甚至私刻公章，订立合同时恶意加盖非备案的公章或者假公章，发生纠纷后法人以加盖的是假公章为由否定合同效力的情形并不鲜见。人民法院在审理案件时，应当主要审查签约人于盖章之时有无代表权或者代理权，从而根据代表或者代理的相关规则来确定合同的效力。”

在收款单或相关协议中加盖项目部章的法律意义在于，盖章之人所为的是职务行为，即其是代表或代理承包人作出意思表示。但章有真假之分，人也有有权无权之别，不可简单根据加盖项目部章这一事实就认定承包人是合同当事人，关键要看盖章之人有无代表权或代理权。项目经理、内部承包人如经授权有权代收工程款，即便其盖的是假章甚至未在合同上盖章，只要其在收款单上的签字是真实的，或能够证明该假章是承包人同意加盖的，仍应作为承包人行为，由承包人承担法律后果。反之，项目经理、内部承包人如无代表权或超越代理权的，则即便加盖的是真的项目部章，该收款行为仍然可能会因为无权代表或无权代理而最终归于个人行为，与承包人无关。

参考案例：最高院（2015）民申字第3402号“湛江市第一建筑工程公司与湛江市第一建筑工程公司、白增江租赁合同纠纷案”。

9.43 发包人能不能以承包人未开具发票拒付工程款？

答：如果双方在建设工程合同中未明确约定给付发票和支付工程款的先后顺序，则发包人无权以未开发票为由拒付工程款。如双方约定了已开具发票作为付款前提的，这种情形下基于合同自治和抗辩权中双方义务的等价性原则，以及给付发票带有行政法律性质的考虑，发包人一般不享有基于先履行抗辩权的拒付工程款权利。因建设工程施工合同项下，施工人的主要合同义务是进行施工，发包人的主要合同义务支付工程款。按照公平原则，施工人开具发票仅为其合同附随义务，当事人履行附随义务虽然有瑕疵，但不应以此免除相对方的主要合同义务。

参考案例：最高院（2018）民申4246号“中城投集团第五工程局有限公司、鸡西市滴道区城开投资有限公司建设工程施工合同纠纷”。

9.44 合同明确约定承包人提供发票后发包人支付工程款，发包人能不能以承包人未开具发票拒付工程款？

答：双方对付款条件如有明确约定的应按照约定履行。如约定了“一方不及时开具发票，另一方有权拒绝支付工程价款”，此类约定意味着双方将开具发票视为与支付工程款同等的义务，在此情况下，依据合意，开具发票可被设定为支付工程款的前置条件。但因建设工程施工合同项下，施工人的主要合同义务是进行施工，发包人的主要合同义务是支付工程款。先开票约定能否阻却付款，在司法实务中有不同观点。如作为承包人角度，需注意虽然合同中约定先开票后付款，但如果在实际履行合同中双方未严格按照约定履行，存在先付款后开发票等情形的，可以认为是对合同约定内容的变更，发包方再以合同约定来抗辩付款义务的，不予支持。

参考案例：最高院（2019）民申6157号“福建省泷澄建设集团有限公司、黄梅县世诚房地产置业有限公司建设工程施工合同纠纷案”。

9.45 未明确约定的情况下，开具发票和支付工程款应由谁承担先履行义务？

答：如果双方在建设工程合同中未明确约定给付发票和支付工程款的先后顺序，则发包人无权以未开发票为由拒付工程款。在施工方已完成合同约定的施工内容后，基于等价交换原则，发包人应当履行付款义务。施工方的开票义务仅为合同附随义务。

参考案例：最高院（2019）民申2588号“三亚市天涯海角旅游发展有限公司与海南万联通电子磁卡系统工程有限公司合同纠纷案”。

9.46 承包人起诉要求支付工程款，发包人是否必须提起反诉才能要求承包人开具发票？

答：开具发票是税法上规定的义务，无论合同中是否约定，发包人都有权利要求承包人开具发票。在承包人起诉要求支付工程款后，发包人可以通过诉要求承包人开具发票，也可以另行诉讼主张。《河北高院指南》第54条就规定了“支付工程款义务和开具发票义务是两种不同性质的义务，不具有对等关系。发包人以承包人违反约定未开具发票为抗辩理由拒付工程款的，人民法院不予支持。但可以明确承包人具有向发包人开具发票的义务。发包人提起反诉请求主张承包人开具发票的，人民法院应予支持。”

参考案例：最高院（2014）民一终字第4号“中天公司与温商公司建设工程施工合同纠纷案”。

9.47 被挂靠人收取挂靠人管理费，实际施工人依法缴纳全部税款，实际施工人是否有权要求被挂靠人开具相应建安税票？

答：被挂靠人收取挂靠人管理费，实际施工人依法缴纳全部税款，实际施工人可以要求被挂靠人开具相应建安税票。

纳税义务是税法义务的一种。它是税收法律关系主体依照法律规定所承受的一定的行为上的约束。包括依照法律规定作出或不作出一定的行为。违反纳税义务就产生税法责任的问题，因而纳税义务是税法责任产生的前提之一。负有纳税义务的公民、法人或其他组织称为“纳税人”。纳税人的纳税义务主要有：(1) 按税法规定办理税务登记；(2) 按税法规定的期限和手续办理纳税申报，并按期如数缴纳税款；(3) 依法向税务机关及时提交会计报表及其他资料；(4) 接受税务机关对纳税情况的检查，并如实反映和提供税务检查人员所需了解的情况和资料等。

一个时期，被挂靠人为挂靠人开具增值税发票，曾被认为是虚开增值税发票，有的甚至受到刑事处罚。后来，最高人民法院研究室《关于如何认定以“挂靠”有关公司名义实施经营活动并让有关公司为自己虚开增值税专用发票行为的性质》征求意见的复函（法研〔2015〕58号）解决了这一问题，最高人民法院研究室认为“挂靠方以挂靠形式向受票方实际销售货物，被挂靠方向受票方开具增值税专用发票的，不属于刑法第二百零五条规定的‘虚开增值税专用发票’。”“行为人利用他人的名义从事经营活动，并以他人名义开具增值税专用发票的，即便行为人与该他人之间不存在挂靠关系，但如行为人进行了实际的经营活动，主观上并无骗取抵扣税款的故意，客观上也未造成国家增值税款损失的，不宜认定为刑法第二百零五条规定的‘虚开增值税专用发票’”。在挂靠已既成事实而挂靠人又无开票资质的情况下，只要不损害国家利益，应当允许。所以，被挂靠人收取挂靠人管理费，实际施工人依法缴纳全部税款，实际施工人可以要求被挂靠人开具相应建安税票。

参考案例：最高院（2016）行申 5121 号“伟华公司与清远市地税局税务处理决定案”。

9.48 发包人能否以承包人未移交工种竣工资料而拒付工程款，如果双方明确约定“若承包人未能按时提交由城建档案馆认可竣工资料，则发包人有权拒绝支付余款”，发包人是否享有先履行抗辩权？

答：建设工程施工合同纠纷，发包方的主要义务是依照合同约定及时支付工程款，承包方的主要义务是按照合同约定时间施工并交付合格工程。根据双务合同的本质，合同抗辩的范围仅限于对价义务。一方不履行对价义务的，相对方才享有抗辩权。支付工程款与交付竣工验收资料是两种不同性质的义务，前者是合同的主要义务，后者是承包方的附随义务，二者不具有对等关系，发包人不应以承包人未能提交竣工资料作为拒绝支付工程价款的理由。但如果双方在合同中明确约定支付工程款需以承包人提交竣工资料为前提，则基于合同当事人的明确约定，发包人可以此行使抗辩权。

参考案例：最高院（2014）民申字第 651 号“中铁五局集团建筑工程有限责任公司与四川祥维钢构制造有限公司建设工程施工合同纠纷再审案。”

9.49 承包人能否以发包人支付工程款未到位而拒绝向发包人提供相关竣工资料？

答：根据法律和《建设工程施工合同（示范文本）》GF—2017—0201 的规定，竣工验收条件中应包含承包人提交的竣工资料。因此，工程竣工验收程序中，承包人有义务就已完工程的施工资料和全部工程图纸交付或退还给发包人，此乃承包人的合同附随义务，该义务与工程款不具有对价关系，不因发包人拒付工程款而免除。

参考案例：江西高院（2019）赣民终 654 号“上饶市鸿业建筑工程有限公司、上饶市尚雍置业有限公司建设工程施工合同纠纷案”。

9.50 承、发包双方未就移交工程竣工资料进行约定，如何确定移交时间？

答：工程竣工资料承包人最长不得超过竣工验收后的 42 天。

一般工程竣工资料发承包双方会在建设工程施工合同专用条款部分进行明确约定，如未做约定，则按照《建设工程施工合同（示范文本）》GF—2017—0201 通用条款第 14.1 条之规定：“承包人应在工程竣工验收合格后 28 天内向发包人和监理人提交竣工结算申请单，并提交完整的结算资料。”《建设工程工程量清单计价规范》GB 50500—2013 第 11.3.1 条规定“合同工程完工后，承包人应在经发承包双方确认的合同工程期中价款结算的基础上汇总编制完成竣工结算文件，应在提交竣工验收申请的同时向发包人提交竣工结算文件。承包人未在合同约定的时间内提交竣工结算文件，经发包人催告后14天内仍未提交或没有明确答复的，发包人有权根据已有资料编制竣工结算文件，作为办理竣工结算和支付结算款的依据，承包人应予以认可。”综上，工程竣工资料承包人最长不得超过竣工验收后的42天。

9.51 施工合同解除，承包人是否要将施工资料移交给发包人?

答：承包人向发包人交付施工资料系其法定职责，并不因合同解除而免除义务。《建筑法》第六十一条规定：“交付竣工验收的建筑工程，必须符合规定的建筑工程质量标准，有完整的工程技术经济资料和经签署的工程保修书，并具备国家规定的其他竣工条件。”而发包方工程竣工验收材料中应当有完整的技术档案和施工管理资料。因此，施工合同一旦解除，不管工程是否竣工验收，作为承包人有义务将施工资料移交给发包人。

参考案例：最高院（2018）民再326号“沈阳中安房地产开发有限公司、江苏南通二建集团有限公司建设工程施工合同纠纷案”。

9.52 签订“背靠背”条款，付款条件未成就的举证责任在哪一方?

答：所谓“背靠背”条款，即总承包人在分包合同中约定，以建设单位行为满足相关条件作为总承包人向分包人履行（或确定）义务的前提。“背靠背”条款具体可分为“背靠背”支付条件、“背靠背”签证条款及“背靠背”结算条款等。“背靠背”结算条款属于附生效条件条款，是总、分包人的真实意思表示，且不存在被《民法典》认定无效情形，即应认定有效。但条款有效并不代表总承包人可以延迟付款。付款条件是否成就规定了对承包方的严格举证责任，承包方需要证明其已向发包方积极履行了债权（包括催款行为、诉讼与仲裁）。若承包方未能举证证明有上述行为，则法院会认定承包方怠于行使其债权，付款条件已成就，其需向分包方支付工程款项。

参考案例：安徽芜湖鸠江法院（2017）皖0207民初230号“江西地建基础工程有限公司、浙江益坚基础设施建设有限公司等与建设工程施工合同纠纷案”。

9.53 发包人能否以索赔事宜未完结拒付工程款?

答：《建设工程施工合同（示范文本）》GF—2017—0201第19.4条规定，承包人接受索赔处理结果的，发包人可从应支付给承包人的合同价款中扣除赔付的金额或延长缺陷责任期；发包人不接受索赔处理结果的，按第20条〔争议解决〕约定处理。从该合同条款可见，索赔属于违约金、损害赔偿性质，与工程款的结算属于不同性质。如果承包人同意索赔金额，基于双方合意则发包人可以从未付工程款中扣除；但如果承包人并不认可索赔结果，则发包人不能擅自扣除工程款或拒付工程款，只能依据争议处理约定进行解决。因此，在双方未有明确约定的情况下，索赔不能作为拒付工程款的合法事由，发包人仍要依约履行支付工程款义务。对索赔处理，发包人可另行通过协商、诉讼等方式解决。

参考案例：天津高院（2013）津高民一字第0067号“蒂普拓普（天津）橡胶技术有限公司与中建六局建设发展有限公司建设工程施工合同纠纷案”。

9.54 分包合同约定“余款在竣工验收6个月后付清”，这里的付款条件是整个工程竣工验收还是分包工程竣工验收？

答：分包工程的竣工验收在合同未有明确约定的情况下，应当仅指分包工程，而非整个工程。

《建设工程施工合同（示范文本）》GF—2017—0201第13.1条对分部分项工程验收有明确规定，分部分项工程未经验收的，不得进入下一道工序施工；分部分项工程的验收资料应当作为竣工资料的组成部分。因此，分包工程的竣工验收与总包工程的竣工验收不能等同，分包工程可单独进行验收。但不同的分包工程有不同的特性，也会导致分包与总包之间的验收和整个工程的验收之间的关系比较复杂。如果分包工程需要根据总包的进度进行配合施工，且分包工程的竣工与总包工程的竣工密不可分，则分包工程合同中虽未明确约定工程竣工指代总包工程，但基于分包工程与总包工程的不可分割性，应当理解为总包工程的竣工验收。

参考案例：广东深圳南山区法院（2014）深南法民二初字第719号“深圳市华力岩土工程有限公司与深圳市宏颖建筑工程有限公司建设工程合同纠纷案”。

9.55 发包人将未经竣工验收的房屋交购房者使用，能否以未竣工验收付款条件未成就而拒付工程款？

答：《建设工程施工合同（示范文本）》GF—2017—0201第13.2.2条规定：“工程未经验收或验收不合格，发包人擅自使用的，应在转移占有工程后7天内向承包人颁发工程接收证书；发包人无正当理由逾期不颁发工程接收证书的，自转移占有后第15天起视为已颁发工程接收证书。”《建设工程司法解释（一）》第九条第三款规定：“建设工程未经竣工验收，发包人擅自使用的，以转移占有建设工程之日为竣工日期。”因此，发包人将未经竣工验收的房屋交购房者使用，视为发包人擅自使用，工程自转移使用之日为竣工日期，发包人应当支付剩余工程款。

参考案例：最高院（2016）民再273号“长春北方建筑工程公司、杨德君建设工程施工合同纠纷案”。

9.56 建设工程施工合同明确约定发包人收到承包人结算书后在一定期限内审核确认完毕，后未在约定期限内审核，能否视为认可？

答：《建设工程施工合同（示范文本）》GF—2017—0201专用条款对发包人完成竣工

付款的期限可另行约定，但对发包人未按约完成审核的，仍需参照通用条款明确相关的法律后果。根据通用条款第14.2条的规定，“发包人在收到承包人提交竣工结算申请书后28天内未完成审批且未提出异议的，视为发包人认可承包人提交的竣工结算申请单，并自发包人收到承包人提交的竣工结算申请单后第29天起视为已签发竣工付款证书。”因此，如专用条款约定了发包人的审核时间，未在该时间内完成审核且未提出异议的视为认可承包人的竣工结算申请单。

参考案例：江苏盐城东台市法院（2018）苏0981民初2072号“江苏贵磊金属制品有限公司、石明贵与盐城市俊驰建筑安装工程有限公司、赵恒忠债权人撤销权纠纷案”。

9.57 发包人的工作人员多次行使业主权利，其签收了竣工决算报告能否视为业主签收？

答：发包人的工作人员虽然不是发包人授权决算的代表，但如果该工作人员行为涉及工程质量、进度、现场管理、竣工图纸、决算报告等各方面情况，贯穿了工程建设的始终，则其实际上行使了广泛的业主权利，具有业主授权的代表身份，其有权代表业主签收竣工决算报告。

参考案例：最高院（2013）民提字第128号“北京市建筑装饰设计工程有限公司与周口欣欣置业有限公司装饰装修合同纠纷案”。

9.58 邮寄送达的程序有缺陷，其结算报告能否作为结算工程价款的依据？

答：承包人邮寄送达工程价款结算书程序有缺陷，结算报告不能作为结算工程价款的依据。

如果承包人逾期提交工程结算书，或寄送结算文件时仅写明由发包人收，但承包人没有证据证明发包人在约定的异议期限内知悉该结算文件的，承包人邮寄送达工程价款结算书的程序有缺陷，该结算报告不能作为结算工程价款的依据。

参考案例：青海高院（2014）青民一终字第38号“中国第四冶金建设有限责任公司、西宁市交通局建设工程施工合同纠纷案”。

9.59 发包人明确告知结算资料有缺陷，承包人能否以自己编制的工程竣工文件作为要求支付工程价款的依据？

答：发包人明确告知承包人竣工结算资料存在缺陷不能结算，承包人应当积极解决，在无证据证明下不能认定发包人为了阻止工程款支付条件成就而故意拖延结算。由于资料存在缺陷发包人没有审核同意承包人编制的工程竣工决算文件，不符合《建设工程司法解释（一）》第二十一条关于“当事人约定，发包人收到竣工结算文件后，在约定期限内不予答复，视为认可竣工结算文件的，按照约定处理”的规定。承包人请求以其自行编制的工程竣工决算文件作为工程价款的依据，显然不应予以支持。

参考案例：最高院（2014）民提字第 32 号“福建省永泰建筑工程公司与福建三明市林立房地产开发有限公司的建设工程施工合同纠纷案”。

9.60 承包人未举证证明发包人收到其提交的《工程决算书》，能否主张以《工程决算书》为定案依据？

答：根据《建设工程司法解释（一）》第二十一条关于“当事人约定，发包人收到竣工结算文件后，在约定期限内不予答复，视为认可竣工结算文件的，按照约定处理”的规定，承包人提交的《工程决算书》，只有在发包人收到了且约定期限不予答复的才能认定。如承包人无法证明发包人收到了《工程决算书》，则该条的使用前提就不存在，承包人主张以《工程决算书》为定案依据显然不能得到支持。

参考案例：广东高院（2015）粤高法民申字第 211 号“广东开平 B 公司集团有限公司与广东粤微食用菌技术有限公司、广东环凯微生物科技有限公司建设工程合同案”。

9.61 没有特别约定，承包人能否以《建设工程施工合同（示范文本）》GF—2017—0201 通用条款第 14.2 条主张以承包人报送的结清申请单为确定工程款数额的依据？

答：对于通用条款的效力，最高人民法院关于如何理解和适用《最高人民法院关于审理建设工程施工合同纠纷案件适用法律问题的解释》第二十条的复函（〔2005〕民一他字第 23 号）明确原《建设工程施工合同（示范文本）》GF—1999—0201 通用条款第 33 条第 3 款不能简单地推论出，双方当事人具有发包人收到竣工结算文件一定期限内不予答复，则视为认可承包人提交的竣工结算文件的一致意思表示。《建设工程施工合同（示范文本）》GF—2017—0201 第 14 条对于工程款结算明确在约定期限（28 天）内没有提出异议，视为认可对方。但是无论何种示范文本，在法律未有明确规定时，都不能仅依据通用条款直接认定，还需要在专用条款中进一步约定明确执行通用条款。我们认为，建设工程施工合同约定发包人应在承包人提交结算文件后一定期限内予以答复，但未约定逾期不答复视为认可竣工结算文件的，承包人请求按结算文件确定工程价款的，人民法院可能不予支持。

参考案例：湖南高院（2018）湘民终 107 号“湖南外商国际活动中心有限公司、长沙市望城区金山桥建设工程有限公司建设工程合同纠纷案”。

9.62 合同约定以审计部门审计结果为工程款结算依据，是否有效？

答：《最高人民法院关于建设工程承包合同案件中双方当事人已确认的工程决算价款

与审计部门审计的工程决算价款与审计部门审计的工程决算价款不一致时如何适用法律问题的电话答复意见》(2001民一他字第2号)曾明确，审计是国家对建设单位的一种行政监督，不影响建设单位与承建单位的合同效力。建设工程承包合同案件应以当事人的约定作为法院判决的依据。只有在合同明确约定以审计结论作为结算依据或者合同约定不明确、合同约定无效的情况下，才能将审计结论作为判决的依据。政府投资和以政府投资为主的建设项目，当事人在合同中约定以审计机关出具的审计报告、财政评审机构出具的评审结论作为工程价款结算依据，发包人请求依据审计报告、评审结论结算工程价款的，人民法院会予以支持。因此，如果涉及政府投资为主的建设工程合同，明确约定了以审计结论作为结算依据，则应当认定有效。

参考案例：最高院（2012）民提字第205号“重庆建工集团股份有限公司与中铁十九局集团有限公司建设工程合同纠纷案”。

9.63　合同约定不明确，能否通过解释推定当事人已经同意接受国家审计机关介入?

答：合同约定不明确，不能通过解释推定当事人已经同意接受国家审计机关介入。

《最高人民法院关于建设工程承包合同案件中双方当事人已确认的工程决算价款与审计部门审计的工程决算价款与审计部门审计的工程决算价款不一致时如何适用法律问题的电话答复意见》(2001民一他字第2号)曾明确，审计是国家对建设单位的一种行政监督，不影响建设单位与承建单位的合同效力。建设工程承包合同案件应以当事人的约定作为法院判决的依据。只有在合同明确约定以审计结论作为结算依据或者合同约定不明确、合同约定无效的情况下，才能将审计结论作为判决的依据。合同约定不明不能通过解释推定当事人同意接受审计。

参考案例：最高院（2002）民一提字第7号“广东第八建筑工程公司与海南兴业聚酯股份有限公司建筑工程承包合同纠纷案”。

9.64　发包人能否以审计部门出具的审计报告主张建设工程施工合同有关工程造价条款无效或抗辩付款?

答：发包人不能以审计部门出具的审计报告主张建设工程施工合同有关工程造价条款无效或抗辩付款。

建设工程施工合同有关工程造价条款是否无效，仅能依据《民法典》对民事行为无效的相关规定。而根据法律规定，审计部门出具的审计报告显然不是合同约定的造价条款无效的事由。且相关最高院答复已经明确审计是国家对建设单位的一种行政监督，不影响建设单位与承建单位的合同效力。建设工程承包合同案件应以当事人的约定作为法院判决的依据。

参考案例：最高院（2002）民一提字第7号“广东第八建筑工程公司与海南兴业聚酯股份有限公司建筑工程承包合同纠纷案”。

9.65 在承包人起诉支付工程款案件中，发包人主张延期交工违约金，是否必须要提起反诉？

答：发包人以延误工期为由要求承包人支付违约金或赔偿金的，其诉求明确具体，具备《民事诉讼法》“诉”的全部条件，属于独立的诉求，可以作为反诉事由。但如果发包人仅以延误工期为由请求拒付或减付工程款，没有对承担的违约金或赔偿金提出具体请求的，该请求不具备《民事诉讼法》“诉”的全部条件，只是对承包人请求的一种对抗理由，发包人的请求也不能抵消或者吞并承包人的诉讼请求，这种情形下的诉求视为抗辩权的行使，而不能视为发包人提起反诉。人民法院对发包人这一抗辩意见应当审查。发包人抗辩成立的，应当支持其抗辩意见。如双方在合同中明确约定可以直接将工程违约金或赔偿金从应付工程款中扣减的，发包人提出扣减请求的，因双方已有了明确的约定，故该请求可以应视为抗辩，发包人也无需提起反诉。

参考案例：江苏高院（2015）苏民终字第0340号“江苏中淮建设集团有限公司与无锡五星花园置业有限公司建设工程施工合同纠纷案”。

9.66 承、发包人在结算时没有提出索赔主张或声明保留，能否在结算后再以对方以前存在违约行为而主张索赔？

答：承、发包人在结算时没有提出索赔主张或声明保留，不能在结算后再以对方以前存在违约行为而主张索赔。

《建设工程工程量清单计价规范》GB 50500—2013第9.13.6条规定：发承包双方在按合同约定办理了竣工结算后，应被认为承包人已无权再提出竣工结算前所发生的任何索赔。承包人在提交的最终结清申请中，只限于提出竣工结算后的索赔，提出索赔的期限自发承包双方最终结清时终止。《建设工程价款结算暂行办法》规定了竣工结算应包括索赔事项；《建筑工程施工发包与承包计价管理办法》规定了发承包双方签字确认的工程竣工结算文件应当作为工程决算的依据。因此，索赔事项及金额应在结算时一并核定处理。除在结算时因存有争议而声明保留的项目外，竣工结算报告经各方审核确认后的结算意见，属于合同各方进行工程价款清结的最终依据。一方当事人在进行结算时没有提出相关索赔主张或声明保留，完成工程价款结算后又以对方之前存在违约行为提出索赔主张，依法不予支持。

参考案例：最高院（2017）民再97号“五指山兆通房地产开发有限公司、海南金盛建筑工程有限公司建设工程施工合同纠纷案”。

9.67 双方在《工程签证确认书》中已确定了工程总造价，承包人能否主张发包人赔偿停工损失及申请对停工损失进行鉴定？

答：《建设工程司法解释（一）》第二十九条规定：“当事人在诉讼前已经对建设工

程价款结算达成协议，诉讼中一方当事人申请对工程造价进行鉴定的，人民法院不予准许。”当事人在诉讼前已经对建设工程价款结算达成协议，诉讼中一方当事人申请对工程造价进行鉴定的，人民法院不予准许。达成结算协议并不是针对建设工程施工合同中对于工程价款结算相关事项的约定，而是发包人与承包人在合同的履行中针对工程价款结算作出的新协议。这一协议大多以施工合同中已有的条款作为支撑，以当事人双方真实意思表示为内容。根据司法实务，大多数协议内容类似于事后清算协议，对违约责任、损失赔偿等问题统一进行了解决。发包人与承包人对工程价款已经达成一致结算协议，如一方当事人申请鉴定，既是不诚信的行为，也没有司法上的意义，是在浪费司法资源。

参考案例：最高院（2018）民申1155号“成都中鹏房地产开发有限公司、宁钦海建设工程施工合同纠纷再审案”。

9.68 发包人法定代表人签订的《工程结算书》能否作为承包人主张结算工程款的依据？

答：发包人法定代表人签订的《工程结算书》能否作为承包人主张结算工程款的依据，要视是否授权而定。

根据《2019年全国法院民事审判工作会议纪要》第41条规定的核心原则，法定代表人签字是否代表公司的真实意思表示，关键在于是否有公司的相应授权。如果发包人授权了法定代表人负责签订《工程结算书》，则应作为发包人行为，由发包人承担法律后果。反之，法定代表人如无代表权或超越代理权的，则即便签字真实仍然可能会因为无权代表或无权代理而最终归于个人行为，与发包人无关。并且，承包人在与发包人建立建设工程施工合同关系时，作为合同相对方应当对发包人负责工程合同履行、工程价款结算的授权代表知晓，法定代表人是否有授权处理工程相关事项是承包人应当明确知晓的重要内容，因此当然也不符合表见代理的认定。

参考案例：辽宁高院（2019）辽民终1660号“抚顺矿业中机热力有限责任公司、中机国能电力工程有限公司合同纠纷案”。

9.69 发包人未在工程造价审计的《工程结算审核定单》上签字，但对《工程结算审核定单》加盖公章的真实性未提出异议，承包人以此主张工程价款，能否得到人民法院支持？

答：中国建设工程造价管理协会制定的《建设项目工程结算编审规程》，虽然对结算审定表的签署要求规定需签字盖章。但该规定不属强制性法律规范，不能作为认定《工程结算审核定单》可否作为结算依据的法律依据。且如果工程造价审计是双方共同委托事项，审计出具的《工程结算审核定单》受双方当事人共同委托，该结算文件已有发包人盖章，可以判断双方认可结算文件的内容。《工程结算审核定单》在人员签字上存在遗漏，存在一定瑕疵，但并不能因此直接得出否定其作为证据证明力的结论。

参考案例：最高院（2016）民终 106 号“普定县鑫臻房地产开发有限责任公司与黑龙江省建工集团有限责任公司、普定县鑫臻酒店有限公司建设工程合同纠纷案”。

9.70 发包人对《劳务结算单》未向法院提起撤销或无效的诉讼，仅以项目经理受胁迫所签抗辩，该抗辩能否得到人民法院支持？

答：发包人以项目经理受胁迫抗辩《劳务结算书》的效力，抗辩权依法可获保护。但是否能依法支持，则需考虑两个方面。一是受胁迫的撤销事由能否成立，是否有有效证据证明。二是撤销权是否超过法定期限。《民法典》第一百五十二条之规定：“当事人受胁迫，自胁迫行为终止之日起一年内没有行使撤销权，撤销权消灭。”如果发包人有事实依据也未超过一年除斥期间，则可依法获得支持；反之则不予支持。

参考案例：陕西咸阳中院（2016）陕 04 民申 85 号“泸州市第七建筑工程公司、重庆市万州区荣文建筑劳务有限公司劳务合同纠纷案”。

9.71 当事人能否以结算书违反地方性法规、行政规章为由主张无效？

答：当事人不能以结算书违反地方性法规、行政规章为由主张无效。

《民法典》第一百五十三条规定，违反法律、行政法规的强制性规定的民事法律行为无效。但是，该强制性规定不导致该民事法律行为无效的除外。因此，结算书签订是否有效参考的范围应严格局限于法律、行政法规，即指全国人大及其常委会通过的法律以及国务院颁布的行政法规，而不能将其范围扩大至地方性法规以及行政规章。《2019年全国法院民事审判工作会议纪要》第 31 条也明确规定，违反规章一般情况下不影响合同效力，但该规章的内容涉及金融安全、市场秩序、国家宏观政策等公序良俗的，应当认定合同无效。人民法院在认定规章是否涉及公序良俗时，要在考察规范对象基础上，兼顾监管强度、交易安全保护以及社会影响等方面进行慎重考量，并在裁判文书中进行充分说理。

参考案例：最高院（2015）民一终字第 58 号“宁夏安通房地产开发有限公司与银川市土地储备局房屋拆迁安置补偿合同纠纷二审案”。

9.72 一审中自认《结算协议书》的真实性和效力，在二审中能否反悔？

答：一审中自认《结算协议书》的真实性和效力，在二审中一般不能反悔。

当事人在一审中对《结算协议书》证据的真实性并未提出异议，构成自认。根据《证据规定》第九条规定，如经对方当事人同意的或自认是在受胁迫或者重大误解情况下作出的，“当事人在法庭辩论终结前撤销自认的，人民法院应当准许。”《民事诉讼法解释》第三百四十二条规定：“当事人在第一审程序中实施的诉讼行为，在第二审程序中对该当事人仍具有拘束力。当事人推翻其在第一审程序中实施的诉讼行为时，人民法院应当责令其说明理由。理由不成立的，不予支持。”

由此可见一审中的撤销自认应当在一审辩论终结前提出。在二审提出的，如无正当理由的，法院一般不予支持。

参考案例：最高院（2018）最高法民申2649号“吴章荣、温州矿山井巷工程有限公司合同纠纷案”。

9.73 双方已经形成历次结算单后，承包人能否对新增工程价款进行鉴定？

答：当事人在诉讼前已经对建设工程价款结算达成协议，诉讼中一方当事人申请对工程造价进行鉴定的，人民法院不予准许。但如果是新增工程量，双方在未达成结算一致意见前，一方向法院申请鉴定的，法院应当保障当事人举证权利予以同意。

参考案例：浙江金华武义县法院（2014）金武民初字第682号“浙江省武义县柳城建筑安装工程有限公司与浙江锃泰工贸有限公司、武义锃泰锁具有限公司建设工程施工合同纠纷案”。

9.74 一审期间双方形成《会议纪要》，当事人无证据证明该纪要是双方在一审法院主持下一方为达到和解目的而作出的妥协，上诉方在二审期间主张《会议纪要》不能作为依据的意见能否得到人民法院的采信？

答：一审期间发包人与承包人如因工程款纠纷达成《会议纪要》，是对案涉工程价款达成的结算协议，系双方的真实意思表示，不违反法律规定，双方应当依此结算工程价款。即使该《会议纪要》不是在法院主持下，但如果无证据证明双方签订会议纪要是为了和解妥协签订，则不能反悔。

参考案例：湖南长沙浏阳市法院（2016）湘0181民初5741号“浏阳市五环建设开发有限公司与吴曙光、彭文林建设工程施工合同纠纷案”。

9.75 发包人《建设施工合同》中委托代理人在《结算单》上签字，发包人能否以没有授权为由主张不受该《结算单》约束？

答：发包人《建设施工合同》中的委托代理人如果没有对其明确授权可代表发包人进行结算的，则该委托代理人无权对《结算单》进行签字确认，发包人可以没有授权为由主张不受该《结算单》约束。反之，则应受《结算单》约束。

参考案例：江苏高院（2016）苏民申 1129 号“扬州苏星混凝土有限公司与扬州振中锌业有限公司买卖合同纠纷案”。

9.76 结算书签订后，双方又签订《补充协议》，该补充协议是否有效？

答：结算书签订后，双方又达成的补充协议内容，即使对结算书价款等内容发生了变更，但只要是双方真实意思表示，不具有法律规定的无效情形，均应认定有效。同时，如果补充协议内容是以结算书为依据，双方明确债权债务关系的结算清理，则该补充协议在法律效力上具有独立性和约束力，不以主合同无效而无效。

参考案例：安徽高院（2019）皖民终 226 号“芜湖开创架业建筑有限公司、芜湖青建建设有限公司建设工程施工合同纠纷案”。

9.77 结算单签订一年后能否以结算单显失公平为由请求撤销？

答：根据《民法典》第一百五十二条之规定，当事人自知道或者应当知道撤销事由之日起一年内没有行使撤销权的，撤销权消灭。暂不论工程结算单是否显失公平，一般结算单签订时当事人对是否显失公平应当能够做出判断，如一方当事人超过一年诉求撤销显然超过了撤销权的除斥期间。其次，显失公平一般指一方利用对方处于危困状态、缺乏判断能力等情形，致使另一方做出有失公平的民事法律行为。结算单的签订属于民事法律行为范畴，依法可以显失公平为由提出撤销。但需注意的是，如何界定显失公平应基于结算双方对合同结算条款、发包人清偿能力等因素的了解能力判断。如果双方均是建设工程领域专业单位，对合同理解、价格调整等均不存在缺乏判断能力的情况下，双方达成的结算协议是双方的真实意思表示，结算单签订后一方如以显失公平为由提出撤销则不具有正当性，也会导致工程结算的反复性、随意性。

参考案例：广东深圳福田区法院（2012）深福法民三初字第 1961—1964、2078—2080、2099、2100、2192 号“张燕、张丽丽等与深圳融发投资有限公司、深圳市规划和国土资源委员会债权人撤销权纠纷案”。

9.78 双方已就决算达成一致后，一方能否主张以备案的合同作为结算价款的依据？

答：建设工程领域的“阴阳合同”现象较为普遍。如承包人与发包人签订与中标备案合同的“阴合同”，事实上是对中标备案合同作出了调整，构成对中标合同实质性内容的变更，属于无效合同，所以承包人不能再以中标备案合同向发包人主张工程款。

参考案例：辽宁沈阳中院（2016）辽 01 民终 8598 号“沈阳浑南置业房地产开发有限

公司与沈阳天北建筑安装工程公司建设工程施工合同纠纷案”。

9.79　双方完成工程价款结算后，承包人为配合国家行政审计而在《建设工程造价编审确认表》上签字盖章行为能不能否定双方之前结算的效力？

答：建设工程合同当事人对接受行政审计作为确定工程款结算依据的约定应具体明确，而不能通过解释或行为推定方式认定。如发包人与承包人又已经就结算达成协议并已实际履行，即使该结算协议与合同约定的行政审计方式及结果存在差异，但依《民法典》第五百四十三条规定，双方当事人通过签订结算协议并实际履行的行为，变更了原结算方式，该变更对双方当事人具有法律拘束力。且在双方已通过结算协议确认工程结算款并已基本履行完毕情况下，国家审计机关所作审计报告，不是推翻双方结算协议效力的法定事由。

参考案例：最高院（2012）民提字第205号“重庆寻工集团股份有限公司与中铁十九集团有限公司建设工程施工合同纠纷案”。

9.80　承包人提出《结算协议书》显失公平，但没有提供证据证明双方在签订过程中存在欺诈胁迫的情形，能否得到支持？

答：显失公平一般指一方利用对方处于危困状态、缺乏判断能力等情形，致使另一方做出有失公平的民事法律行为。结算单的签订属于民事法律行为范畴，依法可以显失公平为由提出撤销。但需注意的是，如何界定显失公平应基于结算双方对合同结算条款、发包人清偿能力等因素的了解能力判断。如果双方均是建设工程领域专业单位，对合同理解、价格调整等均不存在缺乏判断能力的情况下，双方达成的结算协议是双方的真实意思表示，结算单签订后一方如以显失公平为由提出撤销则不具有正当性，也会导致工程结算的反复性、随意性。因此，承包人没有提供证据证明在签订过程中存在处于危困状态、缺乏判断能力的情形，其提出《结算协议书》显失公平无法得到支持。

参考案例：辽宁铁岭中院（2019）辽12民再15号“秦忠茂、泛华建设集团有限公司建设工程施工合同纠纷案”。

9.81　分包人在一审期间提供的证据没有原件也没有向一审法院提出调取证据的申请，二审期间能否提出调取该证据的申请？

答：根据《民事诉讼法》第六十七条规定，“人民法院有权向有关单位和个人调查取证，有关单位和个人不得拒绝。人民法院对有关单位和个人提出的证明文书，应当辨别真伪，审查确定其效力。”因此，对当事人提交的证据没有原件的，法院从辨别证据真伪、审查证据效力的审判义务角度，应当依职权调查取证，验证原件真实性。分包人一审未对证据原件申请调查取证，二审如有必要可依法申请法院调取原件、核查真实性。

参考案例：河南郑州中院（2010）郑民四终字第973号“杨洪涛与张伟建民间借贷纠纷案”。

9.82 双方在诉讼期间签订的《结算协议书》能否作为结算依据？

答：发、承包方在诉讼期间就工程款达成结算协议的，是双方的真实意思表示，可以作为结算依据予以认定，一方无法定无效、可撤销事由不得反悔。

参考案例：最高院（2017）民终20号“江苏南通二建集团有限公司与连云港市远通房地产开发有限公司建设工程施工合同纠纷案”。

9.83 发包人利用优势致使承包人在结算书上签字，造成双方权利义务显失公平，承包人能否请求撤销？

答：认定合同条款显失公平的标准应当包括主观、客观两个方面的内容。主观方面要求合同的一方存在利用其优势或者利用对方轻率、没有经验的故意，违背了对方的真实意愿；客观方面要求合同中双方的权利义务明显违反公平、等价有偿原则。商事合同当事人作为从事商事活动的经营主体，一般具备必要的商业理性和谈判实力，有能力了解合同项下的利益关系是否均衡，也有能力承受合同利益分配下的风险。因此，在认定商事合同中是否存在显失去公平条款时一定要慎重，除非合同中明显存在一方当事人“利用其优势或利用对方没有经验”的情形，利益受损方在订立合同时意思表示不真实且系善意。否则，在明知对方利用优势地位及相关合同、协议一旦签订的法律后果的情况下，仍予以确认则不符合显失公平的认定。因此，在建设工程领域，发包人基于市场地位具有特性的优势地位，但该优势地位的存在并不能直接认定显失公平，而是要评估该优势地位是否导致承包人违背真实意愿且明显违反公平、等价有偿原则。

参考案例：最高院（2019）民终760号“西藏中太恒源实业有限公司、拉萨市柳梧新区城市投资建设发展集团有限公司合同纠纷案”。

9.84 承包人提交的《计量支付报表》形成时涉案工程尚未竣工，该《计量支付报表》能否作为涉案工程的结算依据？

答：《计量支付报表》是在工程施工过程中完成的工程量，一般作为进度付款的依据。《建设工程司法解释（一）》第二十条规定：“当事人对工程量有争议的，按照施工过程中形成的签证等书面文件确认。承包人能够证明发包人同意其施工，但未能提供签证文件证明工程量发生的，可以按照当事人提供的其他证据确认实际发生的工程量。”根据法律规定，《计量支付报表》可以作为工程量的证明依据。但工程中的计量支付报表是阶段性的，可能部分工程的施工任务并没有全部完成，也没有经过承包方自检和监理方检验，对进度工程量的审核并不是一种严格的审核，更多的是一种估算。此时，在双方发生争议时，承包人不能简单地以进度过程中《计量支付报表》进行累加作为结算的依据。

参考案例：最高院（2014）民申字第 924 号“川北建设公司与雅江县公路段施工合同纠纷案”。

9.85　档案馆备案的结算书能否作为双方结算工程款的依据？

答：在建设工程施工合同纠纷中，当事人签订的建设工程施工合同与招标文件、投标文件、中标通知书载明的工程范围、建设工期、工程质量、工程价款不一致，一方当事人请求将招标文件、投标文件、中标通知书作为结算工程价款的依据的，人民法院应予支持。因此，在履行招标投标的建设工程项目中，如果档案馆备案的结算书是依据中标通知书等文件确定的，一方提出则依法应当以备案的结算书作为结算工程价款的依据。如果建设工程项目并非招标投标项目，则备案结算书是不是双方的真实意思表示需要进行审查。如备案结算书仅用于备案，并非双方最终的结算意思表示，则不能以该备案结算书作为结算依据。

参考案例：最高院（2014）民申字第 852 号“于继洪与济宁金茂房地产开发有限公司、济宁市市中区振业建筑工程公司建设工程施工合同纠纷案”。

9.86　建设工程价款结算中双方先后出现若干份数额相差较大的结算书，以哪一份作为结算依据？

答：建设工程价款结算中先后出现若干份数额相差较大的结算书，且发包人与承包人双方均共同盖章确认，但不宜简单地按先后顺序确认哪一份结算书作为工程造价的依据，而是应当重点审查该结算书是否为双方当事人的真实意思表示。需要综合工程实际情况及相关合同约定，判断结算书是否系双方依据施工合同约定的结算程序和结算计价方法作出的真实意思表示，最终确定该真实意思表示的结算书作为结算依据。

参考案例：海南高院（2015）琼环民终字第 10 号“长沙桐木建设股份有限公司诉海南三正实业投资有限公司建设工程施工合同纠纷案”。

9.87　无施工资质的实际施工人起诉承包人主张工程款时，承包人能否要求抵扣管理费？

答：在非法转包、违法分包建设工程或者没有资质的实际施工人借用有资质的建筑施工企业名义与他人签订建设施工合同的行为无效的情况下，对于在该合同中约定的管理费项目应作何认定，是将其作为合同无效的违法所得予以收缴还是根据实际情况平衡各方当事人利益在司法实践中存在着不同的做法。根据现在实务中的处理观点，一是需要承包人具有参与管理、实施管理行为；二是任何人不得从自己的过错中获利，无施工资质的实际施工人亦不能从其违法行为中获得利益。如果认定管理费不应从工程款中扣除，不仅导致实际施工人对其过错不承担任何责任反而获得比订立协议可预见的更高的工程款，与《建筑法》《建设工程司法解释（一）》规定的立法目的不相符，还会以此鼓励违法行为，扰乱建筑业市场秩序。对于管理费是否属于违法所得予以没收，与实际施工人是否承担此项费用属于不同的法律关系。施工合同虽因违反法律规定而无效，但并不影响协议中对相关费用比例的约定是双方的真实意思表示。因此实际施工人应当缴纳的管理费可参照合同约定认定。

参考案例：最高院（2019）民申 2732 号“马占英建设工程施工合同纠纷案”。

9.88 发包人直接向挂靠的实际施工人支付的工程款是否可冲抵承包人的工程款？

答：挂靠施工下，虽然实际施工人直接组织施工，但对外仍然是以承包人的名义，承包人可能会因实际施工人的行为对外承担法律责任，即承包人对建设施工合同的履行具有法律利益。虽然，《建设工程司法解释（一）》第四十三条规定：“发包人在欠付建设工程价款范围内对实际施工人承担责任”，系对合同相对性原则的突破，但在适用时应当予以严格限制。该司法解释直接适用于实际施工人以诉讼方式向发包人主张权利的情形。而对于实际施工人非以诉讼方式向发包人主张权利的情形，并不能直接适用。如容许发包人随意突破合同相对性，直接向实际施工人付款，则可能会损害承包人的权益。故在缺乏正当理由情况下，发包人不能未经承包人同意，违反合同约定直接向实际施工人支付工程款，也不能以此冲抵承包人的工程款。

参考案例：最高院（2019）民申 6732 号“安市天瑞房地产开发有限公司、淮安市鹏腾建筑工程有限公司建设工程施工合同纠纷案”。

9.89 承包人逾期移交工程竣工资料，应如何承担违约责任？

答：如发包人与承包人在合同中约定逾期移交竣工资料的违约责任，则可参照合同约定进行主张。但如果承包人提出违约责任过高的抗辩或双方未就违约责任进行明确，如何认定是实务中的疑难问题。从《民法典》第五百八十五条的规定内容来看，违约金数额应当以实际损失为参考标准。从发包人角度，就需要对逾期移交竣工资料的损失进行举证、主张。其中，根据《2019 年全国法院民事审判工作会议纪要》第 50 条的规定，损失包括合同履行后可以获得的利益。因此，发包人既可主张有形损失，包括消防监测、技术服务等因逾期办证产生的实际损失；也可包括无形损失，即因不能办理竣工备案手续所承受的不良商誉影响下的可得利益损失。

参考案例：安徽巢湖法院（2017）皖0181民初3185号“安徽尖刀建设有限公司与金光道环境建设集团有限公司建设工程分包合同纠纷案”。

9.90 发、承包人诉前同意共同委托第三方造价，一方诉讼中可否不认可该造价意见？

答：《建设工程司法解释（一）》第三十条规定：“当事人在诉讼前共同委托有关机构、人员对建设工程造价出具咨询意见，诉讼中一方当事人不认可该咨询意见申请鉴定的，人民法院应予准许，但双方当事人明确表示受该咨询意见约束的除外。”因此，从意思表示的角度，发承包人双方共同委托第三方进行审核，仅能表明双方就共同委托行为达成了一致，但并不能确认双方对共同委托的审核意见工作成果也必然已经达成了一致，任何一方均应当有提出异议的权利。另外，从证据角度出发，双方诉前共同委托后所形成的咨询意见属于书证，该咨询意见并不同于在诉讼中选定并由人民法院委托司法造价鉴定所形成的鉴定意见，两者属于《民事诉讼法》所规定的不同性质的证据。由此，基于双方的共同委托所形成的第三方咨询意见并不应当然成为确定争议工程价款结算的依据。任何一方不服相应咨询意见结果的，有权在诉讼中申请鉴定，法院应当依法予以准许。当然，如果发承包人双方当事人在共同委托的同时明确表示接受该咨询意见约束的，则应当作为双方造价的依据，任何一方再申请鉴定将得不到法院准许。

参考案例：最高院（2019）民终956号“北京中关村开发建设股份有限公司与北京中关村开发建设股份有限公司新疆分公司建设工程施工合同纠纷案”。

9.91 发包人将不属于必须招标的建设工程进行招标后，在中标合同之外又另行与承包人签订合同的，任何一方能否以中标合同作为结算建设工程价款的依据？

答：发包人将依法不属于必须招标的建设工程进行招标后，与承包人另行订立的建设工程施工合同背离中标合同的实质性内容，当事人请求以中标合同作为结算建设工程价款依据的，人民法院应予支持。这是因为，《招标投标法》第四十六条第一款明确规定：“招标人和中标人应当自中标通知书发出之日起三十日内，按照招标文件和中标人的投标文件订立书面合同。招标人和中标人不得再行订立背离合同实质性内容的其他协议。”从《招标投标法》的立法本意来看，凡在我国境内进行的招标投标活动，不论是属于法定强制招标项目，还是属于由当事人自愿采用招标方式进行采购的项目，其招标投标活动均应当适用《招标投标法》，并且不应当存在例外之情形。因此，即使不属于必须招标的工程一旦签订了中标合同，不论事后是否另行签订不一致的合同，在结算工程价款时，任何一方均可以中标合同作为工程款结算的依据。当然，如果发包人与承包人因客观情况发生了在招标投标时难以预见的变化而另行订立建设工程施工合同的除外。

参考案例：最高院（2019）民申4527号“黑龙江新陆建筑工程集团有限公司与林口

县华邦房地产开发有限公司建设工程施工合同纠纷一案”。

9.92 影响建筑工程合同价款调整的因素有哪些?

答：影响建筑工程合同价款调整的因素有以下几方面：

(1) 地质条件的变化。地质条件发生变化时，根据其影响采取不同的处理方法，引起工程变更、设计变更，都要按照变更的程序来处理。当需要进行重新设计时，应该由承包人根据新的设计方案给出报价，由工程师根据相关资料来决定费用的增加。而由于地质条件变化导致的人工工时增加、人工效率低、施工机械台班增加、效率低、管理费增加等，都应该给予补偿。

(2) 不可抗力因素。我国工程领域对于不可抗力发生后的处理原则是各自承担自身损失，合同双方对于这种处理方法已经都默认了。在此，建议对于不可抗力事件发生后的处理仍然可以采取我国施工合同示范文本的规定，各自承担自身损失，工期给予顺延。

不可抗力的发生对合同双方都有一定的影响，对工程本身必然也有很大的影响。因而，合同双方必须采取一定的措施来减少由此带来的损失，使损失降到最小。由于不可抗力的影响程度的大小，可能导致的结果也是不同的，它可能导致工期拖延、施工方案改变、施工顺序改变、合同终止等情况。不可抗力的影响在不是很长的情况下，承、发包双方可以在该事件发生后仍然履行合同，对工期给予一定的顺延。当不可抗力事件影响比较大，在发包人要求承包人停工后合同规定时间内还不能够复工，对于合同的某一方继续履行合同情况下可能导致更大的损失，该方可以根据合同规定要求终止合同的履行。对于不同情况下的处理价款调整的方法是不同，可以根据不可抗力事件导致的不同的结果进行调整。

(3) 工程所在地法律、法规的变化。工程所在国的法律、法规发生变更时，如提出进口限制、外汇管制、税率提高、劳动法的改变等，都可能引起承包商施工费用的增加。此类风险是承包人难以预料的，应该纳入发包人的风险范围内，不管合同类型如何，合同价款都应该做出调整。

(4) 物价的变化。工程量清单计价方式的推行，施工图预算模式下的物价的调整方法已经越来越不再适用，承发包双方必须在合同中约定合适的调价方法来减少工程结算时的争议。FIDIC 合同条件是目前国际工程运用得最多的一种合同文本，其处理原则、方法已经得到了世界上大部分国家的认同，因而，在此建议对于物价风险的调整采用 FIDIC 合同条件的规定，运用调价公式来对物价风险进行调整。运用调价公式来对物价风险进行调整，其主要需要确定的有固定系数及各调整因子权重的确定、调价指数的选择和调价基数的确定等。

(5) 设计变更。《民法典》第八百零五条规定：“因发包人变更计划，提供的资料不准确，或者未按照期限提供必需的勘察、设计工作条件而造成勘察、设计的返工、停工或者修改设计，发包人应当按照勘察人、设计人实际消耗的工作量增付费用。”

(6) 工程量变更。《建设工程工程量清单计价规范》GB 50500—2013 第 9.6.1 条规定：“合同履行期间，当应予计算的实际工程量与招标工程量清单出现偏差，且符合本规范第 9.6.2 条、第 9.6.3 条规定时，发承包双方应调整合同价款。”

参考案例：山东高院（2017）鲁民终 811 号“青岛凯发置业有限公司、天元建设集团有限公司建设工程施工合同纠纷案”。

9.93　先出具工程款欠款证明后签订结算协议，如何认定？

答：先出具工程款欠款证明后签订结算协议，视为双方就工程款结算重新达成了合意，是对欠款证明的变更，故双方应依照后签订的结算协议结算工程款。

参考案例：辽宁大连中院（2014）大民二终字第 76 号“大连利鑫挤压件有限公司与刘长树建设工程施工合同纠纷案”。

9.94　建设工程竣工验收应满足的条件是什么？

答：根据《建设工程质量管理条例》第十六条的规定，“建设单位收到建设工程竣工报告后，应当组织设计、施工、工程监理等有关单位进行竣工验收。建设工程竣工验收应当具备下列条件：（一）完成建设工程设计和合同约定的各项内容；（二）有完整的技术档案和施工管理资料；（三）有工程使用的主要建筑材料、建筑构配件和设备的进场试验报告；（四）有勘察、设计、施工、工程监理等单位分别签署的质量合格文件；（五）有施工单位签署的工程保修书。建设工程经验收合格的，方可交付使用。”

参考案例：福建三明中院（2018）闽 04 民终 234 号“福建龙华建设工程有限责任公司、福建祥源纺织有限公司建设工程施工合同纠纷案”。

9.95　建设工程综合验收与竣工验收有何区别？

答：建筑工程综合验收与竣工验收的主要区别是：综合验收是全面的、最终的，竣工验收是单项的、过程的。

综合验收是指按照有关法律、规章和规范对居住小区规划、设计的执行，各单位工程的竣工验收情况和市政基础设施、公共服务配套设施、环境卫生设施以及绿化建设等，进行的整体和全面的验收。综合验收的内容包括：规划要求是否落实，配套建设的基础设施和公共服务设施是否建设完毕，单项工程质量验收手续是否完备，拆迁补偿安置方案是否落实，物业管理是否落实等。综合验收由建设行政主管部门组织实施。由规划、设计、房屋、土地、市政工程、供水、供气、电力、园林、环卫、电信、公安、交通、消防、商业、教育、人防等有关部门共同进行。

竣工验收，即每个建设单元工程竣工后，建设方组织五方验收，并取得消防、环保、规划验收合格证和相关资料文件，由建设方提出竣工验收报告，经建设行政主管部门收讫并确认，发给房屋建筑和市政基础设施竣工验收合格备案证书。一般情况下一个建设项目会有若干个竣工验收合格备案证书，竣工验收合格备案证书是建设方取得房屋产权证书的必备文件。

9.96 发、承包双方在结算中未提出工期延误，该如何处理？

答：按照施工合同的约定追究承包人工期延误责任，属于发包人的一项权利。当某一时间节点或者工程竣工时的日期超过了合同约定，并且不存在工期应当顺延的情形，承包人的履约行为不符合约定，发包人即可要求承包人承担相应的责任。该种权利属于基于合同的请求权，该权利的行使与否应由发包人自行决定。只要发包人行使该请求权的时间没有超过诉讼时效的限制，不应以结算时未予提出的行为，推出视为发包人放弃该请求权，毕竟权利的放弃应以明示为基本原则，在法律没有规定不提出即为放弃的，不应理解为默示放弃。只要发包人在时效届满前提出，仍应得到支持。

参考案例：浙江嘉兴南湖区法院（2015）嘉南民初字第1625号“浙江海特龙汽车内饰件有限公司与浙江嘉禾建设有限公司建设工程施工合同纠纷案”。

第10章

违约责任认定与承担

10.1 对于停工、窝工，承、发包双方均有过错，责任如何承担？

答：对于停工、窝工，承、发包双方均有过错的，违约责任按责任大小比例分担。

所谓建设工程停工、窝工，是指承包商（包括合法分包商）在进入施工现场后，不能按照总包合同约定或者分包合同约定或者开工通知书指令或者设计安排进行施工，使得施工进度慢于计划进度或者合同约定进度的现象。《民法典》第七百九十八条规定："隐蔽工程在隐蔽以前，承包人应当通知发包人检查。发包人没有及时检查的，承包人可以顺延工程日期，并有权请求赔偿停工、窝工等损失。"第八百零三条规定："发包人未按照约定的时间和要求提供原材料、设备、场地、资金、技术资料的，承包人可以顺延工程日期，并有权请求赔偿停工、窝工等损失。"第八百零四条规定："因发包人的原因致使工程中途停建、缓建的，发包人应当采取措施弥补或者减少损失，赔偿承包人因此造成的停工、窝工、倒运、机械设备调迁、材料和构件积压等损失和实际费用。"可见，对停工、窝工损失的承担，应根据过错责任来进行确定。如因发包人的过错造成停工、窝工损失的，由发包人承担责任；如因承包人自己的过错导致停工、窝工损失的，由承包人自行负担；双方均有过错的，按责任大小比例分担。

参考案例：甘肃高院（2019）甘民终350号"甘肃中利投资服务集团有限责任公司、甘肃一安建设科技集团有限公司建设工程施工合同纠纷案"。

10.2 因发包人提供错误的地质勘察报告导致停工，承包人消极等待，停工责任如何承担？

答：因发包人提供错误的地质勘察报告致使建设工程停工，当事人对停工时间未作约定或未达成协议的，承包人不应盲目等待而放任停工状态的持续以及停工损失的扩大。对于计算由此导致的停工损失所依据的停工时间，也不能简单地以停工状态的自然持续时间为准，而是应根据案件事实综合确定一定的合理期间作为停工时间。

具体来说，对于因发包人过错引发的工程停工索赔纠纷，在认定停工损失（包括停工时间）的问题上，应遵循两个基本原则：一是所发生的费用应是承包人履行合同所必需的和已经实际发生的；二是承包人不应由于停工的发生而额外受益或额外受损。目前，虽然法律对于停工损失及停工时间的计算没有明确规定，但我们可以参考类似情况下的有关合同示范文本的做法加以认定。《建设工程施工合同（示范文本）》GF—2017—0201 第 7.8.6 条规定：监理人发出暂停施工持续 56 天以上未向承包人发出复工通知，承包人可向发包人提交书面通知，要求发包人在收到书面通知后 28 天内准许已暂停施工的部分或全部工程继续施工。暂停施工持续 84 天以上不复工的，影响到整个工程以及合同目的实现的，承包人有权提出价格调整要求，或者解除合同。也就是说，发包人原因造成承包方停工达 56 天或 84 天之久，双方又未能达成协议的，承包方应当对工程的前景有合理的预见，对风险有较理性的把握，应积极采取措施，降低损失。

由前述处理工程停工索赔纠纷的基本原则及类似情况可以看出，因发包人提供错误的地质报告导致的停工，应根据案件事实综合确定一定的合理期间作为停工时间。关于停工损失的分担比例，对于发包人提供错误的地质报告导致的停工，其应承担主要责任；承包人若处理不力致使损失扩大，也应承担一定责任。

参考案例：最高院（2011）民提字第 292 号“河南省偃师市鑫龙建安工程有限公司与洛阳理工学院、河南省第六建筑工程公司索赔及工程欠款纠纷案”。

10.3 涉案工程工期延长系发包人资金不到位所致，承包人能否要求发包人赔偿损失？

答：发包人导致工期拖延的，承包人可以索赔。

当发包人与承包人签订建筑工程合同后，任何一方都应该严格遵守合同约定，积极履行合同，要是一方违约的，另一方都可以要求对方赔偿损失。工期拖延，就是建筑工程合同违约的一种。根据《民法典》第八百零三条的规定，发包人未按照约定的时间和要求提供原材料、设备、场地、资金、技术资料的，承包人可以顺延工程日期，并有权要求赔偿停工、窝工等损失。因此，因发包人资金不到位的原因导致工期拖延的，承包人可以要求发包人赔偿相应的损失。

参考案例：最高院（2013）民申字 659 号“北京新领国泰投资有限公司与北京市机械施工有限公司及北京神龙建筑装饰工程有限公司建设工程施工合同纠纷案”；陕西高院（2014）陕民一终字 00025 号“西安市虹桥置业有限责任公司与陕西建工第三建设集团有限公司建设工程施工合同纠纷案”。

10.4 停工期间承包的租赁行为客观存在但未实际支付租赁费，发包人是否要赔偿？

答：停工期间承包的租赁费用虽未实际支付，但租赁费行为客观存在，损失必然会发生，发包人应当要赔偿承包人的损失。

参考案例：陕西高院（2016）陕民终311号“重庆兴达实业（集团）有限公司与西安百圣建筑劳务有限公司建设工程施工合同纠纷案”。

10.5　承包人未依据合同约定履行索赔程序，是否有权获得损失赔偿？

答：承包人未依据合同约定履行索赔程序，无权获得损失赔偿。

《建设工程施工合同（示范文本）》GF—2017—0201第19.1条规定：“承包人应在知道或应当知道索赔事件发生后28天内，向监理人递交索赔意向通知书，并说明发生索赔事件的事由；承包人未在前述28天内发出索赔意向通知书的，丧失要求追加付款和（或）延长工期的权利。”因此，承包人主张损失赔偿应遵循合同约定的索赔程序，承包人未按照约定程序提出索赔的，损失赔偿不能得到支持。

参考案例：最高院（2014）民一终字第56号“中铁二十二局集团第四工程有限公司与安徽瑞讯交通开发有限公司、安徽省高速公路控股集团有限公司建设工程施工合同纠纷案”。

10.6　承包人未按照合同约定申报工程量及申请支付工程款，也未提供监理公司确认的停工、窝工证据，能否主张停窝工损失？

答：承包人未按照合同约定申报工程量及申请支付工程款，也未提供监理公司确认的停工、窝工证据，不能主张停窝工损失。

参考案例：最高院（2007）民一终字74号“西安市临潼区建筑工程公司与陕西恒升房地产开发有限公司建设工程施工合同纠纷案”。

10.7　地震引发的停工损失由谁承担？

答：地震属于不可抗力，因不可抗力引发的停工损失，应当由承、发包双方共同承担。

根据法律规定，不可抗力属于法定免责事由，所谓不可抗力是指一种人们无法预见、不能避免、不能克服的客观情况。因不可抗力不能履行合同目的，根据不可抗力的影响，违约方可以部分或者全部免除责任。地震属于不可抗力。不可抗力导致的人员伤亡、财产损失、费用增加和工期延误等后果，通常由合同双方按以下原则承担：（1）永久工程，包括已运至施工场地的材料和工程设备的损害，以及因工程损害造成的第三方人员伤亡和财产损失由发包人承担；（2）承包人设备的损坏由承包人承担；（3）发包人和承包人各自承担其人员伤亡和其他财产损失及相关费用；（4）承包人的停工损失由承包人承担，但停工期间应监理人要求照管工程和清理、修复工程的金额由发包人承担；（5）不能按期竣工的，应合理延长工期，承包人不需支付逾期竣工违约金。发包人要求赶工的，承包人应采取赶工措施，赶工费用由发包人承担。但是，合同一方当事人延迟履行，在延迟履行期间发生不可抗力的，不免除其责任。

参考案例：四川高院（2014）川民终字158号“剑阁县华宇房地产开发有限公司与四川阆中远大建筑工程有限公司建设工程施工合同纠纷案”。

10.8 停工损失的计算以经承发包双方签字确认的停工损失作为依据还是以鉴定意见为依据？

答：经承发包双方签字确认的停工损失应作为计价依据，不应以鉴定意见为依据。

虽然鉴定意见认定了损失的数额，但该数额与承发包双方签字确认停工损失的数额存在出入，按照当事人意思自治的原则，该部分损失应以经承发包双方签字确认的停工损失作为计价依据，不应以鉴定意见为依据。

参考案例：陕西高院（2016）陕民终436号“陕西太白山旅游建设开发有限公司与陕西友天建设开发有限公司建设工程施工合同纠纷案”。

10.9 经监理部门签字或盖章的证据材料能否作为认定停、窝工原因、损失的依据？

答：经监理部门签字或盖章的证据材料可以作为认定停、窝工原因、损失的依据。

工程监理是指工程监理单位受建设单位委托，根据法律法规、工程建设标准、勘察设计文件及合同，在施工阶段对建设工程质量、进度、造价进行控制，对合同、信息进行管理，对工程建设相关方的关系进行协调，并履行建设工程安全生产管理法定职责的服务活动。监理人是受发包人委托按照法律规定进行工程监督管理的法人或其他组织。监理人派驻施工现场的监理人员包括总监理工程师及监理工程师。监理人员应当根据发包人授权及法律规定，代表发包人对工程施工相关事项进行检查、查验、审核、验收。工程监理人员在监理过程中签字确认的签证文件，涉及工程量、工期及工程质量等事实的，原则上对发包人具有约束力。承包人提交的工程签证报告、机械费用清单、设施租赁清单、施工人员误工工资清单等证据经监理部门签字或盖章，载明了发包人变更施工图纸、增加工程量、材料供应不到位和未及时支付进度款导致承包人停工待料的事实，并列明损失的构成，还附有租赁合同及工资表，足以证实因发包人原因造成停、窝工的情况属实，对有监理签字或盖章的停、窝工损失证据可以作为认定承包人停、窝工原因、损失的依据。

参考案例：最高院（2013）民申字318号“再审申请人塔城市鸿瑞热力有限公司、云南云桥建设股份有限公司与被申请人新疆新泰建设实业开发公司建设工程施工合同纠纷案”。

10.10 分包人能否以总包人违约为由主张免除其对合同相对人的停、窝工损失赔偿责任？

答：分包人不能以总包人违约为由主张免除其对合同相对人的停、窝工损失赔偿责任。

存在总分包关系工程的施工一方包括多个主体时，基于合同的相对性原理，总包、分包之间违约责任的承担仍然要根据相互间的合同进行确定。即使总包存在违约行为，分包人不能以总承包人的违约行为拒绝承担自身原因给其他分包方造成的停、窝工损失，不能以总包人违约为由主张免除其对合同相对人的停、窝工损失赔偿责任。

参考案例：最高院（2012）民申字第 1557 号“河南隆祥建筑工程有限公司与河北华兴基础工程有限公司华派工程分公司、中铁二十局集团第四工程有限公司、中遂建业路桥工程有限公司建设工程施工合同纠纷案”。

10.11 承包人举证证明停工损失困难，但工程停工又确实造成了一定的损失，人民法院应如何处理赔偿问题？

答：承包人因客观原因举证停工损失困难，但工程停工又确实造成了一定的损失，人民法院可以根据公平原则处理赔偿问题。

公平原则是民法的一项基本原则，它要求当事人在民事活动中应以社会正义、公平的观念指导自己的行为、平衡各方的利益，要求以社会正义、公平的观念来处理当事人之间的纠纷。公平原则强调在市场经济中，对任何经营者都只能以市场交易规则为准则，享受公平合理的对待，既不享有任何特权，也不履行任何不公平的义务，权利与义务相一致。当事人应当遵循公平原则确定各方的权利和义务。在建设工程合同纠纷中，承包人往往处于弱势地位。在承包人因客观原因举证停工损失困难，但工程停工又确实造成了一定的损失，人民法院可以根据公平原则处理赔偿问题。

参考案例：最高院（2015）民申字 708 号“河北卓隆房地产开发有限公司与江苏省建工集团有限公司建设工程施工合同纠纷案”。

10.12 当事人一方违约后，另一方没有采取适当措施防止损失扩大，人民法院应如何处理赔偿问题？

答：当事人一方违约后，另一方没有采取适当措施防止损失扩大，对于没有采取适当措施防止损失扩大的造成损失的部分，人民法院不应支持。

《民法典》第五百九十一条第一款规定：“当事人一方违约后，对方应当采取适当措施防止损失的扩大；没有采取适当措施致使损失扩大的，不得就扩大的损失要求赔偿。”根据此条规定，当事人一方违约后，另一方没有采取适当措施防止损失扩大的，不得就扩大的损失要求赔偿。对于没有采取适当措施防止损失扩大的部分，人民法院不应支持。

参考案例：最高院（2016）民申 674 号“江西中联建设集团有限公司与江西天睿投资有限公司建设工程施工合同纠纷案”。

10.13 合同约定因发包人原因导致的工程缓建，承包人承诺不收取停、窝工费后，能否再主张索赔？

答：合同约定因发包人原因导致的工程缓建，承包人承诺不收取停、窝工费后，承包人不能再主张索赔。

合同约定“因发包人原因导致的工程缓建，承包人承诺不收取停、窝工费后，不能再主张索赔”，在没有证据证明该约定违反法律强制性规定，也没有证据证明该约定是格式条款的情况下，承包人违反约定再主张索赔，没有法律依据。格式条款系指一方当事人事先制定好的其内容未经双方当事人讨论的合同条款，其签约对象具有广泛性和不特定性，承包人并未提交证据足以证明案涉合同条款为格式条款，且双方当事人为平等民事主体，承包人作为专业施工人应该具有签约时风险判断能力，其也并未在合理期间内对其认为显失公平的合同条款提出变更或撤销的救济措施。另外，虽然《民法典》第八百零三条规定：“发包人未按照约定的时间和要求提供原材料、设备、场地、资金、技术资料的，承包人可以顺延工程日期，并有权要求赔偿停工、窝工等损失。”第八百零四条规定：“因发包人的原因致使工程中途停建、缓建的，发包人应当采取措施弥补或者减少损失，赔偿承包人因此造成的停工、窝工、倒运、机械设备调迁、材料和构件积压等损失和实际费用。”但是，该两条规定并非确认合同效力的效力性强制性规定。故合同约定因发包人原因导致的工程缓建，承包人承诺不收取停工窝工费后，不能违反约定再主张索赔。

参考案例：最高院（2015）民申字第1004号“重庆巨杉园林有限公司与重庆两江房地产有限公司建设工程施工合同纠纷案”。

10.14 《工程签证双方确认书》确定工程总造价为发包人应承担的最终付款金额，承包人能否主张发包人赔偿停工损失及申请停工损失鉴定？

答：《工程签证双方确认书》确定工程总造价为发包人应承担的最终付款金额，承包人不能主张发包人赔偿停工损失及申请停工损失鉴定。

承、发包双方在建设工程施工合同中约定的工程价款系总包干价，在双方签订的建设工程施工合同及之后的所有协议中，均没有关于计取停工损失费的约定。双方在《工程签证双方确认书》中已经确认工程最终付款金额，该确认是双方当事人真实意思表示，且不违反法律规定，确认后对双方均有约束力，任何一方都不应当单方面违反，否则有违诚实信用原则。故《工程签证双方确认书》确定工程总造价为发包人应承担的最终付款金额，承包人不能主张发包人赔偿停工损失及申请停工损失鉴定。

参考案例：最高院（2014）民一终字00192号“江苏南通六建建设集团有限公司与厦门新景地集团有限公司建设工程施工合同纠纷案”。

10.15　发包人未按照合同约定期限对承包人提供的索赔报告答复，能否视为索赔已被认可？

答：发包人未按照合同约定期限对承包人提供的索赔报告答复，应视为索赔已被认可，发包人应向承包人支付损失。

索赔期限，是指受损害方有权向违约方提出索赔的期限。按照法律和国际惯例，受损害方只能在一定的索赔期限内提出索赔，否则就丧失索赔权利。同理，发包人也应按照合同约定期限对承包人提供的索赔报告答复，否则，应视为索赔已被认可，发包人应向承包人支付损失。

参考案例：四川高院（2013）川民终字 596 号“四川省化工建设有限公司与沈阳矿山机械有限公司、广汉三星堆水泥有限公司、沈阳矿山机械有限公司矿山机械分公司建设工程施工纠纷案”。

10.16　发包人非因承包人原因推迟竣工验收时间，承包人能否主张由此造成承包人的值班人员窝工损失？

答：承包人能主张值班人员窝工损失。《民法典》第八百零四条规定：“因发包人的原因致使工程中途停建、缓建的，发包人应当采取措施弥补或者减少损失，赔偿承包人因此造成的停工、窝工、倒运、机械设备调迁、材料和构件积压等损失和实际费用。”参照此规定，发包人非因承包人原因推迟竣工验收时间，就会导致承包人在竣工后产生留守现场及管理人员（值班人员）损失，该损失承包人能够予以主张。

参考案例：上海市一中院（2007）沪一中民二（民）初字第 69 号“江苏南通某有限公司与上海某公司建设工程施工合同纠纷案”。

10.17　发包人未按照合同约定组织竣工验收，承包人因看守涉案工程生产管理的看守人员工资和水电费由谁承担？

答：发包人未按照合同约定组织竣工验收，承包人因看守涉案工程生产管理的看守人员工资和水电费应由发包人承担。

发包人未按照合同约定组织竣工验收，造成实际施工人成本增加，此系承包人因看管工程额外支出的费用。由于发包人的原因，其费用应当由发包人承担。

参考案例：上海高院（2010）沪高民一终字 26 号“江苏南通六建建设集团有限公司与上海浦庆投资有限公司建设施工合同纠纷案”；云南高院（2015）云高民一终字第 365 号“西双版纳妙行房地产开发有限公司与重庆市南岳建设工程有限公司建设工程施工合同纠纷案”。

10.18 施工人接到撤场通知后，未及时撤出工地能否主张窝工损失？

答：施工人接到撤场通知后，未及时撤出工地不能主张对扩大部分的窝工损失。

因发包人原因导致工程窝工，施工人应立即采取措施避免损失的扩大，其无权就扩大的损失要求赔偿。施工人如果不采取必要的措施防止损失的扩大，不积极协商解决，导致窝工损失进一步扩大，那么，承包人放任持续窝工而没有及时采取措施防止损失扩大的部分，无权要求赔偿，只能主张合理的窝工时间损失。

参考案例：最高院（2016）最高法民申 674 号“江西中联建设集团有限公司与江西天睿投资有限公司建设工程施工合同纠纷案”。

10.19 发包人材料供应不及时，承包人能否要求发包人赔偿停工窝工损失？

答：发包人材料供应不及时，承包人有权要求发包人赔偿停、窝工损失。

《民法典》第八百零四条规定：“因发包人的原因致使工程中途停建、缓建的，发包人应当采取措施弥补或者减少损失，赔偿承包人因此造成的停工、窝工、倒运、机械设备调迁、材料和构件积压等损失和实际费用。”

通常认为，发包人在以下 5 种情形下，应当承担赔偿责任：(1) 发包人变更工程量。在建设工程施工过程中，发包人增加工程量（如增加隐蔽工程量），致使承包人施工无法正常进行，导致停工、窝工；(2) 发包人提供的设计文件等技术资料有错误或发包人变更设计文件；(3) 发包人未按照约定及时提供建设材料、设备或者工程进度款；(4) 发包人未能及时进行中间工程和隐蔽工程条件的验收并办理有关手续；(5) 发包人不能按照合同的约定保障建设工作所需要的工作条件致使工作无法正常进行。

根据上述法律规定和行业惯例，发包人因上述原因致使工程无法正常进行，承包人可以停建、缓建，顺延工期。发包人应当承担承包人在停建、缓建期间的损失，包括停工、窝工、倒运、机械设备调迁、材料和构件积压所造成的损失和实际发生的费用。但需要注意的是，当发包人出现上述 5 种情形，造成停工、窝工。承包人在停建、缓建期间应当采取合理的措施减少或避免损失。如因承包人未尽到此项注意义务，造成损失扩大的，发包人对扩大部分损失不承担赔偿责任。

参考案例：上海高院（2010）沪高民一（民）终字 26 号“江苏南通六建建设集团有限公司与上海浦庆投资有限公司建设工程施工合同纠纷案”。

10.20 承包人使用非约定品牌，但通过了发包人现场代表和监理单位的审核，承包人是否构成违约？

答：承包人使用非约定品牌但通过了发包人现场代表和监理单位的审核，承包人不构成违约。

承包人虽然使用非约定品牌，但通过了发包人现场代表和监理单位的审核，是经发包人和监理方允许而变更使用，且在验收前未提出过异议，应视为双方对约定使用品牌进行了变更，承包人不构成违约。

参考案例：四川高院（2013）川民终字 473 号“四川长兴建设工程有限公司与绵阳市蜀兴房地产开发有限责任公司、张小青、冉光亮建设工程施工合同纠纷案”；辽宁高院（2014）辽民一终字 23 号“上诉人中国船舶燃料大连有限公司与被上诉人大连金湾建设集团有限公司建设工程施工合同纠纷案”；新疆高院（2016）新民终 450 号“新疆福星建设（集团）有限公司、巴州圳坤房地产开发有限公司轮台县分公司与巴州圳坤房地产开发有限公司建设工程施工合同纠纷案”。

10.21 承包人未经发包人同意在工程中使用合同约定品牌目录之外的产品，是否构成违约？

答：承包人未经发包人同意在工程中使用合同约定品牌目录之外的产品，构成违约。

通常情况下，施工单位擅自更改设计和更换材料，往往会导致质量问题。为了保证建筑工程质量，《建筑法》第 58 条规定：“建筑施工企业对工程的施工质量负责。建筑施工企业必须按照工程设计图纸和施工技术标准施工，不得偷工减料。工程设计的修改由原设计单位负责，建筑施工企业不得擅自修改工程设计。”同时《建设工程质量管理条例》第 28 条规定：“施工单位必须按照工程设计图纸和施工技术标准施工，不得擅自修改工程设计，不得偷工减料。施工单位在施工过程中发现设计文件和图纸有差错的，应当及时提出意见和建议。”《民法典》第一百一十九条规定：“依法成立的合同，对当事人具有法律约束力。”根据上述法律规定，如果当事人在合同中约定由承包人提供材料，并约定了提供材料的时间、材料的数量和质量的，承包人应当按照约定准备材料。如果合同中未明确由哪一方提供材料的，但根据合同条款或者通过补充协议、交易习惯等方式确定应当由承包人提供材料的，合同中如果约定了材料提供的时间、数量和质量的，承包人应当按照约定提供材料。发包人发现材料质量不符合约定的，应当及时通知承包人更换，因此发生的费用，由承包人承担。因此，承包人未经发包人同意在工程中使用合同约定品牌目录之外的产品，造成发包人损失的，应当赔偿损失。承包人未经发包人同意，擅自更改了材料和设计，变更后仍符合国家有关规范的，承包人对此至少也要承担违约责任。

参考案例：最高院（2012）民申字 1634 号“再审申请人熊洪基因与再审申请人东莞市浩源机电设备有限公司、被申请人广东省东莞市莞城建筑工程公司建设工程施工合同纠纷案”；四川成都中院（2013）成民终字 4680 号“自贡市第二建筑工程有限公司与四川国坤投资有限公司建设工程施工合同纠纷案”；广东深圳中院（2014）深中法房终字 809 号“深圳市创益科技发展有限公司、深圳市美净技术发展有限公司与建设工程施工合同纠纷案”。

10.22 当事人对欠付工程款利息计付标准没有约定，应如何计算？

答：当事人对欠付工程款利息计付标准没有约定，应按照同期同类贷款利率或者同期贷款市场报价利率计息。

《建设工程司法解释（一）》第二十六条规定："当事人对欠付工程价款利息计付标准有约定的，按照约定处理；没有约定的，按照同期同类贷款利率或者同期贷款市场报价利率计息。"根据此条规定，当事人对欠付工程款利息计付标准没有约定，应按照同期同类贷款利率或者同期贷款市场报价利率计息。

参考案例：陕西高院（2013）陕民一终字00093号"张俊成、陕西大华实业集团有限公司与陕西华山建设有限公司、汉中市建设工程有限公司施工合同纠纷案"；最高院（2014）民一终字35号"虞荣刚与浙江华厦建设集团有限公司西宁分公司、浙江华厦建设集团有限公司建设工程施工合同纠纷案"。

10.23 工程款日利率如何计算？

答：工程款日利率计算公式为：日利率＝年利率÷360，利率的计算一年是以360天为基数。

参考案例：广西高院（2014）桂民一终字38号"上诉人中国建设第八工程局有限公司与上诉人百川惠科技开发有限公司、一审第三人广东惠川科技开发集团有限公司建设工程施工合同纠纷案"。

10.24 工程款利息何时开始计算？

答：工程款利息从合同约定的应付工程价款之日起开始计算。

发包人未按合同约定的时间履行工程款支付义务，应从合同约定的价款支付之日支付拖欠工程款所产生的利息。承担或者支付利息作为一项附随义务，其利息与付款责任同时产生，应从约定的付款时间计算。即便工程款造价尚未结算不能确定具体金额，但应付款数额是客观存在的，应以最终确定的应付款数额从应付款时计算利息。

参考案例：安徽高院（2013）皖民四终字00153号"上诉人浙江海纳建设有限公司与上诉人滁州市大家投资有限公司建设工程施工合同纠纷案"；最高院（2005）民一终字38号"包头国泰置业有限公司与中国第二冶金建设有限公司、中国第二冶金建设有限公司第二建筑工程分公司建设工程施工合同纠纷案"；最高院（2015）民一终字86号"上海锦浩建筑安装工程公司与昆山纯高投资开发有限公司建设工程施工合同纠纷案"。

10.25 发包人在工程竣工决算书签收上加盖印章、工作人员签字但未依约进行结算，承包人能否主张利息，从何时计算涉案工程款利息?

答：发包人在工程竣工决算书签收上加盖印章、工作人员签字但未依约进行结算，承包人可以主张利息，发包人应当按照合同约定的应付工程价款之日起计算涉案工程款利息。

参考案例：最高院（2015）民一终字86号“上海锦浩建筑安装工程公司与昆山纯高投资开发有限公司建设工程施工合同纠纷案”。

10.26 合同中约定质保期满全部付清工程款，利息应从何时计算?

答：合同约定不违反法律禁止性规定，合同中约定质保期满全部付清工程款，根据意思自治原则，利息应从涉案工程保质期满次日起计算。

参考案例：安徽芜湖中院（2015）芜中民四初字0015号“安徽南天建设有限公司与芜湖市建设投资有限公司建设工程施工合同纠纷案”。

10.27 建设工程已交付，但承、发包双方对于何时能够对工程价款审核完毕无最终约定，工程价款及利息应从何时计算?

答：建设工程已交付，但承、发包双方对于何时能够对工程价款审核完毕无最终约定，应视为工程价款支付时间约定不明，发包人应从工程交付之日起支付工程价款及利息。

从工程款支付目的看，建设工程施工合同作为合同法体系中双务合同的一种，根据《民法典》第七百八十八条的规定，承包人的主要义务是进行工程建设并交付符合质量要求的完工工程，发包人的主要义务是支付工程价款。因此，在当事人之间的合同没有特别约定的情况下，发包人在承包人交付建设工程后，应支付工程价款。对此，《建设工程司法解释（一）》第二十七条规定就体现了上述立法精神，该条规定：“利息从应付工程价款之日开始计付当事人对付款时间没有约定或者约定不明的，下列时间视为应付款时间：（一）建设工程已实际交付的，为交付之日；（二）建设工程没有交付的，为提交竣工结算文件之日；（三）建设工程未交付，工程价款也未结算的，为当事人起诉之日。”因此，在建设工程已交付，双方对于何时能够审核完毕并无最终约定的情况下，则对于工程款的支付时间应视为当事人之间约定不明，发包人应在案涉工程交付之日起即支付工程价款，也即从此时间起应该支付工程价款的利息。

参考案例：最高院（2014）民申869号“万年青（上海）运动器材有限公司与上海建

工一建集团有限公司建设工程施工合同纠纷案”。

10.28 建设工程已交付，而双方当事人对应付工程价款之日的约定是“审计后15天”，但未约定何时审计，工程款及利息应从何时计算？

答：建设工程已交付，而双方当事人对应付工程价款之日的约定是“审计后15天”，但未约定何时审计，应视为约定时间不明，欠付工程款的利息应从工程交付之日起开始计算。

《建设工程司法解释（一）》第二十六条规定：“当事人对欠付工程价款利息计付标准有约定的，按照约定处理；没有约定的，按照同期同类贷款利率或者同期贷款市场报价利率计息。”故发包人应当按照同期同类贷款利率或者同期贷款市场报价利率给付利息。至于利息计付的起止时间问题，应根据《建设工程司法解释（一）》第二十七条的规定：“利息从应付工程款之日计付。当事人对付款时间没有约定或约定不明的，下列时间视为应付款时间：（一）建设工程已实际交付的，为交付之日……”根据上述规定建设工程已交付，而双方当事人对应付工程价款之日的约定是“审计后15天”，但未约定何时审计，应视为约定付款时间不明，欠付工程款的利息应从工程交付之日起开始计算。

参考案例：四川高院（2011）川民终字207号“成都兴达建设实业有限公司与四川巴河水电开发有限公司建设工程施工合同纠纷案”。

10.29 建设工程未交付，工程价款也未结算，应从何时计付利息？

答：建设工程未交付，工程价款也未结算，应从当事人起诉之日开始计付利息。

法律依据：《建设工程司法解释》（一）第二十七条。

参考案例：辽宁高院（2014）辽民一终字00116号“上诉人铁岭市第三建筑工程公司与被上诉人沈阳新元建设集团有限公司及原审被告沈阳新元建设集团有限公司铁岭分公司建设工程施工合同纠纷案”。

10.30 合同约定发包人在审价机构审定后付款，但对审价机构审价期限没有明确约定，应从何时计算欠付工程款利息？

答：应从审价机构收到竣工结算文件28日后计算欠付工程款利息。

审价，即工程审价，是指工程项目通过竣工质量验收之后，发包人和承包人依据合同及有关工程资料，在正式办理工程结算以前，对工程造价所作的审查、核对工作。建设工程完工后，发、承包双方须按照合同约定和相关法律规定进行竣工结算。司法实践中，发包方为拖延支付或不支付、少支付工程结算款，往往会以审价或审计方法作为拖延支付或拒付工程款的一种策略。若承包人不催讨，发包人就拖欠；若承包人行使追索权，发包人就提出审价或审计要求，以此对抗施工单位追索工程欠款。

《建筑工程施工发包与承包计价管理办法》第十八条规定："工程完工后，应当按照下列规定进行竣工结算：（一）承包方应当在工程完工后的约定期限内提交竣工结算文件。（二）国有资金投资建筑工程的发包方，应当委托具有相应资质的工程造价咨询企业对竣工结算文件进行审核，并在收到竣工结算文件后的约定期限内向承包方提出由工程造价咨询企业出具的竣工结算文件审核意见；逾期未答复的，按照合同约定处理，合同没有约定的，竣工结算文件视为已被认可。非国有资金投资的建筑工程发包方，应当在收到竣工结算文件后的约定期限内予以答复，逾期未答复的，按照合同约定处理，合同没有约定的，竣工结算文件视为已被认可；发包方对竣工结算文件有异议的，应当在答复期内向承包方提出，并可以在提出异议之日起的约定期限内与承包方协商；发包方在协商期内未与承包方协商或者经协商未能与承包方达成协议的，应当委托工程造价咨询企业进行竣工结算审核，并在协商期满后的约定期限内向承包方提出由工程造价咨询企业出具的竣工结算文件审核意见。（三）承包方对发包方提出的工程造价咨询企业竣工结算审核意见有异议的，在接到该审核意见后一个月内，可以向有关工程造价管理机构或者有关行业组织申请调解，调解不成的，可以依法申请仲裁或者向人民法院提起诉讼。发承包双方在合同中对本条第（一）项、第（二）项的期限没有明确约定的，应当按照国家有关规定执行；国家没有规定的，可认为其约定期限均为 28 日。"据此，合同约定发包人在审价机构审定后付款，但对审价机构审价期限没有明确约定，应从审价机构收到竣工结算文件 28 日后计算欠付工程款利息。

参考案例：山东德州中院（2014）德中商初字第 92 号"山东金光集团有限公司与营口康翔房地产开发有限公司加工合同纠纷案"。

10.31 承、发包双方约定的付款条件无法成就，建设工程已实际交付的，付款时间应从何时计算？

答：承、发包双方约定的付款条件无法成就，建设工程已实际交付的，付款时间应从工程实际交付之日起计算。

由于承、发包双方实际履行过程中未能按照约定进行签署确认，双方约定的付款条件至今未成就，今后亦无法成就，应参照付款时间没有约定处理。依照《建设工程司法解释（一）》第二十七条的规定，建设工程已实际交付的，发包人应在涉案工程交付时给付承包工程款，并自工程交付时计付利息。

参考案例：上海高院（2010）沪高民一（民）终字第 26 号"江苏南通六建建设集团有限公司与上海浦庆投资有限公司建设工程施工合同纠纷案"；辽宁高院（2014）辽民一终字 00116 号"上诉人铁岭市第三建筑工程公司与被上诉人沈阳新元建设集团有限公司及原审被告沈阳新元建设集团有限公司铁岭分公司建设工程施工合同纠纷案"。

10.32 合同中途解除，工程量有增减，未付工程款利息应如何计付？

答：合同中途解除，工程量有增减，未付工程款利息应从双方办理现场交接手续的次日按照同期同类贷款利率或者同期贷款市场报价利率计算未支付工程款的利息。

法律依据：《建设工程司法解释（一）》第二十七条第一款第（一）项规定，建设工程已实际交付的从建设工程实际交付之日计算工程款利息损失。双方办理现场交接手续之时应视为建设工程实际交付之日，故合同中途解除，工程量有增减，未付工程款利息应从双方办理现场交接手续的次日按照同期同类贷款利率或者同期贷款市场报价利率计算未支付工程款的利息。

参考案例：安徽高院（2011）皖民四终字00087号“安徽金九华国际大酒店有限公司与广厦建设集团有限责任公司建设工程施工合同纠纷上诉案”。

10.33 双方当事人没有明确的工程交接手续，但工程已投入使用，工程款利息从何时开始计算？

答：双方当事人没有明确的工程交接手续，但工程已投入使用，工程款利息从工程投入使用时开始计算。

参考案例：最高院（2014）民一终字54号“罗杰与五矿二十三冶建设集团有限公司、中铝国际工程股份有限公司建设工程施工合同纠纷案”。

10.34 合同约定发包人应在工程结算后3个月内付清全部工程款，承包人向发包人提交了《工程结算书》，但双方未就结算达成一致，该工程价款的利息应从何时计算？

答：该工程价款的利息应从承包人提交《工程结算书》之日开始计算。

《建设工程司法解释（一）》第二十七条规定：“利息从应付工程价款之日计付。当事人对付款时间没有约定或者约定不明的，下列时间视为应付款时间：（一）建设工程已实际交付的，为交付之日；（二）建设工程没有交付的，为提交竣工结算文件之日；（三）建设工程未交付，工程价款也未结算的，为当事人起诉之日。”根据上述规定，合同约定发包人应在工程结算后3个月内付清全部工程款，承包人向发包人提交了《工程结算书》，但双方未就结算达成一致，该工程价款的利息应从承包人提交《工程结算书》之日开始计算。

参考案例：江西高院（2014）赣民一终字第22号“江西省剑杰建设工程有限公司、江西友尔房地产开发有限公司与石城县工业小区管理委员会建设工程施工合同纠纷案”。

10.35 承包人未积极配合审计造成结算工作未能及时完成，利息应从何时计算？

答：承包人未积极配合审计造成结算工作未能及时完成，利息应从起诉之日起开始计算。

《建设工程司法解释（一）》第二十七条规定："利息从应付工程价款之日计付。当事人对付款时间没有约定或者约定不明的，下列时间视为应付款时间：（一）建设工程已实际交付的，为交付之日；（二）建设工程没有交付的，为提交竣工结算文件之日；（三）建设工程未交付，工程价款也未结算的，为当事人起诉之日。"承包人未积极配合审计，是造成结算工作未能及时完成的原因之一，并由此导致了付款的迟延，承包人对自己的利益损失应当承担一定的责任。根据过错归责原则，结合《建设工程司法解释（一）》第二十七条的规定，承包人未积极配合审计造成结算工作未能及时完成，起诉之前，承包人不应主张利息，利息应从起诉之日起开始计算。

参考案例：新疆高院（2014）新民一终字68号"新疆盈佳房地产开发有限公司与新疆筑远建设工程有限公司建设工程施工合同纠纷案"。

10.36 合同约定以结算之日作为应付工程款之日并起算相应利息，发包人能否以承包人未移交竣工验收资料为由主张不负担欠付工程款利息？

答：合同约定以结算之日作为应付工程款之日并起算相应利息，发包人不能以承包人未移交竣工验收资料为由主张不负担欠付工程款利息。

《建设工程司法解释（一）》第二十六条规定："当事人对欠付工程价款利息计付标准有约定的，按照约定处理；没有约定的，按照同期同类贷款利率或者同期贷款市场报价利率计息。"第二十七条规定："利息从应付工程价款之日计付。当事人对付款时间没有约定或者约定不明的，下列时间视为应付款时间：（一）建设工程已实际交付的，为交付之日；（二）建设工程没有交付的，为提交竣工结算文件之日；（三）建设工程未交付，工程价款也未结算的，为当事人起诉之日。"在工程价款已经确定或可以确定的情况下，发包人不得以资料未全部交付为由对应付工程款行使先履行或同时履行抗辩权。理由是工程进度款的支付是发包人的主给付义务，而工程资料交付是承包人的从给付义务，发包人不得以承包人未完全履行从给付义务而作为延期履行主给付义务的抗辩理由。但是如果因承包人不交付工程资料给发包人造成损失的，发包人可以要求赔偿，如导致工程竣工备案、办证迟延等造成的损失。在涉案工程已经竣工交付并办理结算的情况下，发包人仅以承包人未移交竣工验收资料为由，主张不负担欠付工程款相应利息，缺乏事实和法律依据，人民法院依法将不予支持。

参考案例：最高院（2017）民再97号"五指山兆通房地产开发有限公司、海南金盛建筑工程有限公司建设工程施工合同纠纷案"。

10.37 诉争工程未竣工，但双方当事人就已完工程进行了结算，发包人应从何时支付逾期利息？

答：诉争工程未竣工，但双方当事人就已完工程进行了结算，发包人应从该工程结算之次日起支付逾期利息。

诉争工程未竣工，但双方当事人就已完工程进行了结算，双方签订的《结算协议书》应视为应付款之日。《民法典》第七百九十三条规定："建设工程施工合同无效，但是建设工程经验收合格的，可以参照合同关于工程价款的约定折价补偿承包人。建设工程施工合同无效，且建设工程经验收不合格的，按照以下情形处理：（一）修复后的建设工程经验收合格的，发包人可以请求承包人承担修复费用；（二）修复后的建设工程经验收不合格的，承包人无权请求参照合同关于工程价款的约定折价补偿。发包人对因建设工程不合格造成的损失有过错的，应当承担相应的责任。"《民法典》第八百零六条规定："合同解除后，已经完成的建设工程质量合格的，发包人应当按照约定支付相应的工程价款。"《建设工程司法解释（一）》第二十七条规定："利息从应付工程价款之日计付。当事人对付款时间没有约定或者约定不明的，下列时间视为应付款时间：（一）建设工程已实际交付的，为交付之日；（二）建设工程没有交付的，为提交竣工结算文件之日；（三）建设工程未交付，工程价款也未结算的，为当事人起诉之日。"诉争工程虽未竣工，但双方当事人就已完工程已经进行了结算，确认了未付工程款的数额，故双方签订《结算协议书》之日应视为应付款之日。故依据上述法律规定，诉争工程未竣工，但双方当事人就已完工程进行了结算，发包人应从该工程结算之次日起支付逾期利息。

参考案例：天津高院（2014）津高民一初字0005号"轻工公司与厦翔公司建设工程施工合同纠纷案"。

10.38 合同约定了项目经理缺勤及擅自更换项目经理承包人应承担违约责任，承包人更换了项目经理是否必然承担违约责任？

答：合同虽然约定了项目经理缺勤及擅自更换项目经理承包人应承担违约责任，但承包人更换了项目经理不是必然承担违约责任。

项目经理是指企业建立以项目经理责任制为核心，对项目实行质量、安全、进度、成本管理的责任保证体系和全面提高项目管理水平设立的重要管理岗位。发包人请求被承包人赔偿项目经理缺勤及擅自更换项目经理违约金，虽系双方签订的合同约定的内容，一般情况下不宜更换，但更换项目经理是承包人的内部管理行为，如果更换项目经理具有资质且不影响施工质量或因原项目经理不能胜任工作而必须更换，承包人不会必然因此承担违约赔偿责任。

参考案例：河南驻马店中院（2013）驻民二重字2号"原告河南省懿丰置地有限公司与被告江苏南通六建建设集团有限公司建设工程施工合同纠纷案"。

10.39　承包人变更“五大员”，发包人未提出异议也未提供“五大员”擅自离岗的证据，能否要求承包人承担变更“五大员”的违约责任？

答：承包人变更“五大员”，发包人未提出异议也未提供“五大员”擅自离岗的证据，不能要求承包人承担变更“五大员”的违约责任。

五大员是指：（1）土建类：施工员、质检员、安全员、材料员、预算员。（2）安装类：施工员、质检员、安全员、材料员、资料员。（3）市政类：施工员、质检员、安全员、材料员、资料员。（4）监理类：土建监理员、安装监理员、市政监理员。（5）园林类：施工员、质检员、安全员、材料员。一般情况下“五大员”不宜更换，但更换“五大员”是承包人的内部管理行为，如果更换五大员具有资质且不影响施工质量或因原五大员不能胜任工作而必须更换，承包人不会因此承担违约赔偿责任。

参考案例：江西高院（2014）赣民一终 54 号“原告河南省懿丰置地有限公司与被告江苏南通六建建设集团有限公司建设工程施工合同纠纷案”。

10.40　工程竣工数年后，发包人反诉要求承包人支付项目经理和“五大员”缺勤违约金能否得到人民法院支持？

答：工程竣工数年后，发包人反诉要求承包人支付项目经理和“五大员”缺勤违约金不能得到人民法院支持。

《民法典》第一百八十八条规定：“向人民法院请求保护民事权利的诉讼时效期间为三年。法律另有规定的，依照其规定。诉讼时效期间自权利人知道或者应当知道权利受到损害以及义务人之日起计算。法律另有规定的，依照其规定。但是，自权利受到损害之日起超过二十年的，人民法院不予保护，有特殊情况的，人民法院可以根据权利人的申请决定延长。”据此，工程竣工数年后，发包人反诉要求承包人支付项目经理和“五大员”缺勤违约金，不能得到人民法院支持。

参考案例：江西高院（2016）赣民终 82 号“中鼎国际工程有限责任公司、赣州市房地产开发公司建设工程施工合同纠纷案”。

10.41　合同中约定“承包方在施工中有意贿赂发包方人员，发包人有权扣除承包方工程款总价 10%的工程款”，发包方能否要求法庭查明是否存在有意贿赂行为？

答：合同中约定“承包方在施工中有意贿赂发包方人员，发包人有权扣除承包方工程款总价 10%的工程款”，发包方不能要求法庭查明是否存在有意贿赂行为。

民事法律行为之条件是否成就，应当通过民事证明方法来确定的。对于承包方在施工中是否存在向发包方人员“有意贿赂”的事实，不属于民事审判过程所能解决的问题，也无法通过民事证明方法确定。“有意贿赂”涉嫌犯罪，属于刑事案件确认范围，如果发包方认为承包方在施工中存在向发包方人员“有意贿赂”的事实，应向刑事侦查机关举报，通过刑事案件调查确定，发包方不能在民事审判中要求法庭查明是否存在有意贿赂行为。所以，合同中约定“承包方在施工中有意贿赂发包方人员，发包人有权扣除承包方工程款总价10%的工程款”，发包方不能要求法庭查明是否存在有意贿赂行为。

参考案例：最高院（2017）民一终字31号“新疆青春房地产开发有限公司与新疆建工集团第二建筑有限责任公司建设工程合同纠纷案”。

10.42 承包人一般工作人员签署的违约责任条款是否有效？

答：承包人一般工作人员签署的违约责任条款无效。

判断双方对该违约责任条款是否达成合意需审查签署人员是否有权代表其缔结合同。违约责任条款属于合同的基本条款，自双方当事人签字或盖章时成立并生效，承包人一般工作人员如果没有特别授权，则不具有代表承包人与发包人缔结合同的能力，亦不构成表见代理。表见代理是行为人没有代理权、超越代理权或者代理权终止后以被代理人名义订立合同，相对人有理由相信行为人有代理权的，该代理行为有效。但是，一般工作人员在不构成表见代理且无特别授权委托书的情况下，其签署的违约责任条款对承包人不具有约束力，即承包人一般工作人员签署的违约责任条款无效。

参考案例：山东高院（2016）鲁民终35号“德州中立新能源科技有限公司与浙江中南建设集团钢结构有限公司建设工程施工合同纠纷案”。

10.43 承、发包双方在合同中约定进行罚款的条款如何定性，是否有效？

答：罚款属于行政法范畴，如果合同中没有约定，则发包人无权罚款。如果有约定，承、发包双方在合同中约定进行罚款的条款性质为违约金性质，如果是双方意思的真实表示，双方在合同中约定进行罚款的条款则为有效条款。

参考案例：最高院（2002）民一终字10号“中国建筑第二工程局与河南裕达置业有限公司建设工程施工合同纠纷案”；青海高院（2008）青民一终字25号“青海四建建设工程有限公司与西宁市恒辉房地产有限责任公司建设工程施工合同纠纷案”；重庆第四中院（2013）渝四中民终字00842号“重庆正阳新材料有限公司与重庆双竹（集团）有限公司建设工程施工合同纠纷案”。

10.44 合同约定违约方承担违约责任，但未能提供违约损失的具体金额，人民法院通常怎么处理？

答：合同约定违约方承担违约责任，但未能提供违约损失的具体金额，人民法院通常可以根据公平原则和权利义务对等原则酌情调整。

根据《民法典》第五百八十五条第二款“约定的违约金低于造成的损失的，当事人可以请求人民法院或者仲裁机构予以增加；约定的违约金过分高于造成的损失的，当事人可以请求人民法院或者仲裁机构予以适当减少”的规定，依据《民法典》第五百七十七条“当事人一方不履行合同义务或者履行合同义务不符合约定的，应当承担继续履行、采取补救措施或者赔偿损失等违约责任”的规定，及《民法典》第五百八十五条第一款“当事人可以约定一方违约时应当根据违约情况向对方支付一定数额的违约金，也可以约定因违约产生的损失赔偿额的计算方法”之规定，违约金系合同双方自愿约定的一种民事责任形式，当违约金的适用条件成立时，违约方则应当予以支付。基于违约金具有补偿和惩罚的双重性质，人民法院可基于当事人请求、结合造成的损失对违约金之数额予以调整，以防止当事人通过不正当的方式获取暴利。即便双方当事人均未能提供违约损失的具体数额，但也并不等同于双方合法约定的违约金条款可免予适用。此种情况下，人民法院可以结合合同的履行情况、当事人的过错程度以及预期利益等，根据公平原则和合同权利义务对等原则对违约金酌情进行调整。

参考案例：最高院（2016）民申2753号“大连经济技术开发区自来水公司、大连德泰控股有限公司与中国三冶集团有限公司建设工程施工合同纠纷案”。

10.45 发包人未提出解除合同，涉案工程竣工验收并已交付，能否再要求扣除履约保证金？

答：不能。

发包人未提出解除合同，涉案工程竣工验收并已交付，则返还履约保证金的条件已成就，发包人不能再要求扣除履约保证金。

参考案例：最高院（2016）民再425号“新疆安厦工程有限责任公司、麦盖提县水利管理站建设工程施工合同纠纷案”。

10.46 发包人未经竣工验收的情况下，将部分工程投入使用，能否以承包人工期延误和施工质量存在质量问题主张履约保证金不予返还？

答：发包人未经竣工验收的情况下，将部分工程投入使用，不能以承包人工期延误和施工质量存在质量问题主张履约保证金不予返还。

《建设工程司法解释（一）》第十四条规定：“建设工程未经竣工验收，发包人擅自使用后，又以使用部分质量不符合约定为由主张权利的，不予支持；但是承包人应当在建设工程的合理使用寿命内对地基基础工程和主体结构质量承担民事责任。”据此，发包人未经竣工验收的情况下，将部分工程投入使用，不能以承包人工期延误和施工质量存在质量问题主张履约保证金不予返还。

参考案例：最高院（2019）民终108号“安徽万特投资发展有限公司与中色十二冶金

建设有限公司等建设工程施工合同纠纷案”。

10.47 合同未对何时退还保证金进行约定，在案涉工程已实际交付的情况下，履约保证金何时退还？

答：合同未对何时退还保证金进行约定，在案涉工程已实际交付的情况下，履约保证金应从建设工程已实际交付之日退还。

《建设工程司法解释（一）》第二十七条规定：“利息从应付工程价款之日计付。当事人对付款时间没有约定或者约定不明的，下列时间视为应付款时间：（一）建设工程已实际交付的，为交付之日；（二）建设工程没有交付的，为提交竣工结算文件之日；（三）建设工程未交付，工程价款也未结算的，为当事人起诉之日。”参照此规定，合同未对何时退还保证金进行约定，在案涉工程已实际交付的情况下，履约保证金应在交付之日退还承包人。

参考案例：广西贵港中院（2016）桂08民终194号“贵港市凯来广告传媒有限公司与广西南宁微时代信息科技有限公司合同纠纷案”。

10.48 合同解除后，履约保证金是否应当要返还给承包人？

答：要依据合同解除的原因而定。

履约担保是工程发包人为防止承包人在合同执行过程中违反合同规定或违约，并弥补给发包人造成的经济损失，其形式有履约担保金（又叫履约保证金）、履约银行保函和履约担保书三种。《民法典》第五百六十六条规定：“合同因违约解除的，解除权人可以请求违约方承担违约责任，但是当事人另有约定的除外。”第五百九十条规定：“当事人一方因不可抗力不能履行合同的，根据不可抗力的影响，部分或者全部免除责任，但是法律另有规定的除外。因不可抗力不能履行合同的，应当及时通知对方，以减轻可能给对方造成的损失，并应当在合理期限内提供证明。当事人迟延履行后发生不可抗力的，不免除其违约责任。”第五百九十二条规定：“当事人都违反合同的，应当各自承担相应的责任。”据此，合同解除后，履约保证金是否应当要返还给承包人，要依据合同解除的原因而定，如果因不可抗力因素造成的，一般应当返还履约保证金，如果是支付履约保证金一方原因造成的，一般可不返还履约保证金。

参考案例：重庆市第五中院（2020）渝05民终1510号“重庆正天投资有限公司与重庆建工第二市政工程有限责任公司建设工程施工合同纠纷案”。

10.49 判断诉争款项是不是保证金的意思表示的基本原则是什么？

答：基本原则是：诉争款项支付时间、数额、账户、用途等与合同约定的保证金支付时间、数额、账户、用途等能够相互印证。

参考案例：四川雅安市雨城区人民法院（2017）川1802民初39号“毛彦康与黑龙江省华龙建设有限公司、甘磊建设工程施工合同纠纷案”；浙江宁波余姚市法院（2018）浙0281民初4916号“陈绍良与中天建设集团有限公司、浙江中天智汇安装工程有限公司建设工程施工合同纠纷案”；安徽蚌埠中院（2017）皖03民终594号“孙栋、安徽中琦置业有限公司建设工程合同纠纷案”；四川成都邛崃市人民法院（2018）川0183民初3312号“刘珍、成都市新都区集协建筑工程公司、四川省神力酒业有限责任公司等建设工程分包合同纠纷案”。

10.50 合同约定履约保证金返还一般是以完成单栋封顶还是以全部工程完工？

答：合同本身是双方当事人意思自治的民事行为，建设工程合同亦是如此。实践中，建设工程合同合同约定履约保证金返还一般是按阶段进行，如完成单栋封顶后返还履约保证金50%，剩余50%履约保证金待全部工程完工一次性返还等，当然也可以约定完成单栋封顶后或全部工程完工后一次性返还。

参考案例：北京朝阳区法院（2015）朝民（知）初字第19049号“百合网股份有限公司诉天津智缘佳成婚姻服务有限公司特许经营合同纠纷案”。

10.51 合同未约定保证金利息和退还时间，利息从何时起计算？

答：《建设工程司法解释（一）》第二十七条规定：“利息从应付工程价款之日计付。当事人对付款时间没有约定或者约定不明的，下列时间视为应付款时间：（一）建设工程已实际交付的，为交付之日；（二）建设工程没有交付的，为提交竣工结算文件之日；（三）建设工程未交付，工程价款也未结算的，为当事人起诉之日。”参照此规定，合同未约定保证金利息和退还时间，如果建设工程已实际交付的，保证金退还时间应为交付之日，则利息从交付之日起计算；建设工程没有交付的，保证金退还时间应为提交竣工结算文件之日，则利息从提交竣工结算文件之日起计算；建设工程未交付，工程价款也未结算的，保证金退还时间应为当事人起诉之日，则利息从当事人起诉之日起计算。

参考案例：江西景德镇昌江区法院（2017）赣0202民初34号“吴霖与邓先锋建设工程合同纠纷案”。

10.52 合同无效，保证金是否要退还？

答：合同无效，保证金要退还。

根据《民法典》第一百五十七条规定：“民事法律行为无效，被撤销或者确定不发生效力后，行为人因该行为取得的财产，应当予以返还；不能返还或者没有必要返还的，应当折价补偿。有过错的一方应当赔偿对方由此所受到的损失；各方都有过错的，应当各自承担相应的责任。”

参考案例：（2011）民提字第235号“莫志华、深圳市东深工程有限公司与东莞市长富广场房地产开发有限公司建设工程合同纠纷案”。

10.53 承包人违法将工程分包给实际施工人，发包人没收了承包人履约保证金，承包人能否以此为由不退还实际施工人的履约保证金？

答：不能。

因为根据合同相对性原则，发包人是基于承包人违反双方合同约定，违法将工程分包，才对承包人履约保证金予以没收，而实际施工人并未违反与承包人之间的合同约定，故承包人不能以发包人没收了其履约保证金为由不退还实际施工人的履约保证金。

参考案例：安徽高院（2015）皖民四终字第00105号“安徽六建建设集团有限公司与吕新权建设工程施工合同纠纷案”。

10.54 PPP项目实施中存在哪些法律风险？

答：PPP项目，即Public-Private-Partnership项目，指政府方与社会资本方依法进行的项目合作，其实施中存在以下法律风险：

1. 项目立项有关法律风险

PPP项目大多为基础设施或公共服务设施项目，需要在招募社会资本之前完成项目立项。项目立项申请涉及国家发展和改革委员会、国土、环保、规划等相关部门。项目立项管理分核准和备案两种，企业投资建设政府核准的投资项目目录内的固定资产投资项目，须按照规定报送有关项目核准机关核准；若投资建设核准目录外的项目，实行备案管理。社会资本在投资决策之前应查明项目投资立项有关法律政策，确保项目能够依法立项并准确预估立项工作量及投入，以便在项目投资以及与政府权力义务分配上作出相应安排。

2. PPP项目识别及退出有关法律风险

PPP项目识别确认由政府主导完成，但近来也出现了不少假伪PPP项目，最终使项目陷入PPP项目合规性困境，进而影响政府采购及相关优惠支持政策的落实。因此，社会资本需要核查拟投资的PPP项目识别确认结果。

根据现行PPP政策规定，政府应将项目列入本级政府PPP备选项目并年度开发计划，由本级财政部门（政府和社会资本合作中心）会同行业主管部门共同筛选确认，具体由财政部门（政府和社会资本合作中心）会同行业主管部门，开展物有所值评价工作和财政承受能力论证，通过“两个论证”后，由本级政府出具PPP项目立项批复。社会资本方应及早核查PPP项目上述识别确认文件及其有效性。

此外，在PPP项目“能进能出”制度下，对于确已通过PPP项目识别的项目，社会资本方应在项目实施过程中，尽可能使项目持续满足PPP项目各项必备特征，以免被主管部门清出PPP项目。

3. 采购价款纳入预算有关法律风险

在政府收入支出实施全口径预算管理制度下，各级政府、各部门、各单位的支出必须以经批准的预算为依据，未列入预算的不得支出；本级人大有权撤销本级政府和下一级人民代表大会及其常务委员会关于预算、决算的不适当的决定和命令。因此，为确保社会资本获得投资回报，对涉及政府付费或可行性缺口补助的，需要按《预算法》等有关规定，由财政部门制作预算方案报本级政府和人大审批，通过审批后再报上级政府备案，并且保证因本项目采购不会导致本级政府负担的PPP项目财政预算支出总额超过本级政府一般公共预算支出的10%。

此外，根据财金〔2015〕109号文规定，政府应将PPP项目物有所值评价报告、财政承受能力论证报告、采购文件、合同文本等重要资料和数据录入财政部政府和社会资本综合信息平台。实务中，社会资本方无法直接查询本级政府参与的其他PPP项目及有关财政预算支出负担情况，无法确认因所拟投项目的增加是否触碰了本级政府一般公共预算支出10%的红线，故应要求政府方进行全面准确的信息披露并在协议中设置有关风险防范条款。

4. 项目采购方式有关法律风险

本项风险包括项目采购方式选择的法律风险和项目采购程序法律风险。现行PPP项目采购规则规定了PPP项目可采取的公开招标、邀请招标、竞争性谈判、竞争性磋商和单一来源采购5种采购方式及其适用条件，项目实施机构应依法选择符合条件的采购方式并按采购程序实施采购。若错误选择采购方式或采购程序不当，可能导致社会资本方中标或成交结果无效。社会资本方尤其应注意以下几点：

(1) 若属于依法必须招标范围的项目的，应通过招标选择社会资本，否则PPP合同法律效力无法保证。

(2) 采购程序应严格规范操作，否则采购程序可能因其他（潜在）投标人投诉而受阻。

(3) 在将投融资、设计、建设和运营管养一体打包采购的PPP项目中，若社会资本方由投资方和EPC总包方组成联合体投标，应确保项目采购按将社会资本招标和项目EPC总包招标“两标合一标”的模式操作，而非简单的“联合体投标”模式。根据《招标投标法》规定，在普通联合体招标中，要求联合体各方均应当具备承担招标项目的相应能力，均应当具备规定的相应资格条件，而若真正投资方没有EPC总包资质，则会陷入被动。

(4) 根据《招标投标法实施条例》规定，招标人若能够自行建设、生产或者提供，可不再通过招标选择施工、物资供应商。但该情形仅限于针对“已通过招标选择的特许经营项目投资人”，若非经招标程序选择的社会资本方或虽经招标程序但属于非特许经营项目的，相应社会资本方即便本身具有施工承包或物资供应资质条件，但能否直接作为项目施工承包方或物资供应方而不进行招标，法律尚未明确作出规定，存在合法性风险。

5. 项目实施机构资格有关法律风险

PPP项目实施机构须按PPP政策规定由项目所属县级以上政府明确授权，未经授权，所签PPP合同效力即存在不确定性。

实务中，有某开发区管委会或其所属管理办公室或地方政府融资平台公司担任PPP项目实施机构的情况，社会资本方核查开发区管委会或其所属管理办公室相关职责权限或授权文件。对地方政府平台公司可以作为政府出资人代表，但若作为PPP项目实施机构尚不符合财政部有关规定。

6. 采购价款结算有关法律风险

PPP项目采购价款一般由工程造价及运营管养维护成本、投融资财务成本和投资收益几部分组成。

对于项目工程造价应在PPP合同中明确约定造价结算标准以及价格调整方式，同时设置传导条款以将项目承包方合理造价款诉求全部顺利导入采购价款。需要特别说明的是，对于基础设施和公共服务项目一般需要进行政府审计，但根据相关司法解释，政府审计结果并不当然作为双方结算的依据，若政府与社会资本方没有约定项目工程结算最终以政府审计为准的，可以由第三方造价咨询机构按合同约定的计价计量标准出具的造价结论为准进行结算。

即便是社会资本方无奈接受工程造价以政府审计为准，应在合同中明确约定政府审计应遵循的标准，同时应注意约定在政府审计以外但应计入采购价款的款项的计价计量标准。

7. 项目公司股权融资有关法律风险

社会资本可能需要通过项目公司股权融资，相关融资方案可能导致项目公司股权转让、甚至控制权转移。而政府方一般希望社会资本在合作期限内能够做到稳定持续的投资，因此对项目公司股权转让，尤其是控股权转移甚为敏感。这就需要在PPP合同中提前预留股权融资运作的空间，否则会使股权融资受阻。

8. 地方政府支持政策有关法律风险

根据《民法典》担保部分、国发〔2014〕62号文、财综〔2006〕68号文、国办发〔2015〕42号文以及财金〔2015〕57号文等相关规定：(1) 政府担保承诺无效；(2) 未经国务院批准，各级政府不得自行制定税收优惠或财政优惠政策。对违法违规制定与企业及其投资者（或管理者）缴纳税收或非税收入挂钩的财政支出优惠政策，应坚决予以取消；(3) 土地出让收入和支出实行严格的收支两条线，任何地区、部门和单位都不得以“招商引资”等各种名义减免土地出让收入，或者以土地换项目、先征后返、补贴等形式变相减免土地出让收入；(4) 政府不得承诺固定投资回报，严禁通过保底承诺、回购安排、明股实债等方式进行变相融资，将项目包装成PPP项目。

社会资本方应注意核查政府就PPP项目所给出的相关支持政策是否涉及以上法律风险。

9. 项目补贴及资源补偿有关法律风险

政府为大力推广PPP模式、提高公共产品和公共服务供给能力与效率，多次出台政策要在财税、价格、土地、金融等方面加大支持力度，保证社会资本和公众共同受益，通过资本市场和开发性、政策性金融等多元融资渠道，吸引社会资本参与公共产品和公共服务项目的投资、运营管理。因此，社会资本应充分了解拟投资项目的补贴补偿、政策性贷款及其他支持政策，尽可能在协议中作出安排，以充分享有相关优待。对于公益性项目，政府财力有限的，尽可能争取资源补偿并在协议中明确约定，如特许经营权、冠名权、广告经营权以资源开发权、物业和招商服务的机会。

10. 项目公司管理及分配有关法律风险

根据现行政策，对于政府与社会资本方合资成立项目公司的PPP项目，社会资本方应在项目公司占有控股地位。为保障项目公司决策统一和效率，社会资本一般要求政府出资人代表放弃对项目公司的决策权、选择管理人的权利和分红权利。若项目总承包方也参股项目公司，也可参照处理。实务中，也有政府出资人代表在合作期限内对项目公司一直未实缴出资的情况，此情形下，更应作如此安排。

11. 政府项目采购价款来源有关法律风险

社会资本方应争取政府提前就PPP项目采购资金来源及筹措作出计划或安排，涉及税收地方留成部分、地方行政事业性收费和土地出让收入以及政府债券的，应核查政府方相应权限及政策限制。实务中，有政府承诺将配套土地同步上市，以出让收入用于支付项目未来采购价款的。社会资本方需要依法根据土地管理规定、规划法、土地储备管理规定和土地出让收支管理规定等，核查政府权限及相应安排的合法性和可行性。

12. 与PPP项目配套或关联项目的规划和建设对接有关法律风险

PPP项目中，社会资本应作为项目运营商，对项目整体进行筹划设计，以确保项目开发进度和投资收益。但在实务中，会涉及以下情形需要事先在协议中作出安排：(1) 项目建设配套要包括项目建设必需的项目用地、施工用地、水电供应、施工道路等配套设施，应由政府承诺在项目开前到位、满足施工条件；(2) PPP项目工程包之外但在设计之内的关联工程，如水电网管网、绿化工程、跨铁路桥梁公路段等，往往由地方平台公司或电力及铁路行业指定公司垄断承包，应由政府出面协调，并就相关权利义务及责任作出稳妥设计；(3) 还有与PPP项目工程相邻或嵌套的不在社会资本方投资范围内的工程项目，也应提前设置有关权利义务及责任条款，使其对PPP项目的规划设计和建设施工的不利影响降到最低。

13. 项目考核有关法律风险

在PPP项目中，政府按项目的可用性、使用量或绩效来确认采购对价。因此，对项目的可用性、使用量或绩效考核关系到社会资本投资回报预期的实现程度。为了使考核更透明、可操作及可预期，有必要事先全面明确相关考核标准、方法和程序，甚至应当在专项协议文件中明确。

14. 项目清算移交有关法律风险

对于政府与社会资本合资成立项目公司的PPP项目，在项目清算移交时常会面临项目资产移交或股权转让的方式选择，资产移交即由项目公司将项目资产移交政府，再由社会资本将项目公司清算解散；股权转让即由社会资本方将其所持项目公司股权全部转让给政府方出资人，社会资本全面退出项目公司。社会资本方需要结合项目具体情况和财务税收等因素提前做好设计。

第11章

工程价款优先受偿

11.1　优先受偿权与财产担保物权有什么区别？

答：优先受偿权，不同于抵押权、质押权等担保物权，虽然抵押权、质押权的权利人对相关财产折价、拍卖、变卖所得的价款也享有优先受偿权，但享有抵押权、质押权必须先依据《民法典》进行担保设定，而优先受偿权则不需要当事人事先特别设定，只要发生了法律规定的特定事实就能形成，这与《民法典》中的留置权有些相似，因为留置权也是法定的权利，权利来源于法律的直接规定，只要发生了法律规定的事实（特定的债务人不履行债务），债权人即享有留置权，但留置权的"留置"二字体现了留置权基本是限于动产。

参考案例：福建高院（2019）闽执复171号"江苏扬建集团有限公司、福建省海洋丝路投资发展有限公司、福建省东山县海魁水产集团有限公司等其他案由执行案"。

11.2　建设工程价款优先受偿权的法律依据有哪些？立法意图是什么？

答：建设工程价款优先受偿权主要有两个法律依据：(1)《民法典》第八百零七条规定："发包人未按照约定支付价款的，承包人可以催告发包人在合理期限内支付价款。发包人逾期不支付的，除根据建设工程的性质不宜折价、拍卖外，承包人可以与发包人协议将该工程折价，也可以申请人民法院将该工程依法拍卖。建设工程的价款就该工程折价或者拍卖的价款优先受偿。"(2)《建设工程司法解释（一）》更加明确了优先受偿权。该解释第三十五条规定："与发包人订立建设工程施工合同的承包人，依据民法典第八百零七条的规定请求其承建工程的价款就工程折价或者拍卖的价款优先受偿的，人民法院应予支持。"第三十六条规定："承包人根据民法典第八百零七条规定享有的建设工程价款优先受偿权优于抵押权和其他债权。"第三十八条规定，"建设工程质量合格，承包人请求其承建工程的价款就工程折价或者拍卖的价款优先受偿的，人民法院应予支持。"第三十九条规定："未竣工的建设工程质量合格，承包人请求其承建工程的价款就其承建工程部分折价或者拍卖的价款优先受偿的，人民法院应予支持。”第四十条规定：“承包人建设工程价款优先受偿的范围依照国务院有关行政主管部门关于建设工程价款范围的规定确定。”第四十一条规定：“承包人应当在合理期限内行使建设工程价款优先受偿权，但最长不得超过十八个月，自发包人应当给付建设工程价款之日起算。”《建设工程司法解释（一）》将原先优先受偿权行使期限修改为十八个月，延长了行使期限。

建设工程承包，主要有包工又包料和包工不包料两种承包方式，包工又包料等同于全垫资，包工不包料属于部分垫资。如果没有承包人垫付资金购买建筑材料，如果没有承包人组织施工，建设工程就只能停留在图纸上。再者，施工工人多是农民工，因此，保障建设工程价款的优先受偿权，也是保障承包人支付工资，间接保障社会的和谐稳定。

11.3 享有建设工程价款优先受偿权，承包人是否必须合法占有发包人的建设工程？

答：从《民法典》第八百零七条的内容看，并不要求承包人享有建设工程价款优先受偿权必须以合法占有建设工程为先决条件。如果将工程价款的优先受偿权定性为特殊的留置权，适用时需满足留置权的一般条件，即承包人只有因建设工程合同而合法占有发包人的建设工程，方可享有优先受偿权。承包人从进场施工起，即合法占有了发包人的建设工程，直至承包人将竣工工程移交给发包人或承包人中途退场。承包人移交了建设工程或中途退场后，即不能主张优先受偿权。如果工程价款的优先受偿权是一种法定抵押权，抵押权的特征之一即为不转移抵押物的占有，因而不以合法占有建设工程为前置条件，承包人即使在移交了建设工程或中途退场之后仍有优先受偿权。显然，不同的法律定性对适用条件的要求就不相同，建设工程价款受偿权，与留置权、抵押权并不相同，因此，法律没有要求占有承包的建设工程是行使建设工程价款优先受偿权的先决条件。

参考案例：最高院（2018）民申 1281 号“盘锦鑫诚实业集团有限责任公司、大连筑成建设集团有限公司建设工程合同纠纷案”。

11.4 承包人在什么期限内催告发包人在合理期限内支付价款并行使其优先受偿权？

答：依据《民法典》第八百零七条的规定，承包人应当催告发包人在合理期限内支付工程价款，若发包人逾期仍不支付，承包人方有权与发包人协议将建设工程折价或申请人民法院依法拍卖。

那么，承包人给予发包人多长的履行期限方为合理呢？《建设工程司法解释（一）》第四十一条规定：“承包人应当在合理期限内行使建设工程价款优先受偿权，但最长不得超过十八个月，自发包人应当给付建设工程价款之日起算。”过去，建设工程承包人行使优先权的期限为六个月，自建设工程竣工之日或者建设工程合同约定的竣工之日起算。《建设工程司法解释（一）》将其修改为十八个月，该规定限定的是承包人行使优先权的期限，即承包人与发包人协议折价或申请人民法院依法拍卖的期限。因此，催告发包人支付价款的期限不能长于18个月。

参考案例：四川成都中院（2014）成民终字第1739号“四川上锦园林工程有限公司与成都华苑实业有限责任公司建设工程合同纠纷案”。

11.5 发包人能否承诺承包人享有建设工程价款优先受偿权？

答：发包人不能承诺承包人享有建设工程价款优先受偿权。

建设工程价款优先受偿权是法定的权利，不是约定的权利，而且还要符合一些法定的条件。法律限制的目的，就是要防止建设工程价款优先受偿权的滥用，如果允许发包人承诺承包人享有此权利，无异于允许债务人自由选择偿债对象，其他债权人的权益就容易受到损害。

11.6 承包人在《承诺书》中设定了放弃建设工程价款优先受偿权的条件，条件未成就前能否再主张优先权？

答：承包人在《承诺书》中设定了放弃建设工程价款优先受偿权的条件，条件未成就前能主张优先权，但不能损害建筑工人利益。

承诺，经常表现为承诺履行义务或者承诺放弃权利，虽然一方的承诺与另一方的意愿和行为往往密切相连，但不能否认承诺是单方面的意思表示。在《承诺书》中设定了放弃建设工程价款优先受偿权，在条件成就前，承诺人是可以撤销承诺的。当然，随意撤销承诺，也是不诚信的表现，会影响自己的商业信誉，不可轻易为之。建设工程价款债务人，最好与承诺人签订协议书，把承诺内容写进协议里，避免日后发生争议。但是，该承诺若损害建筑工人利益则无效。《建设工程司法解释（一）》第四十二条规定：“发包人与承包人约定放弃或者限制建设工程价款优先受偿权，损害建筑工人利益，发包人根据该约定主张承包人不享有建设工程价款优先受偿权的，人民法院不予支持。”由此可知，承诺不能损害建筑工人利益。

参考案例：最高院（2016）最高法民终532号“大连安泰建设有限公司与大连中裕嘉合房地产开发有限公司建设工程施工合同纠纷案”。

11.7 承包人放弃建设工程价款优先受偿权后，能否再次提起诉讼主张涉案工程价款优先受偿权？

答：承包人放弃建设工程价款优先受偿权后，不能再次提起诉讼主张涉案工程价款优先受偿权。义务不可以不履行，但权利却是可以抛弃的。《民事诉讼法》第十三条第二款规定：“当事人有权在法律规定的范围内处分自己的民事权利和诉讼权利。”如果确有证据证明，承包人放弃了建设工程价款优先受偿权，虽然仍然有起诉的权利，但其诉讼请求不应得到支持。

参考案例：最高院（2016）最高法民终532号“大连安泰建设有限公司与大连中裕嘉

合房地产开发有限公司建设工程施工合同纠纷案”。

11.8　承包人未在法定期限内行使建设工程款优先受偿权，以后行使能否得到支持？

答：承包人未在法定期限内行使建设工程款优先受偿权，以后行使不能得到支持。

《建设工程司法解释（一）》第四十一条规定：“承包人应当在合理期限内行使建设工程价款优先受偿权，但最长不得超过十八个月，自发包人应当给付建设工程价款之日起算。”有两点请注意：一、优先受偿权不是主张，而是行使。主张只是权利的提出，发包人不一定接受；发包人同意将该工程折价并办理，承包人的优先受偿权才得以行使。如果发包人不接受，承包人得及时启动诉权，而不能在提出权利主张后，还看诉讼时效，若不及时提出就容易超出时效。二、期限的起点是从应付工程价款之日起计算最长十八个月。

参考案例：浙江嘉兴南湖区法院（2014）嘉南凤民初字第 3 号“嘉兴市天顺建设有限公司与嘉兴市南湖区宝玛日用品有限公司建设工程施工合同纠纷案”。

11.9　承包人在法定期间以《工作联系单》的形式向发包人主张建设工程价款优先受偿权是否有效？

答：如果《工作联系单》的内容能清晰地反映主张了该权利，就是有效的。

主张权利的形式可以多种多样，可以是书面的、电子的，甚至是口头的；哪怕写在废纸上的、刻在竹片上的，只要发生争议时，能够证明就行。当然，标题醒目、内容准确、纸张也标准，显然更好。不过，建设工程价款优先受偿权，仅仅提出主张是不够的，一定不要耽误了十八个月的行使期限，不能按三年的诉讼时效办事。两三年后，在建工程可能变成商品房被人买走了，购房户能让你拍卖？显然不能。

参考案例：最高院（2019）民终 255 号“河南恒和置业有限公司、中天建设集团有限公司建设工程施工合同纠纷案”。

11.10　总包人不享有对案涉建设工程价款优先受偿权，分包人能否主张优先受偿权？

答：根据合同相对性原理，分包人不能向发包人主张，可以向总包人主张，但为简便起见，总包人可以将权利让渡给分包人向发包人主张。

依据《民法典》第七百九十一条第二款的规定，经发包人同意，总包人可以将自己承包的部分工程分包给第三人完成。在合同的法律关系上，总包合同与分包合同是两个独立的合同，合同当事人分别是发包人与总包人、总包人与分包人，总包人向发包人主张建设工程价款优先受偿权，分包人向总包人主张建设工程价款优先受偿权，分包人不能越过总包人直接向发包人主张权利，这是基于合同的相对性原理。

由于基于相同的建设工程对象和相同的竣工时间，如果总包人对发包人不享有建设工程价款优先受偿权，分包人自然也不会享有；如果总包人享有建设工程价款优先受偿权，分包人自然也会享有，但在总包人已就建设工程价款主张优先权的情况下，分包人再主张自己承建的这部分工程价款优先权的，就构成重复主张，人民法院不会支持。若总包人未行使建设工程价款优先受偿权导致分包人的工程款可能难以受偿的，分包人可依法行使建设工程价款优先受偿权。

11.11 分包人对其施工的基坑围护工程，是否享有建设工程价款优先受偿权？

答：分包人对其施工的基坑围护工程，享有建设工程价款优先受偿权。

与建设工程规划、设计、勘探以及工程监理不同，基坑围护是建设工程中非常重要的土建环节，也是在开发利用地下空间、建设多层地下室、地下铁道以及地下商业街等地下建筑施工时，所必须采用的施工方法。常见的基坑围护，有重力式搅拌桩挡土墙、地下连续墙、桩列式挡土墙等，不仅要能保证基坑的稳定性及坑内作业的安全、方便，而且要使坑底和坑外的土体位移控制在一定范围内，确保邻近建筑物及市政设施正常使用。由此可见，基坑围护是建设工程的重要组成部分，只要符合法定条件，就享有建设工程价款优先受偿权。

参考案例：浙江杭州中院（2013）浙杭民终字第1151号“杭州山立地基基础工程有限公司与杭州金星房地产开发有限公司建设工程施工合同纠纷案”。

11.12 工程项目转让后，受让人是否仍然享有建设工程优先受偿权？

答：工程项目转让后，受让人仍然享有建设工程优先受偿权。

合同权利转让，是指合同权利人一方将其合同的权利全部或部分转让给第三人享有的行为。这个第三人就是受让人。原合同权利转让给第三人的，该第三人即取代原债权人的地位而成为合同关系中的新债权人，原债权人脱离合同关系。如果工程项目享有建设工程价款优先受偿权，那受让人在项目转让后也享有该权利。

参考案例：安徽合肥肥西县法院（2017）皖0123民初55号“周永胜与合肥明怀房地产开发有限公司建设工程施工合同纠纷案”。

11.13 第三人通过以物抵债方式取得建设工程所有权，能否对抗承包人的优先受偿权？

答：建筑工程价款优先受偿权是物权，具有追及性，第三人通过以物抵债方式取得建设工程所有权，能对抗承包人的优先受偿权。

第三人通过以物抵债方式取得建设工程所有权，该第三人即取代原债务人的地位而成为合同关系中的新债务人。依据《民法典》第五百五十三条的规定，该第三人可以主张原债务人对债权人的抗辩，即能对抗承包人的优先受偿权。

参考案例：最高院（2016）民申 3620 号“孙宝刚与葫芦岛市中业房地产开发有限公司、葫芦岛恒远混凝土搅拌有限公司案外人执行异议之诉案”。

11.14　承包人擅自停工，导致工程诉讼时仍处于停工状态，是否享有建设工程价款优先受偿权？

答：承包人擅自停工，导致工程诉讼时仍处于停工状态，不享有建设工程价款优先受偿权。

优先受偿权的行使前提条件是承包人按合同约定履行了全部合同义务，即工程按期完工，质量合格，已通过验收。优先受偿权的行使有其前提条件，只有同时满足这些条件，建设工程承包人才能行使优先受偿权。工程目前尚未竣工，双方发生争议并诉讼后，未确定发包人欠付工程款的数额，由于工程价款结算没有完成，不存在发包人在应付款期限内未按期支付承包人工程款的情形，由于承包人擅自停工导致该工程目前仍处于停工状态，不具备优先受偿权的条件，故承包人主张优先受偿权不符合法律规定的条件，其该项请求不应得到人民法院的支持。

参考案例：内蒙古高院（2013）内民一终字第 168 号“包头牡丹园置业有限公司与江苏中苑建设集团有限公司建设工程施工合同纠纷”。

11.15　建设工程存在严重质量问题，验收未通过，承包人是否有权主张建设工程价款优先受偿权？

答：建设工程存在严重质量问题，验收未通过，承包人无权主张建设工程价款优先受偿权。

优先受偿权的行使前提条件是承包人按合同规定履行了全部合同义务，即工程按期完工，质量合格，已通过验收。优先受偿权的行使有其前提条件，只有同时满足这些条件，建设工程承包人才能行使优先受偿权。建设工程存在严重质量问题，验收未通过，承包人应当予以修复，待重新验收合格后才能主张优先受偿权，在验收合格前不能主张优先受偿权。

参考案例：内蒙古高院（2013）内民一终字第 168 号“包头牡丹园置业有限公司与江苏中苑建设集团有限公司建设工程施工合同纠纷”。

11.16　实际施工人能否享有建设工程价款优先受偿权？

答：实际施工人能够享有建设工程价款优先受偿权。

在合法承包的情况下，由签订承包合同的合法承包人主张建设工程价款优先受偿权，获得受偿后如何与实际施工人分配收益则是承包方内部的事务。然而，在违法转包、违法分包的情况下，因为合同无效，就不能按承包合同的约定来处理纠纷，但实际施工人可以“在欠付工程价款范围内”向发包人主张权利。这就是我们常说的“无效合同、参照有效处理”。既然实际施工人可以向发包人主张工程价款的支付，那么只要符合法定条件，依据《民法典》第八百零七条的规定，即便认定合同无效，承包人可以就建设工程折价或者拍卖的价款享有优先受偿的权利，作为项目的实际施工人应该也能享有优先受偿权。但这一问题，最高院在（2013）民申字第283号判决中，认为实际施工人享有优先受偿权，而最高院在（2015）民申字第2311号判决中，认为实际施工人不享有优先受偿权。

参考案例：最高院（2013）民申字第283号“珠海宝辉生物科技有限公司与伍常青及湛江市粤西建筑工程公司珠海公司案外人执行异议之诉”；最高院（2015）民申字第2311号“王春霖与辽宁万泰房地产开发有限公司、盛京银行股份有限公司沈阳市泰山支行申请再审案”。

11.17 已支付全部或大部分房款的购房户、抵押权人和承包人，如果他们都享有优先受偿权，而且优先权对象相同，受偿顺序如何确定？

答：购房户第一，承包人第二，抵押权人第三。

在同一项建设工程中，有时存在多个优先受偿权主体，权利性质也各不相同：(1) 建设工程施工前，建设用的国有土地使用权可能抵押给了银行，银行享有了抵押优先受偿权；(2) 施工中，在建工程也可能抵押给了银行，银行又增加了抵押优先受偿权；(3) 因为是垫资承包，承包人依法直接享有建设工程价款的优先受偿权；(4) 商品房预售后，已付全款或大部房款的消费性质购房户，也享有优先受偿权。也就是说，同一项建设工程，可能存在多个优先受偿权利人，因此权利排序非常有必要。《建设工程司法解释（一）》第三十六条规定：“承包人根据民法典第八百零七条规定享有的建设工程价款优先受偿权优于抵押权和其他债权。”依据此条规定，建设工程的承包人的优先受偿权优于抵押权和其他债权；但是，消费者交付购买商品房的全部或者大部分款项后，承包人就该商品房享有的工程价款优先受偿权不得对抗买受人。司法审判的主流观点认为，消费者的这种特殊权利是一种生存权，故得出生存权优先于抵押权及其他债权的结论。我们同意这一观点。

参考案例：最高院（2015）民申字第1158号“北京英嘉房地产开发有限公司、杨飞物权确认纠纷案”。

11.18 购房户主张优先受偿权，是否影响对承包人享有建设工程价款优先受偿权的确认？

答：购房户主张优先受偿权，不影响对承包人享有建设工程价款优先受偿权的确认。

在同一项建设工程中，有时存在多个优先受偿权主体，权利性质也各不相同，既有抵押优先受偿权，也建设工程价款优先受偿权，还有购房户的优先受偿权。在排序时，虽然购房户优于工程承包人（含实际施工人），工程承包人（含实际施工人）又优于抵押权人，但这并不影响彼此优先受偿权的确认。也就是说，他们各自的优先受偿权确认归确认，他们之间的排序归排序；优先受偿权确认是债权人与债务人之间的事，优先受偿的排序则是债权人之间的事。

参考案例：最高院（2016）民终 474 号“成都大鼎置业有限公司与成都市第四建筑工程公司建设工程合同纠纷案”。

11.19　购买人购买的是经营性用房，能否对抗承包人的建设工程价款优先受偿权？

答：购买人购买的是经营性用房，不能对抗承包人的建设工程价款优先受偿权。

司法审判的主流观点认为，交付购买商品房的全部或者大部分款项后的消费性质购房人，其优先受偿权更优于建设工程的承包人。所谓的消费性质购房，应该是为居住生活而购买一套或两套商品房，那些因为抵债而购买多套商品房，就不在此列，而购买经营性用房更不在此列。试想一下：购买经营性用房的购房人，与建设工程承包人的工人，谁的权益更应该优先保障？当然是建设工程承包人优先，因为承包人背后有着大量建筑工人和农民工的工资，涉及这一部分人的生存问题。生存权应当优于其他权。

参考案例：最高院（2018）民再 448 号“广西恒冠建设集团有限公司、王秋祥案”。

11.20　无效合同的建设工程承包人，能否主张建设工程价款优先受偿权？

答：无效合同的建设工程承包人，能主张建设工程价款优先受偿权。

《民法典》第七百九十三条规定：“建设工程施工合同无效，但是建设工程经验收合格的，可以参照合同关于工程价款的约定折价补偿承包人。建设工程施工合同无效，且建设工程经验收不合格的，按照以下情形处理：（一）修复后的建设工程经验收合格的，发包人可以请求承包人承担修复费用；（二）修复后的建设工程经验收不合格的，承包人无权请求参照合同关于工程价款的约定折价补偿。发包人对因建设工程不合格造成的损失有过错的，应当承担相应的责任。”《民法典》这一规定确立了无效建设工程施工合同的处理方式，即“无效合同，验收合格，参照合同约定处理”，换句话说就是：虽然合同被认定无效，但工程价款的结算、支付等等还是参照合同约定来处理。依据该规定的处理方式，施工合同即使无效，建设工程的承包人也能主张建设工程价款优先受偿权。

参考案例：山东淄博市临淄区法院（2015）临商初字第 983 号“山东临淄农村商业银行股份有限公司与淄博搜鱼工贸有限公司、淄博市临淄鑫强化工有限公司等金融借款合同纠纷案”。

11.21　建设工程价款优先受偿权的享有，能否阻止他人对案涉房屋的执行申请？

答：建设工程价款优先受偿权的享有，不能阻止他人对案涉房屋的执行申请，对执行财产享有优先受偿权并非阻却执行的法定事由。担保物权人的优先受偿权与人民法院采取的查封、拍卖、变卖执行财产等执行措施不相冲突，且采取执行措施有助于担保物权人优先受偿权的实现。故对被执行财产是否享有担保物权并不能成为阻却执行的法定事由。

参考案例：最高院（2017）民申 5098 号“天津聚成建筑安装工程有限公司与中节能（天津）投资集团有限公司、天津市福鸿房地产开发有限公司案外人执行异议之诉案”；江苏徐州中院（2014）徐民终字第 3179 号“邳州市广厦建筑安装工程有限公司新茂钢模出租站、卢其山等案外人执行异议之诉案”。

11.22 违约造成的停工窝工损失和材料价差损失，是否属于建设工程价款优先受偿权保护范围？

答：违约造成的停工窝工损失和材料价差损失，不属于建设工程价款优先受偿权保护范围。

享有优先受偿权的建设工程价款，只包括承包人为建设工程应当支付的工作人员报酬、材料款等实际支出的费用，不包括违约造成的停工窝工损失和材料价差损失，这些损失按普通债权处理。

参考案例：最高院（2014）民一终字第 56 号“中铁二十二局集团第四工程有限公司与安徽瑞讯交通开发有限公司、安徽省高速公路控股集团有限公司建设工程施工合同纠纷案”。

11.23 停工后的建筑设备租赁费，是否在建设工程价款优先受偿之内？

答：停工后的建筑设备租赁费，不在建设工程价款优先受偿之内。

享有优先受偿权的建设工程价款，只包括承包人为建设工程应当支付的工作人员报酬、材料款等实际支出的费用。停工后的建筑设备租赁费，既不是人员报酬，也不是材料款支出，都不在建设工程价款优先受偿权的范围。

参考案例：贵州贵阳中院（2019）黔 01 民终 564 号“林杰、贵州森瑞新材料股份有限公司建设工程合同纠纷案”。

11.24 发包人违约给承包人造成的损失，其中的逾期付款利息、材料设备闲置损失、预期可得利益及违约金，是否属于建设工程价款优先受偿范围？

答：发包人违约给承包人造成的损失，其中的逾期付款利息、材料设备闲置损失、预期可得利益及违约金，不属于建设工程价款优先受偿范围。

享有优先受偿权的建设工程价款，只包括承包人为建设工程应当支付的工作人员报酬、材料款等实际支出的费用。逾期付款利息、材料设备闲置损失、预期可得利益及违约金等，既不是人员报酬，也不是材料款支出，都不在建设工程价款优先受偿权的范围。

参考案例：贵州高院（2016）黔民初 295 号“重庆建工集团股份有限公司与盘州市南方嘉龙房地产开发有限公司（原盘县南方嘉龙房地产开发有限公司）建设工程施工合同纠纷案”。

11.25　履约保证金是否属于建设工程价款优先受偿范围？

答：履约保证金不属于建设工程价款优先受偿范围。

《民法典》第五百七十七条规定：“当事人一方不履行合同义务或者履行合同义务不符合约定的，应当承担继续履行、采取补救措施或者赔偿损失等违约责任。”但是，如果真发生了违约情况，不仅损失有时难以获得有效赔偿，更会影响建设工程的整体进度。因此，发包人往往采取让承包人交付一定金额的履行保证金，作为合同履行的担保，因此也叫履约担保金。享有优先受偿权的建设工程价款，只包括承包人为建设工程应当支付的工作人员报酬、材料款等实际支出的费用。履约保证金，既不是人员报酬，也不是材料款支出，并不在建设工程价款优先受偿权的范围。

参考案例：最高院（2015）民一终字第 283 号“安徽三建工程有限公司与漳州市龙文区桂溪房地产开发有限公司建设工程施工合同纠纷案”。

11.26　发包人以行政处罚决定书主张涉案建设工程系违法建筑已被政府没收，能否以此主张承包人不享有建设工程价款优先受偿权？

答：发包人以行政处罚决定书主张涉案建设工程系违法建筑已被政府没收，不能以此主张承包人不享有建设工程价款优先受偿权。

这里要区分两大问题：一、权利确认的问题。先依据《民法典》以及《建设工程司法解释（一）》的规定，对建设工程价款优先受偿权进行确认，先解决有没有这个权利。二、权利实现的问题。《民法典》第八百零七条规定：“发包人未按照约定支付价款的，承包人可以催告发包人在合理期限内支付价款。发包人逾期不支付的，除根据建设工程的性质不宜折价、拍卖外，承包人可以与发包人协议将该工程折价，也可以请求人民法院将该工程依法拍卖。建设工程的价款就该工程折价或者拍卖的价款优先受偿。”解读这些法律规定，并非所有的建设工程都可以折价、拍卖，比如道路、桥梁等公共建筑物、构筑物。如果是违法建设，也可能折价、拍卖不了。果真如此，那承包人即使享有优先受偿权，但恐怕也实现不了。但是，这与发包人能不能否认承包人是否优先受偿权，不是一回事，而是权利确认和权利实现两个不同的法律问题。

11.27　建设工程价款优先受偿范围，是否包括国有土地使用权价值？

答：建设工程价款优先受偿范围，不包括国有土地使用权价值。

国有土地使用权，指依法使用国家所有土地的权利。依法有偿受让取得的国有土地使用权，也是一项财产权，其价值有时还很高，但它折价、拍卖出来的价款，不在《民法典》和《建设工程司法解释（一）》规定的建设工程价款之列，规定的建设工程价款只限额在“承包人为建设工程应当支付的工作人员报酬、材料款等实际支出的费用”。

参考案例：最高院（2019）执监470号“杭州银行股份有限公司上海虹口支行、浙江宝业建设集团有限公司建设工程施工合同纠纷执行案”。

11.28 工程质量保修金有无建设工程价款优先受偿权？

答：工程质量保修金有建设工程价款优先受偿权。

工程质量保修金，是指发包人与承包人在建设工程承包合同中约定或承包人在工程保修书中承诺，在建筑工程竣工验收交付使用后，从应付的建设工程价款中预留的，用以维修建筑工程在保修期限和保修范围内出现的质量缺陷的资金。建设工程保修金，一般按工程总价款的5%确定。如果没有发生保修事项，或者保修金有剩余，保修金则据实退给承包人。从性质上说，保修金仍然属于工程价款，属于尚未支付的工程价款。但是，工程价款并非都是“承包人为建设工程应当支付的工作人员报酬、材料款等实际支出的费用”，所以还得计算核验出其中的占比，其中相应比例的工程价款才享有优先受偿权。

参考案例：浙江绍兴中院（2019）浙06民初750号“浙江天工建设集团有限公司与浙江昌峰纺织印染有限公司破产债权确认纠纷案”。

11.29 建设工程的承包利润，有无建设工程价款优先受偿权？

答：建设工程的承包利润，具有建设工程价款优先受偿权。

工程利润属于工程款的组成部分，与工程款本为一体，应属于优先权的受偿范围，《建设工程司法解释（一）》第四十条规定：“承包人建设工程价款优先受偿的范围依照国务院有关行政主管部门关于建设工程价款范围的规定确定。承包人就逾期支付建设工程价款的利息、违约金、损害赔偿金等主张优先受偿的，人民法院不予支持。”

参考案例：最高院（2016）民申606号“安徽润佳电缆集团股份有限公司、安徽省池州市第三建筑工程有限公司与安徽润佳电缆集团股份有限公司、安徽省池州市第三建筑工程有限公司建设工程施工合同纠纷案”；最高院（2012）民再申字第16号“唐山爱德利尔塑料制品有限公司、中国工商银行股份有限公司唐山丰南支行与河北省汉沽农场建筑工程总公司建设工程施工合同纠纷案”。

11.30 建设工程承包人对人防工程是否享有建设工程价款优先受偿权？

答：建设工程承包人对人防工程享有建设工程价款优先受偿权。

根据《人民防空法》第十八条、第二十二条、第二十六条规定，人防工程只是对相关建筑工程在战时及紧急状态下确保能够发挥特定用途有特别要求，但其经济价值和可交易属性是应当受到法律保护的。人防工程正式的名字是人民防空地下室工程，是指结合地面建筑修建的战时可用于掩藏人员和物资的人防工程，主要功能是战时防护空袭带来的间接毁伤和次生灾害。人防工程按构筑形式可分为地道工程、坑道工程、堆积式工程和掘开式工程。《民法典》第八百零七条规定："发包人未按照约定支付价款的，承包人可以催告发包人在合理期限内支付价款。发包人逾期不支付的，除根据建设工程的性质不宜折价、拍卖外，承包人可以与发包人协议将该工程折价，也可以请求人民法院将该工程依法拍卖。建设工程的价款就该工程折价或者拍卖的价款优先受偿。"有些法院将人防工程认定为在性质上不宜折价、拍卖的建设工程，从而否定承包人对人防工程主张工程价款优先受偿权的做法，不利于保护承包人的合法权益。

参考案例：最高院（2014）民一终字第61号"博坤建设集团有限公司与安阳广佳欣置业有限公司、管广生建设建设工程施工合同纠纷案"。

11.31 承包人能否对钢结构建设工程主张优先受偿权？

答：承包人能对钢结构建设工程主张优先受偿权。

传统的建设工程，多是砖结构、砖混结构、混凝土框架结构。现代建设工程，钢结构被广泛使用。钢结构工程，是以钢材制作为主的结构，主要由型钢和钢板等制成的钢梁、钢柱、钢桁架等构件组成，各构件或部件之间通常采用焊缝、螺栓或铆钉连接，是主要的建筑结构类型之一。因其自重较轻，且施工简便，广泛应用于大型厂房、桥梁、场馆、超高层等领域。结构形式不同以及使用的建材不同，都不影响建设工程的性质，只要符合"承包人为建设工程应当支付的工作人员报酬、材料款等实际支出的费用"这个实质条件，也符合"十八个月"的时间条件，钢结构的承包人就能主张建设工程价款优先受偿权。

参考案例：安徽六安中院（2014）六民一初字第00109号"安徽鸿路钢结构（集团）股份有限公司与安徽胜昔新材料科技有限公司建设工程施工合同纠纷案"。

11.32 承包人对于道路建设工程，能否主张建设工程优先受偿权？

答：承包人对于道路建设工程，不能主张建设工程优先受偿权，但对道路通行费可以主张建设工程优先受偿权。

公路建设工程，属于特殊建设工程，无法直接拍卖或折价，该工程的主要经济价值即体现在其通行费用上，故对其收益即年票补偿款作为优先受偿权的行为对象符合实际情况。《民法典》第八百零七条规定："发包人未按照约定支付价款的，承包人可以催告发包人在合理期限内支付价款。发包人逾期不支付的，除根据建设工程的性质不宜折价、拍卖外，承包人可以与发包人协议将该工程折价，也可以请求人民法院将该工程依法拍卖。建设工程的价款就该工程折价或者拍卖的价款优先受偿。”解读这些法律规定，可以知道并非所有的建设工程都可以折价、拍卖，比如道路、桥梁等公共建筑物、构筑物。既然不可以折价、拍卖，就谈不上建设工程价款优先受偿权，但是，对这些建筑物、构筑物使用收益费用可主张优先受偿权。

参考案例：最高院（2016）民申 1281 号“中国银行股份有限公司江门分行、广东中人集团建设有限公司等执行分配方案异议之诉案”。

11.33 承包人能否对拆迁安置房工程主张建设工程价款优先受偿权？

答：承包人对拆迁安置房工程不能主张建设工程价款优先受偿权。

司法审判的主流观点认为，消费者交付购买商品房的全部或者大部分款项后，承包人就该商品房享有的工程价款优先受偿权不得对抗买受人。拆迁安置房是对被拆迁住户进行安置的事实本身，就表明对他们的法律保护更优于那些“已付全款或大部分房款的”消费性质购房户。

参考案例：江苏苏州姑苏区法院（2018）苏 0508 民初 6360 号“翟金明与郭建明、周美珍等民间借贷纠纷案”。

11.34 装修装饰工程能否主张建设工程价款优先受偿权？

答：装修装饰工程能主张建设工程价款优先受偿权。

建设工程是一个系统工程，建设项目很多、施工形式也多种多样，包括但不限于：规划、勘测、设计、土建施工、设施设备安装、电力燃气、装修装饰、门窗、电梯、安防智能、景观绿化、工程监理等等。而装修装饰则是建设工程非常重要的内容，是建设工程不可缺少的项目，不可避免地存在“承包人为建设工程应当支付的工作人员报酬、材料款等实际支出的费用”这个实质条件，如果也符合“十八个月”的时间条件，那承包人当然就能主张建设工程价款优先受偿权。理论界和实务界以前曾有争议，《建设工程司法解释（一）》第三十七条明确规定：“装饰装修工程具备折价或者拍卖条件，装饰装修工程的承包人请求工程价款就该装饰装修工程折价或者拍卖的价款优先受偿的，人民法院应予支持。”至此，争论休止。

参考案例：安徽安庆中院（2018）皖 08 民终 1518 号“安徽潜山农村商业银行股份有限公司、安徽皖峰蜂业集团有限公司第三人撤销之诉案”。

11.35 法律文书对建设工程价款优先受偿权未认定，是否要提起确权之诉？

答：法律文书对建设工程价款优先受偿权未认定，要提起确权之诉。

虽然建设工程价款优先受偿权是法定的权利，原则上自符合合同有效、建设工程施工已竣工或因发包人原因停建，且不属于不宜折价、拍卖的范围等法定条件时起设立，而非依生效确权裁判确认后设立，只要发生了法律规定的特定事实便能形成，但如果发生争议或者可能发生争议的情况下，就要提起确权之诉，经人民法院裁判确认后，才便于进一步行使权利。

参考案例：最高院（2018）民申 1281 号“再审申请人盘锦鑫诚实业集团有限责任公司与被申请人大连筑成建设集团有限公司、盘锦赛格超级信息网格有限公司、辽宁赛格超级信息网格有限公司案外人执行异议之诉案”。

11.36　发包人已经进入破产程序，承包人如何行使建设工程价款优先受偿权？

答：发包人已经进入破产程序，承包人应该向破产管理人申报债权。发包人进入了破产程序，指的是人民法院裁定受理了发包人自己的破产申请，或者受理了发包人的债权人对发包人进行破产清算（以及重整、和解）的申请。依据《企业破产法》第四十四条的规定，承包人此时只能依照破产程序行使权利，直接向管理人申报债权。申报债权时，一定要申报建设工程价款优先受偿权（包括优先权金额、优先权类型和优先权对象等）。依据《企业破产法》第五十八条第三款的规定，如果对管理人制作的债权表记载的债权有异议，承包人有权向受理破产申请的人民法院提起破产债权确认纠纷的诉讼。

参考案例：浙江绍兴中院（2014）浙绍商终字第 124 号“浙江中成建工集团有限公司与浙江玻璃股份有限公司破产债权确认纠纷案。”

11.37　工程总承包联合体行使优先受偿权取得的价款，不足以清偿全部总承包价款的，联合体成员之间如何分配价款？

答：联合体成员之间对价款分配有约定的，按照约定处理；没有约定的，按各方应取得价款的比例进行分配，联合体成员任何一方已取得价款超过其应得比例的，其他联合体成员有权要求返还。

11.38　与发包人直接签订分包合同的分包人是否享有工程价款优先受偿权？

答：根据《民法典》第一百一十九条“依法成立的合同，对当事人具有法律约束力”之规定，分包合同对直接签订的发包人和分包人具有法律约束力，故此种情况下的分包人享有工程价款优先受偿权。

11.39 总承包联合体通过主张优先受偿权方式取得的工程价款是否局限于施工部分价款？

答：当前司法审判的主流观点认为，建筑工程价款包括承包人为建设工程应当支付的工作人员报酬、材料款等实际支出的费用，不包括承包人因发包人违约所造成的损失。《建设工程司法解释（一）》第四十条规定："承包人建设工程价款优先受偿的范围依照国务院有关行政主管部门关于建设工程价款范围的规定确定。承包人就逾期支付建设工程价款的利息、违约金、损害赔偿金等主张优先受偿的，人民法院不予支持"。故总承包联合体通过主张优先受偿权方式取得的工程价款局限于施工部分价款，即承包人为建设工程应当支付的工作人员报酬、材料款等实际支出的费用，但逾期支付建设工程价款的利息、违约金、损害赔偿金等不属于优先受偿的范围。

参考案例：新疆博尔塔拉蒙古自治州中院（2019）新27民初4号"江苏省苏中建设集团股份有限公司与博乐市百盛家园置业有限公司建设工程施工合同纠纷案"。

11.40 设计费是否属于优先受偿范围？

答：对于设计费是否属于优先受偿范围这一问题，要区分是施工总承包合同还是工程总承包合同。如果是施工总承包合同，设计费不属于工程价款优先受偿范围，但如果是工程总承包合同，则设计费不宜被排除在工程价款优先受偿范围之外。

在施工总承包模式下，发包人就建设工程的勘察、设计、施工分路段分别进行发包，分别签订勘察、设计和施工合同。此时，设计合同的目的是设计人为发包人提供合格的设计文件，为此后的工程施工提供设计依据。设计人的智力劳动最终凝聚成的成果是设计文件，而非建设工程实体，设计人的设计费债权与施工人的工程款债权是相互独立的，故此时的设计费不属于工程价款优先受偿范围。

在工程总承包模式下，合同目的是承包人为业主提供符合其要求的建设工程，承包人交付的最终产品是建设工程，其中的设计工作只是实现合同目的的手段，产生的设计文件也是实现合同目的的一个具体环节，作为向发包人交付的建设工程也是承包人设计工作的最终成果，故此时设计费则不宜被排除在工程价款优先受偿范围之外。

参考案例：贵州遵义汇川区法院（2017）黔0303民初1267号"广东爱得威建设（集团）股份有限公司与遵义新奥房地产开发有限公司建设工程施工合同纠纷案"；黑龙江高院（2012）黑民初字第3号"中国电力工程顾问集团东北电力设计院有限公司与牡丹江佳日热电有限公司建设工程施工合同纠纷案"。

11.41 采购费是否属于优先受偿范围？

答：采购费是否属于优先受偿范围，应视具体情况而定。如果采购的建筑材料、建筑构配件和设备等还没有在工程上进行使用或安装，独立于工程，则此时建筑材料、建筑构配件和设备等还处于承包人控制之下，承包人可直接主张抗辩权拒绝交付，无须再适用优先受偿权制度予以保护；如果采购的建筑材料、建筑构配件和设备等已经使用或安装，与工程形成一个整体，在工程拍卖变卖折价时无法区分采购费用，则此时采购费用应当一并予以优先受偿。

11.42 优先受偿权行使的主体有哪些?

答：建设工程价款优先受偿的权利主体仅指建设工程施工合同的承包人，不包括建设工程勘察、设计合同的承包人，因为勘察人和设计人处于有利位置，在拖欠费用时可以不交勘察报告和设计图纸，且拖欠数额不大，远不如拖欠工程价款严重。其中，建设工程施工合同的承包人包括总承包人、专业承包人、装饰装修工程承包人、消防工程承包人等。另外，建设工程价款债权受让人也享有优先受偿权。

法律依据：《民法典》第八百零七条规定："发包人未按照约定支付价款的，承包人可以催告发包人在合理期限内支付价款。发包人逾期不支付的，除根据建设工程的性质不宜折价、拍卖外，承包人可以与发包人协议将该工程折价，也可以请求人民法院将该工程依法拍卖。建设工程的价款就该工程折价或者拍卖的价款优先受偿。"

参考案例：最高院（2018）民申5769号"周贵芳、冯世平与四川龙达建设（集团）有限公司、大方新城房地产开发有限公司、贵州久桓房地产开发有限公司建设工程施工合同纠纷案"。

11.43 优先受偿权行使的方式是什么?

答：承包人可以通过以下方式行使优先受偿权：

（1）与发包人协商折价。在行使优先受偿权的期限到来后，承包人可与发包人经过协商、达成最后的就建设工程抵顶工程价款的协议。此种方式有利于承包人节省诉讼成本，也是对当事人意思自治的尊重。然而，该行使方式可能会诱发承包人与发包人恶意串通损害该建设工程上其他权利人利益的风险。因此，在双方折价的情况下，需要相应的规范机制对双方的行为进行合理约束，如在当事人协商过程中，由独立鉴定机构确定合理价值，双方当事人协议签署后，应通知其他债权人和抵押权人并对该协议进行公示。如果其他权利人发现该协议损害其自身合法利益，则可依据《民法典》第五百三十八、五百三十九条的规定，行使撤销权。

（2）以提起诉讼或申请仲裁方式主张。实践中，较为普遍的观点认为，承包人行使优先受偿权最为保险的方式即是在规定期限内。《建设工程司法解释（一）》第四十一条规定："承包人应当在合理期限内行使建设工程价款优先受偿权，但最长不得超过十八个月，自发包人应当给付建设工程价款之日起算。"《民法典》第八百零七条规定：承包人有申请拍卖建设工程的权利，一般而言，承包人可以先向法院或者仲裁机构提起建设工程优先权确认之诉或确权申请，然后请求拍卖建设工程，此种方式主要是通过裁判文书的既判力来实现建设工程优先受偿权。当然，如果发包人已经进入破产程序的，则承包人可直接向破产管理人提出享有优先受偿权的申请，提出该申请就意味着向发包人行使了优先受偿权。

(3) 以书面形式向发包人主张。除了上述两种方式外，建设工程实践中往往还存在另一种行使优先受偿权的方式，即承包人以书面形式向发包人主张优先受偿权。以书面形式行使优先受偿权一般应满足以下三个条件：第一，客观上存在合同、协议、催款函等“书面”文件。第二，有明确地行使优先受偿权的意思表示，仅以书面形式向发包人催收工程款并不能直接得出承包人向发包人行使了优先受偿权的结论。第三，承包人应提供证据证明发包人收到有关书面通知。当然，如果双方在规定期间签订书面协议对承包人享有的优先受偿权进行了确认，则承包人只需提供有关协议予以证明即可。

参考案例：(2017) 浙 0127 民初 1981 号“杭州联盛装饰工程有限公司与杭州千岛湖玉丽酒店管理有限公司建设工程价款优先受偿权纠纷案”；(2017) 苏 05 民终 9730 号“昆山市鼎立机电安装工程有限公司与昆山力天投资发展有限公司建设工程价款优先受偿权纠纷案”；(2016) 鲁 17 民终 3071 号“中国建设银行股份有限公司菏泽分行、廊坊华欧保温工程有限公司建设工程价款优先受偿权纠纷案”。

11.44 优先受偿权取得的条件有哪些?

答：优先受偿权取得的条件有：(1) 建设工程承包人必须依照合同约定履行了全部义务。建设工程必须按期完工，并经验收合格。因为建设工程只有在竣工验收合格的情况下，合同债权的数额才能确定，发包人方能按照约定支付工程价款。验收不合格，发包人不仅有权拒绝支付工程价款，而且有权要求承包人承担违约责任。如果建设工程承包人一方存在其他违约行为，发包方因此行使抗辩权，未按约定支付价款的，承包人不得行使优先受偿权。(2) 建设工程承包人行使先行催告权。发包人未按照约定支付价款的，承包人不能直接将该工程折价、拍卖，而应当催告发包人在合理期限内支付价款。发包人逾期不支付的，建设工程承包人有权行使优先受偿权。催告发包人支付价款有利于敦促对方按照诚实信用原则主动履行合同义务，最大限度降低交易和维权成本。

11.45 优先受偿权行使的条件有哪些?

答：《民法典》第八百零七条规定：“发包人未按照约定支付价款的，承包人可以催告发包人在合理期限内支付价款。发包人逾期不支付的，除根据建设工程的性质不宜折价、拍卖外，承包人可以与发包人协议将该工程折价，也可以请求人民法院将该工程依法拍卖。建设工程的价款就该工程折价或者拍卖的价款优先受偿”。《建设工程司法解释(一)》第四十一条规定：“承包人应当在合理期限内行使建设工程价款优先受偿权，但最长不得超过十八个月，自发包人应当给付建设工程价款之日起算。”由此，优先受偿权行使的条件主要有：(1) 发包人未按合同约定的时间、进度支付工程价款；(2) 承包人催告发包人在合理期限内支付价款，发包人逾期仍未支付；(3) 须自发包人应当给付建设工程价款之日起十八个月内行使。

参考案例：贵州遵义中院 (2019) 黔 03 民终 6672 号“凤冈县建筑工程有限责任总公司、凤冈美华置业有限公司建设工程施工合同纠纷案”。

11.46 优先受偿权行使的程序有哪些?

答：优先受偿权行使需经过催告程序。在法定优先受偿权成立后，承包人应向发包人发出催告通知，要求其在合理期限内支付工程价款，此催告通知应采取书面形式。

参考案例：青海西宁中院（2018）青 01 执监 6 号“青海西部建业有限责任公司、青海四维信用担保有限公司与青海华威冶炼有限责任公司执行案”。

11.47 优先受偿权能否放弃?

答：《建设工程司法解释（一）》第四十二条规定：“发包人与承包人约定放弃或者限制建设工程价款优先受偿权，损害建筑工人利益，发包人根据该约定主张承包人不享有建设工程价款优先受偿权的，人民法院不予支持”，承包人能与发包人约定放弃建设工程价款优先受偿权，但不得损害建筑工人利益。

参考案例：（2019）最高法民终 1951 号“中国华融资产管理股份有限公司福建省分公司、苏州市凤凰建筑安装工程有限公司合同纠纷案”。

11.48 优先受偿权行使起算点在何处?

答：《建设工程司法解释（一）》第四十一条规定：“承包人应当在合理期限内行使建设工程价款优先受偿权，但最长不得超过十八个月，自发包人应当给付建设工程价款之日起算。”据此，优先受偿权自发包人应当给付建设工程价款之日起算。

参考案例：（2019）吉 06 民终 250 号“鞠永利与临江天地行大酒店有限公司建设工程价款优先受偿权纠纷案”。

11.49 承包人优先受偿权与发包人其他债权人权利关系如何?

答：承包人优先受偿权与发包人其他债权人权利保护和实现的一般顺位是：第一，交付全部或大部分购房款的消费者的购房合同权；第二，承包人优先受偿权；第三，承包人完成的建设工程上设立的抵押权；第四，发包人债权人的其他债权。

参考案例：（2020）湘 06 民终 1083 号“中国长城资产管理股份有限公司湖南省分公司、李芳商品房销售合同纠纷案”；（2016）川 13 民终 2686 号“王平与南充市佳信房地产开发有限责任公司及南充农村商业银行股份有限公司嘉陵支行商品房买卖合同纠纷案”。

第 12 章

工程质量与保修

12.1 建设工程主要分为哪几类？

答：2013年，住房和城乡建设部正式发布了《建设工程分类标准》GB/T 50841—2013，明确了建设工程的各种分类。

一、按自然属性分类

建设工程按照自然属性分为建筑工程、土木工程和机电工程三大类。每一大类中分出不同层次，依次为工程类别、单项工程、单位工程和分部工程。

（1）建筑工程按照使用性质可分为民用建筑工程、工业建筑工程、构筑物工程及其他建筑工程等；按照组成结构则可分为地基与基础工程、主体结构工程、建筑屋面工程、建筑装修装饰工程和室外建筑工程；按照空间位置可分为地下工程、地上工程、水下工程、水上工程等。

（2）土木工程分类见下表。

土木工程	道路工程	公路工程、城市道路工程、机场场道工程、厂矿林区专用道路工程、其他道路工程
	轨道交通工程	铁路工程、城市轨道交通工程、其他轨道工程
	桥涵工程	桥梁工程、涵洞工程
	隧道工程	洞身工程、洞门工程、辅助坑道工程、隧道其他工程
	水工工程	水利水电工程、港口工程、航道工程、其他水工工程
	矿山工程	地下矿山工程、露天矿山工程、矿山配套工程
	架线与管沟工程	架线工程、管沟工程
	其他土木工程	—

（3）机电工程几乎涉及国民经济的各个行业，包括装配制造业、冶金行业、电力行业和石化行业等等。它可以分为机械设备工程、静设备与工艺金属结构工程、电气工程、自动化控制仪表工程、建筑智能化工程、管道工程、消防工程、净化工程、通风与空调工程、设备及管道防腐蚀与绝热工程、工业炉工程、电子通信及广电工程等。

二、按建设工程行业分类

这里将建设工程分为31个行业，再对每一个行业进行工程类别的分解。这31个建设工程行业有：建筑工程、市政工程、煤炭矿山工程、石油天然气工程、海洋石油工程、火电工程、水电工程、核工业（含核电）工程、建材工程、冶金工程、有色金属（含黄金）工程、石化工程、化工工程、医药工程、机械工程（以通用设备制造工程为例）、航天与航空工程、兵器与船舶工程、轻工工程、纺织工程、电子与通信工程、广播电影电视工程、铁路工程、公路工程、水利工程、水运工程、海洋工程、民航工程、农业工程、林业工程、粮食工程、商业与物资工程。

三、按建设工程服务分类

工程服务部分包括综合管理服务、工程规划服务、前期咨询服务、工程勘察服务、工程设计服务、招标代理服务、工程建设监理服务、工程设备监理服务、工程检测服务、工程造价咨询服务、项目管理服务、环境影响评价服务、工程保险服务、工程担保服务。其他服务包括建筑业信息化、建筑科技与教育、建筑环境。

建设工程分类的明确，有助于我们明确细分行业的工程类别，把握行业的发展指标，从宏观的角度更深入地理解整个建设工程行业。

参考案例：内蒙古呼和浩特中院（2019）内 01 民终 1353 号“内蒙古金汉房地产有限公司与王少华房屋买卖合同纠纷案”。

12.2 《建筑法》是否适用土木工程和机电工程?

答：有观点认为，《建筑法》第八十一条规定：有关施工许可、建筑施工企业资质审查和建筑工程发包、承包、禁止转包，以及建筑工程监理、建筑工程安全和质量管理等规定，适用于其他专业建筑工程的建筑活动；《建筑工程施工发包与承包计价管理办法》（建设部令第 107 号）规定，建筑工程是指房屋建筑和市政基础设施工程；土木工程涵盖了市政基础设施工程，除此之外，土木工程还应包括隧道工程、桥梁工程、高速公路工程、造地工程、水利工程等。因此，《建筑法》同样可以适用于土木工程。

我们认为，《建筑法》仅适用于房屋建筑及附属管线设备的安装，并不全部适用土木工程和机电工程。《建筑法》第二条规定：“本法所称的建筑活动，是指各类房屋建筑及其附属设施的建造和预期配套的线路、管道、设备的安装活动。”全国人大法工委对此解释：“本条所称的各类‘房屋建筑’是指具有顶盖、梁柱和墙壁，供人们生产、生活等使用的建筑物，包括民用住宅、厂房、仓库、办公楼、影剧院、体育馆、学校校舍等各类房屋。本条所说的‘附属设施’是指与房屋建筑配套建造的围墙、水塔等附属的建筑设施。本条所说的‘配套的线路、管道、设备的安装活动’是指与建筑配套的电气、电信、煤气、给水、排水、空气调节、电梯、消防等线路、管道和设备的安装活动。”根据上述规定，我们认为，《建筑法》仅适用于房屋建筑及附属管线设备的安装，并不全部适用于土木工程和机电工程。

12.3 未经验收擅自使用情形下地基基础质量有问题，承包人能否以发包人擅自使用视为质量合格抗辩?

答：未经验收发包人擅自使用情形下地基基础质量有问题，承包人不能以发包人擅自使用视为质量合格抗辩。

虽然《建设工程司法解释（一）》第十四条规定："建设工程未经竣工验收，发包人擅自使用后，又以使用部分质量不符合约定为由主张权利的，人民法院不予支持。"，但这一规定并不包含地基基础质量问题。该条还规定："但是承包人应当在建设工程的合理使用寿命内对地基基础工程和主体结构质量承担民事责任。"

地基是指建筑物下面支撑基础的土体或岩体。作为建筑地基的土层分为岩石、碎石土、砂土、粉土、黏性土和人工填土。地基有天然地基和人工地基（复合地基）两类。天然地基是不需要人加固的天然土层。人工地基需要人加固处理，常见有石屑垫层、砂垫层、混合灰土回填再夯实等。基础是指建筑物地面以下的承重结构，如基坑、承台、框架柱、地梁等，是建筑物的墙或柱子在地下的扩大部分，其作用是承受建筑物上部结构传下来的荷载，并把它们连同自重一起传给地基。地基基础对于整个建筑极为重要，它们的勘察、设计和施工质量关系到整个建筑的安全和正常使用。故其质量责任年限较长。依据《建筑法》第六十条、《建设工程质量管理条例》第四十条第一款和《建设工程司法解释（一）》第十四条的规定，建设工程无论是否经过竣工验收、投入使用，承包人均应在文件设计规定的合理使用寿命内对地基基础和主体结构工程质量承担民事责任。

参考案例：最高院（2012）民提字第 20 号"海擎重工机械有限公司与江苏中兴建设有限公司建设工程施工合同纠纷案"。

12.4 房屋建筑结构设计使用年限是如何规定的？

答：根据《民用建筑设计统一标准》GB 50352—2019 第 3.2.1 条和《工程结构可靠性设计统一标准》GB 50153—2008 附录 A.1.3 的规定，房屋建筑结构的设计使用年限为：(1) 临时性建筑的设计使用年限为 5 年；(2) 易于替换结构构件的建筑设计使用年限为 25 年；(3) 普通建筑和构筑物的设计使用年限为 50 年；(4) 纪念性建筑物和特别重要的建筑的设计使用年限为 100 年。

参考案例：浙江宁波中院（2016）浙 02 民终 672 号"李吉文与余姚万达广场投资有限公司商品房预售合同纠纷案"。

12.5 工程建设标准强制性条文包括哪几方面？

答：工程建设标准是国家建设主管部门或其他组织机构预告制定的可重复使用的具体规则或数值，旨在调整工程建设活动秩序。工程建设强制性标准则是指"直接涉及工程质量、案例、卫生及环境保护等方面的工程建设标准强制性条文"。工程建设标准可分为强制性标准和推荐性标准。工程质量强制性标准是国家对建设工程技术、质量的最低要求，违反此类标准建筑物很可能产生严重质量问题，危害社会公共利益，其约定无效。建设部自 2000 年以来相继批准了《工程建设标准强制性条文》，其共十五部分，包括城乡规划、城市建设、房屋建筑、工业建筑、水利工程、电力工程、信息工程、水运工程、公路工程、铁道工程、石油和化工建设工程、矿山工程、人防工程、广播电影电视工程和民航机场工程，覆盖了工程建设的各主要领域。2006 年、2010 年、2013 年，住房和城乡建设部对部分专业性强制条文进行了修订。根据《民法典》规定，合同约定违反强制性标准，其约定无效。

参考案例：湖南高院（2015）民一终字第118号“郑州市正岩建设有限公司与北京八威众信国际投资有限公司建设工程施工合同纠纷案”；河南高院（2016）豫民终840号“童文广与辉县市压煤村镇搬迁服务中心、辉县市人民政府建设工程施工合同纠纷案”。

12.6　发包人主张建设工程质量不符合约定或法律规定是构成反诉还是抗辩？

答：目前理论界还有争议，司法实践中也存在不同的判决观点，但主流观点认为，发包人主张建设工程质量不符合约定或法律规定是构成反诉而不是抗辩。

抗辩，就其字面意义而言，就是对抗并说明对抗之理由。法律意义上的抗辩，则是对抗权利人的履行请求并说明理由。反诉，是指在一个已经开始的民事诉讼（诉讼法上称为本诉）程序中，本诉的被告以本诉原告为被告，向受诉法院提出的与本诉有牵连的独立的反请求。我们认为，尚未竣工验收或使用的建设工程，承包人主张工程价款，发包人以工程质量不符合合同约定或者国家质量标准为由，主张减少工程价款或者扣除修复费用的，是对抗权利人的履行请求，属于抗辩。工程已经竣工验收合格，发包人又以工程质量不合格为由，主张承包人承担违约责任的，是提出一个独立的反请求，应当提起反诉。

《建设工程司法解释（一）》第十六条规定：“发包人在承包人提起的建设工程施工合同纠纷案件中，以建设工程质量不符合合同约定或者法律规定为由，就承包人支付违约金或者赔偿修理、返工、改建的合理费用等损失提出反诉的，人民法院可以合并审理。”《民事诉讼法》第五十一条规定：“原告可以放弃或者变更诉讼请求。被告可以承认或者反驳诉讼请求，有权提起反诉。”第一百四十条规定：“原告增加诉讼请求，被告提出反诉，第三人提出与本案有关的诉讼请求，可以合并审理。”《民事诉讼法司法解释》第二百三十三条第一款、第二款规定：“反诉的当事人应当限于本诉的当事人的范围。反诉与本诉的诉讼请求基于相同法律关系、诉讼请求之间具有因果关系，或者反诉与本诉的诉讼请求基于相同事实的，人民法院应当合并审理。”根据上述相关规定，反诉的构成要件包括：第一，反诉的当事人应当限于本诉的当事人的范围；第二，反诉与本诉的诉讼请求基于相同法律关系；第三，反诉与本诉的诉讼请求之间具有因果关系，或者反诉与本诉的诉讼请求基于相同事实。如反诉与本诉的诉讼请求基于相同事实，依法应当合并审理。当然，反诉合并审理不应违反级别管辖和专属管辖的规定。

参考案例：辽宁营口中院（2019）辽08民终486号“五矿营口中板有限责任公司与中国二冶集团有限公司建设工程合同纠纷案”。

12.7　发包人擅自使用未经竣工验收的工程后又以质量不合格为由不支付工程款能否得到支持？

答：建设工程未经验收即被发包人强行使用，即视为发包人已放弃对建设工程验收的权利。根据《建设工程司法解释（一）》第十四条的规定可以看出，建设工程未经竣工验收，发包人擅自使用后，又以使用部分质量不符合约定为由主张权利的，不予支持。因此，发包人不能以建设工程未经验收为由来拒付工程款。

但是，承包人应当在建设工程的合理使用寿命内对地基基础工程和主体结构质量承担民事责任。若该部分质量不合格，我们认为发包人有权要求承包人进行修复，修复后仍不合格的，发包人有权拒付工程款。

参考案例：云南楚雄彝族自治州中院（2015）楚中民二终字第256号“楚雄佳美装饰工程有限公司与李爱惠装饰装修合同纠纷案”。

12.8 施工单位未按照设计图纸施工，如何承担责任？

答：如果施工单位没有按照工程设计图纸施工，首先要对建设单位承担违约责任。同时，由于不按照工程设计图纸和工程技术标准施工存在潜在的巨大的社会危害性，法律又将其确定为违法行为。《建设工程质量管理条例》第二十八条第一款规定：“施工单位必须按照工程设计图纸和施工技术标准施工，不得擅自修改工程设计，不得偷工减料。”根据上述规定，发包人可以要求施工方承担以下责任：(1) 返工责任，由于不按照施工图纸施工引起的返工由施工单位负全部责任，损失由施工单位承担。(2) 修改设计图。由于施工单位不按图施工，如果无法返工只能修改施工图时，修改施工图所需的设计、图纸修改和审查等的全部费用由施工单位承担。(3) 验收责任。由于不按图施工无法通过验收，因此导致的降低质量标准或者超出规划面积引起的罚款等损失由施工单位承担。(4) 延期交付责任。由此引起的项目延期交付使用造成的全部损失由施工单位承担。(5) 其他责任。由于施工单位不按图施工而存在因果关系的其他责任也由施工单位负责，如支付合同违约金等。造成重大事故的，要追究其刑事责任。

参考案例：内蒙古海市乌达区法院（2016）内0304刑初193号“张子武工程重大安全事故罪案”。

12.9 对于不合格的建设工程按照合格工程验收造成的损失由谁承担责任？

答：对于不合格的建设工程按照合格工程验收造成的损失由建设单位承担责任。根据有关规定，建设单位在收到施工单位的竣工报告后应当组织勘察、设计、施工、监理等单位共同对建设工程的质量进行验收，并形成由各单位签署的工程竣工验收意见。工程竣工验收合格后，建设单位应当及时提出工程竣工验收报告并在法定期限内向建设行政主管部门备案。对于验收结果无论是否合格，各有关单位均应在竣工验收报告中签字盖章。对于验收合格的建设工程有质量缺陷问题，建设单位作为组织验收者及交付使用者应当承担相应的责任。故对于不合格的建设工程按照合格工程验收造成的损失由建设单位承担责任。

12.10　发包人擅自拆除不合格工程应当如何处理？

答：对于不合格工程，一般可采取修理、加固或者拆除等办法进行处理，发包人在没有证据证明相对方已完成工程不具备修复或加固条件的情况下，擅自拆除该工程，导致诉讼中无法对其实际状况和价值进行评估，造成承包人实际无法补救，因此发生的费用应由发包人自行承担，此外，还应对承包人实际投入涉案工程的费用予以补偿。

参考案例：上海市闵行区法院（2015）闵民五（民）初字第 2833 号“上海杉欣建筑工程有限公司与上海迪必灵投资管理有限公司建设工程施工合同纠纷案”。

12.11　使用替代材料和设备的举证责任如何分配？

答：在不同的情形下举证责任分配有所不同。材料与工程设备替代是施工中基于某些原因造成原定材料和工程设备无法使用，需要使用替代材料和工程设备的情形。《建设工程施工合同（示范文本）》GF—2017—0201 第 8.7.2 条对使用替代材料和工程设备的程序作出了规定。《建设工程施工合同（示范文本）》GF—2017—0201 第 8.7.3 条对替代材料和工程设备的价格认定作出了规定。但是，施工所用材料和设备是否符合合同约定，使用替代产品是否经过发包人同意，实际使用的材料的价格举证责任如何分配则往往难以达成一致意见。我们认为，发包人主张承包人使用了与合同约定不一致的材料，应由发包人承担举证责任。如涉案施工合同中约定了工程采用的施工工艺说明，而发包人不能证明承包人替代材料用于哪一道工序，则不足以证明承包人改变了工艺流程或未使用规定材料。如施工单位承认实际使用的材料与合同约定的不一致，应对实际使用的材料的价格承担举证责任，若不能举证又不同意对实际使用的材料进行价格鉴定，则应承担举证不能的法律后果。如果发包人对承包人擅自更换材料在合理期限内未提出异议且支付了价款，通常视为对承包人更换材料的默认。

参考案例：浙江金华中院（2017）浙 07 民终 3804 号“核工业金华建设工程公司、义乌市供销合作总社建设工程施工合同纠纷案”。

12.12　何种程度的设计变更才足以推翻原施工合同约定的计价方法和原则？

答：设计变更是指项目自初步设计批准之日起至通过竣工验收正式交付使用之日止，对已批准的初步设计文件、技术设计文件或施工图设计文件所进行的修改、完善、优化等活动。设计变更应以图纸或设计变更通知单的形式发出。工程设计变更分为重大设计变更和一般设计变更。重大设计变更是指工程建设过程中，在工程的开发任务、工程规模、设计标准、总体布局、工程布置、主要建筑物结构形式、重要机电金属结构设备、重大技术问题的处理措施等方面，对工程的工期、安全、投资、效益产生重大影响的设计变更。其他变更为一般设计变更。设计变更往往导致工程造价调整。施工合同中一般都约定了计价方法和原则。一般来说，只有发生重大设计变更才足以推翻原施工合同约定的计价方法和原则。

参考案例：最高院（2013）民提字第59号“济南市历城区建筑安装工程公司、济南市历下区城乡基础建设工程处与济南市历城区建筑安装工程公司第十分公司、济南市历城区城市建设综合开发公司建设工程施工合同纠纷再审案”；最高院（2014）民申字第498号“沽源铀业有限公司与河北三建建设工程有限公司建设工程施工合同纠纷案”；最高院（2014）民申字第1252号“黑龙江化工建设有限责任公司与鸡西市采煤沉陷治理领导小组办公室建设工程施工合同纠纷案”。

12.13 有设计变更事实，但无设计变更通知单，对变更部分涉及的工程价款如何处理？

答：《建设工程司法解释（一）》第二十条规定：“当事人对工程量有争议的，按照施工过程中形成的签证等书面文件确认。承包人能够证明发包人同意其施工，但未能提供签证文件证明工程量发生的，可以按照当事人提供的其他证据确认实际发生的工程量。”根据此条规定，有设计变更事实，但无设计变更通知单，承包人必须提供的其他证据证明实际发生的工程量。人民法院可以根据其他证据确认实际发生的工程量。

参考案例：广东广州中院（2019）粤01民终14518号“贵州建工集团有限公司、广州市番禺区基本建设投资管理办公室建设工程合同纠纷案”。

12.14 因工程变更导致工程价款调整如何认定？

答：因工程变更导致工程价款调整一般应当以工程变更签证为依据进行认定，特殊情况下可依据其他证据确认。《建设工程司法解释（一）》第二十条规定：“当事人对工程量有争议的，按照施工过程中形成的签证等书面文件确认。承包人能够证明发包人同意其施工，但未能提供签证文件证明工程量发生的，可以按照当事人提供的其他证据确认实际发生的工程量。”根据上述规定，一般情况下，承包人主张因工程变更导致工程价款调整要提供施工过程中形成的签证等书面文件。如果未能提供签证单等证据证实的，至少应当提供证据证明发包人同意施工且相关工程量已经实际施工；否则，将得不到人民法院的支持。

参考案例：最高院（2014）民一终字69号“方升公司与隆豪公司建设工程施工合同纠纷案”。

12.15 工程质量的判断标准有哪些？

答：工程质量，通常是指在国家现行的法律、法规、技术标准、设计文件和合同中对工程的安全、适用、经济、美观等特性的综合要求。工程质量的判断标准主要有法定质量标准、约定质量标准和质量验收标准三大方面。所谓法定质量标准，是指相关法律、法规、部门规章、相关标准及技术规范等对工程质量的要求。广义的法定质量标准包括强制性标准和推荐性标准；狭义的法定质量标准仅指强制性标准。强制性标准是最低标准。所谓约定质量标准，是指施工合同中约定的对施工质量要求。当事人可以在合同中约定高于法定标准的标准，例如，要求工程质量达到优良或要求工程获得某专业奖项（如鲁班奖等），但不得低于强制性标准（最低标准）；否则，约定无效，即便约定也仍以强制性标准为准。所谓工程质量验收标准，是指工程通过验收应当达到的质量标准。根据《建筑工程施工质量验收统一标准》GB 50300—2013 第 3.0.7 条规定："建筑工程施工质量验收合格应符合下列规定：1. 符合工程勘察、设计文件的要求；2. 符合本标准和相关专业验收规范的规定。"由此可见，工程质量验收标准包括法定质量标准、约定质量标准、质量验收标准。

12.16 工程质量问题通常分为哪几种情形？

答：在我国工程质量问题通常分为以下几种，分别是工程质量通病、工程质量缺陷和工程质量事故等。

工程质量通病，是指工程施工过程中易发生、常见的、难于完全避免、难以彻底根治的、影响使用功能和外观的工程质量问题。工程质量缺陷，是指建设工程质量不符合工程建设强制性标准、设计文件，以及承包合同的约定的质量问题。可以分为施工中的质量缺陷和施工后的质量缺陷。工程质量事故，是指由于建设管理、监理、勘测、设计、咨询、施工、材料、设备等原因造成工程质量不符合规程、规范和合同规定的质量标准，影响使用寿命和对工程安全运行造成隐患及危害的事件。如果发生工程质量事故的话就比较严重了，因为工程质量通病和工程质量缺陷，都还是可以及时进行修补的，工程质量事故相关人员是要承担刑事责任的。按事故造成损失程度进行以下分级：（一）特别重大事故，是指造成 30 人以上死亡，或者 100 人以上重伤，或者 1 亿元以上直接经济损失的事故；（二）重大事故，是指造成 10 人以上 30 人以下死亡，或者 50 人以上 100 人以下重伤，或者 5000 万元以上 1 亿元以下直接经济损失的事故；（三）较大事故，是指造成 3 人以上 10 人以下死亡，或者 10 人以上 50 人以下重伤，或者 1000 万元以上 5000 万元以下直接经济损失的事故；（四）一般事故，是指造成 3 人以下死亡，或者 10 人以下重伤，或者 100 万元以上 1000 万元以下直接经济损失的事故。（以上包括本数，以下不包括本数。）

上述工程质量问题都属于工程质量不合格问题。出现工程质量验收不合格，如何处理？《民法典》第七百九十三条规定："建设工程施工合同无效，但是建设工程经验收合格的，可以参照合同关于工程价款的约定折价补偿承包人。建设工程施工合同无效，且建设工程经验收不合格的，按照以下情形处理：（一）修复后的建设工程经验收合格的，发包人可以请求承包人承担修复费用；（二）修复后的建设工程经验收不合格的，承包人无权请求参照合同关于工程价款的约定折价补偿。发包人对因建设工程不合格造成的损失有过错的，应当承担相应的责任。"对于工程不合格的，根据《民法典》和《建设工程司法解释（一）》的相关规定，过错方应当赔偿对方所受损失。发包人投资付之东流，建筑材料变成建筑垃圾，损失包括投资、建材价款、劳务费、设备租赁费、贷款利息、对第三人赔偿金等；承包人劳而无果，损失包括机械设备租赁费、工人工资、垫资等。根据上述法律规定，工程质量不合格一般按照以下方式处理：(1) 修补处理：当工程的某些部分的质量虽未达到规定的规范、标准或设计的要求，存在一定的缺陷，但经过修补后可以达到要求的质量标准，又不影响使用功能或外观的要求，可采取修补处理的方法。（2）加固处理：主要是针对危及承载力的质量缺陷的处理。（3）返工处理：当工程质量缺陷经过修补处理后仍不能满足规定的质量标准要求，或不具备补救可能性则必须采取返工处理。（4）限制使用：当工程质量缺陷按修补方法处理后无法保证达到规定的使用要求和安全要求，而又无法返工处理的情况下，不得已时可作出诸如结构卸荷或减荷以及限制使用的决定。（5）不作处理：某些工程质量问题虽然达不到规定的要求或标准，但其情况不严重，对工程或结构的使用及安全影响很小，经过分析、论证、法定检测单位鉴定和设计单位等认可后可不专门作处理。一般可不作专门处理的情况有以下几种：不影响结构安全、生产工艺和使用要求的；后道工序可以弥补的质量缺陷；法定检测单位鉴定合格的；出现的质量缺陷，经检测鉴定达不到设计要求，但经原设计单位核算，仍能满足结构安全和使用功能的。（6）按报废处理：出现质量事故的工程，通过分析或实践，采取上述处理方法后仍不能满足规定的质量要求或标准，则必须予以报废处理。同时根据质量事故的程度追究相关责任人的刑事责任。

12.17 工程质量不合格的责任主体如何认定？

答：根据《建筑法》第五十五条、第五十八条，《建设工程质量管理条例》第三十二条的规定，建设工程质量不合格的责任主体可做如下划分：（一）施工单位未按照国家有关工程建设规范、标准和设计要求施工，造成工程质量不合格的，施工单位承担主体责任；（二）建设单位提供的设计图纸有缺陷造成施工质量不合格的，由建设单位承担主体责任；（三）因建筑材料、建筑构配件和设备不符合国家强制性标准造成的质量不合格，施工单位采购的，由施工单位承担主体责任；建设单位负责采购的，施工单位没有检验或检验不合格仍然使用的，由建设单位和施工单位共同承担责任；施工单位检验不合格提出异议而建设单位仍然坚持使用的，由建设单位承担责任。（四）对建设单位提出的违反法律、法规和建设工程质量、安全标准、降低工程质量的要求，施工单位未予拒绝而进行施工的，由建设单位与施工单位共同承担责任。

参考案例：最高院（2012）民提字第20号“海擎重工机械有限公司与江苏中兴建设有限公司等建设工程施工纠纷案”。

12.18 工程质量不合格的法律后果有哪些？

答：根据《民法典》第五百六十三条、第八百零七条，《建设工程司法解释（一）》的相关规定，建设工程质量不合格的法律后果有以下几方面：一是承包人拒绝修复的，发包人享有解除合同的权利；二是发包人擅自使用的，承包人除在建设工程合理使用寿命内对地基基础工程和主体结构承担民事责任外不承担其他质量问题的责任；三是工程质量验收不合格，承包人提交的验收报告之不能作为竣工之日；四是承包人不能取得工程价款；五是承包人不享有优先受偿权。

参考案例：新疆乌鲁木齐中院（2014）乌中民四终字第356号“常永贵与向建国装饰

装修合同纠纷案”。

12.19　因承包人原因导致工程质量不符合要求，承包人应承担什么责任？

答：因承包人原因导致工程质量不符合要求，承包人应承担无偿修理、返工或改建的责任。《民法典》第八百零一条规定：“因施工人的原因致使建设工程质量不符合约定的，发包人有权请求施工人在合理期限内无偿修理或者返工、改建。经过修理或者返工、改建后，造成逾期交付的，施工人应当承担违约责任。”《建筑法》第五十八条也规定了“建筑施工企业对工程的施工质量负责。”《建设工程司法解释（一）》第十二条规定：“因承包人的原因造成建设工程质量不符合约定，承包人拒绝修理、返工或者改建，发包人请求减少支付工程价款的，人民法院应予支持。”《建设工程质量管理条例》第 32 条亦作了类似规定。因此，因承包人原因导致工程质量不符合要求，承包人应承担无偿修理、返工或改建的责任。

对于修理、返工或改建后的验收，可根据《建筑工程施工质量验收统一标准》GB 50300—2013 第 5.0.6 条的规定处理：(1) 经返工或返修的检验批，应重新进行验收；(2) 经有资质的检测机构检测鉴定能够达到设计要求的检验批，应予以验收；(3) 经有资质的检测机构检测鉴定达不到设计要求，但经原设计单位核算认可能够满足安全和使用功能的检验批，可予以验收；(4) 经返修或加固处理的分项分部工程，满足安全及使用功能要求时，可按技术处理方案和协商文件的要求予以验收。承包人拒绝修理、返工或改建的，发包人可以请求减少或拒绝支付工程价款或者要求承包人承担合理的修复费用。

参考案例：最高院（2012）民申字第 404 号“厦门经济特区房地产开发集团有限公司与福建径坊建造工程有限公司建设工程施工合同纠纷案”；最高院（2015）民一终字第 129 号“格尔木寰琨新能源技术开发有限责任公司与重庆天宇实业集团有限公司建设工程施工合同纠纷案”；陕西西安中院（2013）西中民四终字第 00560 号“温州通业建设工程有限公司与中国建筑第四工程局有限公司建设工程施工合同纠纷案”。

12.20　工程质量合格但不符合要求，发包人如何主张权利？

答：工程质量合格但不符合要求，发包人可主张减少支付工程款。工程质量合格仅代表工程质量符合国家强制性标准，满足使用等要求，发包人的合同目的基本实现。但是，并不必然代表工程质量符合合同约定。承包人仍有可能存在未按照设计图纸施工、偷工减料等情形。对于这些情形，承包人仍应承担违约责任。对此，发包人虽然不宜解除合同，却可以减少支付工程款。

参考案例：江苏宿迁中院（2017）苏 13 民终 2844 号“江苏金鹰建设有限公司与江苏省苏北房地产开发有限公司建设工程施工合同纠纷案”。

12.21 工程质量合格但不符合合同要求，承包人能否主张优先受偿权？

答：工程质量合格但不符合合同要求，承包人可以主张优先受偿权。

《民法典》第八百零七条规定："发包人未按照约定支付价款的，承包人可以催告发包人在合理期限内支付价款。发包人逾期不支付的，除根据建设工程的性质不宜折价、拍卖外，承包人可以与发包人协议将该工程折价，也可以请求人民法院将该工程依法拍卖。建设工程的价款就该工程折价或者拍卖的价款优先受偿。"该条规定，承包人主张优先受偿权的前提条件是工程质量合格，并不是合同有效。因为即便合同无效，也应以工程质量合格的法定标准作为依据来判断承包人是否享有优先受偿权，而不能以当事人约定的高于或低于法定质量标准的其他标准为依据。合同无效，对工程款的支付可参照合同约定。至于工程不符合合同约定，发包人可向承包人主张违约责任，但并不影响承包人优先受偿权的行使。

参考案例：最高院（2013）民申字第283号"宝辉公司与粤西公司建设工程施工合同纠纷案"。

12.22 分包质量不合格，承包人和分包人要什么责任？

答：违法分包人与承包单位承担连带赔偿责任。

《建筑法》第六十七条规定："承包单位将承包的工程转包的，或者违反本法规定进行分包的，责令改正，没收违法所得，并处罚款，可以责令停业整顿，降低资质等级；情节严重的，吊销资质证书。"《建筑法》明确规定，禁止总承包单位将工程分包给不具备相应资质条件的单位。也禁止分包单位将其承包的工程再分包。

无论是合法分包合同还是违法分包合同，工程质量不合格的，分包人与承包人对发包人承担连带责任。具体而言：（1）分包合同有效的，分包人与总承包人或者勘察、设计、施工承包人向发包人承担连带责任（《民法典》第七百九十一条第二款）；（2）违法分包或者非法转包的，因建设工程质量发生争议，发包人可以总承包人、分包人和实际施工人为共同被告提起诉讼（《建设工程司法解释（一）》第十五条），根据上述法律规定，工程质量不合格，违法分包人与承包单位应承担连带赔偿责任。

参考案例：广西桂林叠彩区法院（2017）桂0303民初581号"桂林东金装饰设计工程有限公司与桂林煊紫酒店管理有限公司装饰装修合同纠纷案"。

12.23 工程质量通病应适用何种归责原则？

答：工程质量通病应在建设主体之间适用过错归责原则。工程质量通病，是指工程施工过程中和完工后易发生的、常见的、影响使用功能和外观质量的缺陷。如模板安装完成后，浇筑混凝土时，因振捣时间过长或过快，混凝土振捣不密实或者漏振，模板拆除后有孔洞、漏筋、蜂窝、麻面、夹渣等而导致胀模，"裂、渗、漏"等现象就属于质量通病。

依据《建筑法》《民法典》《建设工程质量管理条例》的有关规定，工程质量通病引起的民事责任，拟在建设主体之间适用过错归责原则。

参考案例：吉林吉林市昌邑区法院（2020）吉0202民初1289号“单发财、李阳与那霜剑建设工程施工合同纠纷案”。

12.24 承包人承担质量缺陷责任的主要方式有哪些？

答：根据《民法典》第八百零一条、《建设工程质量管理条例》第二十七条的规定，承包人承担质量缺陷责任的主要方式有：（1）承包人对因自己的过错造成的工程质量缺陷承担修理、返工或改建等返修义务，直至工程的质量符合标准；（2）承包人对因自己的过错造成的工程质量缺陷承担返修义务的同时，还需承担因返修行为增加的工程价款以及工期延误的违约责任；（3）承包人对因自己的过错造成的工程质量缺陷拒绝承担返修义务或返修后仍不合格的，承包人请求支付相应的工程款将得不到支持；（4）工程竣工验收或未经竣工验收被发包人擅自使用后发现存在工程质量缺陷的，承包人在保修范围和保修期内承担保修责任，并在建设工程合理使用寿命内对地基基础和主体结构工程承担责任。对地基基础和主体结构工程承担责任不受保修期的限制。

参考案例：最高院（2015）民申第367号“营口经济技术开发区天盛实业有限公司、营口市鲅鱼圈区望海办事处小董屯村民委员会与营口经济技术开发区天盛实业有限公司建设工程施工合同纠纷案”；最高院（2016）民再第367号“长春市南关区幸福乡红嘴子村村民委员会、中国建筑一局（集团）有限公司与吉林省保合房地产开发有限公司建设工程施工合同纠纷案”；最高院（2016）民终第188号“宁夏回族自治区石嘴山市文化旅游广电局与被上诉人中铁十八局集团建筑安装工程有限公司建设工程施工合同纠纷案”；最高院（2017）民申第1413号“江苏帝都建设工程有限公司、袁秀莲等与江苏帝都建设工程有限公司、袁秀莲等租赁合同纠纷案”。

12.25 发包人应当何时返还承包人的工程质量保证金？

答：发包人应当在建设工程质量缺陷责任期满时退还承包人的工程质量保证金，不是等到工程质量保修期满才返还工程质量保证金。

工程质量保证金又称建筑工程信誉保证金，是指施工单位根据建设单位的要求，在建设工程承包合同签订之前，预先交付给建设单位或发包人在支付承包人工程款前预留适当的金额，用以保证施工质量的资金。《建设工程施工合同（示范文本）》GF—2017—0201第1.1.4.4条规定：“缺陷责任期，是指承包人按照合同约定承担缺陷修复义务，且发包人预留质量保证金（已缴纳履约保证金的除外）的期限，自工程实际竣工日期起计算。”根据《工程质量保证金管理办法》第2条、第8条、第9条的规定，在缺陷期责任内，由承包人造成的缺陷，承包人应负责维修，并承担鉴定及维修费用。如承包人不维修也不承担维修费用，发包人可按照合同约定从保证金或银行保函中扣除，费用超出保证金数额的，发包人可按照合同约定向承包人主张赔偿。缺陷责任期从工程竣工验收之日起计算，一般为1年，最长不超过2年，由发包人和承包人在合同中约定。由此可见，这个期限是指工程质量缺陷责任期限，并不是工程质量保修期限。

很多人将工程缺陷责任期限和工程质量保修期限这两个期限混淆。缺陷责任期与质量保修期的区别主要表现在以下几方面：

1. 特定情况下缺陷责任期与质量保修期的起算点存在差异。《建设工程质量保证金管理办法》第八条规定："由于发包人原因导致工程无法按规定期限进行竣工验收的，在承包人提交竣工验收报告90天后，工程自动进入缺陷责任期。"依据《建设工程质量管理条例》第40条、《建设工程司法解释（一）》第九条的规定："发包人拖延验收的，质量保修期自承包人提交竣工报告之日起开始计算。"因此，发包人的原因导致工程未能正常验收的情形下，质量保修期较缺陷责任期提前90日开始计算。

2. 缺陷责任期和质量保修期的期限长短有别。按照我国目前的法律规定，同一建设工程只有一个缺陷责任期，一般为1年，最长不超过2年。同一建设工程在正常使用条件下的最低保修年限因工程性质和部位不同而有所区别：地基基础工程和主体结构工程为设计文件规定的该工程的合理使用年限；屋面防水工程、有防水要求的卫生间、房间和外墙面的防渗漏，为5年；供热与供冷系统，为2个采暖期、供冷期；电气管线、给水排水管道、设备安装和装修工程，为2年；其他项目的保修期限发包方与承包方约定。

3. 是否预留工程质量保证金的要求不同。缺陷责任期是承包人按照合同约定承担缺陷修复义务且预留质量保证金的期限；质量保证金的返还以承包人在缺陷责任期内履行义务且缺陷责任期届满为基本前提。法律法规并未要求承包人在质量保修期内缴纳或者预留保修金。

4. 承包人在缺陷责任期和质量保修期限内承担责任的范围不同。依据《建设工程质量保证金管理办法》第九条的规定，缺陷责任期内，由承包人原因造成的缺陷，即建设工程质量不符合工程建设强制性标准、设计文件以及承包合同约定的，承包人均应负责维修并承担鉴定及维修费用。质量保修责任针对的是质量缺陷期内已经实际出现的质量问题，至于前述缺陷客观上是否已经影响建设工程的正常使用、表现为现实发生的质量问题，法律法规并未作出进一步的明确规定。

综上所述，发包人应当在建设工程质量缺陷责任期满时退还承包人的工程质量保证金。并不是等到工程质量保修期满才返还工程质量保证金。

参考案例：浙江绍兴中院（2019）浙06民初749号"浙江天工建设集团有限公司与浙江盛峰纺织服饰有限公司破产债权确认纠纷案"。

12.26 工程试车费用由谁承担?

答：工程试车是指工程在竣工时期对设备、电路、管线等系统的试运行，看是否运转正常，是否满足设计及规范要求。根据《建设工程施工合同（示范文本）》GF—2013—0201通用合同条款13.3.1、13.3.3的规定，工程试车费用承担主体因试车种类不同而不同：单机无负荷试车、无负荷联动试车的费用由承包人承担；投料试车费用由发包人承担。值得注意的是，单机试车费用通常包含在设备安装费用内，承包人不能另外列项计算。联动试车费用除定额另有规定外，一般可按照系统工程人工费的一定比例计算。如果当事人对试车费用的承担另有约定，从其约定。

参考案例：江苏高院（2016）苏民终 1152 号“上海上枫制冷设备有限公司与盐城郑明现代物流有限公司建设工程施工合同纠纷案。”

12.27　发包人拖延验收的，工程竣工日期如何计算？

答：发包人拖延验收的，以提交竣工验收申请报告之日作为工程竣工日期。

《建设工程司法解释（一）》第九条规定：“当事人对建设工程实际竣工日期有争议的，人民法院应当分别按照以下情形予以认定：（一）建设工程经竣工验收合格的，以竣工验收合格之日为竣工日期；（二）承包人已经提交竣工验收报告，发包人拖延验收的，以承包人提交验收报告之日为竣工日期；（三）建设工程未经竣工验收，发包人擅自使用的，以转移占有建设工程之日为竣工日期。”《建设工程施工合同（示范文本）》GF—2017—0201 通用合同条款 13.2.3 载明“……因发包人原因，未在监理人收到承包人提交的竣工验收申请报告 42 天内完成竣工验收，或完成竣工验收不予签发工程接收证书的，以提交竣工验收申请报告的日期为实际竣工日期……”根据上述规定可知，发包人拖延验收的，以提交竣工验收申请报告之日作为工程竣工日期。

参考案例：山东高院（2015）鲁民一终字第 119 号“山东力诺太阳能电力工程有限公司与山东丽鹏股份有限公司、山东鸿啸电力工程有限公司纠纷案”。

12.28　工程竣工验收的法律后果如何？

答：根据《民法典》第七百九十九条，《建设工程质量管理条例》第十六条、第三十九条，住房和城乡建设部颁布的《房屋建筑和市政基础设施工程竣工验收规定》第六条规定，工程竣工验收的法律后果主要表现在以下几方面：(1) 工程竣工验收合格是工程价款支付的前提条件；(2) 工程竣工验收合格之日可以作为质量保修期的起算点；(3) 工程竣工验收合格是确定工程竣工日期的标准；工程竣工验收合格，承包人一般仅承担保修责任，不承担质量违约责任。

参考案例：最高院（2012）民一终字第 41 号“天成润华集团有限公司、中国核工业华兴建设有限公司建设工程施工合同纠纷案”；最高院（2018）民终第 59 号“美建建筑系统（中国）有限公司与青海明瑞房地产开发有限公司建设工程施工合同纠纷案”。

12.29　未经竣工验收擅自使用的法律后果是什么？

答：根据《建筑法》第六十一条第二款和《民法典》第七百九十九条第二款规定，“建设工程竣工经验收合格后，方可交付使用；未经验收或者验收不合格的，不得交付使用。”如果发包人未经竣工验收擅自使用，其法律后果是“建设工程未经竣工验收，发包人擅自使用后，又以使用部分质量不符合约定为由主张权利的，人民法院不予支持；但是承包人应当在建设工程的合理使用寿命内对地基基础工程和主体结构质量承担民事责任。”“建设工程未经竣工验收，发包人擅自使用的，以转移占有建设工程之日为竣工日期。”据此可知，发包人未经竣工验收擅自使用的法律后果有两种：一是以使用部分质量不符合约定为由主张权利将得不到人民法院支持，二是以转移占有建设工程之日为竣工日期。

参考案例：最高院（2016）民再23号“齐齐哈尔市非凡建筑装饰工程有限责任公司与泰来县聚洋购物中心有限公司等建设工程施工合同纠纷案”。

12.30 发包人擅自使用未竣工验收的建设工程，能否免除承包人保修义务？

答：发包人擅自使用未经竣工验收的建设工程，不能免除承包人的保修义务。根据《建设工程质量管理条例》第三十九条第一款、第四十条第三款的规定，工程保修责任是在工程竣工验收合格后，施工方因对保修期内出现的建筑物质量瑕疵未履行保修义务而承担的法律责任。虽然《建设工程司法解释（一）》第九条规定：“建设工程未经竣工验收，发包人擅自使用的，以转移占有建设工程之日为竣工日期”，但这只是“视为竣工”的法律拟制。发包人擅自使用未经竣工验收的建设工程，应视为其对竣工验收权利放弃，丧失了追究承包人质量违约责任以及拒付工程款的抗辩权，后续发包人无权以质量问题追究承包人的违约责任，但并没有丧失要求承包人履行保修义务的权利，承包人的保修义务不因发包人擅自使用而豁免。

参考案例：安徽高院（2019）皖民终820号“中泰广场（淮北）置业有限公司、安徽众泰建设工程有限公司建设工程施工合同纠纷案”。

12.31 未约定保修义务或约定不明的工程质量保修，如何确定？

答：未约定保修义务或保修义务约定不明工程质量保修按照《建筑法》第六十二条、《建设工程质量管理条例》第四十条和第四十一条的规定执行。《建筑法》第六十二条规定：“建筑工程实行质量保修制度。建筑工程的保修范围应当包括地基基础工程、主体结构工程、屋面防水工程和其他土建工程，以及电气管线、上下水管线的安装工程，供热、供冷系统工程等项目；保修的期限应当按照保证建筑物合理寿命年限内正常使用，维护使用者合法权益的原则确定。具体的保修范围和最低保修期限由国务院规定。”《建设工程质量管理条例》第四十条规定：“在正常使用条件下，建设工程的最低保修期限为：（一）基础设施工程、房屋建筑的地基基础工程和主体结构工程，为设计文件规定的该工程的合理使用年限；（二）屋面防水工程、有防水要求的卫生间、房间和外墙面的防渗漏，为5年；（三）供热与供冷系统，为2个采暖期、供冷期；（四）电气管线、给水排水管道、设备安装和装修工程，为2年。其他项目的保修期限由发包方与承包方约定。建设工程的保修期，自竣工验收合格之日起计算。”第四十一条规定：“建设工程在保修范围和保修期限内发生质量问题的，施工单位应当履行保修义务，并对造成的损失承担赔偿责任。”根据上述法律规定可知，建设工程保修义务范围和期限，合同有约定的从其约定，但约定的保修义务低于法律规定标准的其约定无效；未约定保修义务或保修义务约定不明的，工程质量保修范围和期限按照法律、法规、规章规定的标准执行。

参考案例：福建厦门思明区法院（2020）闽0203民初1792号“厦门格佳建材有限公

司与泉州江楠装饰有限公司、章建敏承揽合同纠纷案”。

12.32　发、承包方约定的保修义务低于法律规定，是否按照约定执行？

答：发、承包方约定的保修义务低于法律规定，其约定无效，不能按照约定执行，而是按照法律规定的标准执行。

发包人和承包人虽然可以对保修内容和期限进行约定，但其约定只能高于《建设工程质量管理条例》第四十条规定的标准，不得低于《建设工程质量管理条例》第四十条规定的标准。《建设工程质量管理条例》第四十条规定：“在正常使用条件下，建设工程的最低保修期限为：（一）基础设施工程、房屋建筑的地基基础工程和主体结构工程，为设计文件规定的该工程的合理使用年限；（二）屋面防水工程、有防水要求的卫生间、房间和外墙面的防渗漏，为 5 年；（三）供热与供冷系统，为 2 个采暖期、供冷期；（四）电气管线、给水排水管道、设备安装和装修工程，为 2 年。其他项目的保修期限由发包方与承包方约定。建设工程的保修期，自竣工验收合格之日起计算。”根据相关法律规定，发、承包方约定的保修义务低于《建设工程质量管理条例》第四十条规定，其约定无效，不能按照其约定执行，而是按照《建设工程质量管理条例》第四十条规定的标准执行。

参考案例：最高院（2016）民再 69 号“浙江省东阳第三建筑工程有限公司与陕西中泰置业有限公司、西安昆仑工业（集团）有限责任公司建设工程施工合同纠纷案”。

12.33　建设工程合同无效，承包人是否要承担保修义务？

答：建设工程合同无效，承包人仍要承担保修义务。工程质量保修义务是承包人的法定义务。

根据法律规定，建设工程施工合同无效，但建设工程经竣工验收合格，发包人仍应参照合同约定向承包人支付工程价款。在支付了工程价款后，如何解决工程质量的保修问题？正常情况下，建设工程经竣工验收后，在保修期限内出现的质量问题，由承包人依照法律规定或合同约定予以修复。我国实行建设工程质量保修制度，这也是《建筑法》确立的一项基本法律制度。《建筑法》第六十二条第一款规定，建筑工程实行质量保修制度。《建设工程质量管理条例》则在建设工程的保修范围、保修期限和保修责任等方面，对该项制度作出了更具体的规定。该条例第四十条规定：“在正常使用条件下，建设工程的最低保修期限为：1. 基础设施工程、房屋建筑的地基基础工程和主体结构工程，为设计文件规定的该工程的合理使用年限；2. 屋面防水工程、有防水要求的卫生间、房间和外墙面的防渗漏，为 5 年；3. 供热与供冷系统，为 2 个采暖期、供冷期；4. 电气管线、给水排水管道、设备安装和装修工程，为 2 年。其他项目的保修期限由发包方与承包方约定。建设工程的保修期，自竣工验收合格之日起计算。”由此可见，对于保修期限的规定属于强制性的规定。

但是，在建设工程施工合同被确认无效后，合同关系不复存在，对当事人不再具有任何拘束力，承包人却仍应在《建设工程质量管理条例》第四十条规定的最低保修期限内承担法定的保修责任。在履行保修责任的方式上，如果施工合同不是因为承包人没有相应的资质而被确认无效的，则仍由承包人承担质量瑕疵的维修义务；如果施工合同是由于承包人没有相应的资质而被确认无效的，则不能再由承包人自己来承担质量瑕疵的维修义务，可由承包人自行委托具有相应资质的施工人，替代承包人承担质量瑕疵的维修义务，也可由发包人自行维修，修复的费用由承包人承担。

12.34 建设工程合同解除后，承包人是否承担保修义务？

答：建设工程合同解除后承包人仍应承担保修义务。

有观点认为，工程质量保修义务自工程竣工验收合格后开始履行，合同解除时保修义务尚未开始履行，根据《民法典》的相关规定，合同终止后尚未履行的终止履行，所以，承包人无须承担保修义务。我们认为，这一观点不能成立。因为工程质量保修义务是法定义务，不因合同无效或解除而或终止。在建设工程相关法律法规中，对工程保修的规定，虽然是工程竣工验收。但是，建设工程有其特殊性。施工合同在履行过程中解除，工程未竣工如何承担保修责任，首先要看双方在解除施工合同时是否对已完工程的保修进行约定。如果有了约定，应按照约定进行处理。如果没有约定，发包人有权要求承包人对其完成的工程承担保修责任。因为承包人获得工程价款的前提是向发包人交付的工程符合约定的合格工程。根据《建设工程司法解释（一）》规定，如果工程质量不合格发包人有权拒绝支付工程款。既然发包人在合同解除后向承包人支付了工程价款，承包人交付的工程也应是符合约定质量的工程。由于工程的特性决定了，有些质量问题并不能在工程交付时立即发现，只能在使用过程中才能发现。这也是为什么《建设工程质量管理条例》中保修期规定了最低期间限制的原因。所以，施工合同解除后，承包人对其施工的部分仍应承担保修义务。主张承包人无须承担保修义务的观点主要是混淆了承担保修义务和保修期从何时开始计算两个不同的概念。我们不能因为尚未开始计算保修期而否定承包人应当承担的法定的保修义务。在正常的情况下，工程的保修期均是以竣工时间作为起算时间。如何确定未竣工已经解除施工合同工程的保修期，应根据合同解除时具体情形确定。双方有约定的按照约定由承包人承担还是不承担保修责任。如果没有约定如何起算保修期，一般情况下可以自工程移交发包人时起算保修期。因为合同解除并且工程已经移交给发包人，移交的已完工程类似于按照合同约定竣工的工程，工程移交后，发包人实际占有工程，应能发现工程存在的缺陷，要求承包人履行保修义务。但是，如果发包人确实因无法使用而无法发现工程存在的缺陷，那就待工程完工时开始计算。

参考案例：浙江宁波中院（2020）浙 02 民终 716 号“宁波家和兴建设有限公司、宁波美厦房地产开发有公司建设工程合同纠纷案”。

12.35 工程保修期内提出质量异议是否导致保修期延长？

答：工程保修期内提出质量异议并不必然导致保修期延长。

因为保修期是否延长的依据并不是保修期内提出异议。如果工程保修期内提出质量异议便可导致保修期延长，那么，发包人可以不断地提出异议，保修期便可不断地延长，这实际上将会导致将保修期变成终身保修制。这不但加重了施工单位的负担，也违背了设立保修期的初衷，亦否定了竣工验收制度，更是破坏法律规则。《房屋建筑工程质量保修办法》第九条规定："房屋建筑工程在保修期限内出现质量缺陷，建设单位或者房屋建筑所有人应当向施工单位发出保修通知。施工单位接到保修通知后，应当到现场核查情况，在保修书约定的时间内予以保修。"从该条规定可知，保修期内提出异议是建设单位或房屋所有人的权利和义务，该行为仅导致施工单位应予以保修，以保障建设工程在合理的期限内正常使用的结果。但是，法律、法规、规章均未规定工程保修期内提出质量异议保修期可以相应延长。主张工程保修期内提出质量异议必然导致保修期延长，没有法律依据。

12.36 工程保修期延长是否影响缺陷责任期及质量保证金的返还？

答：工程保修期延长不影响缺陷责任期及质量保证金的返还。

《建设工程质量保证金管理办法》第二条规定："本办法所称建设工程质量保证金（以下简称保证金）是指发包人与承包人在建设工程承包合同中约定，从应付的工程款中预留，用以保证承包人在缺陷责任期内对建设工程出现的缺陷进行维修的资金。缺陷是指建设工程质量不符合工程建设强制性标准、设计文件，以及承包合同的约定。缺陷责任期一般为1年，最长不超过2年，由发、承包双方在合同中约定。"从该条规定看，工程质量保修期和工程质量保证金返还的期限并不是同一概念。质量保证金返还的期限与质量缺陷责任期是相对应的。根据该条规定，缺陷责任期一般为1年，最长不超过2年，是不能延长的。所以，工程保修期延长不影响缺陷责任期及质量保证金的返还。

参考案例：上海浦东新区法院（2013）浦民一初字第26826号"上海建工七建集团有限公司诉上海东方世纪教育发展有限公司建设工程施工合同纠纷案"；北京高院（2017）京民申2160号"北京爱丽华物业管理有限公司建设工程施工合同纠纷案"。

12.37 发包人可主张的工程质量赔偿主要包括哪些范围？

答：根据《民法典》第八百零一、八百零二、八百零三、八百零四条，《建设工程司法解释（一）》第十五条，《建设工程质量管理条例》第三十九、四十、四十一条的规定，建设单位未组织竣工验收擅自交付使用、验收不合格擅自交付使用、对不合格的建设工程按照合格工程验收、涉及建筑主体或者承重结构变动的装修工程没有设计方案擅自施工，造成损失的应承担赔偿责任。发包人可主张的工程质量赔偿范围主要有以下几方面：一是承包人造成质量缺陷拒绝修理返工或者改建造成发包人损失的，承包人应予以赔偿；二是承包人造成的质量缺陷经过修理、返工或者改建后造成逾期交付的，承包人应当承担赔偿责任；三是因承包人原因致使建设工程在合理使用期限内造成人身和财产损害的，承包人应当承担损害赔偿责任。对于人身伤害损失，赔偿医疗费、因误工减少的收入、残废者生活补助费等费用。造成受害人死亡的，还应支付丧葬费、抚恤费、死者生前抚养的人的必要的生活费等费用。造成重大责任事故的主要责任人还须承担刑事责任。

施工单位承担赔偿责任的情形有：

1. 施工企业转让、出借资质证书或者以其他方式允许他人以本企业的名义承揽工程，对因该项承揽工程不符合规定的质量标准造成的损失，施工企业与使用本企业名义的单位或者个人承担连带赔偿责任；

2. 承包单位将承包的工程转包的，或者违反建筑法规定进行分包，对因转包工程或者违法分包的工程不符合规定的质量标准造成的损失，与接受转包或者分包的单位承担连带赔偿责任；

3. 施工企业在施工中偷工减料、使用不合格的建筑材料、建筑构配件和设备，或者有其他不按照工程设计图纸或者施工技术标准施工的行为，造成建筑工程质量不符合规定的质量标准的，负责返工、修理，并赔偿因此造成的损失；

4. 施工企业违反建筑法规定，不履行保修义务或者拖延履行保修义务的，对在保修期内因屋顶、墙面渗漏、开裂等质量缺陷造成的损失，承担赔偿责任；

5. 施工企业未对建筑材料、建筑构配件、设备和商品混凝土进行检验，或者未对涉及结构安全的试块、试件以及有关材料取样检测，造成损失的，依法承担赔偿责任。

参考案例：最高院（2014）民申字第27号“内蒙古九郡药业有限责任公司、上海云洲商厦有限公司与韩凤彬、上海广播电视台、大连鸿雁大药房有限公司产品质量损害赔偿纠纷管辖权异议申请再审案”。

12.38 发包人要求承包人承担违约责任，拟采取哪些方式？

答：发包人要求承包人承担违约责任拟采取以下方式：

一是要求承包人赔偿损失。发包人、承包人应当在专用条款内约定承包人赔偿发包人损失的计算方法。与发包人承担赔偿责任的情况相同，如果没有约定赔偿损失，则承包人承担一般法定赔偿责任，损失赔偿额应当相当于因违约所造成的损失，包括合同履行后可以获得的利益，但不得超过承包人在订立合同时预见或者应当预见到的因违约可能造成的损失。

二是要求承包人支付违约金。《民法典》第五百九十三条规定：“当事人一方因第三人的原因造成违约的，应当依法向对方承担违约责任。当事人一方和第三人之间的纠纷，依照法律规定或者按照约定处理”。根据上述规定，施工合同的当事人双方也应当在合同的专用条款中约定承包人违约时违约金的数额或者计算方法。

三是要求承包人采取补救措施。根据《民法典》五百八十二条的规定，对于施工质量不符合要求的违约，发包人有权要求承包人采取返工、修理、更换等补救措施。

四是要求承包人继续履行。根据《民法典》五百七十七条的规定，对于承包人的违约行为，发包人要求继续履行合同的，承包人应当在承担上述违约责任后继续履行施工合同。

12.39 发包人提出工程质量赔偿，应承担哪些举证责任？

答：根据“谁主张，谁举证”的原则，在工程施工合同纠纷中发包人提出工程质量赔偿应提供建设工程存在质量缺陷的相关证据，承担以下举证责任：

一是提供证明建设工程已完成部分存在质量缺陷的证据。如，存在质量缺陷的照片、视频、检验、检查的方式等；二是对尚未办理竣工验收手续的工程，可提供曾向质量缺陷承包人发出过整改通知及送达证明以及尚不具备验收条件的照片、视频或承包人未按照约定提交完整的竣工资料等证据以证明建设工程不具备验收条件；三是对于已经办理竣工验收手续的工程，提供该工程在地基基础和主体结构上存在质量问题的证据以证明尽管该工程已经办理竣工验收手续，但承包人仍须承担赔偿责任；四是对于已竣工验收合格的工程，查找实际工程与图纸是否有不符合的地方，若有则举出这方面的证据要求承包人予以加固、修复或减少价款；五是对由于客观原因难以举证的，可委托工程质量检测机构进行检测并出具检测报告或在诉讼中申请进行质量鉴定。

参考案例：最高院（2017）民终 161 号“唐山柒麟正东房地产开发有限公司、中建五局第三建设有限公司建设工程施工合同纠纷案”。

12.40　施工合同无效情形下，发包人如何主张工程质量赔偿？

答：建设工程施工合同被确认无效后，损失赔偿的权利主体不限于承包人一方，发包人同样有权主张因承包人的过错导致合同无效的损失。

一、要求承包人赔偿招标投标等所开支的实际损失。基于无效合同的处理规则以“恢复原状”为原则，合同无效后的赔偿责任属于缔约过失责任，一般是指信赖利益损失，不包括可得利益。即为订立合同发生的费用与因履行合同而发生的费用。就建设工程施工合同而言，主要是指办理招标投标手续支出的费用、合同备案支出的费用、除工程价款之外因履行合同支出的费用等实际损失与费用。

二、发包人向承包人主张工期延误损失。在实践中，建设工程施工合同被确认无效后，合同约定的工期条款、违约责任条款等均无效，有的法院以发包人无法举证证明工期延误造成的损失为由，不支持发包人的主张；有的法院参照无效合同约定的工期条款、逾期竣工违约责任条款等确定工期延误造成的损失大小。工期延误切切实实给发包人造成了损失，因此，为了平衡双方当事人利益，发包人确实因无效合同导致工期延误造成的损失，却又举证困难，那么可以参照无效合同相关约定，结合双方过错程度确定损失赔偿额。

三、发包人向承包人主张工程质量不合格的损失。确保工程质量合格不仅是承包人的合同义务，同时也是承包人的法定义务，施工合同无效，因承包人的原因造成工程质量损失的，承包人应当及时履行保修义务，承担质量不合格的损失赔偿责任。如果由于工程质量不合格造成发包人或者第三人人身、财产损害的，承包人还应当承担因工程质量不合格所造成的损失赔偿责任。以上工期延误损失与工程质量不合格损失，需要与合同无效存在因果关系，在具体主张上述损失时，需区分损失产生的具体原因。

参考案例：最高院（2019）民申 6079 号“张家口广和信息科技有限公司、大广（中国）广告有限公司上海分公司合同纠纷案”。

12.41 建设工程质量缺陷与行为的因果关系无法查明，该如何处理？

答：建设工程质量缺陷与行为的因果关系无法查明，应由发包人对建设工程质量与缺陷施工行为存在因果关系承担举证责任。

建设工程质量缺陷未必都是施工人造成的，有时因为发包人的原因亦可导致建设工程产生缺陷。审判主流观点认为，发包人具有下列情形之一，造成建设工程质量缺陷，应当承担过错责任：（一）提供的设计有缺陷；（二）提供或者指定购买的建筑材料、建筑构配件、设备不符合强制性标准；（三）直接指定分包人分包专业工程。承包人有过错的，也应当承担相应的过错责任。

建设工程验收并投入使用后，发包人主张存在工程质量缺陷要求赔偿维修加固等费用，应当举证证明涉案工程维修加固的费用与承包人施工质量之间存在因果关系。即便发包人提交鉴定报告也只能证明涉案工程存在质量问题，并不能证明涉案工程的质量问题与承包人的施工行为存在因果关系，在建设工程质量缺陷与行为的因果关系无法查明，根据《民事诉讼法》第六十四条关于“当事人对自己的主张，有责任提供证据”的规定，发包人对建设工程质量与缺陷施工行为存在因果关系应当承担举证责任。

参考案例：山东青岛黄岛区法院（2015）黄商初字第2212号“青岛中科明新能源设备有限公司与上海西瑞实业有限公司买卖合同纠纷案”。

12.42 建筑安装工程合同中因缺陷需要加固、修复，发包人认为不能使用擅自拆除该工程，费用由谁承担？

答：建筑安装工程合同中因缺陷需要加固、修复，发包人认为不能使用擅自拆除该工程，费用由发包人自己承担。

《建筑法》第六十条规定：“建筑物在合理使用寿命内，必须确保地基基础工程和主体结构的质量。建筑工程竣工时，屋顶、墙面不得留有渗漏、开裂等质量缺陷；对已发现的质量缺陷，建筑施工企业应当修复。”出现工程质量缺陷等质量问题后，需要对涉案工程进行专业性评估，从技术可靠性和经济合理性等方面确定其是否具有适修性，即评估是否具备修复或加固条件。一般情况下，出于经济的考虑，对于具备修复或加固条件的工程，采取修复加固措施，只有在不具备修复或加固的条件的情况下才考虑进行拆除。建筑安装工程合同中因缺陷需要加固、修复，发包人在没有证据证明不可能修复加固的情况下自己认为不能使用而擅自拆除该工程，费用应当由发包人自己承担。

参考案例：上海市闵行区法院（2015）闵民五（民）初字第2833号“上海杉欣建筑工程有限公司与上海迪必灵投资管理有限公司建设工程施工合同纠纷案”。

12.43 如何判断工程加固修复方案的经济性？

答：可以从加固修复方案中维修材料的选用和维修范围来判断其经济性。

加固、修复方案的经济性判断需要避免进行过度维修。是否存在过度维修的判定，可以从方案中维修材料的选用和维修范围的确定进行考量。

1. 看其维修材料的选用

维修材料的选用应当按照原设计标准进行，并在经济合理范围内。但是，维修材料的经济合理并不是仅对价格本身进行考量，追求单次修复的造价低廉。过低价格的维修材料可能造成维修效果不好，后续需要多次维修，表面上符合经济性原则，实则有违经济性原则。因此，在确定维修材料的经济性原则时，还应该兼顾有效性原则，结合修复后的效果进行综合考量。承包人提出维修材料价格高于原设计方案中使用的品牌，且维修方案中增加了一层柔性防水层也改变了原有设计，属于过度维修。但是，法院经调查和咨询，修复所采用的工艺是通行做法，维修方案是工程人员走访勘查涉案房屋并结合发包人提供的渗漏情况材料制定的，使用的材料都是市场上常用且价格比较便宜的材料。涉案房屋经多次维修仍未彻底修复，且渗漏情况较为严重，为了有效修复房屋渗漏问题，采取的维修措施是符合经济性和有效性原则的。

2. 看其维修范围的确定

对于虽然不符合设计要求，但是不影响安全和使用功能的部分，可以结合具体情况有选择地进行修复。对于不符合设计标准的消防工程，应予维修。对于虽然不符合设计要求，但是不影响安全和使用功能的部分，可以通过扣减相关的工程价款对发包人进行补偿，选择全部返工的维修方案属于过度维修。例如，综合楼的铝合金窗户，虽未达到规范要求的厚度，但是目前并未产生损坏等质量问题，施工人亦自认扣减厚度未达标的工程价款，鉴定机构要求全部拆除并更换的维修方案不当。

参考案例：太仓市人民法院（2014）太民初字第 00693 号“太仓淳大景林置业有限公司与江苏南通二建集团有限公司建设工程施工合同纠纷案”；江苏高院（2014）苏民终字第 00350 号“苏州中环集团有限公司与长业建设集团有限公司建设工程施工合同纠纷案”；盐城中院（2018）苏 09 民终 1750 号“姜加涛与阜宁联谊机电设备有限公司建设工程施工合同纠纷案”。

参考资料：法律出版社 2019 年版《中国建设工程施工合同法律全书》817 页。

12.44 如何判断加固修复方案的合理性？

答：判断工程加固修复方案的合理性主要考虑其对存在质量缺陷部分的修复效果和对结构整体的影响。

按照《建设工程质量管理条例》第二十八条的规定，施工单位必须按照工程设计图纸和施工技术标准施工，不得擅自修改工程设计。承包人提供的修复方案能够证明是由工程原设计单位或有相应资质的设计单位提供，是基于原施工图纸、施工技术标准及工程的现有质量缺陷，经过与原设计图纸和施工技术标准比对，能够满足原施工图纸和施工技术标准，不影响工程质量和使用寿命，则承包人原则上可以证明其修复方案的合理性。发包人如能证明承包人为了降低成本，修复方案低于了工程设计和施工技术标准，影响工程质量和使用寿命，则可以认定该修复方案的不合理性。在考虑修复方案的合理性时，不仅需要考虑对存在质量缺陷的部分的修复效果，还需要考虑对结构整体的影响。例如，工程的结构中较多构件存在施工质量和截面不满足设计要求，多数构件需重新更换，而在对某个构件修复时，也会影响到其他构件，对结构的整体受力和安全使用不利，降低了结构的整体性和抗震性，工程的数个钢结构厂房就应当拆除后重新进行施工。

参考案例：江苏高院（2016）苏民终471号“宏润建设集团股份有限公司与仙妮蕾德食品（昆山）有限公司建设工程施工合同纠纷案”。

12.45 如果工程质量缺陷不具备加固修复经济合理性，发包人如何救济？

答：如果工程质量缺陷不具备加固修复经济合理性，发包人可要求承包人承担赔偿损失的违约责任。《民法典》第五百八十条规定：“当事人一方不履行非金钱债务或者履行非金钱债务不符合约定的，对方可以请求履行，但是有下列情形之一的除外：（一）法律上或者事实上不能履行；（二）债务的标的不适于强制履行或者履行费用过高；（三）债权人在合理期限内未请求履行。有前款规定的除外情形之一，致使不能实现合同目的的，人民法院或者仲裁机构可以根据当事人的请求终止合同权利义务关系，但是不影响违约责任的承担。”在出现工程质量问题后，如果经过评估，涉案工程虽然具备修复技术的可行性，但修复费用明显过高，修复方案不具有经济合理性，就属于《民法典》第五百八十条规定的“不适于强制履行或者履行费用过高”的情形，发包人可提出要求承包人给予赔偿损失或适当补偿的救济途径。

12.46 承包人承担加固、修复费用后，发包人能否以质量不合格拒付工程款？

答：承包人承担加固、修复费用后，发包人不应以质量不合格拒付工程款。工程加固、修复费用是指因工程未达到质量标准，需返工直至工程达到竣工验收标准而需要支出的费用。根据《建设工程施工合同（示范文本）》GF—2017—0201通用条款5.1.3规定，因承包人原因造成工程质量未达到合同约定标准的，发包人有权要求承包人返工直至工程质量达到合同约定的标准为止，并由承包人承担由此增加的费用和（或）延误的工期。但是，承包人承担加固、修复费用并不等同于承包人必须进行先加固、修复后才能获得工程价款。通常情况下，建设工程质量问题可以通过加固修复进行弥补的情况下，承包人通过支付修复费用或者将修复费用从工程价款中扣除后，发包人不应以质量不合格拒付工程款。

参考案例：新疆伊犁哈萨克自治州塔城地区中级人民法院（2019）新40民申145号“冯国勇与姚高峰建设工程施工合同纠纷案”。

12.47 未经竣工验收，发包人擅自使用情形下的加固、修复费用由谁承担？

答：未经竣工验收，发包人擅自使用情形下的加固、修复费用除地基基础和主体结构工程外由发包人承担。

《建设工程司法解释（一）》第十四条规定："建设工程未经竣工验收，发包人擅自使用后，又以使用部分质量不符合约定为由主张权利的，人民法院不予支持；但是承包人应当在建设工程的合理使用寿命内对地基基础工程和主体结构质量承担民事责任。"《建筑法》第六十条第一款规定："建筑物在合理使用寿命内，必须确保地基基础工程和主体结构的质量。"根据上述规定，未经竣工验收发包人擅自使用情形下的加固、修复费用除地基基础和主体结构工程外由发包人承担。

参考案例：最高院（2016）民终188号"宏亚公司与力腾公司、天虹公司、宏大公司建设工程施工合同纠纷案"。

12.48　质量缺陷期内承包人拒不履行维修义务，发包人委托第三方维修产生的费用由谁承担？

答：质量缺陷期内，承包人拒不履行维修义务，发包人委托第三方维修产生的费用由原施工单位承担。建设部颁布的《房屋建筑工程质量保修办法》（建设部令第80号）第十二条规定："施工单位不按工程质量保修书约定保修的，建设单位可以另行委托其他单位保修，由原施工单位承担相应责任。"根据本条规定，发包人委托第三方维修产生的费用由原施工单位承担的前提是质量缺陷期内承包人拒不履行维修义务。发包人要履行通知义务。质量缺陷期内，发包人要履行通知义务，承包人拒不履行维修义务，发包人委托第三方维修产生的费用由原施工单位即承包人承担。

参考案例：安徽高院（2018）皖民终457号"安徽和济置业有限公司、华丰建设股份有限公司建设工程施工合同纠纷案"。

12.49　保修期外的维修费用由谁承担？

答：保修期外的维修费用应由发包人承担。

《房屋建筑工程质量保修办法》第四条规定："房屋建筑工程在保修范围和保修期限内出现质量缺陷，施工单位应当履行保修义务。"根据此条规定可知，发包人要求承包人承担维修费用时，应限于质量问题产生于保修期内。对于保修期外产生的质量问题则应由发包人自己承担，如果仍要求承包人承担维修费用则加重了承包人的法律责任，违反了公平原则，亦有悖于市场经济规律。

参考案例：陕西高院（2017）陕民终1248号"西安金利源建筑工程有限公司与陕西祥云物流有限公司建设工程施工合同纠纷案"。

12.50　工程重置费用如何承担？

答：工程重置费用由过错方承担。

工程重置费用是指在当前的建筑技术、工艺水平、建材价格、运输费用和人工费用情况下，重新建造与原有房屋结构、式样、质量、功能基本相同的房屋所需的费用。对于不合格的建设工程，一般可采取修理、加固或者拆除重建等方法处理。《民法典》第五百七十七条规定："当事人一方不履行合同义务或者履行合同义务不符合约定的，应当承担继续履行、采取补救措施或者赔偿损失等违约责任。"因承包人的过错导致工程质量不合格的情况下，发包人有权要求承包人承担赔偿损失的违约责任，包括工程重置费用、工期延误造成的损失等。如果发包人未按照合同约定支付相应工程款，则在其计算受到损失时，应予以扣减。此时发包人受到的损失是为重置而额外增加的费用，即重置费用与原合同工程价款的差额。

参考案例：广东中山中院（2017）粤20民终3550号"广东汇和药业有限公司、瑞华建设集团有限公司建设工程施工合同纠纷案"。

12.51 对于不合格工程，如何判断是否需要拆除？

答：对于不合格工程从经济性和合理性出发，首先考虑是否能通过加固、修复等措施补救，如果能通过加固、修复等措施补救则通过加固、修复等措施补救；其次是考虑经济性，如果不能通过加固、修复等措施补救或者通过加固、修复等措施补救费用过高才考虑是否要拆除；第三，无法判断应鉴定，如果无法判断是否能通过加固、修复等措施补救，可通过鉴定机构进行鉴定，由鉴定机构提出是否需要拆除的意见。

参考案例：吉林中院（2017）吉02民终2712号"吉林联合物流仓储有限责任公司与吉林市恒茂源轻钢彩板有限公司建设施工合同纠纷案"。

12.52 不合格工程拆除费用如何承担？

答：不合格工程拆除费用应由过错方承担。《民法典》第五百七十七条规定："当事人一方不履行合同义务或者履行合同义务不符合约定的，应当承担继续履行、采取补救措施或者赔偿损失等违约责任。"《民法典》第五百九十一条规定："当事人一方违约后，对方应当采取适当措施防止损失的扩大；没有采取适当措施致使损失扩大的，不得就扩大的损失请求赔偿。当事人因防止损失扩大而支出的合理费用，由违约方负担。"《民法典》第五百九十二条规定："当事人都违反合同的，应当各自承担相应的责任。当事人一方违约造成对方损失，对方对损失的发生有过错的，可以减少相应的损失赔偿额。"根据上述规定，如果因承包人原因导致工程质量不合格，发包人有权要求承包人承担因工程拆除重建而造成的损失；如果发包人没有采取适当措施致使损失扩大，不得就扩大的损失要求赔偿；如果承包人和发包人均有过错，双方应根据过错大小承担相应的责任。

参考案例：辽宁高院（2016）辽民终619号"上诉人中国有色金属工业第六冶金建设有限公司与被上诉人海城市东旭建筑工程有限公司建设工程施工合同纠纷案"；吉林中院（2017）吉02民终2712号"吉林联合物流仓储有限责任公司与吉林市恒茂源轻钢彩板有限公司建设施工合同纠纷案"。

12.53 无法确定涉案工程裂缝是混凝土原因所致还是施工原因所致，质量问题由谁承担？

答：无法确定涉案工程裂缝是混凝土原因所致还是施工原因所致，根据公平原则，质量问题由双方共同承担。

《建设工程司法解释（一）》第十三条规定："发包人具有下列情形之一，造成建设工程质量缺陷，应当承担过错责任：（一）提供的设计有缺陷；（二）提供或者指定购买的建筑材料、建筑构配件、设备不符合强制性标准；（三）直接指定分包人分包专业工程。承包人有过错的，也应当承担相应的过错责任。"因涉案工程裂缝经鉴定不能区分是甲供材产生的质量问题还是安装、施工产生的质量问题，根据公平原则，质量问题由发承包双方共同承担。如果混凝土由第三方供应，则供应商与承包人承担连带责任。

参考案例：最高院（2018）民终424号"中化二建集团有限公司与新疆五家渠现代石油化工有限公司建设工程施工合同纠纷案"；金华中院（2013）浙金民终48号"浙江义乌奔度服饰有限公司与浙江省浦江天顺建筑工程有限公司、浙江顺宇混凝土有限公司建设工程施工合同纠纷案"。

12.54 发包人以建设工程所用水泥存在质量问题，造成财产损害，直接向水泥生产商提起诉讼，案件的性质应当如何确定？

答：发包人以建设工程所用水泥存在质量问题，造成财产损害，直接向水泥生产商提起诉讼，案件的性质应定为产品质量纠纷，不宜定为建设工程质量纠纷。

《产品质量法》第二条第三款规定："建设工程不适用本法规定；但是，建设工程使用的建筑材料、建筑构配件和设备，属于前款规定的产品范围的，适用本法规定。"第四十三条规定："因产品存在缺陷造成人身、他人财产损害的，受害人可以向产品的生产者要求赔偿，也可以向产品的销售者要求赔偿。"根据上述法律规定，发包人以建设工程所用水泥存在质量问题，造成财产损害，直接向水泥生产商提起诉讼，案件的性质应定为产品质量纠纷，不宜定为建设工程质量纠纷。

参考案例：内蒙古高院（2011）内民一终字105号"阿拉善左旗金帅草原水泥有限责任公司、宋晓鸣产品质量纠纷案"。

12.55 买受人未提供证据证明出卖人混凝土公司提供的混凝土现场试块存在质量问题，也未提供证据证明在48小时内其对试块质量提出过异议，其关于混凝土质量不合格的诉请能否得到支持？

答：买受人未提供证据证明出卖人混凝土公司提供的混凝土现场试块存在质量问题，

也未提供证据证明在48小时内其对试块质量提出过异议，其关于混凝土质量不合格的诉请不能得到人民法院支持。

《民事诉讼法司法解释》第九十条规定："当事人对自己提出的诉讼请求所依据的事实或者反驳对方诉讼请求所依据的事实，应当提供证据加以证明，但法律另有规定的除外。在作出判决前，当事人未能提供证据或者证据不足以证明其事实主张的，由负有举证责任的当事人承担不利的后果。"买受人负有试块养护、送检通知义务，但其未提供出卖人混凝土公司提供的现场试块存在质量问题也没有提供证据证明在48小时内其对试块质量提出书面异议，应承担举证不能的法律后果。买受人未提供证据证明出卖人混凝土公司提供的混凝土现场试块存在质量问题，也未提供证据证明在48小时内其对试块质量提出过异议，其关于混凝土质量不合格的诉请不能得到人民法院支持。

参考案例：辽宁高院（2014）辽民二终字00173号"浙江中成建工集团有限公司与辽宁万利商品混凝土有限公司买卖合同纠纷案"。

12.56 承包人在履行合同过程中未使用约定的产品，且使用的产品质量不合格，涉案工程已经验收合格，是否要承担违约责任？

答：承包人在履行合同过程中未使用约定的产品，且使用的产品质量不合格，涉案工程已经验收合格，仍应当要承担违约责任。

我国《民法典》第五百零九条规定："当事人应当按照约定全面履行自己的义务。"《民法典》第五百七十七条规定："当事人一方不履行合同义务，或者履行合同义务不符合约定的，应当承担继续履行、采取补救措施或者赔偿损失等违约责任。"根据上述规定，承包人在履行合同中，未使用约定产品，且使用的产品质量不合格，虽然涉案工程已经验收合格，但根据上述法律规定，承包人仍应当要承担违约责任。

参考案例：浙江台州中院（2013）浙台民终566号"浙江赛豪实业有限公司与浙江双鼎钢结构有限公司建设工程施工合同纠纷案"。

12.57 何谓"擅自使用"？

答：辞海中"擅"为专，独揽、自作主张的意思，其中包含主观上积极、主动、故意为之的意愿。《建筑法》第六十一条规定："交付竣工验收的建筑工程，必须符合规定的建筑工程质量标准，有完整的工程技术经济资料和经签署的工程保修书，并具备国家规定的其他竣工条件。建筑工程竣工经验收合格后，方可交付使用；未经验收或者验收不合格的，不得交付使用。"《民法典》第七百九十九条第二款规定："建设工程竣工经验收合格后，方可交付使用；未经验收或者验收不合格的，不得交付使用。"国务院颁布的《建设工程质量管理条例》也做了相应规定。因此，"擅自使用"可以界定为，建设工程未经验收或验收未通知施工单位就开始使用建设工程。至于何种行为构成使用，我国法律法规并没有规定，我们认为可以理解为，构成使用应在一定时间内占用或控制建筑物，如果仅仅偶尔或短时间进入建筑物，不应构成使用。如果偶尔或短时间内进入建筑物对建筑物造成了损害，应按过错责任来追究建设单位的责任。因此，仅仅是进入建筑物摆放床、桌椅并不能构成使用，但如果造成了建筑工程一定的污染或者其他损害，则建设单位应对造成的污染或其他损害承担责任。

参考案例：海南三亚中院（2019）琼 02 民终 296 号“哈尔滨瀚品装饰设计工程有限公司与黑龙江尚氏建筑装饰工程设计有限公司三亚分公司、黑龙江国光建筑装饰工程有限公司等建设工程施工合同纠纷案”。

12.58　发包人在诉讼过程中接管工程是否属于“擅自使用”？

答：发包人在诉讼过程中接管工程不属于“擅自使用”。

理解这一问题首先要明确什么是“擅自使用”。辞海中“擅”为专，独揽、自作主张的意思，其中包含主观上积极、主动、故意为之的意愿。《建筑法》第六十一条规定：“交付竣工验收的建筑工程，必须符合规定的建筑工程质量标准，有完整的工程技术经济资料和经签署的工程保修书，并具备国家规定的其他竣工条件。建筑工程竣工经验收合格后，方可交付使用；未经验收或者验收不合格的，不得交付使用。”《民法典》第七百九十九条第二款规定：“建设工程竣工经验收合格后，方可交付使用；未经验收或者验收不合格的，不得交付使用。”国务院颁布的《建设工程质量管理条例》也作了相应规定。因此，擅自使用可以界定为，建设工程未经验收或验收未通知施工单位就开始使用建设工程。但是，“接管”，则不具有主观上积极、主动、故意为之的意愿。“接管”，从字面上理解，即接收并管理的意思。这里有个交接的过程，乙方交给甲方，甲方收下，收下后进行管理。而擅自使用，则是未征求对方意见便使用，其含义是不一样的。因此，发包人在诉讼过程中接管工程不属于“擅自使用”。

参考案例：最高院（2014）民申字 131 号“四川省泸县建筑安装工程总公司与南阳市侨鑫房地产开发有限公司的建设工程施工合同纠纷案”。

12.59　承包人同意土建工程以外其他工程同时施工，开发商进行必要的水电安装和设备调试，应否视为发包人对涉案工程的接收或提前使用？

答：承包人同意土建工程以外其他工程同时施工，开发商进行必要的水电安装和设备调试，不应视为发包人对涉案工程的接收或提前使用。

辞海中“擅”为专、独揽、自作主张的意思，其中包含主观上积极、主动、故意为之的意愿。《建筑法》第六十一条规定：“交付竣工验收的建筑工程，必须符合规定的建筑工程质量标准，有完整的工程技术经济资料和经签署的工程保修书，并具备国家规定的其他竣工条件。建筑工程竣工经验收合格后，方可交付使用；未经验收或者验收不合格的，不得交付使用。”《民法典》第七百九十九条第二款规定：“建设工程竣工经验收合格后，方可交付使用；未经验收或者验收不合格的，不得交付使用。”国务院颁布的《建设工程质量管理条例》也作了相应规定。因此，擅自使用可以界定为，建设工程未经验收或验收未通知施工单位就开始使用建设工程。但是，承包人同意土建工程以外其他工程同时施工，不是发包人故意为之，因此，承包人同意土建工程以外其他工程同时施工，开发商进行必要的水电安装和设备调试，不应视为发包人对涉案工程的接收或提前使用。

参考案例：江苏高院（2014）苏民终 00350 号“苏州中环集团有限公司与长业建设集团有限公司建设工程施工合同纠纷案”。

12.60 发包人在经承包人同意的情况下使用未经竣工验收的工程，是否构成“擅自使用”？

答：发包人在经承包人同意的情况下使用未经竣工验收的工程，构成“擅自使用”。

组织竣工验收既是发包人的权利也是发包人的义务，是法律赋予其权利和义务，不因承包人同意而剥夺或免除。未经竣工验收不得使用。《建筑法》第六十一条规定：“建筑工程竣工经验收后，方可交付使用；未经验收或者验收不合格的，不得交付使用。”《民法典》第七百九十九条、《建设工程质量管理条例》第十六条亦作了基本相同的规定。由此可见，发包人即便在经承包人同意的情况下使用未经竣工验收的工程，仍然构成“擅自使用”。

《建设工程司法解释（一）》第十四条规定：“建设工程未经竣工验收，发包人擅自使用后，又以使用部分质量不符合约定为由主张权利的，人民法院不予支持；但是承包人应当在建设工程的合理使用寿命内对地基基础工程和主体结构质量承担民事责任。”根据该条规定，发包人“擅自使用未经竣工验收建设工程”后应发生以下三个法律后果。(1) 发包人支付工程价款的条件已经成就。工程竣工验收合格是施工合同中约定的一种常见工程款支付节点，发包人常引用工程未经竣工验收而抗辩工程款支付条件并未成就；在发包人“擅自使用未经竣工验收工程”情形下，其援用该条抗辩将无法获得法院的支持。(2) 已使用部分视为验收合格。因为发包人使用未经验收的工程，其应当预见工程质量可能会存在质量问题，而且使用验收不合格的建筑工程更加直接说明发包人对不合格工程予以认可。随着发包人的提前使用，其工程质量责任风险即由施工单位随之转移给发包人。(3) 已使用部分的工程进入质保期（保修期），不再发生工程竣工前因质量问题而应有的法律后果（如工期延误等）。若该部分工程出现了质量问题，发包人只能通过施工合同中关于建设工程保修的约定条款向承包人主张相关的权利。

参考案例：四川高院（2012）川民终字 65 号“宁夏新大地汽车有限公司与中铁十八局集团建筑安装工程有限公司建设工程施工合同纠纷案”。

12.61 承、发包人施工合同内容主要是土建工程，不包含设备、管线的安装，发包人安装设备、进行试车应否视为涉案工程已交付发包人使用？

答：承、发包人施工合同内容主要是土建工程，不包含设备、管线的安装，发包人安装设备、进行试车应视为涉案工程已交付发包人使用。

工程试车是指工程在竣工时期对设备、电路、管线等系统的试运行，看是否运转正常，是否满足设计及规范要求。一般来说，试车的前提是工程已经交付。根据《最高人民法院关于民事诉讼证据的若干规定》第八十五条关于“审判人员应当依照法定程序，全面、客观地审核证据，依照法律规定，遵循法官职业道德，运用逻辑推理和日常生活经验，对证据有无证明力和证明力的大小独立进行判断，并公开判断的理由和结果”之规定，在承、发包人施工合同内容主要是土建工程，不包含设备、管线的安装，发包人安装设备、进行试车，法官可以运用逻辑推理和日常生活经验，涉案工程已交付发包人使用。

参考案例：最高院（2016）民申3565号“甘肃省庆阳市建筑安装工程有限责任公司与内蒙古白银矿业开发有限责任公司、白银有色集团股份有限公司建设工程施工合同纠纷案”。

12.62 发包人擅自使用涉案工程后认为工程质量存在问题，申请对工程质量进行司法鉴定能否得到人民法院支持？

答：发包人擅自使用涉案工程后认为工程质量存在问题，申请对工程质量进行司法鉴定不能得到人民法院支持。

《建设工程司法解释（一）》第十四条规定：“建设工程未经竣工验收，发包人擅自使用后，又以使用部分质量不符合约定为由主张权利的，人民法院不予支持；但是承包人应当在建设工程的合理使用寿命内对地基基础工程和主体结构质量承担民事责任。”根据上述规定，发包人擅自使用涉案工程的，工程质量的风险已经从承包人转移到发包人，发包人丧失了以工程未经验收合格向承包人主张工程质量责任的权利，故其申请对工程质量进行司法鉴定不能得到人民法院支持。

参考案例：最高院（2016）民终188号“西安天虹电气有限公司、格尔木力腾新能源有限公司与江苏宏大建设集团有限公司与甘肃宏亚建设工程有限公司建设工程施工合同纠纷案”。

12.63 涉案工程质量不合格的事实经鉴定意见确认，发包人未经竣工验收擅自使用，能否主张承包人承担违约责任？

答：涉案工程质量不合格的事实经鉴定意见确认，发包人未经竣工验收擅自使用，不能主张承包人承担违约责任。

《建筑法》第六十一条第二款规定：“建筑工程竣工验收合格后，方可交付使用；未经验收或验收不合格的，不得交付使用。”这是法律对工程交付使用的强制性规定，发包人不得因任何原因擅自使用未经验收或验收不合格的工程。如擅自使用，就应当承担相应的法律后果。《建设工程司法解释（一）》第十四条明确规定：“建设工程未经竣工验收，发包人擅自使用后，又以使用部分质量不符合约定为由主张权利的，人民法院不予支持。”《民法典》第八百零一条规定：“因施工人的原因致使建设工程质量不符合约定的，发包人有权请求施工人在合理期限内无偿修理或者返工、改建。经过修理或者返工、改建后，造成逾期交付的，施工人应当承担违约责任。”根据上述法律规定，涉案工程质量不合格的事实经鉴定意见确认，发包人有权要求承包人在合理期限内无偿修理或者返工、改建。经过修理或者返工、改建后，造成逾期交付的，发包人可以要求承包人承担违约责任，但不能擅自使用。如果发包人未经竣工验收擅自使用，则不能主张承包人承担违约责任。

参考案例：湖南高院（2014）湘民一终字 15 号“湖南恒基房地产开发有限公司与湖南北山建筑股份有限公司建设工程施工合同纠纷案”。

12.64 发包人收到承包人验收申请后未给予答复也未对工程进行验收，承包人能否要求支付剩余工程款？

答：发包人收到承包人验收申请后未给予答复也未对工程进行验收，涉案工程应当视为已竣工，承包人可以要求支付剩余工程款，发包人应向承包人支付剩余工程款。

《建设工程司法解释（一）》第二十一条规定：“当事人约定，发包人收到竣工结算文件后，在约定期限内不予答复，视为认可竣工结算文件的，按照约定处理。承包人请求按照竣工结算文件结算工程价款的，人民法院应予支持。”发包人在收到承包人验收申请后，未给予答复，也未对工程进行验收，案涉工程应当视为已竣工，承包人要求发包人支付剩余工程款，符合法律规定。

参考案例：最高院（2014）民申 413 号“白云山东泰商丘药业有限公司、红旗渠建设集团有限公司建设工程施工合同纠纷案”。

12.65 质量保证金返还期限约定不明，如何确定返还期限？

答：双方当事人对于质保金的返还期限虽未作明确约定，应合行业惯例和行政规章，综合各方的举证情况、过错程度、预期利益损失确定。

参考案例：北京高院（2017）京民申 2160 号“北京爱丽华物业管理有限公司建设工程施工合同纠纷案”。

12.66 发包人擅自使用涉案工程后，又以质量不符合约定为由主张由承包人承担维修费用，但未提供对方拒绝维修和维修的洽谈记录，也未提供自行维修的证据，发包人能否抗辩承包人要求返还保证金的请求？

答：发包人擅自使用涉案工程后，又以质量不符合约定为由主张由承包人承担维修费用，但未提供对方拒绝维修和维修的洽谈记录，也未提供自行维修的证据，承包人要求发包人返还保证金的请求人民法院应予支持。

《建设工程司法解释（一）》第十四条规定：“建设工程未经竣工验收，发包人擅自使用后，又以使用部分质量不符合约定为由主张权利的，人民法院不予支持；但是承包人应当在建设工程的合理使用寿命内对地基基础工程和主体结构质量承担民事责任。”根据此条规定，发包人擅自使用涉案工程后，又以质量不符合约定为由主张由承包人承担维修费用，但未提供对方拒绝维修和维修的洽谈记录，也未提供自行维修的证据，承包人要求发包人返还保证金的请求人民法院应予支持。

参考案例：湖南高院（2014）湘民三终字35号“湖南水总水电建设集团有限公司与江华瑶族自治县大林江水电有限公司建设工程施工合同纠纷案”。

12.67 发包人能否主张质保金的返还期限应与质保期一致？

答：发包人不能主张质保金的返还期限应与质保期一致。

住房和城乡建设部、财政部颁布的《建设工程质量保证金管理办法》第二条规定：“本办法所称建设工程质量保证金（以下简称保证金）是指发包人与承包人在建设工程承包合同中约定，从应付的工程款中预留，用以保证承包人在缺陷责任期内对建设工程出现的缺陷进行维修的资金。缺陷是指建设工程质量不符合工程建设强制性标准、设计文件，以及承包合同的约定。缺陷责任期一般为1年，最长不超过2年，由发、承包双方在合同中约定。”从上述规定来看，建设工程质量保修金和保证金属于相同性质的费用，功能也是相同的。由于质量保修金对应的是质量保修期，而质量保证金对应的是缺陷责任期，导致司法实务中对于保修金或者保证金的返还时间发生争议。我们认为，质量保修期与缺陷责任期是两个不同的概念，质量保修期是指建设工程在正常使用条件下的法定最低保修期限，在此期限内承包人对建设工程出现的质量问题负有保修义务。缺陷责任期是指质量保证金的预留期限，最长为2年，缺陷责任期满，发包人应当将保证金返还给承包人。因两者期限不同，质量保修期长于缺陷责任期。因此，当事人对质量保修金返还期限有约定的，从其约定；没有约定或约定不明的，缺陷责任期满后，发包人应当将质量保修金返还给承包人，即发包人应当自接受建设工程之日起2年内将质量保修金返还给承包人，不能主张质保金的返还期限应与质保期一致。

参考案例：江苏高院（2015）苏民终0267号“河北华隆市政工程有限公司与扬州首开衡泰置业有限公司建设工程施工合同纠纷案”。

12.68 退还保修金时间条款有争议，应当如何解释？

答：退还保修金时间条款有争议，应当结合合同目的、建筑施工行业惯例解释。

参考案例：重庆高院（2013）民终00193号“中建筑第二工程局有限公司与重庆卓越房地产开发有限公司建设工程施工合同纠纷案”；江苏高院（2014）苏民终0031号“四川华西集团有限公司与昆山湖庭实业投资有限公司、冯月明、被上诉人冯月娥、上海乐尚企业管理咨询有限公司、上海雷克赛德园林绿化有限公司建设工程施工合同纠纷案”。

12.69 双方终止权利义务时，发包人是否应当返还质保金？

答：发包人应当返还质保金。双方的权利义务已经终止，在双方办理了结算并且承包人完成工程经鉴定质量合格的前提下，发包人应当支付已完成工程的全部价款。

参考案例：重庆高院（2014）渝民终00381号“重庆申易房地产开发有限公司与四川君羊建设集团有限公司，重庆市南川区风之彩商贸有限公司建设工程施工合同纠纷案”。

12.70 承包人长期留置工程，保修期是否应当相应延长？

答：承包人长期留置工程，保修期应当相应延长。

双方有纠纷，承包人长期留置系争工程。在此之前，系争工程系由承包人实际整体控制，承包人在留置期间对系争工程负有妥善保管、看护的义务，故系争工程在留置期间内发生质量问题的风险亦应由承包人承担。施工方承担保修责任的范围应是在竣工验收后出现的影响实际使用的质量问题，而建设方全面发现、具体提出此类质量问题的客观前提正在于其对于工程的实际占用、使用。因此，承包人长期留置工程，保修期应当相应延长。

参考案例：上海一中院（2010）沪一中民二（民）重字第1号“上海爱尔爱司发动机有限公司诉南通四建集团有限公司建设工程施工合同纠纷案”。

12.71 承包人未尽到瑕疵维修义务且工程还需要继续维修，承包人能否主张返还预留的工程质保金及利息？

答：承包人未尽到瑕疵维修义务且工程还需要继续维修，承包人主张返还预留的工程质保金及利息，于法无据。

瑕疵维修义务是承包人应尽的义务，承包人未尽到瑕疵维修义务且工程还需要继续维修，承包人主张返还预留的工程质保金及利息，于法无据。至于事后质保金如何解决，双方可协商处理，如协商不成可另行起诉。

参考案例：新疆昌吉中院（2017）新23民再14号“阿克苏金新建筑安装有限责任公司乌鲁木齐分公司与河北省第二建筑工程有限公司、神华神东电力新疆准东五彩湾发电有限公司建设工程施工合同纠纷案”。

12.72 未约定保修期限和质保金返还时间，承包人何时可要求返还？

答：未约定保修期限和质保金返还时间，承包人可自结算之日起随时要求要求返还，但应当给予对方必要的准备时间。

《建设工程质量保证金管理办法》第二条规定：“本办法所称建设工程质量保证金（以下简称保证金）是指发包人与承包人在建设工程承包合同中约定，从应付的工程款中预留，用以保证承包人在缺陷责任期内对建设工程出现的缺陷进行维修的资金。缺陷是指建设工程质量不符合工程建设强制性标准、设计文件，以及承包合同的约定。缺陷责任期一般为1年，最长不超过2年，由发、承包双方在合同中约定。”第十条规定：“缺陷责任期内，承包人认真履行合同约定的责任，到期后，承包人向发包人申请返还保证金。”根据上述规定，一般情况下，建设工程的缺陷责任期最长为两年。如果承包方在缺陷责任期内依约履行了合同约定的保修责任，缺陷责任期届满后，承包方可以向发包方申请返还预留的保证金。在此情况下，发包方无正当理由应当及时返还保证金，否则，发包方应当按照同期同类贷款利率或者同期贷款市场报价利率计付利息，并承担违约责任。

参考案例：重庆第一中院（2017）渝01民终1287号“重庆永豪建筑劳务有限公司与江西省弘毅建设集团有限公司、江西省弘毅建设集团有限公司重庆分公司建设工程分包合同纠纷案”。

12.73 合同已经解除，质保金何时退还？

答：建设工程施工合同解除后，不应再按照原合同约定扣除相应的工程质保金。在质保期内工程出现质量问题，建设单位可另行主张权利。

合同解除后合同中约定的质保金条款不再具有约束力，质保金应立即退还。第一，保修义务与质保金两者是分离的。保修义务属于法定的义务，不管合同解除还是合同无效，施工单位均需要承担法定工程质量保修义务；而质保金本质上是保修义务的担保，这种担保并非法定的，系产生于合同中的约定。第二，按照相关法律规定，合同解除后，除合同中清结条款仍然有效，其他条款均解除；质保金条款不属于清结条款，属于担保条款，所以在合同解除前提下，质保金条款当然也就随之解除了。

参考案例：江苏高院（2013）苏民终0230号“中城建第六工程局集团有限公司与苏州东方威尼斯置业有限公司建设工程合同纠纷案”；最高人民法院（2015）民一终字第8号“唐山采宏房地产开发有限公司与北京市第二建筑工程有限责任公司建设工程施工合同纠纷案”。

12.74 工程保修保证金应以合同价还是以合同价加上经济签证确定的工程款为基数进行计算？

答：工程保修保证金应以合同价加上经济签证确定的工程款为基数进行计算。

住房和城乡建设部、财政部制定的《建设工程质量保证金管理办法》第二条规定：“本办法所称建设工程质量保证金（以下简称保证金）是指发包人与承包人在建设工程承包合同中约定，从应付的工程款中预留，用以保证承包人在缺陷责任期内对建设工程出现的缺陷进行维修的资金。缺陷是指建设工程质量不符合工程建设强制性标准、设计文件，以及承包合同的约定。缺陷责任期一般为1年，最长不超过2年，由发、承包双方在合同中约定。”依据该规定，保修金亦是从应付的工程款中预留，故以合同价加上经济签证确定的工程价款为基础计算保修保证金理由成立，仅以合同价款确认保修保证金不当。

参考案例：新疆建设兵团第十二师中级人民法院（2014）兵十二民一终字9号“新疆生产建设兵团建设工程集团第一建筑安装工程有限责任公司与乌鲁木齐威特威能工程技术有限公司建设工程施工合同纠纷案”。

12.75 甲供材料款应否计入质保金计算范围？

答：质保金计算基数通常要扣除甲供材料款，但是，双方约定质保金按照总工程款比例扣留，甲供材料款应计入质保金计算范围。因为甲供材料款为总工程款的组成部分，所以，双方约定质保金按照总工程款比例扣留，甲供材料款应计入质保金计算范围。

参考案例：四川高院（2014）川民终字493号“四川天福房地产开发有限公司与四川省第四建筑工程公司、成都长信房地产开发公司建设工程施工合同纠纷案”。

12.76 合同中约定质保金银行利率为无，发包人逾期返还质保金，承包人能否主张利息，利息从何时计算？

答：合同中约定质保金银行利率为无，发包人逾期返还质保金，承包人可以主张利息，利息从质保期满时开始计算。

工程质保金即质量保修金，是建设工程施工合同中双方约定按工程结算价款总额乘以合同约定的比例，由建设单位从施工企业工程计量拨款中扣留的资金，其性质是特定化的工程款，是建设单位待付的工程款的组成部分。《建设工程司法解释（一）》第二十七条规定：“利息从应付工程价款之日开始计付。当事人对付款时间没有约定或者约定不明的，下列时间视为应付款时间：（一）建设工程已实际交付的，为交付之日；（二）建设工程没有交付的，为提交竣工结算文件之日；（三）建设工程未交付，工程价款也未结算的，为当事人起诉之日。”第二十六条规定：“当事人对欠付工程价款利息计付标准有约定的，按照约定处理。没有约定的，按照同期同类贷款利率或者同期贷款市场报价利率计息。”据此，尽管合同中约定质保金银行利率为无，但发包人逾期返还质保金，承包人可以就逾期的款项主张利息，利息质保期满时开始计算。

参考案例：新疆高院（2015）新民一终字19号“新疆生产建设兵团建设工程（集团）有限责任公司与新疆万豪房地产开发有限公司建设工程施工合同纠纷案”。

12.77 固定总价合同变更与增项部分的造价未扣除质保金，工程变更项出现质量问题，发包人如何主张权利？

答：固定总价合同变更与增项部分的造价未扣除质保金，工程变更项出现质量问题，发包人可以另行起诉主张权利。

双方签订的施工合同属于固定总价合同，合同约定预留合同总价款的一定比例作为质保金。人民法院在确定发包人应给付的工程款数额时，根据合同的约定仅对合同内价款扣除了约定比例的质保金，对变更与增项部分的造价未扣除约定比例的质保金，并不违反合同约定。质保金的作用是对工程质量的担保，若工程变更项出现质量问题，发包人可另行起诉主张权利。

参考案例：最高院（2015）民申253号“天津市津南区八里台镇大孙庄村村民委员会与福建省永泰建筑工程公司建设工程施工合同纠纷案”。

12.78 工程交付后，发包人未就工程质量问题提出异议，也未提交涉案工程质量维修证据，能否要求承包人支付工程维修费用？

答：工程交付后，发包人未就工程质量问题提出异议，也未提交涉案工程质量维修证据，不能要求承包人支付工程维修费用。

《民事诉讼法》第六十四条规定：“当事人对自己提出的主张，有责任提供证据。”《民事诉讼法司法解释》第九十条规定：“当事人对自己提出的诉讼请求所依据的事实或者反驳对方诉讼请求所依据的事实，应当提供证据加以证明。”根据上述法律规定，工程交付后，发包人未就工程质量问题提出异议，也未提交涉案工程质量维修证据，不能要求承包人支付工程维修费用。

参考案例：安徽高院（2013）皖民四终字00087号“黄山市阳山坞农家乐有限公司与潘某建设工程施工合同纠纷案”。

12.79 发包人不能举证证明自己事先通知承包人进行维修，能否要求承包人支付其代为支付的维修金？

答：发包人不能举证证明自己事先通知承包人进行维修，不能要求承包人支付其代为支付的维修金。

《房屋建筑工程质量保修办法》第九条规定：“房屋建筑工程在保修期限内出现质量缺陷，建设单位或房屋建筑所有人应当向施工单位发出保修通知。施工单位在接到保修通知后，应当到现场核查情况，在保修书约定的时间内予以保修。”第十二条规定：“施工单位不按工程质量保修书约定保修的，建设单位可以另行委托其他单位保修，由原施工单位承担相应责任。”质量保修须履行一定的法律程序，在工程出现质量问题后，首先发包人应通知承包人，承包人到现场进行核查，确定保修时间和保修方案。根据上述规定可知，通知是发包人的义务，发包人在未履行通知义务的情况下，擅自委托第三方进行保修，要承担不利的法律后果。因此，发包人不能举证证明自己事先通知承包人进行维修，不能要求承包人支付其代为支付的维修金。

参考案例：最高院（2014）民申字643号“南昌市东方蓝桥企业管理有限公司与上海

浦东国际工程有限公司、万坚建设工程施工合同纠纷案”。

12.80 发包人擅自使用未组织竣工验收的工程，但工程涉及地基基础和主体结构质量问题，能否要求承包人承担维修费用？

答：发包人擅自使用未组织竣工验收的工程，但工程涉及地基基础和主体结构质量问题，发包人只能要求承包人承担地基基础和主体结构质量问题的维修费用，不能要求承包人承担其他维修费用。

《建设工程司法解释（一）》第十四条规定：“建设工程未经竣工验收，发包人擅自使用后，又以使用部分质量不符合约定为由主张权利的，人民法院不予支持；但是承包人应当在建设工程的合理使用寿命内对地基基础工程和主体结构质量承担民事责任。”根据此条规定，发包人擅自使用未组织竣工验收的工程，但工程涉及地基基础和主体结构质量问题，发包人只能要求承包人承担地基基础和主体结构质量问题的维修费用，不能要求承包人承担其他维修费用。

参考案例：黑龙江高院（2015）黑民终字 66 号“黑龙江省龙一房地产开发有限责任公司与哈尔滨市第六建筑工程公司建设工程施工合同纠纷案”。

12.81 承包人在收到发包人要求对工程质量问题进行整改的函件后，承包人未进行维修也未对工程质量瑕疵进行清点或证据保全，发包人委托第三人维修，承包人能否主张维修费用不合理？

答：承包人在收到发包人要求对工程质量问题进行整改的函件后，承包人未进行维修也未对工程质量瑕疵进行清点或证据保全，发包人委托第三人维修，因承包人没有提供证据证明维修费用不合理，故不能主张维修费用不合理。

依法成立的合同，对当事人具有法律约束力。双方对涉案工程质量保修的相关内容进行了约定。涉案工程完工后，发包人发出工程质量问题进行整改的函，告知承包人涉案工程存在质量问题，并委托公证处对涉案工程的质量瑕疵进行了证据保全。涉案工程在出现质量问题后，承包人依法应当履行保修义务。但承包人在收到发包人要求对工程质量问题进行整改的函件后，并未对涉案工程履行维修整改的义务，亦未提供证据证明工程质量因设计缺陷产生。发包人将涉案工程的保修事项委托给第三方进行维修整改所产生的费用实际发生，承包人亦未提供相应的证据证明发生的维修整改费用不合理，故该费用理应由其承担，不能再主张维修费用不合理。

参考案例：最高院（2012）民申字 404 号“福建径坊建造工程有限公司与厦门经济特区房地产开发集团有限公司建设工程施工合同纠纷案”。

12.82 工程竣工验收合格是否当然导致修复责任的免除？

答：工程竣工验收合格并不当然导致修复责任的免除。

《建设工程价款结算办法》第十九条规定："发包人对工程质量有异议，已竣工验收或已竣工未验收但实际投入使用的工程，其质量争议按该工程保修合同执行……"发包人已经接收并实际使用案涉工程，工程中所出现质量问题应当通过保修条款予以解决，工程竣工验收合格并不当然导致修复责任的免除。

参考案例：最高院（2014）民提字00015号"长春永信集团汽车贸易有限公司与四川星星建设集团有限公司建设工程施工合同纠纷案"。

12.83 在建筑的合理使用寿命期间，工程的主体结构、屋顶及墙面因不符合设计要求而出现的质量问题，承包人应承担什么样的责任？

答：在建筑的合理使用寿命期间，工程的主体结构、屋顶及墙面因不符合设计要求而出现的质量问题，承包人应承担质量责任并负责修复义务。

双方合同约定，属于保修范围和内容的项目，承包人应在接到修理通知之日后7天内派人修理。承包人不在约定期限内派人修理，发包人可委托其他人员修理，保修费用从质量保修金里扣除。质量检测中心出具的工程主体结构部分达不到设计要求需进行加固、补强处理的鉴定结论，承包人工程质量未达到设计要求，涉案工程虽已通过竣工验收并交付使用，但《建筑法》第五十八条规定："建筑施工企业应对工程的施工质量负责。建筑施工企业必须按照工程设计图纸和施工技术标准施工，不得偷工减料。工程设计的修改由原设计单位负责，建筑施工企业不得擅自修改工程设计。"第六十条规定："建筑物在合理使用寿命内，必须确保地基基础工程和主体结构的质量。建筑工程竣工时，屋顶、墙面不得留有渗漏、开裂等质量缺陷；对已发现的质量缺陷，建筑施工企业应当修复。"《建设工程质量管理条例》第40条规定："基础设施工程、房屋建筑的地基基础工程和主体结构工程的最低保修年限，为设计文件规定的该工程的合理使用年限。"根据上述法律法规之规定，在建筑物的合理使用寿命期间内，工程的主体结构、屋顶及墙面因不符合设计要求而出现的渗漏和开裂等质量问题，承包方仍应承担质量责任，并负有全部修复义务。

参考案例：最高院（2011）民申987号"江苏南通三建集团有限公司与莱州市开发建设总公司建设工程质量纠纷案"。

12.84 房屋产权的变更是否影响发包人向承包人主张工程质量问题的权利？

答：房屋产权的变更不影响发包人向承包人主张工程质量问题的权利。

《建设工程司法解释（一）》第十二条规定："因承包人的过错造成建设工程质量不符

合约定，承包人拒绝修理、返工或者改建，发包人请求减少支付工程价款的，人民法院应予支持。”《建筑法》第六十条规定：“建筑物在合理使用寿命内，必须确保地基基础工程和主体结构的质量。建筑工程竣工时，屋顶、墙面不得留有渗漏、开裂等质量缺陷；对已发现的质量缺陷，建筑施工企业应当修复。”《房屋建筑工程质量保修办法》第三条规定：“本办法所称房屋建筑工程质量保修，是指对房屋建筑工程验收后在保修期限内出现的质量缺陷，予以修复。本办法所称质量缺陷，是指房屋建筑工程的质量不符合工程建设强制性标准以及合同的约定。”《建设工程质量管理条例》第四十一条规定：“建设工程在保修范围和保修期限内发生质量问题的，施工单位应当履行保修义务，并对造成的损失承担赔偿责任。”《民法典》第八百零一条规定：“因施工人的原因致使建设工程质量不符合约定的，发包人有权请求施工人在合理期限内无偿修理或者返工、改建。经过修理或者返工、改建后，造成逾期交付的，施工人应当承担违约责任。”《民法典》第五百七十七条规定：“当事人一方不履行合同义务或者履行合同义务不符合约定的，应当承担继续履行、采取补救措施或者赔偿损失等违约责任。”上述规定，没有规定房屋产权的变更承包人可以免除质量问题的维修义务，故房屋产权的变更不影响发包人向承包人主张工程质量问题的权利。

参考案例：最高院（2011）民申字987号“江苏南通三建集团有限公司与莱州市开发建设总公司建设工程质量纠纷再审审案”；吉林高院（2014）吉民一终字第44号“临江市广宇建筑工程有限公司与白山市永泰房地产开发有限公司、王新印建设工程施工合同纠纷案”；浙江高院（2016）浙民终149号“上海三航奔腾建设工程有限公司与舟山阿尔法游艇俱乐部发展有限公司船坞、码头建造合同纠纷案”。

12.85 工程多次整改的费用如何承担？

答：发包人对工程同一项质量问题多次要求进行整改，采取的措施不当，对不当产生的费用由发包人承担，承包人只承担最后一次全面整改费用中因自身过错应当承担的部分。

建筑工程整改，就是在某个构件或者是某个施工部位、安全防护设施，没有达到相关设计、规范要求，然后监理或者甲方、质检站要求施工单位对此类部位进行改正、修补或者是重做。对于修复次数《建设工程司法解释（一）》并没有严格的限制，所以从理论上讲修复多少次都是可以的。但是在工程实务中，一般来说如果工程是可以修复的，并且具有合理的修复方案，施工单位只要按照修复方案整改，一般都是可以修复的，很少会出现工程经几次修复后质量仍然不合格的情况。《建设工程司法解释（一）》第十三条规定：“发包人具有下列情形之一，造成建设工程质量缺陷，应当承担过错责任：（一）提供的设计有缺陷；（二）提供或者指定购买的建筑材料、建筑构配件、设备不符合强制性标准；（三）直接指定分包人分包专业工程。承包人有过错的，也应当承担相应的过错责任。”根据此条规定，如果多次整改有发包人的过错，发包人也应当承担相应责任。故发包人对工程同一项质量问题多次要求进行整改，采取的措施不当，对不当产生的费用由发包人承担，承包人只最后一次全面整改费用中因自身过错应当承担的部分。

参考案例：湖南高院（2014）湘民一终字50号“周志明与湖南星沙建筑有限公司、

湖南省大同房地产开发有限公司、第三人张安民建设工程施工合同纠纷案”。

12.86　施工人无资质情况下维修费用如何承担?

答：发包人要求无资质的施工人承担维修责任无法律依据，而是应当由具有资质的承包人承担维修费用。

《建筑法》规定，承包建筑工程的单位和从事建筑活动的建筑施工企业以及从事建筑活动的专业技术人员，必须取得相应的执业资格证书，并只能在执业资格证书许可的范围内从事建筑活动。对发包单位将工程发包给不具有相应资质条件的承包单位和未取得资质证书承揽工程的，该法第65条也作出了相应的罚则，即“发包单位将工程发包给不具有相应资质条件的承包单位的，或者违反本法规定将建筑工程肢解发包的，责令改正，处以罚款……未取得资质证书承揽工程的，予以取缔，并处罚款；有违法所得的，予以没收。”《建设工程施司法解释（一）》第一条规定，没有资质的实际施工人借用有资质的建筑施工企业名义与他人签订建设工程施工合同的行为无效。在建设工程施工合同被确认无效后，合同关系不复存在，对当事人不再具有任何拘束力，但发包人与合法承包人的合同有效，承包人仍应在《建设工程质量管理条例》第四十条规定的最低保修期限内承担法定的保修责任。如果施工人无资质或施工合同是由于承包人没有相应的资质而被确认无效的，则不能再由无资质施工人或无资质承包人自己来承担质量瑕疵的维修义务。所以，发包人要求无资质的施工人承担维修责任无法律依据，而是应由具有资质的承包人承担维修费用。

参考案例：浙江衢州中院（2013）浙衢民终653号“衢州市柯城区恒进金属构件厂、杜荣富与刘志明建设工程施工合同纠纷案”。

12.87　转包人与实际施工人之间维修责任及费用有约定如何承担?

答：转包人与实际施工人之间维修责任及费用有约定不违反法律法规的禁止性规定应当遵守。如果施工人不予以维修，承包人可以先维修再向实际施工人追偿。

案涉工程是经过验收合格的工程，并交付使用。承包人提交的关于工程质量方面的证据所证明的内容为工程交付使用后需要维修的一般性事项，一般性事项缺陷责任期最长为2年，但缺陷责任期不等于质量保修期。缺陷责任期指建设工程质量不符合工程建设强制性标准、设计文件，以及承包合同的约定。缺陷责任期一般为1年，最长不超过2年，具体由发承包双方在合同中约定。质量保证期则因工程的不同而不同。《建设工程质量管理条例》第四十条规定：“在正常使用条件下，建设工程质量的最低保修期限为：（一）基础设施工程、房屋建筑的地基基础工程和主体结构工程，为设计文件规定的该工程的合理使用年限；（二）房屋防水工程、有防水要求的卫生间、房间和外墙面的防渗漏，为5年；（三）供热和供冷系统，为2个采暖期、供冷期；（四）电气管线、给水排水管道、设备安装和装修工程，为2年。其他项目的保修期限由发包方和承包方约定，最长为2年。建设工程的保修期，自竣工验收合格之日起计算。”上述规定只是对建设工程的最低保修期限所作的规定。在上述期限内对于工程交付使用过程中存在的问题，施工人应承担保修义务。根据《建设工程司法解释（一）》第十四条规定，承包人应当在建设工程的合理使用寿命内对地基基础工程和主体结构质量承担民事责任。按照该规定，在建设工程的合理使用寿命内对地基基础工程和主体结构质量承担民事责任，是施工人的法定民事责任。由于承包人与实际施工人之间存在工程转包关系，对于在工程保修期内的保修事项两者均有保修义务，但在最终的保修责任承担方面两者可以协商约定确定由谁来承担。该约定并不违反法律法规的禁止性规定，应当遵守。如果施工人不予以维修，承包人可以先维修再向实际施工人追偿。

参考案例：青海高院（2017）青民申 103 号“青海首信建设工程有限公司同德分公司与王进荣建设工程施工合同纠纷案”。

12.88 工程维修费用应在何时扣除，能否在未付工程款中予以扣除？

答：工程维修费用应在保证期满结算质量保证金时扣除，不能在未付工程款中予以扣除。

《建设工程司法解释（一）》第十七条规定：“有下列情形之一，承包人请求发包人返还工程质量保证金的，人民法院应予支持：（一）当事人约定的工程质量保证金返还期限届满。（二）当事人未约定工程质量保证金返还期限的，自建设工程通过竣工验收之日起满二年。（三）因发包人原因建设工程未按约定期限进行竣工验收的，自承包人提交工程竣工验收报告九十日后起当事人约定的工程质量保证金返还期限届满；当事人未约定工程质量保证金返还期限的，自承包人提交工程竣工验收报告九十日后起满二年。”《建设工程质量保证金管理办法》第二条规定：“本办法所称建设工程质量保证金（以下简称保证金）是指发包人与承包人在建设工程承包合同中约定，从应付的工程款中预留，用以保证承包人在缺陷责任期内对建设工程出现的缺陷进行维修的资金。缺陷是指建设工程质量不符合工程建设强制性标准、设计文件，以及承包合同的约定。缺陷责任期一般为 1 年，最长不超过 2 年，由发、承包双方在合同中约定。”《建设工程质量保证金管理办法》第十条规定：“缺陷责任期内，承包人认真履行合同约定的责任，到期后，承包人向发包人申请返还保证金。”根据上述规定，工程维修费用应在保证期满结算质量保证金时扣除，不能在未付工程款中予以扣除。

参考案例：最高院（2019）民终 557 号“四川省第一建筑工程有限公司、昭通市泰斗房地产开发经营有限公司建设工程施工合同纠纷案”；宁夏高院（2011）宁民终字第 20 号“四建公司与六盘山公司建设工程施工纠纷案”；河北高院（2013）冀民一终字 31 号“河北新鹏基建设有限公司与邢台市恒昌房地产开发有限公司建设工程施工合同纠纷案”。

12.89 涉案设备在验收合格、交付前发生事故，责任在谁？

答：涉案设备在验收合格、交付前发生事故，如果承包人不能就其主张的免责或减轻其责任的事由举证，则承包人应承担事故责任。

参考案例：最高院（2015）（2015）民申字第 1489 号“建业庆松集团有限公司、江西江锂科技有限公司与建业庆松集团有限公司、江西江锂科技有限公司等建设工程施工合同纠纷案”。

12.90 承包人对鉴定机构出具的检测报告的真实性和关联性提出质疑，但未提交证据予以反驳，人民法院是否应采信检测报告？

答：承包人对鉴定机构出具的检测报告的真实性和关联性提出质疑，但未提交证据予以反驳，人民法院应采信检测报告。

《建设工程质量管理条例》第二十六条第一款规定：施工单位对建设工程施工质量负责。对于验收合格并交付使用的工程，施工单位应当按照《建设工程质量管理条例》的规定对涉诉工程具有保修义务，也就是说自该工程竣工验收后合格后，在保修范围和保修期限内发生质量问题，施工单位应当承担保修义务，并对造成的损失承担赔偿责任。根据鉴定机构出具的鉴定意见证实，涉诉工程因未按设计要求施工，主体结构存在严重质量问题和安全隐患。施工人，未按照设计要求施工，导致工程出现质量问题，且质量问题产生的时间尚在工程质量保修期内，故施工单位应当承担相应的责任。施工单位称，该鉴定机构不属于司法鉴定机构，不具备工程质量检测资质，其出具的检测报告不能作为定案依据。该鉴定机构系行政机关核准的具有工程质量检测资质的鉴定机构，鉴定人员也具备相应的从业资质，故该机构出具的检测报告具备合法性。施工单位对检测报告的真实性和关联性提出质疑，但其未提交证据予以反驳，人民法院判决将鉴定机构出具的检测报告作为证据采信并无不当。

参考案例：最高院（2014）民申字 1101 号“拉萨地方建筑工程有限公司与中信那曲大酒店建设工程施工合同纠纷案”。

12.91 仅有会议纪要，没有第三方资质鉴定机构作出结论予以证实，发包人能否要求施工人承担质量赔偿责任？

答：会议纪要不是权威机构认定的结论性文书，质量事故是否由于施工不当造成，仅有会议纪要，没有第三方有资质鉴定机构作出结论予以证实，发包人不能要求施工人承担质量赔偿责任。

“会议纪要”无非是协商的会议记录，所以，根本无法上升到法规、规章的高度，就连规范性文件也不是，更不要说上升到法律的地位了，也不是权威机构的结论性文件，那么，它就没有可以和法律、法规、规章抗衡的力量，也不具有结论性文件的效力。因此，仅有会议纪要，没有第三方有资质鉴定机构作出结论予以证实，发包人不能要求施工人承担质量赔偿责任。

参考案例：广东清远中院（2013）清中民三终字 155 号“中国十七冶集团城建工程技

术公司与安徽安泰建设工程有限公司、杨春洪建设工程施工合同纠纷案”。

12.92 工程已经竣工验收合格，发包人未就工程质量问题提起反诉，其能否以质量问题要求承包人承担责任？

答：工程已经竣工验收合格，发包人未就工程质量问题提起反诉，亦未提供证据证明案涉工程存在质量问题，不能以质量问题要求承包人承担责任。

参考案例：河北高院（2014）冀民一终字70号“耐斯公司与保定市鸿志建筑安装有限公司建设工程施工合同纠纷二审案”。

12.93 施工合同无效，工程也未竣工验收，但发包人取得该工程后将工程转让给第三人，并由第三人办理了相关产权证书，能否视为工程竣工验收合格？

答：施工合同无效，工程也未竣工验收，但发包人取得该工程后将工程转让给第三人，并由第三人办理了相关产权证书，应视为工程竣工验收合格。

《民法典》第七百九十三条规定：“建设工程施工合同无效，但建设工程经竣工验收合格的，可以参照合同关于工程价款的约定折价补偿承包人。”《建设工程司法解释（一）》第十四条规定：“建设工程未经竣工验收，发包人擅自使用的，以转移占有建设工程之日为竣工日期。”根据该条规定，发包人取得该工程后将案涉工程转让给第三人并办理了相关产权证书，应视为工程竣工验收合格。

参考案例：最高院（2016）民再270号“长春北方建筑工程公司、翟淑芹等建设工程施工合同纠纷案”。

12.94 发包人一审提交工程质量鉴定申请后又撤回申请，并在听证中确认对工程质量不再提出异议，之后能否再主张工程质量不合格？

答：发包人一审提交工程质量鉴定申请后又撤回申请，并在听证中确认对工程质量不再提出异议，之后不能再主张工程质量不合格。

发包人与承包人办理退场交接时未提出建设工程质量不合格，案涉工程发包人向一审法院提交工程质量鉴定申请后又撤回申请，并在一审法院组织听证中确认对工程质量不再提出异议，之后其又提出案涉工程施工质量不合格，有违诚信原则。故对其关于案涉工程质量不合格的主张，不能成立。

参考案例：最高院（2017）民终20号“连云港市远通房地产开发有限公司、江苏南通二建集团有限公司建设工程施工合同纠纷案”。

12.95 施工图纸通过了审图机构的审查是否可以免除因施工图纸存在瑕疵的责任？

答：施工图纸通过了审图机构的审查不能免除因施工图纸存在瑕疵的责任。

《民法典》第七百八十八条规定："建设工程合同包括工程勘察、设计、施工合同。"根据《建设工程勘察设计管理条例》《建设工程质量管理条例》《房屋建筑和市政基础设施工程施工图设计文件审查管理办法》的规定，建筑勘察、设计、施工图纸等文件须经审查合格后方可使用。据此，在没有相反证据的情况下，施工图纸通过相关机构审查并备案，可以推定为设计合格。但案涉鉴定意见认定因设计单位的原因，房屋结构体系存在缺陷，对房屋抗震不利，是导致房屋受损的原因之一，人民法院依据鉴定意见认定设计单位负有设计责任，并无不当。《房屋建筑和市政基础设施工程施工图设计文件审查管理办法》虽规定了审查机构的责任，但并未据此免除设计单位因施工图纸存在瑕疵而应承担的相应责任。故，施工图纸通过了审图机构的审查不能免除因施工图纸存在瑕疵的责任。

参考案例：最高院（2016）民申3533号"德宏州腾达房地产开发有限公司与保山市科丹建筑设计有限公司、云南建工第五建设有限公司等建设工程合同纠纷案"。

12.96 分包工程质量不合格，责任如何承担？

答：根据《建筑法》《民法典》《建设工程质量管理条例》的相关规定，分包质量不合格，承包人和分包人要承担连带责任。《建筑法》第二十九条第二款规定："建筑工程总承包单位按照总承包合同的约定对建设单位负责；分包单位按照分包合同的约定对总承包单位负责。总承包单位和分包单位就分包工程对建设单位承担连带责任。"《民法典》第七百九十一条第二款规定："总承包人或者勘察、设计、施工承包人经发包人同意，可以将自己承包的部分工作交由第三人完成。第三人就其完成的工作成果与总承包人或者勘察、设计、施工承包人向发包人承担连带责任。"《建设工程质量管理条例》第二十七条规定："总承包单位依法将建设工程分包给其他单位的，分包单位应当按照分包合同的约定对其分包工程的质量向总承包单位负责，总承包单位与分包单位对分包工程的质量承担连带责任。"根据上述法律、法规和规章的规定，分包工程质量不符合要求的，分包人与承包人就质量问题向发包人承担连带责任。

参考案例：辽宁辽源中院（2015）辽民三终字第11号"吉林省盛禾粮油有限责任公司与辽源市兴和建筑有限责任公司建设工程施工合同纠纷案"。

12.97 发包人未提前交付地质勘察报告，因特殊地质条件导致的工程质量问题，责任由谁承担？

答：发包人未提前交付地质勘察报告，因特殊地质条件导致的工程质量问题，责任由发包人承担。

《建设工程质量管理条例》第五条规定：从事建设工程活动，必须严格执行基本建设程序，坚持先勘察、后设计、再施工的原则；第十一条规定，施工图设计文件审查的具体办法，由国务院建设行政主管部门、国务院其他有关部门制定。施工图设计文件未经审查批准的，不得使用。案涉工程质量问题产生原因主要是基于当地特殊地质。根据《建设工程质量管理条例》要求，在基本建设的规定程序中，与工程质量的形成关系密切的是勘察、设计、施工三个阶段。勘察工作为设计提供地质、水文等情况，给出地基承载力。勘察成果文件是设计工作的基础资料，设计单位据此确定选用的结构形式，进行地基基础设计，向施工单位提供施工图，施工单位按图施工。发包人在招标投标过程中并未能提供证据证明曾提供岩土工程详细勘察报告，给工程质量事故的发生造成隐患，发包人应当对此承担责任。

参考案例：最高院（2012）民提字 320 号“海擎重工机械有限公司与江苏中兴建设有限公司、中国建设银行股份有限公司泰兴支行建设工程施工合同纠纷案”。

12.98 建设工程未获优质奖，责任如何承担？

答：具体要看合同约定，建设工程未获优质奖的原因是谁的过错，就由谁承担违约责任。

参考案例：最高院（2014）民抗 80 号“福建章诚隆建设工程有限公司、厦门经济特区房地产开发集团有限公司等与福建章诚隆建设工程有限公司、厦门经济特区房地产开发集团有限公司建设工程施工合同纠纷案”；江西高院（2014）赣民一终字 129 号“长业建设集团有限公司与江西佳卓投资管理发展集团有限公司、丁建平建设工程施工合同纠纷案”；山东高院（2014）鲁民一终字 50 号“山东聊建集团有限公司与山东省聊城市中巨赛达房地产开发有限公司建设工程施工合同纠纷案”；江西高院（2014）赣民一终字 074 号“周华良与赣州永德泰置业有限公司等建设工程施工合同纠纷案”。

12.99 一审、二审均未提出质量奖的诉讼请求，重审二审提出能否得到支持？

答：一审、二审和重审一审均未提出质量奖的诉讼请求，重审二审提出，得不到人民法院的支持。

12.100 承包人未经发包人同意对工程组织验收，质检部门对该工程出具的验收报告及工程优良证书是否有效？

答：承包人未经发包人同意对工程组织验收，侵害了发包人工程验收权利，质检部门对该工程出具的验收报告及工程优良证书不具有相应的法律效力。

《民法典》第七百八十八条规定：“建设工程合同是承包人进行工程建设，发包人支付价款的合同。”《民法典》第七百九十九条规定：“建设工程竣工后，发包人应当根据施工图纸及说明书、国家颁发的施工验收规范和质量检验标准及时进行验收。验收合格的，发包人应当按照约定支付价款，并接收该建设工程。”《建设工程质量管理条例》十六条规定：“建设单位收到建设工程竣工报告后，应当组织设计、施工、工程监理等有关单位进行竣工验收。”上述法律法规表明，竣工验收既是发包人的权利也是发包人的义务，发包人对建设工程组织验收是建设工程通过竣工验收的必经程序。所以承包人未经发包人同意对工程组织验收，侵害了发包人工程验收权利，质检部门对该工程出具的验收报告及工程优良证书不具有相应的法律效力。

参考案例：最高院（2010）民提字210号“威海市鲸园建筑有限公司与威海市福利企业服务公司、威海市盛发贸易有限公司拖欠建筑工程款纠纷案”。

12.101 发包人收到承包人验收申请后，未给予答复，也未对工程进行验收，案涉工程是否视为已竣工？

答：发包人收到承包人验收申请后，未给予答复，也未对工程进行验收，案涉工程应当视为已竣工。

《建设工程司法解释（一）》第九条第（二）项规定：“承包人已经提交竣工验收报告，发包人拖延验收的，以承包人提交验收报告之日为竣工日期”。根据此条规定，发包人收到承包人验收申请后，未给予答复，也未对工程进行验收，案涉工程应当视为已竣工。承包人要求发包人支付剩余工程款，人民法院应当支持。

参考案例：最高院（2017）民申1413号“白云山东泰商丘药业有限公司、红旗渠建设集团有限公司建设工程施工合同纠纷再审案”。

12.102 发包人已实际使用涉案工程，能否以质量问题为由暂不支付工程款？

答：发包人已实际使用涉案工程，除地基基础工程和主体结构质量外，不能以质量问题为由暂不支付工程款。

《建设工程司法解释（一）》第十四条规定：“建设工程未经竣工验收，发包人擅自使用后，又以使用部分质量不符合约定为由主张权利的，人民院不予支持；但是承包人应当在建设工程的合理使用寿命内对地基基础工程和主体结构质量承担民事责任。”根据此条规定，发包人已实际使用涉案工程，除地基基础工程和主体结构质量外，不能以质量问题为由暂不支付工程款。

参考案例：最高院（2015）民申字1807号“湖北凯乐光电有限公司、湖南鑫成建设有限责任公司与湖北凯乐光电有限公司、湖南鑫成建设有限责任公司建设工程施工合同纠纷案”。

12.103 发包人已签署工程质量合格意见，能否再以质量不合格为由申请工程质量鉴定？

答：发包人已签署工程质量合格意见，不能再以质量不合格为由申请工程质量鉴定。

发包人已签署工程质量合格意见应视为其放弃以工程质量问题为由的抗辩权，其再以工程质量不合格为由抗辩不予给付工程款并申请工程质量鉴定是一种出尔反尔的不诚信的行为，人民法院不会支持其抗辩观点，故发包人已签署工程质量合格意见后不能再以质量不合格为由申请工程质量鉴定。

参考案例：江苏高院（2013）苏民终0230号“中城建第六工程局集团有限公司与苏州东方威尼斯置业有限公司建设工程合同纠纷案”。

12.104 建设工程质量不合格未履行修复义务前实际施工人能否主张支付工程款？

答：建设工程质量不合格未履行修复义务前实际施工人不能主张支付工程款。

《民法典》第七百九十三条第二款规定：“建设工程施工合同无效，且建设工程经竣工验收不合格的，按照以下情形分别处理：（一）修复后的建设工程经竣工验收合格，发包人可以请求承包人承担修复费用的；（二）修复后的建设工程经竣工验收不合格，承包人无权请求支付工程价款的。发包人对因建设工程不合格造成的损失发包人有过错的，应当承担相应的责任。”根据上述规定，能否主张发包人支付工程款要根据修复后的情况而定，在未履行修复义务前不能主张发包人支付工程款，只有修复验收合格后才能主张工程款。

参考案例：德州中院（2013）德中民终441号“杨李与德州金月生化有限公司建设工程施工合同纠纷案”。

12.105 工程总承包模式下工程质量缺陷标准如何认定？

答：《建筑法》第五十五条规定：“建筑工程实行总承包的，工程质量由工程总承包单位负责，总承包单位将建筑工程分包给其他单位的，应当对分包工程的质量与分包单位承担连带责任。分包单位应当接受总承包单位的质量管理。”

工程总承包模式下，工程质量要求是传统模式下设计、施工质量要求基础上做的延伸，因此除了涵盖传统模式下设计、施工质量要求外，还包括工程项目的功能和性能要求。这里的功能是指使用功能，即能达到发包人对于该建筑项目的使用目的。这里的性能是指性能保证指标，包括产能性能指标、环保性能指标和安全性能指标等。根据《民法典》第五百一十一条的相关规定，结合建设工程特点，工程总承包模式下工程质量缺陷标准拟从是否“满足六个要求”来认定：（1）是否满足设计文件要求；（2）是否满足施工任务书（技术标准）的要求；（3）是否满足合同约定或发包人的要求；（4）是否满足工程项目功能和性能要求；（5）是否满足建设工程强制性标准的要求；（6）是否满足法律法规强制性规定的要求。如果能够满足上述“六个要求”，则不构成质量缺陷，否则便构成质量缺陷。

参考案例：最高院（2017）民终175号“江苏省第一建筑安装集团股份有限公司与唐山市昌隆房地产开发有限公司建设工程施工合同纠纷案”。

12.106 设计成果文件质量缺陷如何认定?

答:判断一项设计成果文件是否存在质量缺陷,一般可以从以下四个方面进行考虑:

1. 设计成果是否符合设计深度的要求。

所谓设计深度,是指设计图纸所要达到的深浅程度。建设工程设计是指对建设工程所需的技术、质量、经济、资源、环境等条件进行综合分析、论证,编制建设工程设计文件的活动。建设工程设计本身是一个无形的智力活动过程,如果没有一个统一的标准,难免会出现质量参差不齐,是否合格无法判断的情形。因此,为了保证建设工程设计文件的质量和完整性,住房和城乡建设部颁发了《建筑工程设计文件编制深度规定》,具体规定了不同的设计阶段设计文件的内容所要达到的最低要求。《建设工程质量管理条例》第二十一条具体规定了设计文件应当符合国家规定的设计深度要求。例如,《建筑工程设计文件编制深度规定》对于方案设计阶段,必须要包括的设计文件有设计说明书、总平面图及建筑设计图纸、设计合同中约定的透视图、鸟瞰图模型等,并对每一部分具体包括什么内容进行细致而具体的规定,同时规定方案设计文件应满足编制初步设计文件的需要。这些规定就是对方案设计文件设计深度的要求。

符合设计深度的规定是对一项设计成果的最低要求,也是一项设计成果形式上是否合格的判断标准,更是判断一项设计成果是否存在质量缺陷的基础性标准。

对于工程设计文件是否符合设计深度的规定,一般应由专业机构或专业设计审查人员对设计文件进行审查后作出判断。如果在设计合同争议中,委托方指称设计方提交的设计文件未达到设计深度的要求,应当提交专业机构出具的审查意见作为证据。在委托方提交了专业的审查意见之后,如果设计方对此仍然予以否认,设计方可以提出由双方共同委托第三方专业审查机构重新进行审查。

2. 设计成果是否违反了法律法规的相关规定。

建设工程设计涉及社会公共利益,国家对其管理非常严格。从《建筑法》到《建设工程质量管理条例》《建设工程安全生产管理条例》《建设工程勘察设计管理条例》等法律法规都对建设工程设计文件的质量要求做了明确的规定,工程设计成果还必须符合这些法律法规的相关规定。如果设计文件违反了法律法规中的相关规定,一般应认定为设计文件质量存在缺陷。

3. 设计成果是否违反了工程建设强制性标准的规定。

工程建设强制性标准,也叫工程建设标准强制性条文,是指工程建设标准规范中直接涉及工程质量、安全、卫生及环境保护等方面的工程建设标准强制性条文。工程建设强制性标准作为工程质量的技术依据,对保证建设工程质量具有重要的意义。

根据建设部发布的《实施工程建设强制性标准监督规定》,国家工程建设标准强制性条文由国务院建设行政主管部门会同国务院有关行政主管部门确定。在中华人民共和国境内从事新建、扩建、改建等工程建设活动,必须执行工程建设强制性标准。

《建设工程质量管理条例》第六十三条对违反工程建设强制性标准进行设计的行为规定了严厉的处罚措施。对于设计单位未按照工程建设强制性标准进行设计的,责令改正,处以10万元以上30万元以下的罚款。造成工程质量事故的,责令停业整顿,降低资质等级;情节严重的,吊销资质证书;造成损失的,依法承担赔偿责任。

如果设计文件违反了工程建设强制性标准的规定，一般也应当认定为设计文件质量存在缺陷。当然，除工程建设标准强制性条文外，工程建设标准中还包含有大量的非强制性标准，这些标准规范也是进行工程设计所需要遵守和执行的，但由于这些标准规范并非直接涉及工程质量、安全、卫生及环境保护等，政府主管部门对其不做强制性规定。违反了这些标准规范的规定，要看其对工程质量会否造成实质性影响。

4. 设计成果是否符合合同约定。

如果双方在工程设计合同中对设计成果的质量要求进行了具体的约定，那么设计人提交的设计成果还应当符合设计合同的约定。设计成果是否符合合同的约定也是设计成果是否存在质量缺陷的一项重要判断标准。设计合同中除了常见的设计质量要求外，还会出现一些不常见的要求。众所周知，建筑设计还往往蕴含着文化、思想的因素，往往需要体现投资者的价值观，要符合一国、一地、一民族的文化、风俗。对于这样一些要求，委托人往往会在设计合同或相关文件中体现出来。

但双方在设计合同中对设计成果质量的约定不得违反国家法律法规、工程建设强制性标准以及设计深度的规定，否则该项约定因违反了法律行政法规的强制性规定而无效。例如，在《建设工程质量管理条例》中就规定，建设单位不得明示或暗示设计单位违反工程建设强制性标准，降低建设工程质量。

参考案例：河北张家口中院（2020）冀07民终929号“棕榈设计有限公司、河北晨鸣中锦房地产开发有限公司建设工程设计合同纠纷案”。

12.107 工程总承包模式下发包人设计质量缺陷责任如何承担？

答：工程总承包模式下发包人设计质量缺陷责任依据过错承担。

工程总承包模式下由于发包人原因造成设计质量缺陷责任承担主要有以下几种情形：

1. 发包人要求错误。发包人要求是承包人履行合同的重要依据，如果发包人要求出现错误，便可能对设计质量产生影响，甚至会导致设计质量出现缺陷。《标准设计施工总承包招标文件》第五章对发包人要求进行了列举，通常包括功能要求、工程范围、工艺安排或要求、时间要求、技术要求、竣工试验、竣工后试验、文件要求、工程项目管理规定、主要人员资格、培训、分包、设备供应商等要求。这些要求如发生错误而且是一个有经验的承包人经过认真核查也无法发现的，发包人应当承担责任。我们认为，如果发包人要求错误导致质量缺陷，首先发包人要承担相应的过错责任，如果承包人未尽到在合理的时间审核并发现的义务，则可以认定承包人对此也有过错，承包人对此也要承担相应的责任。

2. 指定设计人承担设计任务。《建设工程勘察设计管理条例》第十九条规定：“除建设工程主体部分的勘察、设计外，经发包方书面同意，承包方可以将建设工程其他部分的勘察、设计再分包给其他具有相应资质等级的建设工程勘察、设计单位。”《民法典》第七百九十一条规定：“发包人可以与总承包人订立建设工程合同，也可以分别与勘察人、设计人、施工人订立勘察、设计、施工承包合同。发包人不得将应当由一个承包人完成的建设工程支解成若干部分发包给数个承包人。总承包人或者勘察、设计、施工承包人经发包人同意，可以将自己承包的部分工作交由第三人完成。第三人就其完成的工作成果与总承包人或者勘察、设计、施工承包人向发包人承担连带责任。承包人不得将其承包的全部建设工程转包给第三人或者将其承包的全部建设工程支解以后以分包的名义分别转包给第三人。禁止承包人将工程分包给不具备相应资质条件的单位。禁止分包单位将其承包的工程再分包。建设工程主体结构的施工必须由承包人自行完成。”上述法律法规对建设工程分包的规定主要是针对总承包人，其目的是限制总承包人利用分包损害发包人的利益。但是发包人直接指定分包人分包专业工程，造成建设工程质量缺陷的发包人应当承担相应的过错责任。

3. 发包人提供的资料不准确导致设计缺陷。《民法典》第八百零五条规定：“因发包人变更计划，提供的资料不准确，或者未按照期限提供必需的勘察、设计工作条件而造成勘察、设计的返工、停工或者修改设计，发包人应当按照勘察人、设计人实际消耗的工作量增付费用。”根据上述法律规定，结合我国建设工程施工实际情况，我们认为，由于发包人提供的资料不准确导致工程质量缺陷，合同有约定的按照约定执行。合同没有约定的，应根据发包人是否给予总承包人充分的时间和条件复核，发包人提供的资料以及资料的真实性、准确性是否可以由承包人通过合理的复核而确认，从而认定发包人和承包人各自应当承担多大责任。

4. 非因发包人的过错的法律法规变化，不可预见的地质情况等原因导致的设计质量缺陷，双方在设计对此类风险的责任承担没有约定的，发包人应承担相应责任。《房建市政总承包管理办法》第十五条规定：“建设单位和工程总承包单位应当加强风险管理，合理分担风险。建设单位承担的风险主要包括：（一）主要工程材料、设备、人工价格与招标时基期价相比，波动幅度超过合同约定幅度的部分；（二）因国家法律法规政策变化引起的合同价格的变化；（三）不可预见的地质条件造成的工程费用和工期的变化；（四）因建设单位原因产生的工程费用和工期的变化；（五）不可抗力造成的工程费用和工期的变化。具体风险分担内容由双方在合同中约定。鼓励建设单位和工程总承包单位运用保险手段增强防范风险能力。”根据上述规定，非因发包人的过错的法律法规变化，不可预见的地质情况等原因导致的设计质量缺陷，双方在设计对此类风险的责任承担没有约定的，发包人应承担相应责任。

参考案例：最高院（2011）民提字第292号“河南省偃师市鑫龙建安工程有限公司与洛阳理工学院、河南省第六建筑工程公司索赔及工程欠款纠纷案”。

12.108　工程总承包模式下发包人工程质量缺陷责任如何承担?

答：根据《民法典》第八百零三条、第八百零四条、第八百零五条和《建设工程司法解释（一）》第十三条的规定，工程总承包模式下发包人工程质量缺陷承担过错责任。这种过错责任主要表现在以下几方面：

（1）提供或指定购买的设备违反强制性标准，或不符合最低性能标准，或达不到合同的要求。

（2）提供或购买的建筑材料，建筑构配件等不符合强制性标准。

（3）直接指定分包人分包专业工程。

（4）发包人提供的工艺技术方案或标准不成熟或已经被淘汰。

通常情况下，设备采购由发包人提出要求、由总承包人负责采购。如果设备的选型采购等由发包人负责或发包人指定了设备的品牌等要求，根据《标准设计施工总承包招标文件》第四章第一节通用合同条款第 6.2 条、第 6.5.3 条的规定，则发包人应当保证其提供或指定的购买的设备符合国家标准规范、项目的最低性能标准以及发包人的要求。

同理，按照国家有关规定和合同约定，由发包人提供的建筑材料、建筑构配件等，依据《建设项目工程总承包合同（示范文本）》GF—2020—0216 第 6.2 条规定，发包人也应当保证建筑材料、建筑构配件符合标准规范、设计文件和合同的要求。发包人不得进行明示或暗示承包人使用不合格的建筑材料、建筑构配件等。发包人提供的材料设备在使用前，由承包人负责检验或试验，不合格的不得使用，并通知发包人予以退货，检验试验费用由发包人承担。如果由于承包人没有进行检验或试验或者检验试验后不合格仍然使用等行为导致质量缺陷的承包人应当承担相应的责任。

通常，分包工程是由总承包人承接建设工程后，再将部分工程分包给其他承包人。但有时由发包人直接指定分包人承接分包工程，如果发包人在工程分包时直接指定分包人承接分包工程的，工程出现质量缺陷，建设单位应当承担责任。《建筑法》第二十九条规定："建筑工程总承包单位可以将承包工程中的部分工程发包给具有相应资质条件的分包单位；但是，除总承包合同中约定的分包外，必须经建设单位认可。施工总承包的，建筑工程主体结构的施工必须由总承包单位自行完成。建筑工程总承包单位按照总承包合同的约定对建设单位负责；分包单位按照分包合同的约定对总承包单位负责。总承包单位和分包单位就分包工程对建设单位承担连带责任。禁止总承包单位将工程分包给不具备相应资质条件的单位。禁止分包单位将其承包的工程再分包。"《民法典》第七百九十一条规定："发包人可以与总承包人订立建设工程合同，也可以分别与勘察人、设计人、施工人订立勘察、设计、施工承包合同。发包人不得将应当由一个承包人完成的建设工程支解成若干部分发包给数个承包人。总承包人或者勘察、设计、施工承包人经发包人同意，可以将自己承包的部分工作交由第三人完成。第三人就其完成的工作成果与总承包人或者勘察、设计、施工承包人向发包人承担连带责任。承包人不得将其承包的全部建设工程转包给第三人或者将其承包的全部建设工程支解以后以分包的名义分别转包给第三人。禁止承包人将工程分包给不具备相应资质条件的单位。禁止分包单位将其承包的工程再分包。建设工程主体结构的施工必须由承包人自行完成。"根据上述规定，建设工程承包单位按照总承包合同的约定对建设单位负责；分包单位按照分包合同的约定对总承包单位负责，并与总承包单位就分包工程承担连带责任。如果该分包是由发包人指定的，那么，由此导致工程质量缺陷，发包人亦应当承担相应的责任。

工程总承包项目中经常涉及配套的工艺技术方案，通常由发包人提出要求，由总承包人提供方案。但有时由发包人直接指定分包人承接分包工程，或提供的技术方案不成熟或已经淘汰等，由此导致的工程质量缺陷，发包人也应当承担相应责任。工程总承包人有过错也应当承担相应的责任。

根据《建设项目工程总承包合同（示范文本）》GF—2020—0216 第 1.6 条的规定，项目基础资料和现场障碍资料等前期资料应当由发包人向总承包人提供。《建设工程质量管理条例》第九条规定："建设单位必须向有关的勘察、设计、施工、工程监理等单位提供与建设工程有关的原始资料。原始资料必须真实、准确、齐全。"《民法典》第八百条规定："勘察、设计的质量不符合要求或者未按照期限提交勘察、设计文件拖延工期，造成发包人损失的，勘察人、设计人应当继续完善勘察、设计，减收或者免收勘察、设计费并赔偿损失。"但在工程总承包模式下，如果发包人提交给总承包人的勘察成果有缺陷，则发包人应当对总承包人承担过错责任，如果勘察成果缺陷是由于勘察人原因，发包人可在向工程总承包承担责任后向勘察人追责。

参考案例：最高院（2012）民提字第 20 号"海擎重工机械有限公司与江苏中兴建设有限公司、中国建设银行股份有限公司泰兴支行建设工程施工合同纠纷案"。

12.109　工程总承包模式下联合体成员的质量责任如何分配？

答：联合体各个成员之间因各自原因共同造成工程质量非正常状态的，成员之间应按照联合体协议承担相应责任。联合体协议对此没有约定和约定不明的，可在查明各联合体成员的质量风险行为的基础上，根据联合体成员造成质量问题原因力大小及过错程度，综合确定各联合体成员应承担的责任份额。质量风险行为可考虑按技术缺陷类风险行为、不规范类风险行为的类别进行区分。根据质量风险行为的类型、具体表现形式、行为严重性等确定造成工程质量非正常状态的原因力大小及其行为主体的过错程度。对于联合体成员共同导致建设工程质量非正常状态出现的责任分配问题是一类混合责任分配问题，确定其责任比较复杂，甚至需要借助一些数学理论和决策方法来确定，但考虑的基本因素主要有两个：一是各行为主体的过错程度，二是各主体行为与损害结果之间的原因力大小。

如果穷尽各种方法仍无法确认各成员之间的责任比例，可考虑要求联合体各成员承担连带责任。

参考案例：最高院（2018）民申 2076 号"四川省冶金设计研究院与贵州省冶金建设公司建设工程施工合同纠纷案"。

12.110　工程总承包模式下分包人、实际施工人造成质量或工期问题的责任在联合体内部如何承担？

答：因分包合同承包人的原因造成工程质量问题或工期问题，联合体对发包人承担责任后，除联合体协议另有约定外，联合体成员可以以其并非分包合同发包人为由在联合体内部主张不承担责任。因转包人、违法分包人、挂靠人等的原因造成工程质量或工期问题的亦以此为原则处理。

在联合体总承包模式下，与分包存在合同关系的往往只是某一联合体成员，该分包人的工作应视为该联合体成员的工作，因分包导致的质量或工期问题，在联合体内部应由签订分包合同联合体成员承担，联合体协议另有约定的除外。《建筑法》第二十九条第二款规定："建筑工程总承包单位按照总承包合同的约定对建设单位负责；分包单位按照分包合同的约定对总承包单位负责。总承包单位和分包单位就分包工程对建设单位承担连带责任。"《民法典》第七百九十一条规定："总承包人或者勘察、设计、施工承包人经发包人同意，可以将自己承包的部分工作交由第三人完成。第三人就其完成的工作成果与总承包人或者勘察、设计、施工承包人向发包人承担连带责任。承包人不得将其承包的全部建设工程转包给第三人或者将其承包的全部建设工程支解以后以分包的名义分别转包给第三人。”根据上述法律规定，结合工程总承包模式的特点，由于联合体是经发包人同意由两个或两个单位以上组成的作为总承包人的临时性机构，质量责任应有最终的承担者。我们应以联合体协议为准，在联合体协议无约定或约定不明时，应由签订分包合同的联合体成员承担该工程质量或工期问题的责任，其他联合体成员可以以其并非分包合同的发包人为由主张在联合体内部不承担责任。

由实际施工人完成的工程，实际施工人与承包人要向发包人承担连带责任。

参考案例：新疆高院（2017）新民申 2166 号“中国石油工程设计公司与中石化建公司、江苏鑫鹏公司建设工程施工合同纠纷案”。

12.111　工程总承包模式下保修责任承担方式如何确定？

答：工程总承包模式下工程质量保修期内出现质量问题的，原则上由总承包人承担保修责任，但在以下几种情况下，发包人可以直接要求总承包人承担赔偿责任：一是合同明确约定发包人就质量责任承担方式有选择权或优先适用赔偿责任的；二是总承包人明确拒绝维修或同意以赔偿代替维修责任的；三是总承包人不具备维修能力的；四是其他不适合由总承包人维修的情况；五是总承包人为联合体时，实际承担责任的联合体成员根据联合体协议向有责任的联合体成员进行追偿的。

《民法典》五百七十七条规定：“当事人一方不履行合同义务或者履行合同义务不符合约定的，应当承担继续履行、采取补救措施或者赔偿损失等违约责任。”就一般的合同纠纷而言，这里“继续履行”“采取补救措施”“赔偿损失”在法律适用上并不是先后顺序的关系，而是并列关系，可以由债权人进行选择。但是，建设工程总承包合同与一般合同有所不同。在建设工程合同中，工程竣工验收合格前发生的质量问题，仍属于承包人施工合同的主要义务的履行范围，应当由承包人继续施工。《建设工程质量管理条例》第三十二条有明确规定：“施工单位对施工中出现质量问题的建设工程或者竣工验收不合格的建设工程，应当负责返修。”但是，如果该工程质量问题非常严重以致可解除合同，可能出现肢解发包、发包人指定分包引起质量争议，承包人不配合退场、过程文件缺失未来无法竣工验收备案等问题，发包人则可直接要求赔偿。工程竣工后发生的质量问题，应适用《建筑法》第六十二条确定的质量保修制度。在规定的保修期内，因设计、施工、材料等原因造成的质量缺陷，应当由施工单位负责维修。《建设工程质量管理条例》第四十一条规定：“建设工程在保修范围和保修期限内发生质量问题的，施工单位应当履行保修义务，并对造成的损失承担赔偿责任。”根据上述法律规定和司法审判实践中一些判决，我们认为，建设工程保修期的质量责任划分的基本原则可确定为：施工单位未按照国家有关规范、标准设计要求施工，造成质量缺陷，由施工单位负责返修并承担经济责任；属于设计方面的原因造成质量缺陷，由施工单位负责返修，其费用通过建设单位索赔；因材料、构配件和设备质量不合格导致的质量缺陷，属于施工单位负责采购的，施工单位承担经济责任。但在总模式下，由于设计、采购、施工等阶段工作的深度融合，发包人无须区分质量问题的原因，可直接要求总承包人承担质量责任。

参考案例：北京昌平区法院（2000）年昌民初字第 2133 号“陈生与北京 B 装饰公司恢复原状、赔偿损失案”。

12.112　工程总承包项目保修期如何计算?

答：工程总承包项目的保修期，自工程实际竣工之日起计算。如发、承包双方约定的保修期的起算点晚于工程实际竣工之日的，则视为保修期自工程实际竣工之日至约定的保修期的起算点之日进行了顺延。工程总承包项目的保修期应当不少于法定的最短期限。发、承包双方约定竣工后试验程序的有关部分的保修期的计算，应当结合实际竣工之日至竣工后试验合格之日的期限，做相应的顺延。因为在总承包模式下，工程竣工验收合格并不代表发包人的要求已得到最终实现，特别是对于不少能源、化工等项目来说，还有竣工后试验程序，以此来检验合同目的的顺利实现与否。有关部分的保修期限的计算，还要结合竣工验收后的试验期限，做相应的顺延。

参考案例：最高院（2016）民再 69 号“浙江省东阳第三建筑工程有限公司与陕西中泰置业有限公司、西安昆仑工业（集团）有限责任公司建设工程施工合同纠纷案”。

12.113　非常规工程总承包情形下工程质量瑕疵责任如何承担?

答：工程总承包是从事工程项目建设的单位受业主委托，按照合同约定对从决策、设计到试运行的建设项目发展周期实行全过程或若干阶段的承包。非常规项目是指一个投资项目的现金流量是交错型，如现金流量为——++…—++，即非传统型现金流量，则该投资项目可能会有几个内部收益率，其个数要视现金流量序列中正负号变动的次数，在这种情况下，很难选择用哪一个指标来评价方案最合适。

在非常规工程总承包情形下，发包人已经安排了前期勘察、设计，要求后续介入的承包单位转为工程总承包人，由工程总承包人另行与前期勘察、设计人签订分包合同，后续因前期勘察、设计的工作引发工程质量瑕疵，前期勘察、设计人对分包范围内的部分承担直接责任，工程总承包人负总责。工程总承包人可以以发包人变相指定分包存在过错进行抗辩，要求减轻或免除自身的质量责任。但是，工程总承包合同中约定工程总承包人对前期的勘察、设计成果负有复核义务且同时约定发包人需支付相关费用的，或者工程总承包合同中有明确的责任承担约定的，工程总承包人不得再提出抗辩主张。尽管前期勘察设计单位需对其分包的范围内的工程质量瑕疵承担直接责任，但是工程总承包单位需要对工程质量负总责。总之，前期勘察设计单位按照建设单位的要求纳入后续工程总承包分包范畴的，建设单位应视为对于前期、设计进行了指定分包，工程总承包单位可以要求减轻或免除自身的质量责任。

《建设工程司法解释（一）》第十三条规定：“发包人具有下列情形之一，造成建设工程质量缺陷，应当承担过错责任：（一）提供的设计有缺陷；（二）提供或者指定购买的建筑材料、建筑构配件、设备不符合强制性标准；（三）直接指定分包人分包专业工程。承包人有过错的，也应当承担相应的过错责任。”根据此条规定，在有关的前期勘察、设计单位系发包人指定的情况下，建设单位亦应当参照司法解释的规定就其直接指定分包所出现的工程质量瑕疵承担受益人过错责任。工程总承包单位也可以以此为由，要求减轻或免除自身的质量责任。

参考案例：云南昆明中院（2007）昆民三终字第550号“高新博泰公司与华日中科公司建设工程施工合同纠纷案”。

12.114 工程总承包项目“假”联合体的质量责任如何承担？

答：联合体在《建筑法》中没有明确规定，只有第二十七条原则性地规定：“大型建筑工程或者结构复杂的建筑工程，可以由两个以上的承包单位联合共同承包。共同承包的各方对承包合同的履行承担连带责任。”法律没有明确界定联合体，故实践中产生一些“假”联合体。“假”联合体有别于“虚拟”联合体。“虚拟”联合体，是指两个或两个以上法人或非法人经济组织在不改变原经济地位及财产所有权的前提下，以其部分或全部生产要素联合组成的利益共同体。它的一个重要特点，就是互补性强，既可以是国有企业间的互补，也可以是国有企业与集体企业之间的互补，还可以是国有企业与非国有企业之间的互补。这种“联合体”优化了资源配置，提高了经济效益，既可以成为公有制的一种有效实现形式，也可以成为非公有制的一种有效实现形式。

“假”联合体，则是名不副实的联合体，如设计单位为了满足承包项目的资质条件先与施工单位组成联合体，后又与施工单位签订施工分包合同的情形。这种情形只有联合体之名而无联合体之实，故称之谓“假”联合体。《建筑法》第五十五条规定：“建筑工程实行总承包的，工程质量由工程总承包单位负责，总承包单位将建筑工程分包给其他单位的，应当对分包工程的质量与分包单位承担连带责任。分包单位应当接受总承包单位的质量管理。”根据此条规定，在这种名为联合体实为分包关系的“假”联合体总承包情形下，设计人与施工人组合联合体承担工程总承包项目，联合体各方对工程质量应承担连带责任。在这种情况下的联合体承揽工程总承包项目后，设计人与施工人又签订施工分包合同，后因设计单位的过错导致工程质量瑕疵，施工单位对发包人承担责任后可以向设计单位追偿。

参考案例：上海二中院（2016）沪02民终6861号“张海军、上海敬辰建筑装饰设计工程有限公司与无锡鸿运大酒店有限公司追偿权纠纷案”。

12.115 如果将不符合国家最低标准的设计缺陷通知发包人后，发包人仍要求承包人按照有缺陷的设计继续施工，承包人亦按照发包人要求继续施工，就此出现质量问题，责任如何处理？

答：根据《产品质量法》第四十六条的规定，产品有保障人体健康和人身、财产安全的国家标准、行业标准的，缺陷是指不符合该标准。设计缺陷有两种：一是不能满足国家最低标准的设计缺陷，另一种是满足国家最低标准但低于发包人要求（包括性能指标等）的设计缺陷。

对于满足国家最低标准但低于发包人要求（包括性能指标等）的设计缺陷，如果承包人提出后但发包人仍要求承包人按照此设计方案施工，应视为发包人变更了要求，后续工程不能达到发包人原先要求的责任，应由发包人自行承担；对于不能满足国家最低标准的设计缺陷，因承包人对工程质量负有法定的责任，如果其基于发包人要求，按照不符合法定要求的设计文件继续施工的，便存在对工程质量问题的放任过错，且也未尽到减损义务，由此出现的质量问题，发包人与承包人各自应承担部分责任。

参考案例：最高院（2012）民提字第 20 号“海擎重工机械有限公司与江苏中兴建设有限公司、中国建设银行股份有限公司泰兴支行建设工程施工合同纠纷案”。

12.116 发包人已批准的图纸与发包人要求不符，且承包人不能证明发包人在批准时已知晓且同意前处不符，责任如何认定？

答：发包人已批准的图纸与发包人要求不符，且承包人不能证明发包人在批准时已知晓且同意前处不符，其责任应当由承包人承担。

《民法典》第五百七十五条规定：“债权人免除债务人部分或者全部债务的，债权债务部分或者全部终止，但是债务人在合理期限内拒绝的除外。”债务免除在性质上属于处分行为，免除债务人的责任和义务，必须有债权人明确的意思表示，否则无效。参照此规定，发包人已批准的图纸与发包人要求不符，且承包人不能证明发包人在批准时已知晓且同意前处不符，其责任应当由承包人承担。

参考案例：山东济南商河县法院（2018）鲁 0126 民初 1316 号“山东方圆经纬建筑设计院有限公司与济南天圆地方置业有限公司建设工程设计合同纠纷案”。

12.117 因初步设计错漏导致工程量变化的原因有哪些？

答：因初步设计错漏导致工程量变化的原因有：一是设计深度不够；二是招标时工程勘察未完成，导致承包人难以在投标时预估工程量；三是投标人对工程总承包项目风险估算不足，投标价过低。

设计深度是指设计图纸的深浅程度。民用建筑工程一般应分为方案设计，初步设计和施工图设计三个阶段；对于技术要求简单的民用建筑工程，经有关主管部门同意，并且合同中有不做初步设计的约定，可在方案设计审批后直接进入施工图设计。如果初步设计的文件编制深度不符合国家相关标准的规定，基于该初步设计编制的概算与控制价及投标报价都可能因其深度不足导致错误。

勘察报告对工程项目的工程量的估计亦有较大影响。一般来说，经过勘察后，有经验的承包人对于工程量才有相对准确的预估。《建设工程勘察设计管理条例》第四条规定：“从事建设工程勘察、设计活动，应当坚持先勘察、后设计、再施工的原则。”这是法律规定的基本原则，但实践中，勘察、设计、施工活动往往处于交叉共进的状态，自可研阶段开始到工程施工阶段都或多或少对勘察有所涉及。故初步设计错漏导致工程量变化在所难免。

虽然我国于1984年就发文推行工程总承包，但一直没有真正做到以总承包施工为主，工程总承包模式并没有成为建设工程项目招标投标中的主流，对此经验积累不多，故在实践操作中，承包人往往对工程总承包模式下投资风险估计不足，虽然投标时有总体设计方案/初步设计方案，但由于初步设计和施工图设计尚未完成，土建估价难免存在较大误差。所以，投标人对工程总承包项目风险估算不足，投标价过低亦是因初步设计错漏导致工程量变化的一个重要原因。

参考案例：南京鼓楼区法院（2015）鼓民初字第6139号“南京英凯工程设计有限公司与被告潍坊绿橄榄化工有限责任公司建设工程合同纠纷案”；辽宁锦州中院（2019）辽07民终511号“锦州市建筑设计研究院有限公司、锦州万吉置业有限公司建设工程设计合同纠纷案”。

12.118 如何认定工程质量最低性能标准？

答：认定工程质量最低性能标准主要依据有三条：一是合同约定；二是考虑合同根本目的是否能实现；三是法定标准和行业标准。

在不违反法律法规禁止性、强制性规定的前提下，双方可以在总承包合同中约定工程质量最低性能标准。以合同约定为基础再结合发包人的要求来进行违约索赔的标准细化，否则，日后发生违约索赔时评估难度会加大。

《民法典》第五百一十一条规定：“当事人就有关合同内容约定不明确，依据前条规定仍不能确定的，适用下列规定：（一）质量要求不明确的，按照强制性国家标准履行；没有强制性国家标准的，按照推荐性国家标准履行；没有推荐性国家标准的，按照行业标准履行；没有国家标准、行业标准的，按照通常标准或者符合合同目的的特定标准履行。”考虑合同根本目的是否能实现，如果工程总承包发、承包双方在合同中未约定最低性能标准，可结合双方举证情况，以合同根本目的能否实现为尺度综合确定最低性能标准。

《建筑法》第五十四条规定：“建设单位不得以任何理由，要求建筑设计单位或者建筑施工企业在工程设计或者施工作业中，违反法律、行政法规和建筑工程质量、安全标准，降低工程质量。建筑设计单位和建筑施工企业对建设单位违反前款规定提出的降低工程质量的要求，应当予以拒绝。”第五十六条规定：“建筑工程的勘察、设计单位必须对其勘察、设计的质量负责。勘察、设计文件应当符合有关法律、行政法规的规定和建筑工程质量、安全标准、建筑工程勘察、设计技术规范以及合同的约定。设计文件选用的建筑材料、建筑构配件和设备，应当注明其规格、型号、性能等技术指标，其质量要求必须符合国家规定的标准。”根据上述法律法规的规定，并结合《民法典》第五百一十一条的规定，我们认为，工程总承包项目发、承包双方在合同中没有约定发包人可以接受的最低性能标准，双方也没有举证证明合同根本目的能否实现，应以强制性国家标准、推荐性国家标准或行业标准为最低性能标准。

参考案例：（2018）粤20民终7349号“湖南省湘天建设工程有限公司与深圳市宝盾门业科技有限公司、广州市锦湖和盛门业有限公司中山分公司建设工程施工合同纠纷案”；辽宁高院（2019）辽0112民初3024号“沈阳金泰盛达机电消防工程有限公司与沈阳浑南新城管理委员会、沈阳国家大学科技城管理委员会、中国十七冶集团有限公司、中冶东北建设（沈阳）工程技术有限公司、沈阳东兴建筑工程有限公司建设工程施工合同纠纷案”。

12.119　工程质量最低性能标准无法实现的责任如何承担？

答：《民法典》第五百六十三条规定：“有下列情形之一的，当事人可以解除合同：（一）因不可抗力致使不能实现合同目的；（二）在履行期限届满前，当事人一方明确表示或者以自己的行为表明不履行主要债务；（三）当事人一方迟延履行主要债务，经催告后在合理期限内仍未履行；（四）当事人一方迟延履行债务或者有其他违约行为致使不能实现合同目的；（五）法律规定的其他情形。以持续履行的债务为内容的不定期合同，当事人可以随时解除合同，但是应当在合理期限之前通知对方。”第五百六十六条规定：“合同解除后，尚未履行的，终止履行；已经履行的，根据履行情况和合同性质，当事人可以请求恢复原状或者采取其他补救措施，并有权请求赔偿损失。”根据上述规定，工程质量最低性能标准无法实现时，发包人有权请求解除合同并要求承包人承担违约责任。

参考案例：最高院（2019）民终969号“伊吾东方民生新能源有限公司、中国能源建设集团新疆电力设计院有限公司建设工程设计合同纠纷案”。

12.120　工程总承包联合体模式下分包人、实际施工人造成质量或工期问题在联合体内部责任如何承担？

答：因分包合同承包人的原因造成工程质量问题或工期问题，联合体对发包人承担责任后，除联合体协议另有约定外，联合体成员可以以其并分包合同发包人为由在联合体内部主张不承担责任。因转包人、违法分包人、挂靠人等的原因造成工程质量或工期问题的亦以此为原则处理。

在联合体总承包模式下，与分包存在合同关系的往往只是某一联合体成员，该分包人的工作应视为该联合体成员的工作，因分包导致的质量或工期问题，在联合体内部应由签订分包合同联合体成员承担，联合体协议另有约定的除外。《建筑法》第二十九条第二款规定：“建筑工程总承包单位按照总承包合同的约定对建设单位负责；分包单位按照分包合同的约定对总承包单位负责。总承包单位和分包单位就分包工程对建设单位承担连带责任。”《民法典》第七百九十一条规定：“总承包人或者勘察、设计、施工承包人经发包人同意，可以将自己承包的部分工作交由第三人完成。第三人就其完成的工作成果与总承包人或者勘察、设计、施工承包人向发包人承担连带责任。承包人不得将其承包的全部建设工程转包给第三人或者将其承包的全部建设工程支解以后以分包的名义分别转包给第三人。”根据上述法律规定，结合工程总承包模式的特点，由于联合体是经发包人同意由两个或两个单位以上组成的作为总承包人的临时性机构，质量责任应有最终的承担者。我们应以联合体协议为准，在联合体协议无约定或约定不明时，应由签订分包合同的联合体成员承担该工程质量或工期问题的责任，其他联合体成员可以以其并非分包合同的发包人为由主张在联合体内部不承担责任。

由实际施工完成的工程，实际施工人与承包人要向发包人承担连带责任。这一点在《建筑法》第六十五条、第六十六条和第六十七条，以及北京、山东、上海、浙江、安徽等一些地方高院在《答复》《解答》《意见》《办法》中亦作了类似的规定。我们认为联合体内部成员承担责任后，可以向实际施工人再进行追责。

参考案例：新疆高院（2017）新民申 2166 号“中国石油工程设计公司与中石化建公司、江苏鑫鹏公司建设工程施工合同纠纷案”。

12.121　工程总承包联合体与第三方之间的质量责任如何承担？

答：工程总承包联合体与第三方之间的质量责任如何承担问题，可从以下几方面考虑：

一是因第三方造成的工程质量问题，联合体向发包人承担质量责任后，联合体基于合同关系向第三人主张违约责任，基于合同相对性，如果与第三方的合同并非联合体全体成员签订的，原则上由签订合同的联合体成员进行主张；

二是与第三方的合同虽然是联合体中部分成员签订的，未签订合同的联合体其他成员能够证明其与签订合同的其他成员就该合同存在委托代理关系的，未签订合同的联合体成员可以根据《民法典》第九百二十五条、第九百二十六条规定向第三方主张权利；

三是与第三方签订合同的联合体成员怠于向第三方追偿的，已经向发包人承担质量责任的其他联合体成员可以根据《民法典》第五百三十五条规定提起代位权诉讼；

四是因第三方造成的质量问题，无论是否与第三方存在合同关系，联合体成员或任一成员均可选择基于侵权法律关系向第三方主张赔偿责任。

参考案例：最高院（2018）民申 2076 号“贵州省冶金建设公司与四川省冶金设计研究院建设工程施工合同纠纷案”；最高院（2019）民申 1034 号“哈尔滨锅炉厂有限责任公司与黑龙江龙唐电力工程有限公司、国电双鹤山发电有限公司、吉林飞特电站设备制造有限公司建设工程施工合同纠纷案”。

12.122　与第三方签订合同的联合体成员与其他成员就该合同存在委托代理关系的，未签订委托代理合同的其他联合体成员能否向第三方主张权利？

答：与第三方签订合同的联合体成员与其他成员就该合同存在委托代理关系的，未签订委托代理合同的其他联合体成员可以向第三方主张权利。

《民法典》第九百二十五条规定：“受托人以自己的名义，在委托人的授权范围内与第三人订立的合同，第三人在订立合同时知道受托人与委托人之间的代理关系的，该合同直接约束委托人和第三人；但是，有确切证据证明该合同只约束受托人和第三人的除外。”《民法典》第九百二十六条规定：“受托人以自己的名义与第三人订立合同时，第三人不知道受托人与委托人之间的代理关系的，受托人因第三人的原因对委托人不履行义务，受托人应当向委托人披露第三人，委托人因此可以行使受托人对第三人的权利。但是，第三人与受托人订立合同时如果知道该委托人就不会订立合同的除外。”根据上述法律规定，与第三方签订合同的联合体成员与其他成员就该合同存在委托代理关系的，未签订委托代理合同的其他联合体其他成员可以向第三方主张权利。

参考案例：最高院（2018）民申 2076 号“贵州省冶金建设公司与四川省冶金设计研究院建设工程施工合同纠纷案”。

12.123　前期勘察、设计单位按照建设单位的要求纳入后期总承包分包范畴的，能否视为建设单位对于前期勘察、设计进行了指定分包？工程总承包单位能否以此为由进行抗辩要求减轻或免除自身的质量责任？

答：前期勘察、设计单位按照建设单位的要求纳入后期总承包分包范畴的，应视为建设单位对于前期勘察、设计进行了指定分包，工程总承包单位能以此为由进行抗辩要求减轻或免除自身的质量责任。

《建筑法》第二十九条第二款规定：“建筑工程总承包单位按照总承包合同的约定对建设单位负责；分包单位按照分包合同的约定对总承包单位负责。总承包单位和分包单位就分包工程对建设单位承担连带责任。”《民法典》第七百九十一条第二款规定：“总承包人或者勘察、设计、施工承包人经发包人同意，可以将自己承包的部分工作交由第三人完成。第三人就其完成的工作成果与总承包人或者勘察、设计、施工承包人向发包人承担连带责任。”通常情况下，传统的工程承包合同，勘察、设计由建设单位组织然后提交给承包人施工。但是，建设工程总承包施工合同与一般的承包合同相比有其特殊性，勘察、设计工作一般是由总承包单位组织实施。然而，前期勘察、设计工作由建设单位指定后又要求总承包单位将前期勘察、设计单位按照建设单位的要求纳入后期总承包分包范畴的，应视为建设单位对于前期勘察、设计进行了指定分包，工程总承包单位可以此为由进行抗辩要求减轻或免除自身的质量责任。对此，《建设工程司法解释（一）》第十三条明确规定：“发包人具有下列情形之一，造成建设工程质量缺陷，应当承担过错责任：（一）提供的设计有缺陷；（二）提供或者指定购买的建筑材料、建筑构配件、设备不符合强制性标准；（三）直接指定分包人分包专业工程。承包人有过错的，也应当承担相应的过错责任。”根据这一规定，在有关前期勘察、设计单位系发包人指定分包的情况下，建设单位应当就其指定分包所出现的质量瑕疵承担相应的过错责任。总承包人也可以此为由要求减轻或免除自身的质量责任。

参考案例：四川乐山中院（2017）川 11 民终 878 号“泸州泸天化化工设计有限公司、中冶成都勘察总院有限公司建设工程施工合同纠纷案”。

12.124　建设工程施工合同无效，工程质量问题的修复以何为标准？

答：建设工程施工合同无效，工程质量问题的修复标准分两方面认定：验收合格的依照合同约定的标准修复，验收不合格修复后验收合格的依照国家强制性标准修复。

《民法典》第七百九十三条规定："建设工程施工合同无效，但是建设工程经验收合格的，可以参照合同关于工程价款的约定折价补偿承包人。建设工程施工合同无效，且建设工程经验收不合格的，按照以下情形处理：（一）修复后的建设工程经验收合格的，发包人可以请求承包人承担修复费用；（二）修复后的建设工程经验收不合格的，承包人无权请求参照合同关于工程价款的约定折价补偿。发包人对因建设工程不合格造成的损失有过错的，应当承担相应的责任。"根据《民法典》的此条特别规定，建设工程施工合同无效，工程质量问题的修复分两方面认定：验收合格的依照合同约定的标准修复，验收不合格的修复后验收合格的依照国家强制性标准修复。在对修复后工程进行验收的，原合同约定的标准因合同无效而不能适用，故只能依据国家关于工程质量强制性标准进行验收。所以，对修复后的无效的施工合同的竣工验收执行的质量标准一般应当是国家标准，而非合同约定的标准。而对于原合同约定高于国家标准的可以执行原合同约定的标准。

参考案例：最高院（2017）民终 399 号"丰和营造集团股份有限公司、海南隆德房地产有限公司建设工程施工合同纠纷案"。

12.125　承包人未履行工程保修责任如何认定？

答：承包人未履行工程保修责任的认定，一是发包人可以请求减少支付工程价款；二是导致建筑物毁损或者造成人身损害、财产损失的，承包人承担赔偿责任；三是建筑物所有人或者发包人对建筑物毁损均有过错的，各自承担相应的责任。

《建设工程司法解释（一）》第十二条规定："因承包人的原因造成建设工程质量不符合约定，承包人拒绝修理、返工或者改建，发包人请求减少支付工程价款的，人民法院应予支持"；第十八条规定："因保修人未及时履行保修义务，导致建筑物毁损或者造成人身损害、财产损失的，保修人应当承担赔偿责任。保修人与建筑物所有人或者发包人对建筑物毁损均有过错的，各自承担相应的责任。"根据上述司法解释的规定，承包人未履行工程保修责任的，一是发包人可以请求减少支付工程价款；二是导致建筑物毁损或者造成人身损害、财产损失的，承担赔偿责任；三是建筑物所有人或者发包人对建筑物毁损均有过错的，各自承担相应的责任。

参考案例：上海宝山区法院（2018）沪 0113 民初 12981 号"上海五爱科技发展有限公司与上海市宝山区滨江雅苑业主委员会建设工程施工合同纠纷案"；福建泉州丰泽区法院（2013）丰民初字第 6055 号"郑奋与福建省汤头建筑工程有限公司建设工程施工合同纠纷案"。

12.126　未完工工程质量如何认定？

答：未完工程质量认定，需要根据是否续建区别认定。

1. 若工程未交由第三人续建，那么需要结合当事人证据、工程状态综合判断。

发包方未提出质量异议的，人民法院应当释明，发包方确认无异议的，推定发包人对未完工程质量的认可。

若发包方提出质量异议，则需要承包方履行举证责任证明工程质量合格。承包方能提供该部分工程分部分项的验收手续，则认定质量合格。发包方有证据推翻该验收手续的除外。

承包人不能举证证明其施工部分质量合格的，人民法院可以行使释明权，告知当事人就质量问题申请鉴定。当事人不申请鉴定，人民法院认为需要鉴定的，应当委托鉴定，以做出判定。

需要注意的是，发包方反诉未完工程存在缺陷主张赔偿，但又不能举证证明时，亦有权申请鉴定。

2. 若工程交由第三人续建，最终竣工验收，则未完工程质量视为合格。但是工程并未竣工验收时，如何判定则成为难题。最高人民法院的观点是，发包方在将工程交由第三人续建前，应当先对续建前承包人施工部分的工程情况进行确认、交接、验收。否则，续建后无法确定续建前工程质量的，推定续建前承包人施工部分质量合格。

参考案例：最高院（2019）民终 1863 号“新疆昆仑工程建设有限责任公司、新疆联合利丰房地产开发有限责任公司建设工程施工合同纠纷案”；最高院（2018）民终 1313 号“中色十二冶金建设有限公司、本溪庆永房地产开发有限公司建设工程施工合同纠纷案”。

主要参考文献

[1] 常设中国建设工程法律论坛第八工作组．中国建设工程施工合同法律全书词条释义与实务指引[M]．北京：法律出版社，2019.

[2] 杨元伟．建设工程施工合同案件裁判观点与依据[M]．北京：人民法院出版社，2019.

[3] 最高人民法院民事审判第一庭．最高人民法院建设工程施工合同司法解释（二）理解与适用[M]．北京：人民法院出版社，2019.

[4] 江苏省高级人民法院民事审判第一庭．房地产审判手册[M]．北京：人民法院出版社，2018.

[5] 王海萍．房地产案件审判要点[M]．北京：法律出版社，2019.

[6] 朱树英．法院审理建设工程案件观点集成[M]．北京：中国法制出版社，2017.

[7] 朱树英．工程总承包实务问答[M]．北京：法律出版社，2020.

[8] 刘涛．房地产企业群体性事件与危机管理[M]．北京：法律出版社，2020.

[9] 王军．建设工程施工合同纠纷处理实务1060个典型案例总梳理[M]．北京：法律出版社，2019.

[10] 李玉生．建设工程施工合同案件审理指南[M]．北京：人民法院出版社，2019.

[11] 陈晓忠．建筑房地产案件代理实操与技巧[M]．北京：法律出版社，2020.

[12] 吴咸亮．建筑工程结算诉讼实务[M]．北京：中国建筑工业出版社，2020.

[13] 中国法制出版社．建筑法律适用全书（含标准规范）[M]．北京：中国法制出版社，2010.

[14] 中国法制出版社．房产法律适用全书（含文书范本·指导案例）[M]．北京：中国法制出版社，2010.

[15] 中国法制出版社．土地房产法律关联集成[M]．北京：中国法制出版社，2007.

[16] 中国法制出版社．房产办案常用手册[M]．北京：中国法制出版社，2006.

[17] 袁华之．建设工程索赔与反索赔[M]．北京：法律出版社，2016.